国家林业和草原局普通高等教育"十四五"规划教材

创意创新创业基础

（第 2 版）

李步高　杨　燕　主编

中国林业出版社
China Forestry Publishing House

内 容 简 介

《创意创新创业基础》(第 2 版)与本科生必修课"创新创业基础"对应。全书共 12 章:第 1 章为创意、创新、创业与人生发展,第 2 章为创业机会与创业风险,第 3 章为创业环境与创业资源,第 4 章为创业者与创业团队,第 5 章为商业模式,第 6 章为创业计划书,第 7 章为新企业创办,第 8 章为创业融资,第 9 章为财务管理,第 10 章为营销管理,第 11 章为创新创业大赛与涉农企业,第 12 章为涉农创意创新创业案例。

本教材围绕培养"三创"兴趣、激发"三创"热情、关注"三创"动态、结合"三创"精英及学生身边的创业者案例设计课程内容体系,讲述了开展"三创"活动所需的基础知识和基本理论;阐述了"三创"的基本内涵和特殊性,辩证地认识和分析了创业者、创业机会、创业资源、创业计划、创业项目、创业竞赛和创办企业管理;阐明了"三创"与职业生涯发展的关系,为社会创业者和大学生学习实践乃至就业创业奠定基础。

本教材既可以作为涉农院校双创课程的教材,也可作为有志于在涉农领域创新创业者的入门导读。

图书在版编目(CIP)数据

创意创新创业基础 / 李步高,杨燕主编. — 2 版. —
北京:中国林业出版社,2024.6. —(国家林业和草
原局普通高等教育"十四五"规划教材). — ISBN 978
-7-5219-2741-2

Ⅰ.G647.38

中国国家版本馆 CIP 数据核字第 20241MG576 号

策划编辑:高红岩 李树梅
责任编辑:李树梅
责任校对:苏 梅
封面设计:睿思视界视觉设计

出版发行:中国林业出版社
　　　　(100009,北京市西城区刘海胡同 7 号,电话 83143531)
电子邮箱:jiaocaipublic@163.com
网　址:https://www.cfph.net
印　刷:北京中科印刷有限公司
版　次:2019 年 11 月第 1 版(共印 5 次)
　　　　2024 年 6 月第 2 版
印　次:2024 年 6 月第 1 次
开　本:787mm×1092mm　1/16
印　张:16.5
字　数:385 千字
定　价:42.00 元

《创意创新创业基础》(第2版)
编写人员

主　编　李步高　杨　燕

副主编　靳　岷　姚晓萍　张白振

编　者　(按姓氏拼音排序)

　　　　　丁雪瑞　靳　岷　李步高　李　鹏
　　　　　刘晓瑞　钱莉莉　王　鹤　王立柱
　　　　　谢艳丽　杨　燕　姚晓萍　张白振
　　　　　朱俊菲

主　审　李玉萍

前言(第 2 版)

为积极落实国务院办公厅《关于深化高等学校创新创业改革的实施意见》《关于进一步支持大学生创新创业的指导意见》、教育部办公厅《关于做好 2018 年深化创新创业教育改革示范高校建设工作的通知》等文件精神,面向全体学生开好创新创业教育专门课程,山西农业大学于 2018 年 7 月启动了创新创业教育优质课程建设工程,编写了《创意创新创业基础》教材,与"创新创业基础"课程对应,并将该课程列为全校本科生必修课。教材自 2019 年 11 月出版以来,一直作为全校"创新创业基础"课程的教材使用,受到广大师生的欢迎。为更好地适应目前国内外创新创业形势发展的需要,编者决定在第 1 版的基础上进行修订,调整部分章节结构,充实内容,丰富案例,更好地满足学校师生的实际需求。

党的二十大报告提出:"必须坚持科技是第一生产力、人才是第一资源、创新是第一动力,深入实施科教兴国战略、人才强国战略、创新驱动发展战略,开辟发展新领域新赛道,不断塑造发展新动能新优势。"大学生作为大众创业、万众创新的重要力量,为我们的经济发展和社会进步作出不可或缺的贡献。因此,有必要加大对大学生的创新创业教育,让学生明确自己的职业兴趣,从而为社会培养更多的创新创业人才。为贯彻落实好习近平总书记重要讲话精神和党的二十大精神,结合教材使用情况,《创意创新创业基础》(第 2 版)在第 1 版的基础上增加了商业模式、创业融资、财务管理、营销管理等章节内容。全书共 12 章:第 1 章创意、创新、创业与人生发展,第 2 章创业机会与创业风险,第 3 章创业环境与创业资源,第 4 章创业者与创业团队,第 5 章商业模式,第 6 章创业计划书,第 7 章新企业创办,第 8 章创业融资,第 9 章财务管理,第 10 章营销管理,第 11 章创新创业大赛与涉农企业,第 12 章涉农创意创新创业案例。

《创意创新创业基础》(第 2 版)紧紧围绕培养创意、创新、创业兴趣,激发创意、创新、创业热情,关注创意、创新、创业动态,结合创意、创新、创业精英及学生身边的创业者案例设计内容体系,论述了开展创意、创新、创业活动所需要的基础知识和基本理论;阐述了创意、创新、创业的基本内涵和特殊性,辩证地认识和分析了创业者、创业机会、创业资源、创业计划、创业项目、创业竞赛和创办企业管理等要素;分析了创业者开展创意、创新、创业应具备的能力;讲述了创业计划撰写的方法,新企业的开办流程,创新企业的融资、财务、营销的管理办法,大学期间投身创意、创新、创业的途径等;阐明了创意、创新、创业与职业生涯发展的关系,为社会创业者和大学生学习实践乃至就业创业奠定基础。

结合山西农业大学校级"创新创业基础"课程前期建设的经验,立足真正实现"创新创业基础"课程的教学目标,沿用第 1 版教材的编写框架和编写体例,在内容呈现上,每章设有本章要点、关键术语、案例学习、复习思考题等。

本教材由李步高、杨燕担任主编，靳岷、姚晓萍、张白振担任副主编。李玉萍、李步高、马金虎、解晓悦、杨燕、姚晓萍、张白振共同制订编写大纲，经全体编写组反复讨论修改确定，最终由杨燕、靳岷统稿，杨燕统筹定稿，李玉萍审稿，靳岷、马金虎校稿。在本教材成书进程中，每一个环节都得到了中国林业出版社的帮助和支持，在此向各位辛勤的付出表示衷心感谢！向本教材的审稿、校稿及协助查阅分析资料的各位老师辛勤的付出表示衷心感谢！

　　全书共分为12章，具体编写分工如下：前言和第1章由山西农业大学农业经济管理学院杨燕编写；第2章由山西农业大学创新创业学院张白振编写；第3章由山西农业大学创新创业学院钱莉莉编写；第4章由山西农业大学城乡建设学院王立柱编写；第5章由山西农业大学党政办公室李步高、山西农业大学创新创业学院靳岷编写；第6章由山西农业大学体育部谢艳丽编写；第7章由山西农业大学党政办公室李鹏编写；第8章由山西农业大学创新创业学院王鹤编写；第9章由山西农业大学农业经济管理学院刘晓瑞编写；第10章由山西农业大学农业经济管理学院丁雪瑞编写；第11章由山西农业大学创新创业学院朱俊菲编写；第12章由山西农业大学农业经济管理学院姚晓萍编写。

　　希望本教材可以给读者带来关于创意、创新、创业理论层面的思考，帮助读者认识到创意、创新、创业意识的魅力所在，并裨益于培养和提升读者创意、创新、创业的素养。本教材既可以作为涉农院校"创新创业基础"课程的教材，也可以作为有志于在涉农领域创新创业者的入门导读。

　　本教材在编写过程中，借鉴和参考了一些国内外创意、创新、创业的教育、实践、研究等方面的文献资料，以及一些专家学者的理论和同行的观点，在此一并表示衷心感谢。

　　由于编者水平所限，书中难免有疏漏和不当之处，敬请指正。

编　者
2024年3月1日

前言(第 1 版)

为积极落实国务院办公厅《关于深化高等学校创新创业改革的实施意见》、教育部办公厅《关于做好 2018 年深化创新创业教育改革示范高校建设工作的通知》等文件精神,面向全体学生开好创新创业教育专门课程,山西农业大学于 2018 年 7 月启动了创新创业教育优质课程建设工程,确定建设山西农业大学校级创新创业课程群。根据山西农业大学学科专业属性,课程群面向涉农产业创新创业构建。根据课程群前期基础建设的完成情况,拟进行涉农产业创新创业教育课程适用系列教材建设。涉农产业创新创业系列教材共 8 种,各有侧重,在前期山西农业大学校级创新创业课程群建设基础上延伸,教学用一体设计,以创意创新创业基础导入,以种、养、加、服引申,达成企业创办与经营管理及新创企业营销策划之目标。《创意创新创业基础》是一套 8 种教材之第一种,是为大学生奠定创意创新创业基础而作。

《创意创新创业基础》与"创新创业基础"课程对应,该课程为全校本科生必修课。

《创意创新创业基础》全书共 8 章:第 1 章创意、创新、创业与人生发展,第 2 章创业机会与创业风险,第 3 章创业环境与创业资源,第 4 章创业者与创业团队,第 5 章创业计划,第 6 章新公司、新企业创办,第 7 章创业大赛与涉农企业,第 8 章业界翘楚为梦想起航。

《创意创新创业基础》紧紧围绕培养创意、创新、创业兴趣,激发创意、创新、创业热情,关注创意、创新、创业动态,了解创意、创新、创业精英及学生身边的创业者范例设计内容体系,使学生了解开展创意、创新、创业活动所需要的基础知识和基本理论,认知创意、创新、创业的基本内涵和特殊性,辩证地认识和分析创业者、创业机会、创业资源、创业计划和创业项目;使学生了解创意、创新、创业应具备的能力,创业资源整合与创业计划撰写的方法,新公司新企业的开办流程,大学期间投身创意、创新、创业的途径等;正确理解创意、创新、创业与职业生涯发展的关系,为大学学习实践乃至就业创业奠定基础。

结合山西农业大学校级创新创业课程群前期建设的经验,立足真正实现"创新创业基础"课程的教学目标,构建了本教材的编写框架和编写体例。本教材在内容呈现体例上每章设有本章要点、关键术语、本节提要、案例学习、复习思考题等。

本教材由李玉萍担任主编,高培芳、王秦俊担任副主编。李玉萍、高培芳、王秦俊制订编写大纲,经全体编委会成员反复讨论修改确定,最终由高培芳、王秦俊统稿,李玉萍统筹定稿,王如福审稿,高佳楠校稿。在准备阶段,高佳楠、宫丽云、李嘉婧等协助查阅及分析了大量资料。在本教材成书进程中,每一个环节都得到了中国林业出版社的帮助和支持,在此向各位辛勤的付出表示衷心感谢!向本教材的审稿、校稿及协助查阅分析资料的各位老师辛勤的付出表示衷心感谢!

全书 8 章的具体写作分工如下：前言和第 1 章由山西农业大学创业学院李玉萍编写；第 2 章由山西农业大学创业学院陈婕编写；第 3 章由山西农业大学创业学院王勇编写；第 4 章由山西农业大学城乡建设学院王立柱编写；第 5 章由山西农业大学城乡建设学院谢艳丽编写；第 6 章由山西经济管理干部学院冯锦军编写；第 7 章由山西省农村经济研究所郭荣珑编写；第 8 章由山西农业大学经济管理学院姚晓萍编写。

希望本教材可以给读者带来关于创意、创新、创业理论层面的思考，帮助读者认识到创意、创新、创业意识的魅力所在，并裨益于培养和提升读者创意、创新、创业的素养。本教材既可以作为涉农院校"创新创业基础"课程的教材，也可以作为有志于在涉农领域创新创业者的入门导读。

本教材在编写过程中，借鉴和参考了一些国内外创意、创新、创业的教育、实践、研究等方面的文献资料，以及一些专家学者的理论和同行的观点，在此一并表示衷心感谢。

由于编者水平所限，书中难免有疏漏和不当之处，敬请指正。

编　者
2019 年 9 月 30 日

目 录

前言(第2版)
前言(第1版)

第1章 创意、创新、创业与人生发展 ·············· 001
  1.1 创意概述 ·············· 001
  1.2 创新概述 ·············· 009
  1.3 创业概述 ·············· 014
  1.4 创意、创新、创业与人生愿景 ·············· 018

第2章 创业机会与创业风险 ·············· 027
  2.1 创业过程 ·············· 027
  2.2 创业机会 ·············· 028
  2.3 创业项目 ·············· 034
  2.4 创业风险 ·············· 038

第3章 创业环境与创业资源 ·············· 045
  3.1 创业环境 ·············· 045
  3.2 创业资源 ·············· 050
  3.3 创业资源获取 ·············· 053
  3.4 创业资源整合 ·············· 055
  3.5 创业资源的管理利用 ·············· 058

第4章 创业者与创业团队 ·············· 065
  4.1 创业者 ·············· 065
  4.2 创业团队组建 ·············· 068
  4.3 创业团队激励 ·············· 071
  4.4 创业团队风险管理 ·············· 077

第5章 商业模式 ·············· 083
  5.1 商业模式设计 ·············· 083
  5.2 商业模式的种类 ·············· 085

第6章 创业计划书 ·············· 090
  6.1 创业计划书概述 ·············· 090
  6.2 创业计划书撰写 ·············· 093

6.3 创业计划书展示 099

第7章 新企业创办 106
7.1 新企业组织形式 106
7.2 新企业的名称 108
7.3 创办新企业具备的条件 112
7.4 新企业的注册流程 115
7.5 新企业法律问题 121

第8章 创业融资 124
8.1 创业融资难的原因 124
8.2 创业融资的步骤 126
8.3 企业融资渠道和融资方式 131
8.4 创业融资和风险投资的策略 136

第9章 财务管理 141
9.1 财务管理概述 141
9.2 资金成本与资本结构决策 146
9.3 企业投资决策 151
9.4 财务报表与财务能力分析 159

第10章 营销管理 171
10.1 营销管理概述 171
10.2 STP营销战略 173
10.3 市场营销组合 179
10.4 数字化时代的新营销 192

第11章 创新创业大赛与涉农企业 196
11.1 创新创业大赛 196
11.2 涉农企业与大学生创新创业 207
11.3 大众创客空间与创业园 210

第12章 涉农创意创新创业案例 217
12.1 涉农创意案例 217
12.2 涉农创新案例 221
12.3 涉农创业案例 235

参考文献 247
附表1 复利现值系数表 $PVIF_{k,t}$ 251
附表2 年金现值系数表 $PVIFA_{k,n}$ 252

第1章　创意、创新、创业与人生发展

党的二十大报告提出："必须坚持科技是第一生产力、人才是第一资源、创新是第一动力，深入实施科教兴国战略、人才强国战略、创新驱动发展战略，开辟发展新领域新赛道，不断塑造发展新动能新优势。"大学生作为大众创业、万众创新的重要力量，为我们的经济发展和社会进步作出了不可或缺的贡献。因此，有必要加大对大学生的创新创业教育，让大学生明确自己的职业兴趣，从而为社会培养更多的创新创业人才。

本章要点：使学生了解创意、创新、创业的含义；认识创意产业的特征；尝试创新思维训练；了解创业的步骤、创业的阶段；尝试通过简单的在线测试，使学生初步了解自己的职业兴趣，引导学生结合所学专业励志定向。

关键术语：创意；创新；创业

1.1　创意概述

1.1.1　创意的含义

创意是什么？很多人对创意一词进行过阐释。在西方，"创意"有不同的理解方式，如"creative"有创造性的、有创造力的、创作的、产生的、引起的等含义。《现代汉语词典》的释义指有创造性的想法、构思等。中国学者从古至今对创意也有很多解释，汉王充《论衡·超奇》："孔子得史记以作《春秋》，及其立义创意，褒贬赏诛，不复因史记者，眇思自出於胸中也。"意思是孔子根据历史记载来写《春秋》这本书，但是《春秋》这本书里面的立场观点褒扬贬损却不是根据之前的历史记录来的，这本书里所有的观点都是出自孔子自己的内心，是孔子自己的思维。清王国维《人间词话》："美成深远之致不及欧、秦，唯言情体物，穷极工巧，故不失为第一流之作者。但恨创调之才多，创意之才少耳。"郭沫若《鼎》："文学家在自己作品的创意和风格上，应该充分地表现出自己的个性。"创意是创造性思维的产物；创意是超越常规的想法；创意是深度情感和理性的思考；创意是创造未来的过程；创意是旧元素的重新排列组合；创意是致富的知识货币。

创意起源于人类的创造力、技能和才华，创意来源于社会又指导着社会发展。人类是创意、创新的产物。类人猿首先想到了造石器，然后才动手把石器造出来，而石器一旦造出来，类人猿就变成了人。人类是在创意、创新中诞生的，也要在创意、创新中发展。从人类诞生起，创意就开始左右着人类的发展。人类每一次的发明、创造都是在一定的环境、压力、生存下产生的。语言的创意让人类变成了高级动物——直到人类发明、制造、运用了工具，并在这个技术开拓过程中深化了思考，驾驭了语言，才与其他动物有了质的区别。随着市场经济的发展和人类可持续发展问题的提出、演进，创意一词逐渐被引入商业领域,受到越来越多的学者和企业家关注。

创意是创业策划的重要环节,也是创业的第一步。创意的产生需要把握几点:一是创意的产生需要运用创造性思维和方法;二是创意必须具有独特性、新颖性和价值性;三是创意是对产品形象、风格、意境等构思的过程。

一个创意的产生可能通过多种途径,它可能源于市场需求、新技术的出现、环境的变化、一个待破解的问题或困难,也可能产生于偶尔的一个特殊灵感。无论通过何种途径,创意的产生,需要运用创造性思维,提出与众不同的新想法。因此,一个好的创意应该具有创造性、新颖性、实用性、价值性等特征。

创意不是天才的专利,创意是可学的,是普通人通过训练可以拥有的能力。一个好的创意能够改变人的命运,挽救一个企业。正如比尔·盖茨说过,好的创意才是价值之源。理查德·弗罗里达在其《创意经济》一书中断言,"哪里有创意,哪里就必定有技术创新与经济增长。"创意已经成为经济发展的不竭动力之源。

总体而言,创意就是与众不同的、创造性的、新颖的想法,它是指对现实存在事物的理解及认知所衍生出的一种新的抽象思维和行为潜能,是一种通过创新思维意识,从而进一步挖掘和激活资源组合方式,进而提升资源价值的方法。

1.1.2 创意产品

(1)创意产品的构成要素

创意产品指创意产业所产生的,在生产过程中需要耗费创造力,需要某种程度技术创新的产品。

从创意到产品需要很多要素,不同行业、企业的创意产品可能涉及的要素不同。但是,任何一个优秀创意产品的产生,都有其独特的思考逻辑和构成要素。通常情况下,一个创意产品的形成包括三个要素。

①构思概念。在充分调研的基础上,把创意产品的意境、形象、风格等构思出来。

②选择恰当的工具或素材。在产品意境、形象确定之后,就要寻找能够更好地表达这个形象或产品的工具或素材。例如,广告创意和文学产品所需要的工具可能是不同的,不同行业的创意产品所需要的素材也不同。

③表现技巧和方法。各种创意构思只有通过相应的工艺、技术和方法,才能把头脑中的创意变成现实的产品,巧妙地设计出深受消费者喜爱的创意产品。

(2)创意产品的价值

根据创意产品的构成要素,人们设计了各种各样的创意产品。人们最熟悉的创意可能是文化创意,如动画、艺术作品、广告创意等。近几年,商业创意被广泛应用于工业产品设计,从绿色环保型创意房屋、创意汽车到袖珍的创意椅子、创意茶杯、创意牙签等,创意越来越贴近人们的生活。通过创意设计的产品,更受消费者喜爱,也大大提高了创意产品的价值。

经济学家罗默(Rohmer,1986)指出,新创意会衍生出无穷的新产品、新市场和财富创造的新机会,所以新创意推动创意产品的形成,是推动一国经济成长的原动力。例如,商业活动中的创意产品对刺激经济活力具有不可替代的作用。

①吸引更多消费者。经过创意设计，生产出创意产品，使产品更加富有个性、美感，增强可使用性，满足消费者多方面的需求，吸引更多的消费者对产品的青睐。

②增加文化内涵。创意产品不局限于单纯强调由物质材料所构成的使用价值，而是赋予产品更多的文化内涵与时尚元素，大大丰富了产品的内容，消费者通过消费行为来标识自己的社会地位，获得身份认同感。

③提升经济价值。普通产品可能依据其成本定价，销售价格比较低廉，而创意产品由于具有独特性、新颖性和更多的知识、技术和文化内涵，深受消费者喜爱，自然提升了它的经济价值。

随着创意产品越来越受到消费者青睐，创意产品可带来更高的附加值。因此，提升持续发展能力，注重创意产品设计与研发，已日渐成为一个新的发展潮流和趋势。

1.1.3 创意经济

创意经济是指那些从个人的创造力、技能和天分中获取发展动力的企业，以及那些通过对知识产权的开发可创造潜在财富和就业机会的活动。它通常包括广告、建筑、艺术和古董市场、手工艺品、时尚设计、电影与视频、音乐、表演艺术、出版业、电视和广播等。此外，还包括旅游、博物馆和美术馆、遗产和体育等。

自从英国政府1998年正式提出"创意经济"的概念以来，发达国家和地区提出了创意立国或以创意为基础的经济发展模式，发展创意产业已经被提到了发达国家或地区发展的战略层面。与此同时，西方理论界也率先掀起了一股研究创意经济的热潮。从研究"创意"（creativity）本身，逐渐延伸拓展到"创意产业"（creative industry）、"创意资本"（creative capital）、"创意经济"（creative economy）、"创意阶层"（creative class）。

1.1.3.1 创意经济的概念和内涵

创意是将个人独特的天赋、才能及看法转换成新奇而有效用的想法，是一种能面对日常生活的问题或挑战，而衍生出创新主张或办法的能力，"创意经济"这个概念则由英国最先明确提出。1997年5月，英国首相布莱尔为振兴英国经济，提议并推动成立了创意产业特别工作组（Creative Industry Task Force）。这个工作组于1998年和2001年分别发布研究报告，分析英国创意产业的现状并提出发展战略；1998年，英国创意产业特别工作组在出台的《英国创意产业报告》中首次对创意经济进行了定义，将创意经济界定为"那些从个人的创造力、技能和天分中获取发展动力的企业，以及那些通过对知识产权的开发可创造潜在财富和就业机会的活动"。创意经济也称创意产业、创新经济、创意工业、创造性产业等。

随着科技对农业的贡献越来越大，创意农业随之产生，如番茄王国、南瓜餐具等，通过创意把文化艺术活动、农业技术与农耕活动以及市场需求有机结合起来，开拓了新的创意空间。到目前为止，人们吃的、穿的、玩的、使用的工具等都出现了各式各样的创意产品，如中国（寿光）国际蔬菜科技博览会（山东寿光蔬菜高科技示范园）、山西晋城司徒小镇创意农业园，都是很好的创意农业的典范，展示了创意农业发展的勃勃生机。

经济学家约翰·霍金斯（John Howkins）在《新创意经济》（2018）一书中，从产业角度界定创意经济。他把创意产业界定为其产品都在知识产权法的保护范围内的经济部门。知识产权包括专利、版权、商标和设计四大类。每一类都有自己的法律实体和管理机构，每一类都产生于保护不同种类的创造性产品的愿望。霍金斯认为，知识产权法的每一种形式都有庞大的工业与之对应，加在一起"这四种工业就组成了创造性产业和创造性经济"，全世界创意经济每天创造220亿美元，并以5%的速度递增。在这个定义上，创意产业组成了资本主义经济中非常庞大的部门。有版权的产品(书籍、电影、音乐)带来的出口收入超过了汽车、服装等制造业。霍金斯为创意经济所下的定义相对于英国创意产业特别工作组所下的定义有不少优点。它为确定一种现有的活动是否属于创造性活动提供了一种有效而又一致的方式。他特别强调了创意产业依赖于知识产权的国家强力保护体系。通过界定创意部门，霍金斯避开了该职业的性质是否有创造性这一潜在难题。对霍金斯来说，"出版书籍和摆放舞台布景的人与作者、舞台上的表演者一样都不过是创造性经济的一部分"。

卡内基梅隆大学的理查德·弗罗里达(2005)认为创意时代(creative age)已经到来。他从推动一国经济增长的主要动力出发，把世界的经济社会发展分为农业经济时代(A)、工业经济时代(M)、服务经济时代(S)、创意经济时代(C)四个时期。在1900年以前，世界还处于农业经济时代，那时的经济主要以农业为主，工业经济、服务经济和创意经济还处于萌芽状态；1900—1960年，工业经济迅速崛起，成为世界的主导经济，而农业经济在经济社会扮演的角色开始退缩，服务经济和创意经济在此期间有所发展；1960—1980年，在世界范围内服务经济超过工业经济成为领头羊，工业经济经过成熟期占世界经济的份额开始有所下降，创意经济则开始进一步发展；1980年以来，虽然服务经济依然占据主导地位，但是创意经济增长速度很快，有着超越服务经济的趋势，因此创意时代已经到来。在创意时代，一国的经济不再主要是由其自然资源、工厂生产能力、军事力量，或者科学和技术构成。在创意经济时代，竞争力围绕一个中心，即一国或一个区域能动员、吸引和留住创意人才的能力。因为推动经济增长的主要因素不再是技术和信息，而是创意。理查德·弗罗里达设计了一套衡量创意经济发展水平的指标。它由才能指标(talent index)、科技指标(high-tech index)、宽容指标(tolerance index)组成，三者权重各为1/3。

1.1.3.2 创意经济的外延

可从产业、要素、经营、管理、环境等更宽广的视野来观察和讨论创意经济的外延。

(1) 从产业角度定义创意经济

"创意产业化"意义上的创意经济，指把创意经济理解为创意产业。创意产业指将内容作为最终消费产品加以产业化的产业。英国创意产业特别工作组对创意产业部门的划分基本限制在文化产业范围内。这是最狭义的创意产业定义，它排斥了创意作为生产方式对国民经济所有部门具有的普遍意义，仅将创意视为特殊产业现象。

现代服务业意义上的创意经济，指创意作为中间产品意义上的内容产品(即内容生产资料)而形成的产业，也是指将创意方法和工具产业化而形成的服务产业。

"产业创意化"意义上的创意经济和产业创意化有不同的含义：一是将创意作为生产非内容产品的方法，并加以专业化，如策划；二是使内容作为物质产品的高端附加值部分的产业延伸方式；三是指利用广告、营销等创意环节带动其他经营环节的商业方式。

(2) 从要素角度定义创意经济

将创意经济理解为"生物进化"，强调经济的"非决定论"性质，把经济发展理解为生物进化式的自然聚集。

将创意经济理解为"人本"资源配置，不是按照资源稀缺性，以效用最大化原则来配置资源，而是通过创意配置资源，主要指根据企业家主观创意来重组资源，还包括根据价值、意义和文化标准配置资源。

(3) 从经营角度定义创意经济

将创意经济理解为对产品的内容附加值的生产；将创意经济理解为创意投入和创意资本化主导的经济行为；将创意经济理解为企业策划和广告营销。

(4) 从管理角度定义创意经济

将创意经济理解为与完备理性方法相反的"艺术化管理"；将创意经济理解为与完备理性方法相反的学习演进式管理；将创意经济理解为用完备理性方法对创意活动的管理；将创意经济理解为用完备理性方法对以创意为手段的商业活动的管理；将创意经济理解为利用综合方法对创造力进行管理；将创意经济理解为人文潜意识管理；将创意经济理解为直觉决策。

(5) 从环境角度定义创意经济

强调发展创意经济就是营造使创意具有经济性的环境；强调发展创意经济主要是提供文化公共品和创意基础设施；强调发展创意经济主要是营造文化氛围；强调发展创意经济就是营造适合创意的法律环境。

1.1.3.3 创意阶层的特征

理查德·弗罗里达(2002)认为，在创意经济时代，美国的社会阶层构造发生了重要变化。除了劳动者阶层(working class)、服务业阶层(service class)以外，一个新的阶层在悄然兴起，那就是创意阶层(creative class)。他把创意阶层分成"具有特别创造力的核心"(super creative core)和"创造性的专门职业人员"(creative professionals)两个组成部分。前者包括科学家、教授、诗人、艺术家、演员、设计师、建筑师、引导当代社会潮流的小说家、编辑、文化人士、咨询公司研究人员以及其他对社会舆论具有影响力的各行各业人士；后者包括高科技、金融、法律及其他各种知识密集型行业的专门职业人员。创意阶层的特征可概括为以下几方面。

(1) 创意阶层具有创意与创造力

理查德·弗罗里达(2002)认为，那些属于创意阶层的人们从事各种不同的行业，但其中一个共同点就是他们经常会有创新的想法，发明新技术，从事创造性的工作。评论是否属于创意阶层的指标是必需的，即职业指标和学历指标。在劳动者阶层和服务业阶层中，按工作计划不加思考地进行工作的人居多，而创意阶层更加自主灵活，在工作中充分发挥个人的创造性，进行各种新的尝试。

(2) 创意阶层具有一些共同的价值观和能力

例如，尊重个性，竞争与实力主义优先，喜欢开放与多样的城市社会环境，具有重新修改规则的能力等。理查德·弗罗里达关于创意阶层的价值观，与密歇根大学社会学家因格哈特(Ingelhart)早年提出的"后物质主义"价值观有相似之处。因格哈特(1990)指出，在发达国家，人们对经济成长的关心已逐渐被对生活方式以及自我价值实现等其他方面的关心所取代。这些价值观会大大解放个人的创造性，从而成为经济成长的新的推动力。

(3) 创意阶层对城市生活舒适条件需求较高，舒适条件好的城市会吸引创意阶层

城市舒适性(urban amenities)具备以下条件：充实的商品市场及服务；由优美的建筑和城市规划等形成的良好城市外观；低犯罪率，良好的公共服务；便捷的交通及通信基础设施(Glaeser，2000)。Glaeser以美国为例指出，即使房租和地价偏高，许多高学历者也希望在旧金山等便利性高的城市居住。在收入不变的情况下，房租与地价的上涨部分反映了人们对城市便利性的需求以及为此需要付出的价格。

(4) 创意阶层独特的生活方式以及价值取向会左右未来城市和社区的发展方向

理查德·弗罗里达(2002)认为创意阶层在选择工作时，除了对工资的关注以外，还特别重视工作的意义、工作的灵活性与安定性、同事的尊重、技术要求以及公司所在城市等其他因素。作为这种价值取向的结果，劳动力市场向水平方向发展，人们往往从所从事的职业，而不是从所在的公司那里寻找个人认同。同时，创意阶层由于工作时间延长，经常会推迟结婚和生育。在业余文化生活方面，比起像棒球、篮球等观赏型的体育运动，他们更喜欢参与型的体育运动，如自行车、攀岩、潜水、滑雪等。这些在工作与业余生活方面的价值取向变化会对城市和社区产生深刻的影响。随着创意阶层的增加，低收入的服务行业从事者也在增加。创意阶层的人们收入较高，工作时间长，因而对餐饮业、保洁业等各种生活服务的需求在加大。创意阶层与服务业阶层之间在社会经济方面的差距，在空间上的隔离会越发明显。

1.1.3.4 创意产业的特征

纵观世界不同国家或地区对创意产业的定义及具体行业的划分，不管叫"创意产业""文化创意产业""创意工业"或者"版权产业"，还是首先提出"创意产业"概念的英国所指"创意产业"的13个行业，几乎已全部列入相关国家或地区的产业范围中。创意产业具体包括的行业不外乎广告、建筑、艺术品和古玩、工艺品、设计、时装、电影与视频、动漫、音乐、表演艺术、出版、软件与电脑服务、电视和广播等。实际上，作为新崛起的产业，创意产业既有设计、研究开发、软件、咨询、会展策划、印刷包装等生产性服务的内容，也有信息、文化艺术、时尚和娱乐等消费性服务的内容。可以说，创意产业是二、三产业共同发展的结合点，是现代经济发展的新内容和新载体。

虽然在实际的政策运用或政府的产业统计中，由于各国和地区的经济社会发展阶段以及文化背景的不同，对创意产业内涵与外延的界定存在一定的差异，但总体而言创意产业还是有以下共同的特征。

(1) 创意产业具有极高的附加值，是一个"引擎"产业

创意产业在技术、知识产权、专利制度、金融服务等发展条件的支撑下，以居于价值链高端的地位渗透到所有产业，决定生产过程利润分配的本质，这也是知识经济对创意产业的要求。

(2) 从需求方面看，创意产业具有需求的不确定性

在创意产业的产品投入生产之前，无法预测消费者如何评价和对待新的创意产品，很

难根据以往经济发展形势来加以判断（R. E. Caves，2003）。从供给方面来看，创意产品体现创意的多样性和差异性。由于创意产业更多地具有文化艺术的特性，因而其风格、基调、艺术特色更多地具有多样性与差异性。

（3）创意产业是以知识产权为核心资产的新的产业门类，需要有知识产权法来保护其创新成果

创意产业也是一个智力密集型行业，其精华是人的创造力。广义的创造力可以存在于技术、经济和文化艺术三方面，即技术发明、企业家能力和艺术创造。技术发明和艺术创造需要有企业家才能获得创新，也就是变成产品和实现价值。创造力必须有知识产权保护才能创造财富。为此，有知识产权保护制度的地方才能发展创意产业。

（4）创意产业蕴含以人为本精神，是一种人本化的现代知识服务业

创意产业以人的创造性思维为最重要经济资源。每个创意工作者都可以在一定范围内，将个人对产品的理解和创意冲动倾注于实体产品的质量与形态里。它的所有的技术创新追求、文化创新追求均力求充分地考虑现代社会中那些集体和个体消费者的独特创意，互动、融合、客户、合作和网络是关键。

（5）创意产业具有产业集群的特征

创意产业的发展并不仅是个人和单个企业的行为，而是需要集体的互动和企业集群。随着各种新兴科学技术的出现，以及人们对创意产品要求的提升，创意产业内部分工也更趋细化，生产过程日益复杂，往往需要各种硬件和软件的支持，同时需要各个层面、众多创意人才协同配合才能完成。为了获得规模经济和范围经济，集群内不同类型企业共生互补，不断向产业链的两头延伸，往产业链上的价值高端攀越，是创意产业集群的共同现象。

（6）创意产业反映了产业融合的趋势

创意产业包含的专业领域很广，它和高科技产业、内容产业及文化艺术产业等有广泛的联系。正如贾斯廷·奥康纳（2004）所言："可以断言，地方和区域战略后十年的任务，是找到一种可以把文化产业与更广泛的制造业部门联系起来的方式，创造性、风险、创新和信息、知识与文化在全球经济中将具有核心作用。"

1.1.3.5 创意人才

创意人才有不同的分类标准。蒋三庚（2009）根据产业链的不同环节，把创意人才分为创意生产者、创意策划者和创意成果的经营管理者三类。

创意生产者是创意内容的提供者和创意产品的完成者。创意生产者包括艺术工作者，如画家、作家、编剧、动画制作人员等，还包括设计师，如服装设计师、建筑设计师等，同时也包括民间艺术家和民间手艺人。

创意策划者致力于把创意以最完美和最恰当的形式展现出来。他们不仅是创意的生产者，有专业技能和创意灵感；还是创意的引导者，能够整合创意资源，拓展创意空间，激发创意生产者的创意灵感。创意策划者包括导演、广告策划人、项目策划人等。

创意成果的经营管理者是指通过创意产品经营实现创意产品价值的人才。创意成果的经营管理者包括公司经理、项目经理、经纪人、中介人等。

1.1.4 创意产业园

创意产业园是产业集聚的载体,其主要构成应有相关文化创意设计方面的企业,有提供高科技技术支持(如数字网络技术)的企业,有国际化的策划推广和信息咨询等中介机构,还有从事文化创意产品生产的企业和在文化经营方面富有经验的经纪公司等。这种相互无缝连接的企业集群,构成立体的多重交织的产业链环,对提高创新能力和经济效益都具有实际意义。

(1)中国瓜果书创意产业基地

中国瓜果书创意产业基地成立于2008年11月,在深圳大学经济学院、艺术与设计学院和景德镇陶瓷学院师生的大力支持和指导下,在著名学者佛山华夏建筑陶瓷研究开发中心高级顾问、旅美学者、美国俄克拉何马州荣誉市民张有卓教授的悉心支持下,创意设计中心设计制作出了极具创意的瓜果书系列产品。瓜果书结合了最新的工艺设计思想,使盆栽技术和书本构造有机结合,开创了"书本开花结果"的奇迹。瓜果书作为极具创新意识的时尚创意产品,开创性地融合了先进的工业设计思想和园艺科学理论。在中国甚至在世界范围内首创"书,是用来种的!"的这一极具冲击力的创意。此举一定程度引领了时尚设计潮流,其卓越的气质和华贵优雅的气派体现了工业设计精髓,具有深厚的文化底蕴和时尚气息。中国瓜果书创意产业基地在充分吸收日本、美国创意设计的基础上,自主设计研发出来的瓜果书系列产品,开创性地集合了时尚创意和园艺科学理论的本质。国内瓜果书的设计和制作尚处于初期发展阶段,中国瓜果书的设计富有创意并体现了瓜果书的精髓。

(2)佛山创意产业园

佛山创意产业园位于佛山市季华路,占地面积12 hm^2,建筑面积20万 m^2。园区是"三旧"(旧城镇、旧厂房、旧村庄)改造重点项目的典范,在佛山相关管理部门的强力支持下,秉承"文化是魂,产业是根,平台是关键"的宗旨,经过5年的改造,已吸引了从事设计、金融、保险、法律服务等1 000多家企业入驻,形成了文化产业、生产性服务业、高端生活配套服务业集聚的创意产业园。先后获得"广东文化(创意)产业园""广东省知识产权试点园区""国家知识产权局专利交易基地"等14项称号,并被列为2010年广东省政府重点建设项目,先后被海内外媒体报道3 000多次。

佛山创意产业园是以"洋人街·中国梦"为主题的人居现代服务业园区,目标是打造成为白领人才办公、休闲、娱乐、购物的城市副中心。洋人街既是外国人在中国的故乡,也是中国人不出国门学习西方文化的体验馆;洋人街是产业街,既是为外国企业和人才提供服务的企业集聚地,也是到中国的外国服务业的集聚地;洋人街是平台街,既是外国人在中国创业实现梦想的平台,也是中国人借力国际智慧实现中国梦的平台。

"一群有意思的人,在一个有意思的地方,做有意思的事情,赚有意思的钱,过有意思的生活。"这是对创意产业园的形象描述。创意产业园就是一个集成的互动平台,为创意者服务、为创意企业服务、为创意活动服务。它是资源的整合者和平台的搭建者,通过搭建信息交流平台、文化艺术活动与交流平台、公共技术服务平台、融资变现平台、生活服务及采购平台、公共商务会展平台、知识产权保护平台、国际交流平台,致力于打造一个有能量的灵性空间和创意文化场,以此催生创意、变现创意、保护创意,实现创意产业化、产业创意化。

（3）山西晋城司徒小镇

晋城古称泽州、泽州府，历史悠久，是山西通往中原的门户，自古为兵家必争之地，素有"河东屏翰、中原门户、三晋咽喉"的美誉。司徒小镇位于山西东南部，晋城市城区中心的东北部，西距晋城市区北高速路口 5 km。占地千余亩*，是集特色餐饮、休闲娱乐、农耕体验、旅游购物、文化演艺等为一体的"老晋城民俗印象基地，新晋城美食旅游地标"。每年春节期间接待游客量均达百万以上人次，屡次刷新晋城旅游行业新纪录。游客大多来自山西、河南、河北、陕西以及长三角地区，奔着各种山西各地美食和各种民俗，特别是晋城市独有的"泽州打铁花"而来。浓郁的山西民俗风情和精彩呈现的非物质文化遗产千人"打铁花"实景演绎，绝美绚烂，广受全国各地游客的喜爱。司徒小镇从晋城市现代都市农业生态园逐渐被打造成了一个集休闲旅游、餐饮、住宿为一体的充满晋东南地方风情的精品小镇。

春节是司徒小镇的黄金游玩期。春节期间，省级非物质文化遗产千年绝技"打铁花"在司徒小镇内的人工湖广场精彩上演，民间匠人用熔炉将生铁熔化成数千摄氏度的铁汁，抛起用力击向天空，朵朵铁花如天女散花，绚丽夺目，夜空之下，火星璀璨，带来的是红火和惊诧，也带来了希望与憧憬，吸引大量游客前来观看。最高峰时期，单日游客量高达 15 万人，创造了多项晋城市城区景区接待量的新纪录。

1.2 创新概述

1.2.1 创新的含义

创新是指人类为了满足自身需要，不断拓展对客观世界及其自身的认知与行为的过程和结果的活动。具体来说，创新是指人为了一定的目的，遵循事物的发展规律，对事物的整体或其中的某些部分进行变革，从而使其得以更新与发展的活动。创新，顾名思义，创造新的事物。《广雅》有"创，始也"；新，与旧相对。创新一词出现很早，如《魏书》有"革弊创新"，《周书》有"创新改旧"。与创新含义近同的词汇有维新、鼎新等。

创新概念起源于经济学家熊彼特《经济发展理论》。熊彼特提出，创新是指把一种新的生产要素和生产条件的"新结合"引入生产体系。熊彼特的创新概念包含的范围很广，其包括五种情况：引入一种新产品、引入一种新的生产方法、开辟一个新的市场、获得原材料或半成品的一种新的供应来源、新的组织形式。随后有关创新的研究逐渐深化，进而形成较为系统的理论。

1.2.2 创新的类型

创新虽有大小、层次之分，但无领域、范围之限。若按大的属性划分，可以将创新粗略地分为知识创新、技术创新、管理创新和方法创新四大类。

---

* 1 亩 = 1/15 hm²。

(1) 知识创新

知识创新就是对现有知识的构成要素进行新的组合或分解，是在现有知识基础上的进步或发展，是在现有知识基础上的发明或创造。人们一般将知识细分为自然科学知识和社会科学知识两类，因而知识创新也可以进一步细分为自然科学知识创新和社会科学知识创新。

(2) 技术创新

技术创新就是对现有技术构成要素进行新的组合或分解，是在现有技术基础上的进步或发展，是在现有技术基础上的发明或创造。技术一般可以细分为自然科学技术和社会科学技术两大类。技术创新也可以进一步细分为自然科学技术创新和社会科学技术创新。

(3) 管理创新

管理创新是指对现有管理构成要素进行新的组合或分解，是在现有管理基础上的进步或发展，是在现有管理基础上的发明或创造。"管理"一词一般有三个方面的含义：①负责某项工作，使其顺利进行；②保管和料理；③照管并约束。但是从本质上看，管理的主要构成要素是管理知识、管理方法。管理创新可以进一步细分为行政管理创新、企业管理创新、事业管理创新、团体管理创新和个人管理创新。

(4) 方法创新

方法是指人们在探索、利用或改造世界的实践中所积累的观察问题、分析问题或解决问题的途径、程序或诀窍等。方法创新就是对现有方法构成要素进行新的组合或分解，是在现有方法基础上的进步或发展，是在现有方法基础上的发明或创造。

1.2.3 创新思维训练

(1) 求异思维的自我训练

创新思维训练并不难，关键是要通过练习而形成一种崭新的思维习惯，以至于遇到问题时，能用与众不同的眼光来看待和分析这些问题，训练伊始，可以从身边的工作生活开始，或者看到什么事都可以想一想，难道只能这样吗？还能做哪些改变呢？

在进行训练的时候，采用看到什么就拿什么提问，遇到什么提问就拿什么问题说事的办法，每天都要做练习，同时也做记录，先不管问过之后的新想法是否有价值，先让思维形成一种习惯，这一点非常重要。

怎样才能训练求异思维能力呢？可以这样考虑，就是遇到一件事情的时候，考虑难道这个事情真的会是这样吗？有没有其他的处理方法呢？通过假设、猜想、求异。这种思维一旦形成习惯，对思维训练是非常有帮助的。

(2) 扩散思维的自我训练

扩散思维和集中思维怎样去做自我训练？我们可以做这样一个训练，比如说所见到的麦子，它是一种农产品，那么用麦子可以制作什么样的食品，列举出麦子能制作的食品的种类，列举越多，证明扩散思维的能力就越强。扩散思维，是从一个集中的点向四周扩散的一种思维方式，也称发散思维。扩散思维在整个思维的过程中是不受任何约束的，也就是说在思维的过程中它们的范围是比较宽的、方向是多向的，能够在思维的过程中捕捉到更多的信息，寻找到更多解决问题的途径。如果将扩散思维用于创新，就是将针对创新能力的扩展、扩散思维用于创新能力的培养上。扩散思维能力的高低，直接影响创新能力的高低。集中思维，实际上是在扩散思维的基础之上，把所获取的一些信息，重新进行归纳、整理、组织，然后，往正确处理问题的方案集中引导。通过这种集中思维的方式，可以找到解决问题的最佳方式。在训练扩散思维的时候，比如说使用一种工具，这种工具能够在哪些方面使用，能够以怎样的方式使用，想象的越多，证明扩散思维的能力越强。比如说手机，手机的用途有哪些方面，考虑得越多，思维就越扩散，思维就越强。再比如说平常听到的铃声，那么铃声有多少功能呢？铃声的功能都体现在哪些方面呢？它主要应用于哪些领域呢？可以围绕这个展开想象来进行思维能力的培养，主要培养扩散思维。

集中思维能力的培养，要尽可能地先使用扩散思维，想象出能有多种方式可以解决问题，然后在获取信息的基础上，对各个解决办法进行比较，选择其中最佳的一个解决问题的办法。在这个过程中，实际上对扩散思维和集中思维同时进行了训练。

(3) 联想思维的自我训练

联想就是指从一种事物想到另外一种事物的心理过程，联想可以是概念与概念之间的联想，也可以是方法与方法之间的联想，还可以是自行想象形象之间的联想。看到地上潮湿的时候，可以想象到下雨；看到树动的时候，可以联想到刮风。联想的本质实际上就是事物之间存在的联系。在观察两个事物的时候，它们之间要么有直接的联系，要么有间接的联系，所以就给联想思维提供了一个依据。

联想的方法一般有自由联想法、强制联想法、仿生联想法。自由联想法，就是在思维方面，不受任何限制的联想，可以从多方面、多角度、多方位、多种可能性等，寻找最佳的解决问题的办法或方案。强制联想法，就是给出固定的两个事物，然后从中找出它们之间的联系。比如一本书和一个桌子，怎样才可以把二者联系在一起呢？可以这样想，书可以放在桌子上，书里面可以画上一张桌子。仿生联想法，就是通过研究生物的技能，或者是结构特征等，来设想创造一种对象的方法，像自然界中的飞鸟，通过联想想象可以创造飞行器。仿生学通过仿生而创作的产品，可以说举不胜举。根据三种联想方式，可以针对不同的联想方式来进行自我联想思维的训练。比如，见到老师的时候可以联想到学校、学生；见到医生的时候可以联想到医院、病人、护士等。

(4) 直觉思维的自我训练

直觉思维即不需经过大脑的分析、推理，而直接给出答案的过程。它是大脑受到外界刺激后马上产生的一种反应，这种反应形成的预感是不加任何思索推理的结果。那么直觉思维为什么常常是正确的呢？甚至具有创造性呢？这是因为直觉的本质是在经验的前提下，大脑对思维过程进行简化压缩或超越后得出事物的规律或问题的答案的一种闪电式顿悟。

尽管直觉在创新活动中起着非常重要的作用，但必须指出的是直觉是以经验为基础的，越是熟悉的事物越容易产生直觉，而经验是有限的，这一有限性，常导致创新者凭直觉得出的结论被限制在一定的范围内，并可能出现错误的论断。比如，在没有对病人做周密的观察之前，从中根据直觉判断，医生就有可能做出错误的诊断。因此，在创造过程中，既要重视直觉思维的积极作用，又要注意克服它的缺陷，对于由直觉得出的猜测，应进一步用实践来检验它的正确性。

直觉思维的自我训练，主要是训练正确利用直觉思维的能力，也就是说当直觉提示我们的时候，既不要因为忽视直觉的提示而错失良机，也不要因为过分迷恋直觉而导致走向的错误。遇到自己无法立即明确下结论的时候，一定要给予高度重视，并按照科学的方式、方法来进行求证，以得到正确的结果。

(5) 灵感与灵感思维训练

灵感思维是大脑的一种潜在机能，是客观存在的，是思维发展到高级阶段的产物，钱学森教授曾说："刚出生下来的娃娃不会有灵感，所以灵感是人们社会实践的结果，不是神授；既是社会实践的结果，又是经验的总结，那它就有规律。总而言之，应该是有一种人可以控制的大脑活动，有一种思维，也是有规律的。"

灵感的特点主要表现在以下方面：①突如其来，让人茅塞顿开。②它不为人的意志所左右，也不能预定时间。③瞬间即逝，飘然而去。灵感呈现过程极其短促，往往只是一瞬间一刹那，稍纵即逝。为了避免事后后悔，一定要随身携带笔、纸张，当灵感闪现的时候，把它写下来，是留住它的最好办法。

1.2.4 创新能力的构成

创新能力是指技术和各种实践活动领域中不断提供具有经济价值、社会价值、生态价值的新思想、新理论、新方法和新发明的能力。创新能力由学习能力、分析能力、综合能力等构成。

(1) 学习能力

学习能力一般是指人们在正式学习或非正式学习环境下，自我求知、做事、发展的能力，如观察力、记忆力、抽象概括能力、注意力、理解能力等，体现个体运用科学的学习方法去独立地获取信息、加工和利用信息、分析和解决实际问题的一种个性特征。

(2) 分析能力

分析能力是指把某一事物、现象、概念分成较简单的部分，并对其进行单独剖析、分辨、观察和研究的技能和本领。事物是由不同要素、不同层次、不同规定性组成的统一整体。认识事物的有效方式之一就是把它的每个要素、层次、规定性在思维中暂时分割开来进行考察和研究，弄清楚每个局部的性质、局部之间的相互关系以及局部与整体的联系。

(3) 综合能力

综合能力是指在思维中把客观对象的各个部分结合成一个有机整体进行考察、认识的技能和本领。思维中的综合，是把客观存在的各个要素、层次和规定性，用一定线索把它们联系起来，从中发现它们之间的本质关系和发展的规律。

(4) 想象能力

想象能力是指以一定知识和经验为基础，通过直觉、形象思维或组合思维，不受已有结论、观点、框架和理论的限制，提出新设想、新创见的能力。想象力往往是发现问题和解决问题的突破口，在创新活动中扮演突击队和急先锋的角色，缺乏想象力很难从事创新工作。

(5) 批判能力

与其他能力相比,批判能力贵在发现问题。批判能力表现在两个方面:在学习、吸收已有知识和经验时,批判能力保证人们不盲从,而是批判性地、选择性地吸收和接受,去粗取精、去伪存真;在研究和创新方面,质疑和批判是创新的起点,没有质疑和批判就只能跟在权威和定论后面亦步亦趋。

(6) 创造能力

创造能力是善于运用前人经验,并以新的内容和形式来完成工作任务的能力,是创新能力的核心,是指提出新的概念、方法、理论、工具、解决方案、实施方案等的能力,是创新人才的禀赋、知识、经验、动力和毅力的综合体现。

(7) 解决问题的能力

解决问题的能力基于发现问题。解决问题的能力包括提出问题和凝练问题,针对问题选择和调动已有的经验、知识和方法,设计和实施解决问题的方案,对于难题能够创造性地组合已有的方法乃至提出新的解决方法。

(8) 实践能力

实践能力是指实际动手能力或理论应用于实际的能力。实践能力常特指社会实践能力。提出创造发明成果,只是创新活动的第一阶段,要使成果得到承认、传播、应用,实现其学术价值、经济价值和社会价值,必须要和社会打交道,实践能力就是为实现这一目标而进行的各种社会实践活动的能力。

(9) 组织协调能力

组织协调能力是指根据工作目标任务,对资源进行分配,同时控制、激励和协调群体活动过程,使之相互融合,从而实现组织目标的能力。一般认为,组织协调能力包括组织能力、授权能力、冲突处理能力、激励下属能力。

(10) 整合多种能力的能力

创新人才的宝贵之处不仅在于拥有多种才能,更重要的是能够把多种才能有效地整合在一起发挥作用。整合多种能力的能力是能力增长和人格发展的结果,这需要通过学习、实践和人生历练。能否完成重大创新,拥有整合多种能力的能力是一个关键。

1.2.5 创新能力的培养

人人具有创新的潜能,只要采取合适的方法,创新能力都可以大幅度提高,培养大学生创新能力,既是实施科教兴国和建设创新型国家的必然要求,也是提高大学生自身综合素质的重要途径,在建设创新型国家的战略部署下培养大学生创新能力势在必行。

(1) 重视学生的个性发展与创造精神

要把每个学生看作具有创造潜能的主体,具有丰富个性的主体。学校要重视学生的个性差异,注重学生的个性发展,因材施教。如果各环节管理过死,学生就会完全处于被动状态,个性得不到尊重和发展,就谈不上培养学生的创造精神和创新能力,为此,应该改革传统的教育教学管理体制。例如,可以实行学习过程多元化的管理模式,允许大学未毕业的学生进行自主创业,为他们保留一定时间的学籍,激励那些敢于创新的学生脱颖而出。

(2) 营造校园创新环境与创新氛围

学校创新环境的建设是创新人才培养的必要条件，要把创新环境的建设放在学校工作的重要地位，大学应该充分发挥第二课堂的作用，定期举办各种学术讲座、学术沙龙和大学生科技报告会，出版大学生论文集，鼓励学生积极参加学术活动，对于不同领域的知识有一个大体的涉猎，进行不同学科之间的交流，从而学习他人如何创造性地解决问题的思维和方法，以强化创新意识。鼓励学生大胆创新，可以让他们参加教师的科研课题，也可以由学生自拟题目，并选派教师指导，对学生的科研课题进行定期检查和鉴定，这样可以培养学生的创新力和责任心，拓展学生的视野，有效发挥他们的创造才能。建立激励竞争机制，举办各种形式的竞赛活动，对在创新方面成绩突出的学生进行表彰和奖励。

(3) 构建合理的课程体系，开设专门的创新课程

创造能力来源于扎实的基础知识和良好的素质，仅仅掌握单一的专业知识是不够的，因此，加强学生基础教育的内涵更新和外延拓展及构建合理的课程体系就显得非常重要。大学教育中要注重文理渗透，可以对文科学生开设部分自然科学课程，对理科学生适当加强人文学科课程的教育，使学科之间相互渗透，改变专业划分过细、学生知识面狭窄的现状，实行大学科、大专业教育，使课程之间相互渗透，打破明显的课程界限。增加选修课的比例，倡导学生跨系、跨专业选修课程，使学生依托一个专业，着眼于综合性较强的跨学科训练。这不仅可以优化学生的知识结构，为以后在某个专业深造做好准备，同时也有利于发展学生的兴趣，使之能够学有所长。此外，还应尽可能开设一系列专门的创新课程，有重点地对学生进行一些创新的基本训练。

1.3 创业概述

1.3.1 创业的含义

"创业"一词由"创"和"业"组成，所谓"创"就是创造，即创建、创立、创新之意，《辞海》的解释是"创立基业"。古代《孟子·梁惠王》有："君子创业垂统，为可继也。"诸葛亮《出师表》曰："先帝创业未半，而中道崩殂。"这里的"创业"是广义上的创业，是指"事业的基础、根基"，既可以是古代的"帝王之业""霸王之业"，也可以是百姓家业、家产和个人事业。关于"业"字，其含义也很多，《现代汉语成语辞典》对"业"有如下解释：学业；修业，毕业，就业，转业；事业，功业；家业，产业，企业；专业，职业；正业，副业；行业等。可见"业"的内涵极为丰富。同样，"创业"的内涵也极其丰富，有性质、类别、范围和过程阶段等方面的区别与差异。

在现代社会中，"创业"被普遍用于描述开创某种事业的活动，与保持前人已有成就和业绩的"守业"是相对的。改革开放以来，创业常指一切个人或团队创立自己的产业的活动，如开店、办厂、创办公司、投资生意等生产经营活动。在高等教育中表述的"创业"，主要指以所学知识为基础，以技术、工艺、产品、服务的创新成果为支柱，以风险投资基金为依托，开创性地提供有广阔前景的新技术、新工艺、新产品、新服务，直至孵化出新的高新技术企业甚至新产业部门的一系列活动。

创业有广义和狭义之分，区分在于对"业"的理解或释义。一般地，创业是创业者对自己拥有的资源或通过努力对能够获取的资源进行优化整合，从而创造出更大的经济价值或社会价值的过程。

杰弗里·蒂蒙斯(Jeffry A. Timmons)在其所著的《创业学》经典教科书中，给出的定义是：创业是一种思考、推理和行动的方法，它不仅要受机会的制约，还要求创业者有完整缜密的实施方法。

1.3.2 创业的要素和创业的类型

1.3.2.1 创业的要素

创业是创业者通过发现和识别商机，组织各种资源，提供产品和服务，以创造商业价值的过程，这一过程的中心在于整合各种必要资源、利用资源并创造价值。在这一定义中，包含创业者与创业团队、创业机会、创业资源等要素。

(1) 创业者与创业团队

创业者是置身于创业过程核心的个人或团队，是创业的主体。作为创业主体要满足具有强烈的创业意愿、具有足够的创业能力两个条件。创业者通常独自创业，但是在许多情形下创业团队是十分重要的，不同的团队成员扮演不同的角色并分担相应的责任。创业者承担个人财务和声誉上的风险从事创业活动，在创业过程中起着关键的推动和领导作用，包括商机识别、企业组织的创立、融资、产品创新、资源获取和有效配置及运用，以及市场开拓等。创业的成功与失败很大程度上取决于创业者和团队的素质与经验。创业者和创业团队在创业中的作用比创意、机会、资源更加重要，因为创意能否转化为机会，机会能否实现其价值和资源能否得到有效利用，都取决于创业者和创业团队的素质和经验。

(2) 创业机会

创业机会是指存在于某种特定的经营环境条件下，企业可以通过一定的商业活动发现、分析、选择、利用，并为企业创造利润和价值的市场需求。市场需求对于意欲创业者来说就是创业机会，利用这种创业机会是创业者进行创业的主要驱动力量。利用创业机会并将其转化为价值的过程就是创业的过程。创业者往往从发现和识别创业机会开始创业，努力以现在不能的方式来做重要的事情，并且做得更好，这种改进就是创业者对于市场的创新，如果市场认同这种改进，并且创业者可以有效创新并且盈利，就可以创造价值，实现创业目标。

(3) 创业资源

创业资源包括：人员，如管理团队、董事会、律师、会计师等；财务资源；资产，如厂房和设备；商业计划。创业过程中需要什么资源，什么时候需要，以及如何获取这些资源，这些均为战略决策。霍华德·H. 史蒂文森指出，创业者在新创企业成长的每个阶段都尽可能最少化利用各类资源。比如，采取分阶段进行资本注入的方式进行融资。这样的话，企业的资金更少、灵活性更强、沉没成本更低、风险也更低。

(4) 想法或思路

思维人人都有，但关于创业的思路不是所有人都具备。想法或思路的载体是创业计划,创业计划描述关于创业的设想。关于创业计划的格式化、规范化的文本称为创业计划书。创业计划书要能够用七问分析法清晰地描述。在后续课程推进中,将循序渐进,由表及里、由浅入深,引导学生从案例赏析切入,欣赏别人创业,解析别人创业,模仿别人创业……逐渐深化,从而达成双创教育课程设置的目的。

1.3.2.2 创业的类型

(1)根据创业组织分类

根据创业活动组织不同,可以分为个体创业和公司创业。个体创业主要指与原有组织实体不相关的个体或团队的创业行为;公司创业主要指由已有组织发起的组织的创造、更新与创新活动。虽然在创业本质上,公司创业和个体创业有许多共同点,但是由于起初的资源禀赋不同、组织形态不同、战略目标不同等,在创业风险承担、成果收获、创业环境、创业成长等方面也有很大差异。

(2)根据创业动机分类

根据创业动机的差异,可以分为生存型创业和机会型创业。生存型创业指那些由于没有其他就业选择或对其他就业选择不满意而从事创业的活动,生存型创业的目的在于谋生,为了谋生而自觉或被迫走上创业之路;机会型创业指那些为了追求一个商机而从事创业的活动,机会型创业的出发点并非谋生,而是为了抓住和利用市场机遇,虽然创业者还有其他的选择,但由于他们的个体偏好而选择了创业。

(3)根据创业主体分类

根据创业主体的差异,可以分为大学生创业、无业或失业者创业和兼职者创业。大学生创业,可独立创业,也可合伙创业;可选择所学专业相关的,也可选择非所学专业相关的,大学生创业的目的是多元化的。无业或失业者通过自身努力,可以成为创业成功者。这类创业多选择投资少、回报快、风险低的服务行业,比如各地的家政服务就是无业或失业人员开办的,其市场潜力很大,十分适合有生活经验的中年妇女。兼职者创业,如大学老师中有一部分就是兼职创业者,尤其是从事艺术专业的,自己建立公司,对外招揽生意;也有一些研究生、博士生在读期间就开始创业。

(4)根据创业方式分类

根据创业者创业方式的差异,可以分为复制型创业、模仿型创业、安家型创业、冒险型创业。复制型创业是在现有经营模式基础上的简单复制。例如,某人原先担任某家电公司部门主管,后来他自行离职,创建了一家与原家电公司相似的新家电公司,且新组建公司的经营风格也基本与离职前的那家公司相同。模仿型创业是创业者采取模仿和学习他人创业成功范例而进行的创业活动。模仿型创业具有投资少、见效快、迅速进入市场等特点,对于市场来说虽然也很少带来新创造的价值,创新的成分也很低,但对创业者本身的改变还是较大的。例如,某煤矿公司的经理辞职后,模仿别人新组建一家网络公司。安家型创业以企业内部创业为代表,支持员工内部创业的主要目的是为了留住具有创新精神和才能的优秀人才。这种形式的创业,重点是对"安"与"家"的理解与考量,创业者所从事的仍旧是原先熟悉的工作。例如,企业内部的研发小组在开发完成一项新产品后,继续在该公司开发另一种新产品项目,并不对原有组织结构进行重新设计和调整。冒险型创业指难度很高，有较高的失败率，但成功所得的报酬也很诱人的创业活动。这种类型的创业如欲获得成功，必须在创业者、创业时机、创业精神、创业策略、模式设计、创业管理等方面具备较强的能力。

1.3.3 创业的步骤和创业的阶段

1.3.3.1 创业的步骤

(1) 选定创业项目

对大量创业成功者的实例研究证明，选定好的创业项目是创业成功的前提和基础。选择创业项目，不仅要对自身的兴趣、特长、实力进行全面客观的分析，而且要善于发现市场机会，把握未来发展趋势。

(2) 拟订创业计划

选定创业项目是指决定创业"干什么"，拟订创业计划则是指决定创业"怎么干"。可行的创业计划是创业成功的基础。只有拟出切实可行的创业计划，创业活动才能有的放矢，减少失误，提高创业成功的可能性。

(3) 筹集创业资金

常言说，巧妇难为无米之炊。创业也是一样，必须拥有一定的资金，否则，创业活动就无法展开。创业初期，创业者一般都缺乏资金，因此，筹集创业启动资金就成为创业者必须解决的首要问题。

(4) 办理创业有关的法律手续

创业者确定创业，需要先创办自己的创业公司，必须按照有关法律、法规要求，准备国家要求的有关资料和注册资金，到所属地市场监督管理部门按照流程登记注册公司，完成新公司创办。

(5) 创业计划的实施

创业者完成了前四步创业活动的准备工作后，接下来就要按照拟订的创业计划要求，组织调配人、财、物等资源，进入创业活动的实施阶段。创业实施阶段的工作既是创业活动的重点，也是创业活动的难点，这一阶段的工作成效决定创业者能否实现创业的目标。

1.3.3.2 创业的阶段

创业旨在通过某种方式来探索、评估和开发潜在的机会，从而创造出未来的商品和服务。由于创业的本质是一种行为过程，学者们在进行关于创业行为的研究时，开始关注创业阶段的研究，由于划分标准的不同，学者们对创业阶段进行了不同的划分。Reynolds 根据全球创业观察(GEM)报告的定义，将创业进程分为创业机会识别期、创业机会开发期、新企业成长期、企业稳定期四个阶段。Klyver 将创业周期分为探索阶段、初创阶段、新企业阶段三个阶段。我国学者蔡莉和单标安认为创业年龄8年以下的企业均属于新企业，并且他们在 LeunG 等学者将新企业分为创建期和成长期基础上，借鉴了 Littunen 的观点，将新企业分为创建期、存活期、成长期三个阶段。Coviello 认为创业研究的内容主要是指 Reynolds 划分的创业四阶段的前三个阶段，创业企业进入稳定期后，不再属于创业研究范畴。以上这些学者都强调了创业机会识别、创业机会开发、新创企业成长三个阶段是创业发展的关键阶段。

1.4 创意、创新、创业与人生愿景

1.4.1 职业兴趣测试

1.4.1.1 霍兰德职业兴趣测试

霍兰德职业兴趣测试由美国著名职业指导专家霍兰德编制，主要用于确定被测试者的职业兴趣倾向，进而用于指导被测试者选择适合自身职业兴趣的专业发展方向和职业发展方向。

霍兰德认为人的人格类型、兴趣与职业密切相关，兴趣是人们活动的巨大动力，凡是具有职业兴趣的职业，都可以提高人们的积极性，促使人们积极地、愉快地从事该职业，且职业兴趣与人格之间存在很高的相关性。霍兰德认为人格可分为现实型(R)、研究型(I)、艺术型(A)、社会型(S)、企业型(E)和常规型(C)六种类型。

(1) 现实型(R)

共同特点：愿意使用工具从事操作性工作，动手能力强，做事手脚灵活，动作协调。偏好于具体任务，不善言辞，做事保守，较为谦虚。缺乏社交能力，通常喜欢独立做事。

典型职业：喜欢使用工具、机器，需要基本操作技能的工作。对要求具备机械方面才能、体力或从事与物件、机器、工具、运动器材、植物、动物相关的职业有兴趣，并具备相应能力。例如，技术性职业(计算机硬件人员、摄影师、制图员、机械装配工)，技能性职业(木匠、厨师、技工、修理工)。

(2) 研究型(I)

共同特点：思想家而非实干家，抽象思维能力强，求知欲强，肯动脑，善思考，不愿动手。喜欢独立的和富有创造性的工作。知识渊博，有学识才能，不善于领导他人。考虑问题理性，做事喜欢精确，喜欢逻辑分析和推理，不断探讨未知的领域。

典型职业：喜欢智力的、抽象的、分析的、独立的定向任务，要求具备分析才能，并将其用于观察、估测、衡量、形成理论、最终解决问题的工作，并具备相应的能力。例如，科学研究人员、教师、工程师、电脑编程人员、医生、系统分析员。

(3) 艺术型(A)

共同特点：有创造力，乐于创造新颖、与众不同的成果，渴望表现自己的个性，实现自身的价值。做事理想化，追求完美，不重实际。具有一定的艺术才能和个性。善于表达、怀旧，心态较为复杂。

典型职业：喜欢的工作要求具备艺术修养、创造力、表达能力和敏锐的直觉，并将其用于语言、行为、声音、颜色和形式的审美、思索和感受，具备相应的能力。不善于事务性工作。例如，艺术方面(演员、导演、艺术设计师、雕刻家、建筑师、摄影家、广告制作人)，音乐方面(歌唱家、作曲家、乐队指挥)，文学方面(小说家、诗人、剧作家)。

(4) 社会型(S)

共同特点：喜欢与人交往，不断结交新的朋友，善言谈，愿意教导别人。关心社会问

题，渴望发挥自己的社会作用。寻求广泛的人际关系，比较看重社会义务和社会道德。

典型职业：喜欢要求与人打交道的工作，能够不断结交新的朋友，从事提供信息、启迪、帮助、培训、开发或治疗等事务，并具备相应能力。例如，教育工作者(教师、教育行政人员)，社会工作者(咨询人员、公关人员)。

(5) 企业型(E)

共同特点：追求权力、权威和物质财富，具有领导才能。喜欢竞争，敢冒风险，有野心、有抱负。为人务实，习惯以利益得失、权利、地位、金钱等来衡量做事的价值，做事有较强的目的性。

典型职业：喜欢要求具备经营、管理、劝服、监督和领导才能，以实现机构、政治、社会及经济目标的工作，并具备相应的能力。例如，项目经理、销售人员、营销管理人员、政府官员、企业领导、法官、律师。

(6) 常规型(C)

共同特点：尊重权威和规章制度，喜欢按计划办事，细心、有条理，习惯接受他人的指挥和领导，自己不谋求领导职务。喜欢关注实际和细节情况，通常较为谨慎和保守，缺乏创造性，不喜欢冒险和竞争，富有自我牺牲精神。

典型职业：喜欢要求注意细节、精确度、有系统、有条理，具有记录、归档、根据特定要求或程序组织数据和文字信息的职业，并具备相应能力。例如，秘书、办公室人员、记事员、会计、行政助理、图书馆管理员、出纳员、打字员、投资分析员。

在霍兰德的理论中，人格被看作是兴趣、价值、需求、技巧、信仰、态度和学习个性的综合体。就职业选择而言，兴趣是个体和职业匹配的过程中最重要的因素，直至目前，霍兰德职业兴趣理论是最具影响力的职业发展理论和职业分类体系。

人们通常倾向选择与自我兴趣类型匹配的职业环境，如具有现实型兴趣的人希望在现实型的职业环境中工作，可以最好地发挥个人的潜能，但职业选择中，个体并非一定要选择与自己兴趣完全对应的职业环境。一则因为个体本身常是多种兴趣类型的综合体，单一类型显著突出的情况不多，因此评价个体的兴趣类型时也时常以其在六大类型中得分居前三位的类型组合而成。二则因为影响职业选择的因素是多方面的，不完全依据兴趣类型，还要参照社会的职业需求及获得职业的现实可能性。因此，职业选择时会不断妥协，个体需要逐渐适应社会的职业供给状况。

职业兴趣是职业选择中最重要的因素，是一种强大的精神力量。职业兴趣测验可以帮助个体了解自己，从而能得到最适宜的活动情境并给予最大的能力投入，根据霍兰德的理论，个体的职业兴趣可以影响其对职业的满意程度，当个体所从事的职业和他的职业兴趣类型匹配时，个体的潜在能力可以得到淋漓尽致的发挥，工作业绩也更加显著。在职业兴趣测试的帮助下，个体可以清晰地了解自己的职业兴趣类型和在职业选择中的主观倾向，从而在纷繁的职业机会中找寻到最适合自己的职业，避免职业选择中的盲目行为。尤其是对于大学生和缺乏职业经验的人，霍兰德的职业兴趣理论可以帮助其做好职业选择和职业设计，成功地进行职业调整，从整体上认识和发展自己的职业能力。

通过在线完成霍兰德职业兴趣测试，可以预知自己的个性特征，可以帮助被测试者做个性自评，从而获悉自己的个性特征更适合从事哪方面的工作，有助于选择适合于个人发展的职业。

1.4.1.2 职业锚测试

职业锚(career anchor),又称职业系留点,实际就是人们选择和发展自己的职业时所围绕的中心,是指当一个人不得不做出选择的时候,他无论如何都不会放弃的职业中的那种至关重要的东西或价值观。职业锚是自我意向的一个习得部分,个人进入早期工作情境后,由习得的实际工作经验所决定,与在经验中自省的动机、价值观、才干相符合,达到自我满足和补偿的一种稳定的职业定位。职业锚强调个人能力、动机和价值观三方面的相互作用与整合。职业锚是个人同工作环境互动作用的产物,在实际工作中是不断调整的。

职业锚问卷(career anchor questionnaire)是一种职业生涯规划咨询、自我了解的工具,是国外职业测评运用最广泛、最有效的工具之一,能够协助组织或个人进行更理想的职业生涯发展规划。职业锚分为八种类型。

(1)技术/职能型(technical/functional competence)职业锚

技术/职能型的人追求在专业领域中展示自己的技能,并不断把自己的技术发展到更高层次。希望通过施展自己的技能以获取别人认可,并乐于接受来自专业领域的挑战,可能愿意成为技术/职能领域的管理者,但管理本身不能给你带来乐趣,极力避免全面管理的职位,因为这意味着你可能会脱离自己擅长的专业领域。

(2)管理型(general/managerial competence)职业锚

管理型的人追求升迁到组织中更高的管理职位,这样能够整合其他人的工作,并对组织中某项工作的绩效承担责任。你希望为最终的结果承担责任,并把组织的成功看作是自己的工作。如果目前在技术/职能部门工作,你会将此看成积累经验的必须过程,你的目标是尽快得到一个全面管理的职位,因为你对技术/职能部门的管理不感兴趣。

(3)自主/独立型(autonomy/independence)职业锚

自主/独立型的人追求按照自己的方式工作和生活,希望能够提供足够的灵活性,并由自己来决定何时及如何在组织中工作。如果你无法忍受任何程度上的公司的约束,就会去寻找一些有足够自由的职业,你宁可放弃升职加薪的机会,也不愿意丧失自己的独立自主性。

(4)安全/稳定型(security/stability)职业锚

安全/稳定型的人追求稳定的或终身雇佣的职位,你希望有成功的感觉,这样你才可以放松下来。你关注财务安全(如养老金和退休金方案)和就业安全。你对组织忠诚,对雇主言听计从,希望以此换取终身雇佣的承诺,虽然你可以到达更高的职位,但你对工作的内容和在组织内的等级地位并不关心。任何人(包括自主/独立型)都有安全和稳定的需要,在财务负担加重或面临退休时,这种需要会更加明显。安全/稳定型职业锚的人总是关注安全和稳定问题,并把自我认知建立在如何管理安全与稳定上。

(5)创造/创业型(entrepreneurial/creativity)职业锚

创造/创业型的人追求的是凭借自己的能力和冒险愿望,扫除障碍,创立属于自己的公司或组织。你希望向世界证明你有能力创建一家企业,现在你可能在某一组织中为别人工作,但同时你会学习并评估未来的机会,一旦你认为时机成熟,就会尽快开始自己的创业历程。你希望自己的企业有非常高的现金收入,以证明你的能力。

(6)服务型(sense of service, dedication to a cause)职业锚

服务型的人追求做一些有价值的事情,如让世界更适合人类居住,解决环境问题,增进人与人之间的和谐,帮助他人,增强人们的安全感,用新产品治疗疾病等。你宁愿离开原来的组织,也不会放弃对这些工作机会的追求。同样,你也会拒绝任何使你离开这些工作的调动和升迁。

(7)挑战型(challenge)职业锚

挑战型的人追求去解决看上去无法解决的问题,战胜强硬的对手或克服面临的困难。对你而言,职业的意义在于允许你战胜不可能的事情,有的人在需要高智商的职业中发现这种纯粹的挑战,如仅仅对高难度、不可能实现的设计感兴趣的工程师。有些人发现处理多层次的、复杂的情况是一种挑战,如战略咨询师仅对面临破产、资源耗尽的客户感兴趣。还有一些人将人际竞争看成是挑战,如职业运动员,或将销售定义为非赢即输的销售人员。新奇、多变和困难是挑战的决定因素,如果一件事情非常容易,它立刻会变得令人厌倦。

(8)生活型(lifestyle)职业锚

生活型的人追求平衡并整合个人的、家庭的和职业的需要。你希望生活中的各个部分能够协调统一向前发展,因此你希望职业有足够的弹性允许你来实现这种整合。你可能不得不放弃职业中的某些方面(如晋升带来跨地区调动,可能打乱你的生活)。你与众不同的地方在于过自己的生活,包括居住在什么地方、如何处理家庭事务及在某一组织内如何发挥自己优势都游刃有余。

职业锚测评旨在找到目前期望的和适合的职业定位,职业锚测评需要被测者拥有一定的工作经验,至少在工作一年之后,本测试才有相应的指导意义,在此仅作为职业生涯规划思考的方向或参照。

1.4.2 职业生涯规划

目前,很多大学生站在毕业选择的十字路口茫然无措,其中最主要的原因就是在大学期间缺乏对未来生活和职业目标的远景规划与相应准备。面对严峻的就业压力,如果大学生希望在毕业时能有一个良好的选择,在未来职业生涯中充分体现自我价值,就应该尽早地进行大学职业生涯规划,规划好大学的学习、生活、工作,避免盲目或被动的学习。结合自己的实际特点,确定职业发展方向和实施策略,避免在今后的人生发展道路中走弯路。总之,职业生涯规划是大学生最先行、最基础的一项基础工作,也是大学生实现职业理想和职业目标的关键一环。

1.4.2.1 职业生涯与职业生涯规划

职业生涯,是指一个人从职业学习开始到职业劳动最后结束这一生的职业工作经历过程。职业生涯规划,是指结合自身条件和现实环境,确立自己的职业目标,选择职业道路,制订相应的培训、教育和工作计划,并按照职业生涯发展的阶段实施具体行动以达成目标的过程。职业生涯规划贯穿人的一生,因此,对职业生涯规划,就是为自己的未来绘制理想的蓝图。

1.4.2.2 职业生涯规划的出发点

职业生涯规划，简单地说，就是要解决职业生涯设计中"做什么""何处做""怎么做""以什么样的心态做"这四个最基本的问题，有专家将此高度概括为职业生涯中的"四定"——定向、定点、定位和定心。

①定向。就是确定自己的职业方向。方向和目标有所不同，目标是自己拟定的期望达到的一个理想，而方向是为达成目标而选择的一种路径。

②定点。就是确定职业发展的地点。地点也是现实环境的一个因素。就中国来说，各地的经济发展现状和前景都有一定差异。

③定位。就是确定自己在职业人群中的位置。定位过低会导致个人在职业生涯中无法实现自我价值的最大化，过高则容易因连遭挫折而对职业生涯丧失信心。

④定心。就是稳定自己的心态。人的一生必然会有高低起伏，成功与挫折总是结伴而行的。个人的职业生涯也不例外，在漫长的职业生涯中需要保持良好的心态。

1.4.2.3 职业生涯规划的类型

职业生涯规划的类型，一般是按照规划的时间维度划分为短期规划、中期规划、长期规划和人生规划。

短期规划是指2~3年的职业生涯规划，主要是确定近期目标，制订近期任务。中期规划是指3~5年的职业生涯规划，在短期规划的基础上设定中期目标，这是一种常见的职业生涯规划。长期规划是指5~10年的职业生涯规划，规划目的主要是设定比较长远的目标。人生规划是指对整个职业生涯的规划，时间跨度可达40年左右。目的是确定整个人生的发展目标。

在实际操作过程中，职业生涯规划的时间跨度越长，不确定因素就越多，变数就越大，规划的弹性就越强。因此，比较理想的职业生涯规划是中期规划，其次是长期规划，既便于根据实际情况设定可行性目标，又便于随时根据现实情况及时调整。

1.4.2.4 职业生涯规划的主要原则

①可行性。职业生涯规划要有事实依据，并非是美好的幻想和不着边际的梦想。
②清晰性。保证目标与措施的清晰和明确，可以按部就班具体实施计划以达成目标。
③适时性。规划中的各项措施与行动应该有明确的时间表，以便及时评估和修正。
④适应性。未来具有很强的不确定性，规划需要有一定的弹性，以便于适时调整。
⑤持续性。规划要考虑到生涯发展的整个历程，每个发展阶段应能持续地连贯衔接。
⑥长远性。规划应该从大方向着手，尽可能制订较远期的目标。
⑦挑战性。如果目标在原地踏步不前，则规划失去了原本的意义，无法激励自己。

1.4.3 创意、创新和创业与人生

创意、创新和创业(简称"三创")是社会个体发展过程中的表现形式，也是社会个体多样性、差异性的本质所在。三者从不同的方面影响以至于决定着社会个体发展的进程和结果，社会个体价值的实现程度取决于自身的"三创"能力。随着《关于深化体制机制改革加快实施创新驱动发展战略的若干意见》《关于大力推进高等学校创新创业教育和大学生自

主创业工作的意见》《关于发展众创空间推进大众创新创业的指导意见》等创新创业相关的纲领性文件陆续出台，为创新创业搭建了广阔的平台。以此为契机，中国"大众创业、万众创新"开始由梦想全面转入实践阶段，拉开了构建创新型社会的序幕。

创意、创新与创业三者相互促进，密不可分。创意是创新创业行动的先导，决定着创新创业的方向，反过来，创新创业实践又会影响创意的内容；创业是创业者主观能动的开创性实践活动，是一种高度的自主活动，在创业实践中，创业者的这种主观能动性将会得到充分的发挥和体现，这种能动性进一步创造性地深化了创业实践；创新的价值在于能够为创业者带来潜在的商业价值，尤其是巨大的超额利润，它引领着创业的方向和节奏，也是创业成功与否的关键所在。

拥有"三创"能力的个体，可以改变人生轨迹，正如我们所看到的那样，社会个体从一出生就具有差异性。区域差异表现为有人生在山村，有人生在城市；经济条件差异表现为有人生在贫穷家庭，有人生在富裕家庭……这是社会个体不能选择的。但是在全球的各个角落，各个行业都有无数的杰出人士，有的是发明家、科学家，有的在企业担任高管，有的开创了自己的公司，这些杰出人士未必都出生于优越的地区或家庭，正所谓"英雄不问出处"。是什么改写了他们的人生？那些乐观、积极、好胜、热忱、正直、诚实、守信的人，不论从事什么工作，他们都独立而乐观地生存着，并为国家贡献着聪明才智；是什么让他们找到了生存的乐趣？人生成功的标志并不一定是财富和地位，而是其内生的快乐和动力。这种精神动力来自人们对自己的正确认识，来自在多大程度上发挥自己的潜能。而"三创"的精神和意识，正是人们追求实现人生价值的动力源泉。一个人在人生旅途中取得的成就大小，在一定程度上取决于他的"三创"素质和能力。

1.4.4 山西农业大学的创业教育

1.4.4.1 山西农业大学的创业三部曲

"扶上马，送一程，做后盾"，通俗的创业教育三部曲，生动形象地诠释了山西农业大学立足涉农高校特色，实施"创业意识培育""创业能力提升""创业条件帮扶"三大工程的丰富内涵。

2003年以来，山西农业大学从创业政策、创业师资、创业课程、创业平台、创业资金等方面，全过程、全方位鼓励、支持和帮助在校学生及毕业生创新创业，较好地解决了"培养什么样的农科大学生，怎样培养未来种地人"这一地方农科院校办学的根本问题，为上百名大学毕业生铺就了爱农务农、兴农富农的创新创业之路。

(1)"扶上马"——创业意识培育

为培养学生对农业、农民、农村的感情，注入创新创业教育的动力源泉，山西农业大学充分发挥课堂教育主导作用，组织广大专业课教师积极参与"一村一品""一县一业"科技服务专项行动、"百团大战"科技扶贫专项行动，多层次推进国情省情教育和农情民情教育进讲义、进课堂、进学生头脑；坚持教书和育人相结合，要求非农专业建设必须体现农本特色，非农专业学生必须选修2~3门涉农课程，通过面向全校学生开设必修课，开展创新创业通识教育。

为培养学生的创新创业意识，2009年5月，学校启动了"青年企业家进校园"和大学生创业论坛,先后邀请新东方学校创始人俞敏洪、北京昂明亚网络科技有限公司董事长吕向东等20余位创新创业成功人士来校做报告,强化学生的创新创业意识。学校还坚持开展"校友导航——成功者之路"创新创业教育工程,每年举办15场创新创业成功者报告会。十多年来已先后邀请200多位在各条战线特别是在农业战线上自主创新创业的优秀校友回校做报告,以王永富、黄超、江利斌、马红军、张阳阳、张宏霞、蒙雨田、刘清河等往届毕业生极富说服力和感染力的创新事例,通过创业成功者亲口讲述,用"身边事"教育"身边人",进一步激发大学生的创新创业意识和热情。

(2)"送一程"——创新能力提升

提升大学生的创新能力是创新创业教育的关键所在。在教育实践中,山西农业大学坚持将创新创业教育作为立德树人的重要抓手,在深化就业观、择业观和创业观的过程中,不断提升学生的动手能力和创新创业素养。

为帮助大学生掌握创业技能,构建创新创业教育的链条,山西农业大学坚持为有志创业的学生提供系统化的创新创业培训。2011年6月,学校在民政部门注册成立了"太谷县山西农业大学大学生创业服务中心",为大学生提供讲座、培训、咨询、奖助、援助等创新创业公益性服务。2012年9月,学校引入"创办和改善你的企业"公益性培训项目,面向即将毕业的大四学生和在读研究生,展开科学化、系统化的创业教育。2013年4月,山西农业大学列入全国"大学生KAB创业教育基地",2021年先后举办"乡村振兴创新创业实验班""种业强省班""创业先锋班",优化全农科人才培养模式,形成了较为完善的大学生创业教育培训体系。

为帮助大学生积累创业经验,提高创新能力,山西农业大学积极深化教育改革,在2014年启动了"大学生创业能力提升工程",向山东寿光八家现代农业企业选送了100余名有志在农村、农业领域自主创业的青年学生,进行为期三个月的锻炼,全方位开展现代农业经营理念、先进管理模式和生产技术的学习和实践,为学生的自主创业奠定了坚实的基础。

(3)"做后盾"——创新条件帮扶

提高大学生创业成功率,关键在于积极开发培育适合大学生的创业项目,并在大学生创办企业初期遇到资金、场地、技术、经营管理、社会资源等困难时提供帮扶。山西农业大学实施了"毕业生创业助推工程",依托创业园区,通过学校科研基地、技术推广项目、校友资源、企业策划、技术培训等形式予以扶持,搭建校企合作平台,孵化创业项目团队,有力地推进了青年学生特别是大学毕业生积极投身自主创业实践。

山西农业大学的双创教育先进事迹在国内引起广泛关注。2021年11月,中央电视台制作的《振兴路上》特别节目《我回农村干事业》报道了山西农业大学"扶上马,送一程,做后盾"创新创业人才培养模式和成果。

1.4.4.2 山西农业大学大学生创业园

2013年,山西农业大学与太谷县政府、巨鑫现代农业园区合作,成立了山西农业大学大学生创业园。创业园的主要功能包括提供创业导师、创业实践教育、创业政策咨询、创业企业孵化、创业资金扶持和创业就业服务等方面。园区创业内容涵盖果、菜、食用菌、中药材、苗木等，涌现出了黄超、马红军等一批全国大学生创业典型。创业园坚持举办创业讲座报告、创业项目路演，以及组织大学生创业者"走出去"参观学习等，全方位、系统地为山西农业大学大学生提供创业服务。

1.4.4.3　山西大学生"互联网+农业"创新创业园

2016年，山西农业大学与山西学府星农业科技有限公司合作，共建山西大学生"互联网+农业"创新创业园。创新创业园区位于山西省晋中市太谷区，以人才和技术服务为核心，以农业科技成果转化为方向，以互联网技术为抓手，以在校大学生和农科高校毕业生为主体，是一所集农业技术研发、示范、服务、农科双创人才培育、农业企业孵化等为一体的现代农业创新创业园区。园区在山西农业大学（山西省农业科学院）、晋中国家农业高新技术产业示范区等一批"金字招牌"孕育下，已然成为太谷区农科示范的引领区、创新创业的聚集区、营商环境的示范区、乡村振兴发展的先行区、产业富农的样板区。

1.4.4.4　山西农业大学创业成效

"问渠哪得清如许？为有源头活水来。"从成效上看，山西农业大学创新的人才培养模式凸显了农科高校的优势和特色，培育了一批学科特色鲜明的大学生双创项目，学生创业农业类项目占比达70%以上，近10年来，培养孵化回生源地投身"三农"服务工作的学生十余万人，涌现出了"全国农村青年致富带头人"王永富，"全国就业创业优秀个人"黄超，"第九届全国大学生年度人物"江利斌，2014年度"中国大学生自强之星"马红军，2018年度"中国大学生自强之星"刘浩杰、金永贵、斛如媛等一批大学生农业创新创业典型，不仅为现代农业培养了一大批高端新型的职业农民，也为知识型青年人才依托母校这块"半亩方塘""天光云影"实践着他们的创业梦想。多年的耕耘，硕果纷呈，2017年1月，山西农业大学荣获教育部认定的"全国首批深化创新创业教育改革示范高校"荣誉称号。同时，山西农业大学积极推进大学生党员创业示范工程，2020年成立园区学生党支部，通过带头示范引领广大学生树立创业意识、培养创业精神、增强创业能力，积极参与创新创业工作中，掀起农林院校大学生投身创业的新一轮热潮。

案例学习　乘着创新创业的东风，这名"00后"将兴趣做成了事业

从兴趣爱好到自给自足，从家庭饲养到创建实体门店，2002年出生的吴诗洁通过自己的不断努力，把小众的金丝熊带到了大家面前。

在父母的帮助下，2018年，吴诗洁饲养了自己的第一批金丝熊。当时她正在读高二，买了二十几只金丝熊养在家里。有时候她会给它们穿上小衣服，拍点视频。她的父母认为，在课余时间里做自己喜欢的事情挺好的，也会帮她一起打理。

随着家庭的饲养规模不断扩大，2021年，吴诗洁周围不少喜欢仓鼠的朋友都想买她家的金丝熊。读大学时，她已经养了一段时间的金丝熊，也积累了一点养殖经验。其实，金丝熊的日常吃喝用等相关花费，是远大于金丝熊本身的。当时身边的朋友也想养，所以她就试着多进了一批仓鼠用品，就当赚零花钱了。

乘着高校创新创业教育不断深化的东风，2023年毕业时，吴诗洁决定将自己的兴趣变为事业——开创自己的工作室，让金丝熊的销售模式更加规范化、市场化。这一决定也得

到了她父母的支持。

由于吴诗洁发布的几个视频突然火了,当时有人找她想一起合作。考虑到家里的仓鼠数量也不少,她就萌生了自主创业这个念头。2023年9月,攒够了启动资金的吴诗洁在张堰镇租了门面,开了一家实体店。因为吴诗洁自己的专业是建筑装饰,因此店面的所有设计与布置都是她自己一手操办的。在吴诗洁的小店附近有张堰小学、华东师范大学第三附属中学、上海中侨职业技术大学等多所学校,经常有学生三五成群地来到她的店里观赏、把玩一番可爱的金丝熊,偶尔也会有慕名而来的网友,到她的实体店来参观、打卡。

随着生活水平的不断提升,小宠市场的前景十分广阔。但目前由于门槛较低,这一领域的专业人员相对缺乏。饲养金丝熊看起来很简单,其实有很多门道,每日餐食的配比、生活环境的丰富等,都是有一定要求的。目前,吴诗洁有自己的小宠品牌专用粮,都是找相关科研人员及工厂做出来的。开店后,吴诗洁每天一开门就是打扫卫生,下班前还要再清理一遍,每周的大扫除也会做好消杀工作。

这几年,有不少想自主创业的人来找她咨询过,如租房如何避开陷阱、金丝熊养殖攻略等问题,她都会把自己学习到的经验告诉他们。同时,她也在不断学习,提升专业知识水平。目前,吴诗洁正在逐步拓展小店的销售渠道,除了金丝熊外,她还学习并养殖了侏儒兔、宠物貂等其他小宠。未来,吴诗洁打算创立自己的品牌,在市区开一家分店,并不断推动智能化和消费升级,如使用智能设备为小宠通风、除味、喂食等,带着可爱的小宠走进大众的视野。

注:引自俞岚婷,2024。

复习思考题

1. 结合所学专业试述创意农业发展蕴含的商机。
2. 结合创新能力的构成,评价自身的创新能力。
3. 阐述你认可的创业成功者的创业历程。
4. 分析你自己在线完成的霍兰德职业兴趣测试(免费版)结果。

第 2 章 创业机会与创业风险

党的二十大报告中提出"全面推进乡村振兴""加快建设农业强国""完善促进创业带动就业的保障制度,支持和规范发展新就业形态"等重要论述。乡村振兴,关键是产业要振兴。推动农村产业振兴,为大学生返乡创业就业提供了广阔的舞台。农林院校大学生应该了解创业知识,学会识别、发现和把握创业机会,抓住机遇干事业,才有可能创业成功。

本章要点:使学生了解蒂蒙斯模型,明白创业过程三要素,理解蒂蒙斯创业过程模型的含义,理解创业过程是动态过程的内涵;了解创业机会的含义和特征,明白影响创业机会识别的因素,学习如何识别创业机会;了解创业项目的分类,明白如何选择创业项目,学习如何选择适合的创业模式;加强大学生创业项目的锻炼,明白大学生创业面临的风险,学习如何对创业将面临的风险进行识别与管理。

关键术语:创业过程;创业机会;创业项目;创业风险

2.1 创业过程

创业是一项艰苦和充满风险的事业,需要很多前提、条件、资源和要素。杰弗里·蒂蒙斯是美国创业教育的先驱,素有"创业教育之父"美誉,自 20 世纪 60 年代以来,就一直是美国创业学教育和研究的领袖人物之一,他在创业管理、新企业创建、创业融资和风险投资等方面的专题研究、创新性课程开发和教学等方面被公认为世界级的权威。他在长期研究的基础上,提出了创业过程模型——蒂蒙斯模型。他认为创业过程的关键要素包括商机、团队和资源,如图 2-1 所示。

蒂蒙斯模型,指的是一种商业模型。他认为,创业过程是创业机会、创业团队和资源之间适当配置的高度动态平衡过程,三者相辅相成,缺一不可。创始人或工作团队必须在推进业务的过程中,在模糊和不确定的动态的创业环境中要具有创造性地捕捉商机、整合资源和构建战略、解决问题的能力。这个模型以其简洁优美的形式和动态的丰富内涵阐述了创业过程。

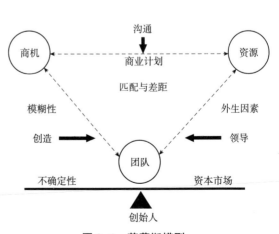

图 2-1 蒂蒙斯模型
(引自杰弗里·蒂蒙斯,小斯蒂芬·斯皮内利,2018)

模型中,商机、资源和团队这三个创业核心要素构成一个倒立三角形,团队位于这个倒立三角形的顶部。在创业初始阶段,商机较大,而资源较为稀缺,于是三角形向左边倾斜;随着新创企业的发展,可支配的资源不断增多,而商机则可能会变得相对有限,从而导致另一种不均衡。创业者必须不断寻求更大的商机,并合理使用和整合资源,以保证企业平衡发展。商机、资源和团队三者必须不断动态调整,以最终实现动态均衡。这就是新创企业的发展过程。

蒂蒙斯模型的内涵:

第一,商机是创业过程的核心驱动力,创始人或工作团队是创业过程的主导者,资源是创业成功的必要保证。

创业过程始于创业机会,而不是资金、战略、网络、团队或商业计划。开始创业时,商机比资金、团队的才干和能力及适应的资源更重要。在创业过程中,资源与商机间经历着一个"适应→差距→适应"的动态过程。商业计划作为工具,为团队、商机和资源三个要素的质量及其相互间匹配和平衡状态提供了语言和规则。

第二,创业过程是商机、团队和资源三个要素匹配和平衡的结果。

处于模型底部的创始人或工作团队要善于配置和平衡,借此推进创业过程,他们必须做的核心过程是:对商机的理性分析和把握,对风险的认识和规避,对资源的最合理的利用和配置,对工作团队适应性的分析和认识。

第三,创业过程是一个连续不断地寻求平衡的行为组合。

在三个要素中绝对的平衡是不存在的,但企业要保持发展,必须追求一种动态的平衡。保持平衡的观念展望企业未来时,创业者必须思量的问题是:目前的团队是否能领导公司未来的成长,成功解决下一阶段面临的困难和陷阱。这些问题在不同的阶段以不同的形式出现,牵涉到企业的可持续发展。

总之,创业者在创业过程中的情形就像一个杂技表演者,一边要在平衡线上跳上跳下、保持平衡,一边还要在动荡的处境中进行各式各样的表演。

2.2 创业机会

2.2.1 创业机会的含义

对于创业机会的理解,不同的学者有不同的视角。很多研究从静态考察创业机会,例如,柯兹纳认为,机会的最初状态是"未精确定义的市场需求,或未得到充分利用的资源和能力",后者可能包括基本的技术、未找准市场的发明创造或新产品、新服务的创意;赫尔伯特等人认为,创业机会是一种亟待满足的市场需求,是技术、经济、政治、社会及人口环境发生变化,使新产品、新服务、新原材料和新的组织方式可能出现的情境,如果这种潜在的市场需求十分旺盛,那么实现这种需求的商业活动必然是有利可图的。从动态视角分析创业机会的概念内涵,则是在创业机会的识别中加入了许多主观因素,强调了创业者的努力在识别机会中的重要性。例如,谢恩和维卡塔拉曼认为,创业机会实际上是新产品、新服务、新原材料,甚至一种新的组织形式,它能够被引入生产并且以高于成本的方式实现销售，创业机会无须高科技的支持，既可以是技术或组织结构的创新，也可以是对现有的组织框架进行的调整。

蒂蒙斯认为，创业过程始于创业机会，创业机会就是商机，商机是创业过程的核心驱动力，是创业活动的前提，是创业过程的核心。其特征是"具有吸引力、持久和适时的特性，它根植于可以为客户或最终用户创造或增加使用价值的产品或服务中"。综上所述，创业机会是指能够通过一种创造性的资源融合，进而满足市场需求来实现产品或服务增值的恰当时机。

普遍意义上的商机包含着创业机会，但商机中只有很小一部分是创业机会。创业机会比一般商机更具有创新性甚至创造性，创新性强的创业机会容易形成竞争优势，有利于创业活动的成功。一般情况下，创业机会与商机之间并不存在严格的界限。

创业机会按照不同的标准可以进行不同的分类，按照来源可以分为问题型机会、趋势型机会和组合型机会三种类型。问题型机会，指的是由现实中存在的未被解决的问题所引致的一类机会；趋势型机会，指的是在变化中看到未来的发展方向，预测到将来市场潜力的一类机会；组合型机会，指的是将现有的两项或两项以上的技术、产品、服务等因素组合起来，实现新的用途和价值而获得的创业机会。

2.2.2 创业机会的特征

(1) 可行性

看到机会，产生创意并发展成清晰的商业计划意味着创业者识别到机会。一些未经系统论证调查的或偶然发现的机会给人们带来了初步的创业想法，至于发展出的商业计划是否值得投入资源开发，是否能成为有价值的创业机会，还需要对机会的可行性加以论证。

(2) 实时性

创业机会存在时效性，即"机会窗口"。机会窗口是指在市场中存在的、能够使创业者在一定时段中创立企业，并获得投资回报的时间、空间。创业者必须善于识别并准确把握机会窗口，若竞争者已经有了同样的想法，并已把产品推向市场，那么机会之窗也就关闭了。由于创业机会存在于一个动态的、发展变化的背景，创业机会通常被形象地比作窗口，这说明了创业机会的实时性很重要，窗口打开的时间长度有限，能否在窗口关闭之前把握和抓住机会这很重要。

机会窗口对创业者主要有以下几点启示：

第一，创业者在机会窗口的哪个阶段进入市场，在很大程度上决定了创业的成败，创业者最好在机会窗口敞开时开展创业活动，才能够增加创业成功的可能性。

第二，市场规模和机会窗口敞开时间的长短对于创业成功有关键作用。一般而言，市场规模越大，特定机会的时间跨度越大，市场的成长性越好。

第三，创业者需要具备前瞻性的市场判断能力。如果创业者一定要等到天时、地利、人和，各种条件都具备的时候，再开展创业，之前的商机可能已经不复存在，适度的前瞻性和对市场变化趋势的判断力是创业者必需的素质。

(3) 可开发性

多数创业机会具有很强的创造性，其潜在价值依赖创业者的创造和开发活动，即创业机会不是被发现的，而是被创造或开发出来的。在实际创业活动中，创业机会价值大小取决于创业者控制团队的创新和掌握的、能整合到的可利用的资源，以及对两者的平衡和匹配。

创业者资源可分为内部资源和外部资源。内部资源主要是指创业者个人的禀赋和能力，包括自身的才华素养、专业知识、经验技能、社会声誉等资源；外部资源主要是指家庭资源、人脉资源及其所拥有的社会人际网络或社会资本等。只有创业者所拥有的资源、战略开发方案与创业机会能够做到良好匹配，创业机会的价值才能得到最大提升。成功的创业者不仅拥有创造、革新的本领，还要具备全面扎实的管理技巧、商业技能。

(4) 可盈利性

创业机会的可盈利性指机会对创业者具有的价值性。创业者可以利用它谋取利益，得到足够的利润回报，体现在提供产品或服务，为购买者或使用者创造和增加价值产品或服务的成本必须低于购买者所期望的价格。产品或服务的规模还必须达到一定水平。

2.2.3 创业机会识别的影响因素

创业机会识别是创业领域的关键问题之一，识别正确的创业机会是创业者应当具备的重要技能。从创业过程角度来说，它是创业的起点，创业过程就是围绕着商机进行识别、开发、利用的过程。从众多创意中识别出创业机会，创业者需要具备一定的知识和了解相应的识别方法，需要观察社会发展趋势，解决现实问题，发现市场空隙，并且基于创业者的个性特征。

(1) 经验因素

按照"走廊原理"，在某个产业工作的个体，相比于那些在产业外的人来说，基于其在该产业的经验和对于产业的认知，更可能识别出未被满足的市场空间。有经验的创业者常常在商机还在形成的过程中，就表现出了快速识别的能力，而且具有发现别人发现不了的商机的能力。创业者一旦投身于某产业创业，其将比那些产业外观察者更容易看到产业内的创业机会，也更容易获得所需资源，取得创业成功。

(2) 认知因素

近年来众多学者从创业认知理论出发，研究个体在机会识别方面存在差异性，认为个体层次上的认知因素差别是区别创业者和非创业者的关键要素。创业者普遍具有坚韧、自信、乐观、勇于尝试、敢于创新、毅力和创造性思维等个人特质，这些积极的心理资本能够促使创业者经常对企业在经营过程中存在的问题进行思考，并结合自身的工作经验，重新理解社会经济结构转型、传统行业升级等活动带来的创业机会。

(3) 创业警觉性

创业警觉性是指创业者能够敏锐地识别出被其他人忽略的机会的能力。机会识别可能是一项先天技能或一种认知过程，多数创业者认为他们比别人更警觉、更敏锐，正是这种警觉性可以引发创造性思维，发现比其他人更多的创业机会。

(4) 创造性思维

创造性思维对于商机识别、创业的各方面非常重要。创造性思维是以新的方式解决前人未曾解决的问题的思维过程和方法，创造性思维活动所提供的是新颖的、前所未有的并具有社会意义的思维产品。从某种程度上来说机会识别是一个创造过程，是不断反复的创造性思维过程，创造性包含在许多产品、服务和业务的形成过程中。

(5) 社会关系网络

社会关系网络能带来承载创业机会的有价值信息，社会关系网络的深度和广度影响机会识别能力。不同社会关系网络对创业者识别机会具有不同的影响，社会关系网络的规模、密度和强度与创业者进行机会识别的信息获取数量和质量有密切关系，会影响到创业者的思维和判断。

2.2.4 创业机会的来源

杰弗里·蒂蒙斯教授提出，好的商机有四个特征，而创业机会有以下五大来源。

(1) 问题

创业的根本目的是满足顾客需求。而顾客需求在没有满足前就是问题。寻找创业机会的一个重要途径是善于发现和体会自己与他人在需求方面的问题或生活中的难处。

(2) 变化

创业的机会大都产生于不断变化的市场环境，环境变化了，市场需求、市场结构必然发生变化。著名管理大师彼得·德鲁克将创业者定义为那些能"寻找变化，并积极反应，把它当作机会充分利用起来的人"。这种变化主要来自产业结构的变动、消费结构升级、城市化加速、人口思想观念的变化、政府政策的变化、人口结构的变化、居民收入水平提高、全球化趋势等方面。

(3) 创造发明

创造发明提供了新产品、新服务，更好地满足顾客需求，同时也带来了创业机会。例如，随着电脑的诞生，电脑维修、软件开发、电脑操作的培训、图文制作、信息服务、网上开店等创业机会随之而来，即使你不发明新的东西，你也能成为销售和推广新产品的人，从而给你带来商机。

(4) 竞争

如果你能弥补竞争对手的缺陷和不足，这也将成为你的创业机会。看看你周围的公司，你能比他们更快、更可靠、更便宜地提供产品或服务吗？你能做得更好吗？若能，你也许就找到了机会。

(5) 新知识、新技术的产生

例如网上购物平台，通过线上线下结合，可以将销售渠道扩大到整个中国，甚至是全世界。

2.2.5 创业机会的评价

平衡计分卡，就是在财务、顾客、内部运营、创新与成长四个维度分别设定指标，通过对企业战略进行监测及修正,以实现企业战略目标的战略工具。有研究者以蒂蒙斯商机评价体系为指标库,在实证和理论分析的基础上,借鉴平衡记分卡原理,从以上四个维度,构建了创业机会评价指标体系,用于识别创业机会。

(1) 蒂蒙斯商机评价体系

蒂蒙斯商机评价体系的评价对象是具有创新性的机会,主要从行业和市场、经济因素、收获条件、竞争优势、管理团队、致命缺陷问题、个人标准、理想与现实的战略差异八个方面评价创业机会的价值潜力,并围绕这八个方面形成了53项指标,见表2-1所列。

表2-1 蒂蒙斯商机评价体系

评价要素	评价指标
行业和市场	1. 市场容易识别,可以带来持续收入
	2. 顾客可以接受产品或服务,愿意为此付费
	3. 产品的附加价值高
	4. 产品对市场的影响力高
	5. 将要开发的产品生命长久
	6. 项目所在的行业是新兴行业,竞争不完善
	7. 市场规模大,销售潜力达到1 000万到10亿
	8. 市场成长率在30%~50%甚至更高
	9. 现有厂商的生产能力几乎完全饱和
	10. 在五年内能占据市场的领导地位,达到20%以上
	11. 拥有低成本的供货商,具有成本优势
经济因素	1. 达到盈亏平衡点所需要的时间在2年以下
	2. 盈亏平衡点不会逐渐提高
	3. 投资回报率在25%以上
	4. 项目对资金的要求不是很大,能够获得融资
	5. 销售额的年增长率高于15%
	6. 有良好的现金流量,能占到销售额的20%以上
	7. 能获得持久的毛利,毛利率要达到40%以上
	8. 能获得持久的税后利润,税后利润率要超过10%
	9. 资产集中程度低
	10. 运营资金不多,需求量是逐渐增加的
	11. 研究开发工作对资金的要求不高
收获条件	1. 项目带来的附加价值具有较高的战略意义
	2. 存在现有的或可预料的退出方式
	3. 资本市场环境有利,可以实现资本的流动

(续)

评价要素	评价指标
竞争优势	1. 固定成本和可变成本低
	2. 对成本、价格和销售的控制较高
	3. 已经获得或可以获得对专利所有权的保护
	4. 竞争对手尚未觉醒,竞争较弱
	5. 拥有专利或具有某种独占性
	6. 拥有发展良好的网络关系,容易获得合同
	7. 拥有杰出的关键人员和管理团队
管理团队	1. 创业者团队是一个优秀管理者的组合
	2. 行业和技术经验达到了本行业内的最高水平
	3. 管理团队的正直廉洁程度能达到最高水准
	4. 管理团队知道自己缺乏哪方面的知识
致命缺陷问题	不存在任何致命缺陷问题
个人标准	1. 个人目标与创业活动相符合
	2. 创业家可以做到在有限的风险下实现成功
	3. 创业家能接受薪水减少等损失
	4. 创业家渴望进行创业这种生活方式,而不只是为了赚大钱
	5. 创业家可以承受适当的风险
	6. 创业家在压力下状态依然良好
理想与现实的战略差异	1. 理想与现实情况相吻合
	2. 管理团队已经是最好的
	3. 在客户服务管理方面有很好的服务理念
	4. 所创办的企业顺应时代潮流
	5. 所采取的技术具有突破性,不存在许多替代品或竞争对手
	6. 具备灵活的适应能力,能快速地进行取舍
	7. 始终在寻找新的机会
	8. 定价与市场领先者几乎持平
	9. 能够获得销售渠道,或已经拥有现成的网络
	10. 能够允许失败

注:引自肖扬,2022。

(2) 四个维度指标释义与内在联系

财务:体现投资者价值最大化,其目标是解决"股东如何看待我们"这一类问题。它主要包括预期内部报酬率、预期投资回报率、投资回收周期、销售增长、销售净利率等,这将告诉创业者及创业团队他们的努力是否会对新创企业的经济收益产生积极的作用，因此财务方面是其他三个方面的出发点和归宿。总之，财务方面是描述预期的投资回报及财务风险。

顾客：体现顾客满意度最大化，其目标是解决"顾客如何看待我们"这一类问题。它主要包括市场接受性、市场规模、市场结构、成本、价格等顾客方面指标，主要解决企业为谁提供及提供什么的问题。顾客评价是通过顾客的眼睛来看一个企业，从价格、质量、服务和成本几个方面，关注市场份额以及顾客的需求和满意程度。顾客评价是衡量创业机会的最重要的标准，也是创业机会能持续存在的根本。

内部运营：体现创业机会的核心竞争力，内部运营的目标是解决"我们擅长什么"这一问题。它主要包括创业者素质、管理层素质、创业者的资源、致命的缺陷。顾客和财务因素都属于外部因素，为了满足股东投资和顾客的需求，创业者必须创造性地整合其内部资源，这些资源既包括人的因素（如创业者、创业团队等），也包括物的因素（如创业资源、创业者的社会关系网络等）。内部运营反映了新创企业的核心竞争力。

创新与成长：体现创业机会的持续竞争力，其目标是解决"我们是在进步吗"这一类问题。它主要包括创业者的潜力、创业团队的潜力、机会的持续性、环境适应能力、抗风险能力。将注意力引向了企业未来成功的基础，涉及人员、信息系统和市场创新等问题，主要包括创业团队是否有持续进步的潜力、创业机会是否有增长的潜力、创业机会对环境的适应能力及创业者抗风险的能力等。

四个维度指标的内在联系是：以创业机会的持续竞争力，保障创业机会的核心竞争力；以创业机会的核心竞争力，保障顾客满意度最大化；以顾客满意度最大化，保障投资者价值最大化。财务指标是创业者最终的追求和目标，也是机会存在的根本物质保证；而要提高企业的利润水平，必须以顾客为中心，满足顾客需求，提高顾客满意度；要满足顾客，就必须加强自身建设，提高企业内部的运营效率；提高企业内部效率的前提是创业者和创业团队的学习与发展。四个维度指标之间构成一个循环，从四个角度解释新创企业在发展中所需要满足的四个因素，并通过适当的管理和评估促进新创企业的发展。

2.3 创业项目

2.3.1 创业项目的分类

创业项目是指创业者或团队针对一定市场需求、商机和创意等，结合自身能力、资源、创新理念等因素，打造具有竞争力的产品或服务，并通过市场营销、运营管理等手段，将产品或服务成功推向市场，实现盈利的商业项目。

创业项目的主要目的是创造价值，并在市场竞争中获得成功。成功的创业项目包括许多因素的整合，如创新理念、市场研究、设计开发、市场销售、资金管理和组织管理等。同时，创业项目也是一项风险投资。投资人可以通过投资具有潜力的创业项目获得丰厚的回报。

因此，创业项目对于推动经济发展、创造就业机会、提升个人创造性和创新能力等方面都发挥着重要的作用。对于有志于实现心中创业梦想的大学生而言，选对一个合适的创业项目作为自己事业的起步极为关键。

从不同的角度划分，创业项目有多种类型：

一是从观念上，创业项目分为传统创业、新兴创业和微创业。

二是从方法上，创业项目分为实业创业和网络创业。

三是从投资上，创业项目分为无本创业、小本创业、高额创业等。

四是从方式上，创业项目分为自主创业、加盟创业、体验式培训创业和创业方案指导创业。自主创业需要资金链、人员、场地、产品等多项内容的系统化规划，创业起步较高，风险较大。加盟创业比较普遍，而且比较专业、规模化。

还可以从创业项目的投资主体、时间跨度、所涉领域、产业门类、风险大小等方面分类。

2.3.2 创业项目的选择

（1）选择具有前景的行业

创业者想要开创自己的一番事业必须了解国家产业发展的政策，知道国家目前正在扶持、鼓励哪些行业发展，哪些行业是允许创业的，哪些是限制的。创业者选择国家政策扶持、鼓励的行业，对日后企业的发展将起到不可估量的作用。同时，对于当地政府出台的优惠政策和银行贷款利率，创业者也需要核查清楚，确保资金充裕且顾及资金成本。

（2）解决客户需求

创业必须树立"企业是为解决客户需求而存在的"观点，这样才能确保企业长盛不衰。创业项目的选择是以市场为导向的，必须从社会需求出发。创业者要想知道社会需求，就必须做市场调查，特别是第一次创业的创业者，必须对市场进行详细的调研。要了解消费者对产品（服务）需求的强烈程度，消费者因性别、年龄、文化层次、职业等因素而导致需求差异，可依据这些因素对消费者细分成一个个消费群体，每一个消费群体就是一个细分市场，就是创业者应该集中精力服务的对象，所以创业者选项目时一定要知道自己服务的对象群体到底是哪些人。

（3）利用自身优势与长处

俗话说"隔行如隔山"。创业者应尽量选择与自己的专业、经验、兴趣、特长相匹配的项目。很多"创客""极客"在切入项目和发展企业时选择自己兴趣所在的领域，他们在工作时往往是享受且不知疲倦的。前些年，有人问史玉柱为什么投资巨人网络这样一个游戏公司，史玉柱很实在地回答说："我就很喜欢玩游戏，每天在办公室玩，被下属看到后感觉不好意思，不如干脆投资一个游戏算了。"每个创业者都有自己的长处和优势，当你充分了解了某一行业、某一领域，同时又在技术上有专长时，就形成了自己在行业里的长处。创业者选择一个能充分发挥自己的长处和优势、自己有兴趣且熟悉的行业，创业就成功了一半。

（4）能赚钱，也要节约资源

创业是一种风险投资，每位创业者都必须遵从量力而行的原则。创业者若拿自己的血汗钱或借钱来创业，就应该尽量规避风险较大的创业项目，把为数不多的资金投到风险较少、规模较小的创业项目当中,积少成多,滚动发展。同时,创业者在选择创业项目时还要考虑产品成本、价格与利润,如要考虑该项目提供的产品或服务成本是多少、售价是多少、毛利是多少、毛利率是多少等问题,创业者对毛利率低于20%的项目要慎重考虑,有时候仅毛利率一个因素就可以否定一个项目,因为企业必须自负盈亏,求得生存与发展,做生意的基础是利润。此外,资源条件也是影响创业项目选择的重要因素。创业者在选择项目时还要充分考虑自己掌控的资源条件能否满足项目本身的内在需求,避免在资源不足的情况下追求高大上的项目。

(5) 把握先机

事物处在发展初期,往往意味着先机还没有被人重视,竞争较弱,此时进场较容易成功,百度、阿里、淘宝、腾讯、京东、小米等企业的发展壮大无不说明把握先机或大趋势的重要性。事物发展成熟或衰退,往往意味着先机已经失去,此时或者市场被几大竞争对手牢牢抢占,或者该行业处于衰退期,无论在哪种情况下,进场都为时已晚,进场时机的把控成为项目能否做起来的关键因素。因此,创业者选择创业项目时可考虑一些刚刚兴起的产业,如当下最火爆的人工智能产业。

2.3.3 创业模式

创业模式是指创业者为实现自己的创业目标,对创业要素进行的合理搭配,是对创业方式、组织形式、创业行业等要素的统一整合。一个真正好的创业模式,应该是适合自己的、与自身能力匹配、能把现有资源有效整合的模式。大学生创业之初准确判断自己的优势和劣势,选择最适合自己的创业模式,可以化解很多不利因素。

(1) 概念创业模式

概念创业模式是指创业者利用自身对新事物的敏锐性和较强领悟能力,凭借创意、点子、想法创业。创业者的设想足够标新立异,同时,这些超常规的想法还必须具有可操作性,是某行业或领域的新创举,以此迅速抢占市场先机。例如,马化腾原本只是一个"超级网虫",如今却拥有了一家注册用户超越5.58亿(数据截至2023年12月)的网络公司,如此庞大的转变只是源于突发奇想:在网上"寻呼"朋友。这就是如今最盛行的通信方式之一——腾讯QQ,它的功用就如日常生活中的寻呼机,但以网络为载体,运用起来更方便,而且可邀游全球各地,因此被笼统地称为"网络寻呼机"。马化腾和腾讯QQ不仅改变了亿万中国人的沟通方式,创造了一种网络时代的"Q"文化,更引领出一个全新的盈利模式。

(2) 积累演进创业模式

积累演进创业模式又称"白手起家",是指创业者前期已具有一定的技术和经验积累,在此基础上成立公司,个人或团队继续创业,在创业的过程中不断学习积累,并且逐步提升公司实力,把自己的知识和经验像滚雪球一样,由量变引起质变,最后成就一番事业,实现从零起步到成功创办企业的模式。例如,铁血网创始人蒋磊——典型的大学生创业者,16岁保送清华,创办铁血军事网,20岁保送硕博连读,中途退学创业。如今,铁血网稳居中国十大独立军事类网站榜首,铁血军品行也成为中国最大的军品类电子商务网站,年营收破亿,利润破千万。2004年4月,蒋磊和另一个创始人欧阳广聪凑了十多万元，注册了铁血科技公司。在此期间，蒋磊还被保送到清华大学进行硕博连读学习。2006年1月，蒋磊离开学校，毅然决定辍学创业，以CEO的身份正式出现在铁血科技公司的办公室里。经过12年的努力，目前蒋磊的公司拥有员工200余人，他创办的网站已成为能够提供社区、电子商务、在线阅读、游戏等产品的综合平台。

（3）依附创业模式

依附创业模式是指先在职就业，通过充分利用原企业或平台资源，广泛结交和积累人脉资源、市场资源等，夯实自己的事业基础，在各方面条件成熟以后再成立公司进行创业，以便保证创业成功。这种模式能够为创业者提供已有的品牌、规范的运营模式、健全的管理体制和市场机制等系列成熟的经营模式，为创业者省去诸多的起步创业的烦恼。目前，依附创业是创业成功率最高的。例如，石头科技是小米生态链企业中较为出色的一员，是生态链中扫地机器人业务的主导者。公司于2014年7月设立，2016年推出首个产品，借助小米生态链平台力量，迅速进入千家万户，引爆市场，仅用了7年时间，公司实现营业收入近60亿元，并在科创板上市，实现了飞速发展。石头科技在创立早期，选择了依附型的战略。创业之初，石头科技的优势在于技术人才储备，但短期缺乏成熟的商业资源落地，从零开始培养容易错失商机。在此情境之下，出身软件从业背景的创始人昌敬，决定让公司加入小米生态链，借助小米品牌、渠道及供应链资源，将产品迅速落地、量产并推向市场。正是借助小米平台的支持，初始团队才得以完全专注于技术研发和产品设计，在产品运作稳定和清洁效率上大大改进了产品体验，将搭配先进技术的产品价格压至竞品的40%，在体验与价格上将产品的竞争优势提升到极致。

（4）知识风险创业模式

知识风险创业模式就是创业者将自己拥有的专长或技术发明转化为直接的生产力，通过"知本+资本"的方式发展成企业。"知本"就是指创业者所具备的某一专业、技术特长，资本助力成功。这一创业模式主要集中于电子信息、生物技术、高科技农业等技术含量高、知识密集型的行业。创业模式的特点是：一是研究与开发在企业生产经营中十分重要，研发费用占企业销售收入的比例较高；二是科技型人才占企业员工总数的比例较高，企业的生存和发展高度依赖于科技人才；三是企业的产品或服务往往具有较高的科技含量，大多属于创新型产品或创新型技术服务。和传统企业相比，具有高投入性、高技术人才密集性、高创新性、高增长性、高收益性等特征。例如，大疆创新科技有限公司（DJI），始创于2006年，由汪滔在深圳创立。最初，大疆的业务集中在飞行控制系统的研发上，这是无人机核心技术的关键组成部分。随着技术的成熟和市场需求的不断扩大，大疆逐渐将其业务扩展到完整的无人机系统，并很快在全球范围内崭露头角。从专注于专业市场的高端产品，到逐步进入更广阔的消费级市场，公司不断通过技术创新和市场洞察巩固和扩展其业务。回顾大疆的起家，几乎所有的竞争优势，都是硬生生通过技术演进和研发迭代建立起来的。大疆内部研发部门的权重一直很高，过万名员工里有近一半从事工程开发工作，公司每年研发投入占比15%左右。如今，大疆不仅是全球最大的民用无人机制造商，还在多个领域，如农业、测绘、影视制作等，推出了一系列创新解决方案，截止到2022年，在消费级无人机市场，大疆是引领者，市场份额达到了80%。

2.3.4 大学生创业的优势和劣势

大学生群体进行创业的优势和劣势非常鲜明，因此，大学生要充分利用好优势因素，避免劣势因素。

(1) 优势

一是大学生的群体特点决定的。年青、文化水平高、创新能力强、家庭负担小、容易组建奋斗团队等，他们对未来充满激情和希望，这是创业者们必须具备的创业素质。

二是学校创业课程和竞赛活动支持。学校普遍开设了创新创业教育课程，将创业教育融入专业课程的教学中；重视创业实践教育，对大学生竞赛活动大力扶持，把创业知识和技能拓展到课外活动和广泛的社会实践，提高了大学生的创业意识和能力。

三是政府从各方面为大学生创业提供便利和优惠。大学生从事个体经营，可以免缴工商登记费等行政事业性费用。国家对大学生创业在税收方面也做出了减免和优惠政策，如信息业、技术服务业的企事业可免征企事业所得税两年。很多地方政府也免费提供各种类型的创业培训服务。有的城市对符合条件的创业大学生提供落户政策。

(2) 劣势

一是心智尚未完全成熟。大学生往往属于第一次创业，当创业过程中遇到困难和挫折的时候，心理承受能力较弱，抗击打能力不强，容易导致创业失败。

二是创业技能欠缺。虽然学校期间具备了一定的知识和技能，但没有充分的经验和实践，不太重视市场调研，理论推断多，对创业产生了误导作用。

三是缺乏职场经验。没有形成成熟的商业网络和人脉关系，由于在校期间与社会接触少，缺少社交经验和阅历，因此，创业过程中识别和防范各种风险及陷阱的能力不够强，开拓市场经常遇到各种问题和困扰。

四是启动资金有限。大学生创业资金的有限和商业信用的缺乏，导致创业的融资难，启动资金用完后，后续经营资金跟不上，将给创业带来严重的困难。

2.4 创业风险

2.4.1 创业风险的含义及特征

(1) 创业风险的含义

风险指在某一特定环境下，在某一特定时间段内，某种损失发生的可能性。风险由风险因素、风险事故、风险损失等要素组成。

创业风险指在企业创业过程中存在的风险，指由于创业环境的不确定性，创业机会与创业企业的复杂性，创业者、创业团队与创业投资者的能力与实力的有限性而导致创业活动偏离预期目标的可能性及其后果。

在创业过程中，创业者要投入大量的人力、物力和财力，要引入和采用各种新的生产要素与市场资源，要建立或者对现有的组织结构、管理体制、业务流程、工作方法进行变革，这一过程中必然会遇到各种意想不到的情况和各种困难，从而有可能使结果偏离创业的预期目标。大学生创业是不可能没有风险的,创业过程遇到风险也是不可避免的。

(2)创业风险的特征

①创业风险的客观性。创业风险是客观存在,是不以人的意志为转移的,创业者在创业过程中,所处的创业环境客观上存在不确定性,因而创业风险也必然是客观存在的,如天灾、人祸等风险发生导致的创业失败。

②创业风险的不确定性。不确定性指经济行为者事先不能准确地知道自己某种决策的结果,换言之,只要一种决策可能的结果不止一种,就会产生不确定性,如进入新市场将面临需求的不确定性,或者遭遇到市场竞争对手的挤压。

③创业风险损益的双重性。风险带来的不仅包括损失,也包括收益,高收益常常伴随着高风险,回避风险的同时有可能意味着失去获益的机会,如某些海外投资项目、部分理财产品,创业者在涉及这类型的项目时更需谨慎决断。

④创业风险的可测性与测不准性。创业风险的可测性是指创业风险是可以通过定性或定量的方法对其进行评估的;创业风险的测不准性是指相较实际结果,对创业风险的预测常常会出现偏离误差范围的情况。如创业产品周期的测不准与创业产品市场的测不准。

2.4.2 创业风险的识别

创业有风险,从商须谨慎。市场经济条件下,创业总是有风险的,不敢承担风险,就难以求得发展。关键是创业者要树立风险意识,在经营活动中树立风险意识,尽可能识别风险,降低风险,规避风险。

(1)项目选择风险

创业项目选择风险是指在创业初期因选择的创业项目不当,导致企业无法盈利而难以生存的风险。创业者如果缺乏前期市场调研和论证,不去了解市场,只是凭自己的兴趣和想象来决定创业项目,甚至仅凭一时心血来潮做决定,不去做大量细致的市场调研与论证,不结合自身掌握的资源状况做出决定,可能导致创业项目存在风险。目前大学生创业的项目选择多集中在高科技领域和智力服务领域,如软件开发、网络服务、家教中介、设计工作室等。此外,快餐、零售等的连锁加盟店也是大学生青睐的创业项目。有研究显示,约2/3的大学生创业者是根据自身的兴趣或者从亲戚朋友处获取的信息而选择创业的行业和产品。

(2)公司注册风险

注册风险是指创业者在公司注册过程可能存在的风险。很多创业者,匆忙注册了公司,以后经营却发现公司存在着很多问题,甚至进入工商、税务的黑名单。注册资本越大,承担的责任越大,因此注册公司的资金并不是越多越好。公司名称要新颖和易于传播,避免和第三方公司混淆,以避免后期侵权纠纷。做好商标权保护,及时注册商标。必须慎重对待公司章程,不仅要制定完善的章程,修订方面也要严格遵守《中华人民共和国公司法》。创业者领取经营执照后,还要为公司刻制各种印章,印章要专门保管。对于大学生创业者而言,要提前做好公司注册方面知识学习,识别注册过程各环节的风险。

(3)财务风险

财务风险是指因资金不能适时地筹集和供应而导致创业失败的可能性。财务风险贯穿在创业活动的整个过程。足够的资本规模，可以保证企业投资的需要；合理的资本结构可以降低和规避融资风险；融资方式的妥善搭配，可以降低资金成本。我国大学生自主创业资金主要来源于家庭支持、银行贷款、风险投资、典当融资、股权融资和融资租赁等渠道。其中，除去家庭支持外，其他资金来源渠道的获得途径都需要一定的资质和担保，这对于刚进行创业的大学生而言，是非常困难的。因为不管是银行，还是风险投资担保机构，都需要有实业或者其他企业机构的担保。如果没有广泛的融资渠道，创业计划无从谈起；如果没有足够的流动资金，很可能会导致在创业初期就遭遇失败。

(4) 市场风险

由于市场经济的规律，市场风险是创业者面临的首要不可控风险。经济危机、通货膨胀因素等带来的租金、原材料、用工成本上升等成为创业的首要瓶颈，也是其融资成本高的主要原因之一。在创业者获得资金来源顺利进入市场后，又将面临市场突变、消费者购买力下降、汇率利率下降、市场份额急剧下降、竞争者和替代品的威胁、或出现反倾销、反垄断指控等市场风险。另外，创业者在面临市场变化时，由于进入市场时间和资金、经验限制等，通常只能被迫接受市场定价，购买商和供应商议价能力变化、各类经济成本变化，都会压缩其盈利水平，加大创业者持续创业成功的风险。

(5) 创业者与创业团队的自身风险

创业者自身风险源自其创业意识。创业意识指在创业活动中对人起到动力作用的个性心理倾向，包括需要、动机、兴趣、思想信念和世界观等心理成分。创业者的意志力、决心、艰苦奋斗意识、团队协作意识等因素会影响或导致创业风险。研究表明，创业者容易在创业遇到困境时出现主观态度的松懈和麻痹以及观念上的不成熟，这将导致各种风险发生。在对大学生创业追踪研究中，常见缘于大学生创业者的素质和能力局限而导致的创业失败案例。团队风险在大学生创业中尤为突出，缺乏共同的目标和和谐的创业团队、没有明确的制度规范和执行机制、团队角色分配不合理是导致大学生创业中途分崩离析的重要因素。

(6) 资源与环境风险

对创业者而言，资源风险主要指由于社会资源贫乏而产生的风险。企业作为社会企业类公民，需要与政府、社会团体、供应商、销售商等各方进行沟通和联系，社会资源越广泛，创业成功的可能性就越大。创业者的社会资源相对较少，尽管有家庭和朋友的帮助、政府创业机构的支持，但这些帮助对于其创业尤其是企业的持续经营而言明显不足。当创业者实施创业时，在宣传广告、市场营销、工商税务等方面将会遇到很多挫折和困难。创业环境与创业活动是相互作用的，社会环境、企业治理环境等的变化，都会对创业者造成较大的影响，这种影响尤其表现在创业的中后期，其一旦发生，对企业的生存发展都是至关重要的。

(7) 技能不足风险

技能不足表现在人生阅历、心理承受、专业素养、动手能力、实践经验等方面。大学毕业生从象牙塔走出来就开始进行创业，其中有一些还是在校生，他们尚未实现由"学校人"向"社会人"的完全转变，其心智、年龄、阅历、心理等与有社会经验的人相比显然处于劣势，常常表现为眼高手低。创业活动是一个复杂的系统工程，市场不会因为创业者是学生就网开一面,在单纯的校园环境中成长起来的大学生,在面对社会和市场时,比有社会经验的人更容易迷失和迷茫,思考问题理想化,对困难问题估计不足。

(8) 经营管理风险

创业管理风险是指在创业管理运作过程中因信息不对称、管理不善、判断失误等影响管理的水平,从而导致创业失败的风险。企业管理不仅需要知识,还需要阅历,需要在日常工作中累积经验。创业者虽然可能接受过创业方面的培训,但大部分经验来自书本,如果创业者知识单一、经验不足,资金实力和心理素质不强,将进一步加大了管理的风险。一些创业者尝试性地选择了连锁经营却又因初期的加盟费用过高而在中途停止营业,一些创业者一味地追求业务规模,造成盲目融资和资金浪费。因决策失误、组织结构不科学、用人不当等而导致的创业失败的案例在创业中尤为明显。

2.4.3 创业风险的应对

创业者在创业过程中显性或潜在的各类风险无处不在,创业风险是影响创业成功的一个关键性因素。创业过程中风险一旦发生,将给创业者带来极大的思想压力。因此,作为创业者,应具备正确的风险观,形成并保持良好、积极的心态,能够认识到创业风险的普遍性,敢于直面风险,主动认知和分析风险,增强对创业风险的警惕性,积极风险防范。

(1) 项目风险:科学调研,提升成功率

现如今互联网市场竞争加剧、不断变化的用户行为习惯以及持续增加的新用户推广成本,多种因素导致企业对于用户需求了解越来越迫切,这也使市场调研的重要性越来越突出。一个新项目的立项阶段,需要对整个产品项目有较明确的市场调研评估,精准的市场调研工作有助于提升项目实施后的成功概率,并且可以帮助项目创业者控制开发成本等。创业者在创业初期一定要做好市场调研,并根据自身掌握的财力、人力、物力、技术、信息、管理等情况,尽量选择启动资金少、人力配备要求不高的项目。

(2) 资金风险:合理规划,确保现金流稳定

资金是创业的血液,一旦资金链断裂,企业将面临生死存亡的考验。创业者在初期往往容易忽视资金的重要性,导致在后续运营中捉襟见肘。因此,在创业前,应充分评估项目所需的资金量,并制订详细的资金规划。同时,要关注现金流状况,确保企业有足够的资金应对日常开支和突发情况。

(3) 技能缺失:提升自我,补齐能力短板

许多创业者在创业初期过于自信,忽视了自身技能的不足。实际上,创业需要多方面的能力,如市场分析、团队管理、营销推广等。为了提升创业成功率,创业者应积极参加创业培训、实习或工作,以积累经验和提升技能。此外,还可以寻求导师或行业专家的指导,以便更好地应对创业过程中的挑战。

(4) 管理风险:理顺机制,科学管理

管理风险是创业者创业过程中最常见的风险之一。由于缺乏管理经验,创业者在创业过程中容易犯下决策随意、信息不通畅等错误。为了降低管理风险,创业者应建立一套科学的管理体系,包括明确的决策机制、有效的信息沟通渠道和合理的激励机制等。同时,

要注重团队建设，选拔和培养一批有能力、有潜力的团队成员，共同推动企业的发展。

(5) 资源匮乏：整合资源，拓展人脉

资源匮乏是创业者创业过程中的又一难题。为了解决这个问题，创业者应积极整合资源，包括各种社会资源如人才、技术、场地等。此外，还要注重拓展人脉关系，与业界人士建立良好的合作关系，以便在需要时能够得到他们的支持和帮助。通过有效地整合资源和拓展人脉，创业者可以更好地应对创业过程中的挑战和困难。

(6) 团队分歧：注重沟通，共建共识

团队分歧是创业过程中难以避免的问题。为了降低团队分歧带来的风险，创业者应注重团队建设，培养团队成员之间的信任和合作精神。同时，要建立有效的沟通机制，及时了解和解决团队成员之间的分歧和矛盾。在重大决策上，要充分听取团队成员的意见和建议，共建共识，确保团队的稳定和发展。

案例学习　2023年大学生微创业行动报告(节选)

一、大学生创业一定要与时代"同频共振"

在2023年广发证券·KAB大学生微创业行动启动仪式(以下简称"启动仪式")上，食铁兽科技CEO周永峰在分享自己的创业之路时，谈到当初的选择，认为大学生创业一定要与时代"同频共振"。周永峰瞄准智慧农业赛道，创办了食铁兽科技，启动精准灌溉等创业项目，为传统农业吹去"科技的风"。

近日，周永峰团队的AgroX-未来分布式精准灌溉系统创业项目入选2022年广发证券大学生微创业项目20佳，获得了创业扶持资金。

大学生的创业选择与国家发展同向同行，这是《2022大学生微创业行动项目分析报告》反映出的一个明显趋势。该报告由中国青年报社、KAB全国推广办公室、广发证券社会公益基金会于日前联合发布，由中央财经大学葛建新教授研究团队负责调查研究撰写，参与项目的专家主要来自中央财经大学商学院、中国人民大学统计学院。该课题调查研究报告已经连续发布4年，被视为大学生创新创业的年度"晴雨表"。

青年是最富有活力、最具创造性的群体。大学生微创业行动自2015年启动以来，至今已走到第9个年头，得到上百家风投机构、上千所高校的广泛支持。今年活动的主题是"寻找创业梦想+"，聚焦科技创新、乡村振兴和绿色发展领域，活动主办方将投入120万元扶持60个大学生微创业项目。

二、用硬核科技解决社会"痛点"问题

天津大学化工学院2020级博士生李双阳决定投入小口径人工血管的项目研究。他在学校众创空间创建了独立运作的生物科技公司，并吸纳了学校多个学院的学生，形成了一支学科交叉融合、优势互补的团队。如今他的团队作为首批创业团队，入驻了天津举全市之力打造的创新策源地——天开高教科创园。

大学生微创业行动本着发掘创意创新、培养创业热情的初衷，从1 000多个展示项目中筛选出了"20佳微创业项目"。葛建新说："从这些优秀创业团队身上，可以发现年轻一代创业者一些共性的特质。"

"入选20佳微创业项目的，几乎都与高科技内容相关。"长期从事大学生创业研究的葛

建新注意到，几年前，很多大学生创业项目还是服务类项目比较多，"现在好的项目大多是基于硬科技的，而且出现多学科交叉交融的特点"。

值得注意的是，这些优秀的青年大学生创业者大多都聚焦国家和社会发展中的"痛点""难点"问题，立足于创新性科技实现问题突破，或是针对某个难题提供更加精准便捷的解决方法。

三、"三农"领域成为年轻人创新创业的"新战场"

周永峰团队的未来分布式精准灌溉系统，其实就是在微中大型农场打造智能化的"种植能手"。他们把人类"种植能手"的种植经验转化为标准可靠的数据、执行逻辑；监测作物实时长势，形成作物优质灌溉算法模型，为农场提供全周期的灌溉服务。

西北农林科技大学的张博玮和团队研发出了智慧种葡萄的机器人。他们提出了一套葡萄种植田间管理解决方案，包含机器人以及葡萄种植水肥一体化装置，构建了"信息感知—信息处理—智能作业"的智慧管理新业态。今后葡萄的病虫害防治、自动除草、修枝剪叶、起藤埋藤甚至果实采摘都可以由机器人来完成。

从大学生创业项目的选择可以看到一股清晰的潮流——乡村振兴战略实施正驱动"三农"领域成为大学生创新创业的"新战场"。一方面，国家战略为大学生创新创业提供了更多渠道和机遇；另一方面，大学生创新创业也为乡村振兴战略的实施提供人才保障、注入新鲜活力。

这次获得扶持的"乡村振兴"领域10个优秀创业项目，涉及农作物栽培加工销售、非遗文化、乡村旅游、乡村养老、生态环保等。

广东工业大学张博爱团队已经走访了全国5个省份，他们研发的矿物质土壤调理产品已经帮扶了2 112户农民，实现创造收益超过5 000万元。"乡村振兴真的是大有可为！"张博爱说。

用AI识别病虫害的刘奕辰团队，拥有全国最大的开源民用病虫害数据库，团队自建312种病虫害数据库，病虫害图片高达2 000万张。如今，他们推出的"喜丰宝"服务，已经走进全国各地的农业基地。刘奕辰说，公司通过与湖南衡阳多个乡镇政府合作，建立了62家线下农技服务中心。此外，还启动了"喜丰宝"线上农资商城以及线下农技服务中心，提供农资产品等，真正让农民获得实惠。

四、一大批青年创客在广阔的社会舞台发光发亮

西安交通大学学生张志杰项目团队发明了锂电池分布式带电拆解与余热回收一体化系统，这个项目能带来很大的社会效应。因为他们的技术实现了对退役动力锂电池的带电拆解，单条生产线每年可减少20万吨高浓盐水的排放。而且，通过自研高效吸附剂与先进的废水处理工艺，每年可减少超百万元的治污成本。

创业项目中，不少人选择了"绿色环保""社会服务"等与人民日常生活和国家宏观政策联系紧密的创业方向，这也一定程度上反映出当代青年具有更强的社会服务意识和社会责任感。

在西北农林科技大学KAB俱乐部指导教师赵笑看来，KAB为西部高校打开了一扇窗、架起了一座桥，让学生参与创新创业实践，也有更多的机会去与各方连通，大家感受到了来自创新创业的快乐，"一大批青年创客在校园中成长，在广阔的社会舞台发光发亮"。

五、培养一批融入时代的创业者

培养一批融入时代的创业者，正是举办大学生微创业行动的初心。9年来，大学生微创业行动已覆盖上千所高校，上万个大学生项目参与了网上创业项目专题展示，还通过大讲堂、微创营、项目扶持等一系列活动，不断培育大学生创新创业文化，服务大学生创新创业实践，激励年轻人敢于有梦、敢于追梦、勤于圆梦。

KAB创业教育项目是中青报引导联系服务青年成长的一个重要抓手。截至目前，累计培训1 840多所高校的1.17万名KAB创业教育老师，在430多所大学搭建了大学生KAB创业俱乐部，每年上百万大学生参与创业学习实践，在越来越多年轻人心中播下创业的种子，并落地生根。

青年常为新，青年也最能为新。今年6月，习近平总书记在同团中央新一届领导班子成员集体谈话时强调，共青团要坚持围绕中心、服务大局，主动对接国家重大战略和重大任务，组织动员广大青年立足本职岗位，积极投身中国式现代化建设，在科技创新、乡村振兴、绿色发展、社会服务、卫国戍边等各领域各方面工作中争当排头兵和生力军，展现青春的朝气锐气。

知名创业教育专家、原中国青年政治学院副校长李家华建议年轻一代创业者，要尽可能地抓住时代的机会，"创业者一定要融入这个时代"。

注：引自胡春艳，2023。

复习思考题

1. 谈谈你对蒂蒙斯模型的理解。它关于创业过程的原理对我们当代大学生创业有哪些启示？
2. 对于市场上正在形成的创业机会，通过哪些方法可以去识别它们？
3. 大学生要加强创业训练，你对微创业行动了解多少？
4. 谈谈创业过程中应如何规避和化解创业风险？

第3章 创业环境与创业资源

党的二十大报告中提出"强化企业科技创新主体地位……营造有利于科技型中小微企业成长的良好环境""坚持守正创新"等重要论述，国家层面为大学生创新创业提供了很多优惠政策，营造了良好的社会环境。高校青年大学生应该学会分析和评价创业环境，抓住机遇，充分利用身边的创业资源，勇于探索创新，实现人生的创业梦想。

本章要点：使学生了解创业环境、创业资源、创业资源整合的含义；掌握创业环境的内涵，尝试对创业环境进行评价；掌握创业资源的作用以及获取的途径；了解创业资源整合的目标和原则，学习如何对创业资源进行管理利用。

关键术语：创业环境；创业资源；创业资源整合

3.1 创业环境

3.1.1 创业环境的含义

创业环境是足以影响或制约创业行为的一切外部条件的总称，是与创业活动相关联的因素的集合，包括宏观环境与微观环境。宏观环境指那些给企业造成市场机会或环境威胁的主要社会力量，包括政治、经济、社会、技术、自然和法律等因素。行业环境属于微观环境。行业指提供同一类产品(或服务)或提供具有可替代性产品(或服务)的企业群；行业环境分析的内容包括行业的生命周期阶段、行业的进入与退出障碍、行业的需求与竞争状况、行业主导技术的发展趋势及行业的发展前景等。

3.1.2 创业环境的分类

(1) 宏观环境、中观环境和微观环境

按创业环境研究层次的不同，可分为宏观环境、中观环境和微观环境三种。宏观、中观、微观是相对而言的。宏观环境指一国或一个经济区域范围内的创业环境；中观环境指某个区域或城市、乡镇的创业环境等；微观环境指企业的文化氛围、团队合作精神、创新精神等。

(2) 经济环境、政治环境、法律环境、科技环境、文化环境

按构成创业环境要素的学科属性，可分为经济环境、政治环境、法律环境、科技环境、商务环境、教育环境、社会环境、文化环境等。

(3) 硬环境和软环境

按创业环境要素的物质形态属性不同，可分为硬环境和软环境。硬环境指创业环境中那些具有物质形态的要素组合，如基础设施、自然区位和经济区位；软环境主要指没有具

体物质形态的要素的组合，如政治、法律、文化环境等。

3.1.3 创业环境的特征

(1) 整体性

创业环境是一个由各要素相互作用、相互联系而组成的有机整体，创业环境的各要素相互联系、相互依存、相互影响。由于创业环境具有整体性的特征，在研究创业环境的时候，需运用系统的原则和方法，从整体的角度来分析考察创业环境，全面地分析研究，不能割裂开来孤立地分析单个要素。

(2) 主导性

创业环境中的各个组成要素对于创业者而言，其地位或影响存在着差异性，总有一个或几个要素在某一阶段的发展中居于主导地位，即在创业环境中规定和支配着其他的要素，分析创业环境需要关注主要矛盾、关注矛盾的主要方面，对主导要素的研究居于特别重要的意义。

(3) 动态性

创业环境是不断发展变化的，包括经济结构的调整、政治制度的优化、市场需求的变化、消费水平的提高等，这些都会极大地影响创业环境，使创业环境始终处在不断变化的过程中。需要用动态的观点来看待、研究创业环境，认识创业与创业环境之间的辩证关系。

(4) 差异性

创业环境的差异性不仅仅限于地区间的差异，产业之间同样存在创业环境的差异性。创业者所处区域不同，所选产业不同，则其所处的创业环境就有所不同。

3.1.4 优化创业环境的意义

(1) 鼓励创业

优化创业环境的意义在于在全社会形成一种鼓励创业的氛围，学习借鉴他人的成功经验，激发创业意识，保护创业激情，形成创业光荣的社会共识，引导社会各个阶层的人能创则创，使社会充满创业的活力。

(2) 支持创业

激发起创业者的创业激情，在于引导创业者心动。而由心动到行动，需要在制度设计层面充分考虑创业所需要的各个方面的支持，从要素获取到素质提升、从产品开发到市场推广、从项目筛选到企业运营，从各个层面不同角度支持创业。

(3) 服务创业

服务型政府是在公民本位、社会本位理念的指导下，在整个社会民主秩序的框架下，通过法定程序，按照公民意志建立起来的以为公民服务为宗旨并承担着服务责任的政府。建设服务型政府要求政府必须优化工作流程，方便、快捷、高效、亲切地服务创业。

(4) 保护创业

创业环境应该能够直接为创业成果和创业过程提供保护，从法律上加强知识产权保护和财产安全，使创业者能够有效维权，免受不安定因素的影响，缓解后顾之忧，放心大胆创业。

3.1.5 我国大学生创新创业环境

当今时代是创业时代，现在大学生创业所面临的宏观环境和微观环境都十分的复杂。所谓创业环境，实际上就是创业活动的舞台。任何创业活动都是在一定的社会环境下进行的，在我们的大学生迈向社会进入创业阶段的时候，呈现在面前的就是一个巨大的时空舞台。在这个舞台上，诸多事物和要素互动联系、碰撞，形成了一个面面俱到的现实环境系统，因此创业环境对大学生创业具有十分重要的影响。在大学生就业形势日益严峻的社会背景下，采取有效措施，为大学生创业营造良好的环境，对促进大学生创业并带动其就业具有十分重要的作用。

(1) 政策环境

创业行为具有很强的环境依赖性，创业政策作为创业环境的重要组成部分，对学生的创业意识、创业机会及创业动力都有着显著影响，是大学生能否创业和创业成功与否的关键影响因素。随着"大众创业、万众创新"战略的实施，鼓励和支持大学生自主创业已经成为重要举措。党的二十大报告中关于创新创业的重要论述多达几十处，为我国创新创业教育发展指明了方向。加快实施创新驱动发展战略，创新创业是不变之主题，是经济发展不竭之动力。近年来，政府各相关部门对创新创业日益关注，出台了一系列扶持政策，涉及融资、开业、税收、创业培训、创业指导等诸多方面，全力促进创新创业的发展。国务院多次发文推进大众创业、万众创新。教育部一方面加强开展高校的创新创业研究，另一方面在高校中大力推进创新创业教育，将之作为素质教育的核心部分，使创新创业教育和创业活动在全国各地高校中迅速开展；国家发展和改革委员会（以下简称发改委）出台了鼓励创业投资的政策，并积极推进中小企业的创业培训工作；人力资源和社会保障部从解决就业问题出发，提出"创业促进就业"的观念，并逐步使之成为解决就业问题的指导思想，共青团中央从支持青年创业的角度出台了大量的政策文件，并从创业活动和创业教育的角度给予了大力支持。这些政策的出台，为大学生创业提供了良好的政策环境和盈利条件，有助于创业者在法律和政策层面上获得更多的支持和保障，激发创业者创业热情。对于有创业意向的同学来说，了解这些政策，才能走好创业第一步。

(2) 市场环境

市场环境也是创业者需要考虑的重要因素。我国经济不断发展，市场需求不断增加，这为创业者提供了巨大的机遇。此外，在跨境电商、生态农业、节能环保等领域，我国市场也呈现出巨大的增长潜力。同时，国家也在减少创业者的审批时间和成本，促进市场开放，建立积极的社会和商业环境，创造更多的机会和可能。"互联网+"时代的来临是传统行业与互联网的融合与重构。农业、制造业、媒体、通信、物流、医疗、教育、旅游、餐饮……几乎所有的传统行业都随着互联网的进入而发生着质的改变。由于传统行业与互联网的结合实现了结构调整与迁移，带来了资金流、信息流、物流的整合，形成了新的平台，产生了新的应用模式，带来了产业与服务的转型升级，加速了一、二、三产业的融合与发展。"互联网+"模式的提出给各个行业带来创新与发展的巨大机会。"互联网+"要加的对象，既可以是互联网自身所产生的新生事物，也可以是传统的各行各业，这种模式的产生与应用蕴含着更大的创新创业空间，带来了更多的升级换代和颠覆性改变的可能。

(3) 科技环境

近年来，我国在科技领域的进步突飞猛进。政府对科技领域的投入越来越大，科技创新成果也在逐步展现。科技竞争愈演愈烈，世界新科技革命正在酝酿新的重大突破，新科技革命的出现使资源优势日益让位于技术优势；信息化经济导致地域壁垒日益让位于技术壁垒。以生物医药、光电子信息、航空航天技术、新材料、先进制造技术等为代表的高新技术主导技术群已经成为这个时代经济增长新的技术基础，因此，相应产业领域的科技创业活动日益成为各国科技战略的主流。例如，在互联网领域，我国已成为全球第一大互联网市场和第一大科技公司市场。同时，我国的数字支付、无人驾驶、人工智能等领域也在不断进步。这些发展，为创业者提供了丰富的技术支持和视野拓展，为创业者提供了更多的创新和开发机会。

(4) 人才环境

对于创业者而言，人才环境是非常重要的。我国拥有丰富的人才资源，其中包括大量的高素质青年和专业人才。许多优秀的创业者和行业专家，都为我国的创业环境带来了大量的新思路和创造力。党的二十大报告中指出："坚持科技是第一生产力、人才是第一资源、创新是第一动力，深入实施科教兴国战略、人才强国战略、创新驱动发展战略，开辟发展新领域赛道，不断塑造发展新动能新优势。""我们要坚持教育优先发展、科技自立自强、人才强国，坚持为党育人、为国育才全面提高人才自主培养质量，着力造就拔尖创新人才，聚天下英才而用之。""加快建设世界重要人才中心和创新高地，着力形成人才国际竞争的比较优势，把各方面优秀人才集聚到党和人民事业中来。"此外，国家还出台了一系列人才政策，优化人才供给结构，减轻人才招聘难度和压力，大大提高了创业者招聘和使用人才的效率和成本。

综合以上几个方面，我们可以发现，我国的创业环境已经成为世界领先的创业聚集地之一。在政策、市场、科技和人才等方面，都有较好的发展前景和潜力。习近平总书记在党的二十大报告中指出："青年强，则国家强。当代中国青年生逢其时，施展才干的舞台无比广阔，实现梦想的前景无比光明。"当代大学生只有把个人理想融入中国梦，在矢志奋斗、创新创造中扬起青春之帆，才能在学习就业、成长成才的路上攻坚克难，不断为强国建设、民族复兴伟业添砖加瓦、增光添彩。

3.1.6 创业环境的分析

创业环境是一个系统，创业环境的分析包括对创业外部环境的分析和创业内部环境（如创业团队文化、组织与分工等）的分析。运用各种调查研究方法，分析出公司所处的各种环境因素，即外部环境因素和内部环境因素。外部环境因素包括机会因素和威胁因素，它们是外部环境对公司的发展直接有影响的有利和不利因素，属于客观因素，内部环境因素包括优势因素和弱点因素，它们是公司在其发展中自身存在的积极和消极因素，属主动因素，在调查分析这些因素时，不仅要考虑到历史与现状，而且更要考虑未来发展问题。

在现代企业战略管理中，SWOT分析是一项非常重要的工具和方法。SWOT分析最早是由美国旧金山大学韦里克教授于20世纪80年代初提出的。所谓SWOT分析法，是一种综合考虑企业内部条件的优势、劣势和外部环境中存在的机会、威胁，据此对备选的战略方案进行系统评价，从而选择出最佳竞争战略的方法。SWOT中的S是指企业内部的优势（strengths）；W是指企业内部的劣势（weaknesses）；O是指企业外部环境中的机会（opportunities）；T是指企业外部环境中的威胁（threats）。

竞争优势（S）是指一个企业超越竞争对手的能力，这种能力有助于实现企业的经营目标，如有利的竞争态势、资金充足、企业形象良好、技术力量、产品质量、市场份额、成本优势、宣传优势等。

竞争劣势（W）是指某种企业缺少或做得不好的方面，或指某种会使企业处于不利地位的条件，如缺少关键技术、资金短缺、客户缺乏、设备老化、管理混乱、研究开发落后、经营不善、产品积压、竞争力差等。

企业外部环境中的机会（O）是指环境中对企业有利的因素，这些因素将有助于企业提高竞争优势，如政府支持、高新技术的应用、良好的供应商关系、明显的市场需求增长势头等。

企业外部环境中的威胁（T）是指一种不利的发展趋势所形成的挑战，如果不采取果断的战略行动，这种不利趋势将导致企业的竞争地位被削弱，如新竞争对手的出现、市场增长率缓慢、购买者和供应者议价能力增强、产品生命周期缩短等。

识别出企业的优势、劣势、机会与威胁因素后，把企业的内部优势、劣势与外部机会、威胁进行匹配，构建SWOT分析图，确定企业战略能力。企业在此基础上进行甄别，然后选择企业应该采取的具体战略。SWOT分析法为企业提供了可供选择的不同战略，如图3-1所示。

优势—机会（SO）组合。SO象限内的区域是机会和优势最理想的结合，这时的企业拥有强大的内部优势和外部环境所提供的多种发展机会，相应地可以采取增长型战略。

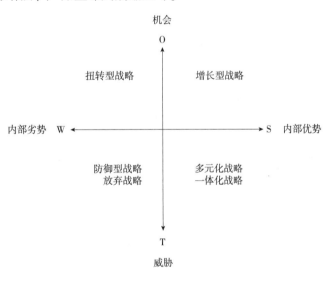

图3-1 SWOT分析模型（引自郑俊生，2020）

劣势—机会（WO）组合。WO象限内的区域，企业已经鉴别出外部环境所提供的发展机会，但同时企业本身又存在着限制利用这些机会的不利条件，企业可以采取扭转型战略，尽快改变企业内部的不利条件，从而最大限度地利用外部环境中的机会。

劣势—威胁（WT）组合。WT象限是最不理想的内外部因素的结合状况，企业应尽量避免处于这种状态。企业一旦处于这样的位置，在制定战略时就要降低威胁和劣势对企业的影响。企业可以采取减少产品或市场的防御型战略，也可采取改变产品或市场的放弃战略。

优势—威胁(ST)组合。ST象限内的业务尽管在当前具备优势,但正面对不利环境的威胁。面对这种情况,企业应巧妙地利用自身的优势来对付外部环境中的威胁,其目的是发挥优势而减轻威胁。企业可以考虑采取多元化经营战略,利用现有的优势在其他产品或市场上寻求和建立长期机会。另外,在企业实力非常强大、优势十分明显的情况下,企业也可以采用一体化战略,利用企业的优势正面应对外部环境中的威胁。

3.2 创业资源

3.2.1 创业资源的含义

随着对创业活动的研究逐渐深入,一个影响创业的重要元素近年来被讨论的次数越来越多,这就是创业资源。在经济学中,能够投入到生产过程中的一切要素均可以称为资源。在企业中这些资源既包括看得见的有形资源(如机器、厂房、各种类型设备),也包括组织本身蕴含的无形资源(如品牌、企业声誉、企业具有的专利权等)。创业资源的含义包括以下几个方面:

①所有投入到企业创业过程当中的为了实现企业创业目标的有形资源与无形资源的总和。

②创业资源是企业为了实现自己的目标,在为社会提供商品和服务过程中自身具备的、能够驱使的因素或者各种因素的组合。

③创业活动过程就是资源的重新组合的过程,创业资源是创业活动过程中企业投入的各类要素或其组合形式。

④创业资源是支撑企业创业活动的各种生产要素及条件。

⑤创业资源是创业企业赖以赢得创业机会并且设定企业战略的基础,同时能为企业带来价值,能够起到增强企业的竞争力等作用的一种特殊资源。

总而言之,创业资源是企业能够利用与控制的,并且主动进行整合的要素及其组合。这些要素既可以是有形的也可以是无形的。

3.2.2 创业资源的种类

资源对于企业的发展是必不可少的,特别是对于创业企业,拥有的资源更是生存之本。创业企业从创立到发展壮大的过程中必然会不断利用与消耗已有的创业资源,同时又要不断地拥有新的创业资源,以此获得长久持续的发展。这些资源是多方面的,不仅包括不断投入的各种人力资源,还包括社会资源、资金资源、物质资源、政策资源、技术资源、组织资源、文化资源和环境资源等。创业资源的分类有很多种,可按照不同维度划分类型,比较常用的有:

(1)按照创业资源的性质分类

按创业资源的性质可分为人力资源、社会资源、财务资源、物质资源、技术资源、组织资源、政策资源、文化资源、品牌资源。

①人力资源包括创业者与创业团队的知识、训练、经验,也包括组织及其成员的专业

智慧、判断力、视野、愿景，甚至是创业者、创业团队的人际关系网络。创业者是新创企业中最重要的人力资源，因为创业者能从混沌中看到市场机会。创业者的价值观和信念，更是新创企业的基石。合适的员工也是创业人力资源的重要部分，因此，高素质人才、技术人员、销售人才和生产工人等的获取和开发，便成为企业可持续发展的关键因素。

②社会资源主要指由于人际和社会关系网络而形成的关系资源。社会资源可以是人力资源的一部分，或者说是特殊的人力资源。社会资源对创业活动非常重要，因为社会资源能使创业者有机会接触大量的外部资源，有助于透过网络关系降低潜在的风险，加强合作者之间的信任和声誉。开发社会资源是创业者的重要使命。

③财务资源包括资金、资产、期权、股票等，对创业者来说，财务资源主要来自个人、家庭成员和朋友。由于缺乏抵押物等多方面原因，创业者从外部获取大量财务资源比较困难。

④物质资源指创业和经营活动所需要的有形资产，如经营场地、厂房、土地、设备等，满足要求的基础设施建设、便捷的计算机通信系统、良好的物业管理和商务中心，以及周边方便的交通和生活配套设施等，有时也包括一些自然资源，如森林、矿山、滩涂、水域等。

⑤技术资源包括关键技术、制造流程、作业系统、专用生产设备等。技术资源往往包含三个层次：一是根据自然科学和生产实践经验而发展成的各种工艺流程、加工方法、劳动技能和诀窍等；二是将这些流程、方法、技能和诀窍等付诸实现的相应的生产工具和其他物资设备；三是适应现代劳动分工和生产规模等要求的对生产系统中所有资源进行有效组织和管理的知识、经验和方法。技术资源与智慧等人力资源的区别在于，后者主要存在于个人身上，随着人员的流动会流失，技术资源大多与物质资源结合，可以通过法律手段予以保护，形成组织的无形资产。

⑥组织资源包括组织结构、作业流程、工作规范、质量系统。组织资源通常指组织内部的正式管理系统，包括信息沟通、信息推介、购销渠道、决策系统以及组织内所有的计划、宣传、凝聚活动等。一般来说，人力资源需要在组织资源的支持下才能更好地发挥作用，企业文化也需要在良好的组织环境中培养。组织资源来自创业者或其团队对新创企业的最初设计和不断调整，同时包括对环境的适应和对成功经验的学习推广。由于创业过程通常被解释成组织的形成过程，所以对于创业企业来说组织资源是具有标志性意义的一类资源。

⑦政策资源包括允许个人从事科技创业活动，允许技术入股，支持海外与国内的高科技合作，为留学生回国创业解决户口、子女入学等后顾之忧，简化政府的办事程序等。政府的各种创业扶持政策，主要包括财政扶持政策、融资政策、税收政策、科技政策、产业政策、中介服务政策、创业扶持政策、经济技术合作与交流政策、政府采购政策、人才政策等。

⑧文化资源包括高科技企业之间相互学习和交流的文化氛围、相互合作和支持的文化氛围，以及相互追赶和超越的文化氛围等。

⑨品牌资源包括借助大学或优秀企业的品牌、借助科技园或孵化器的品牌，以及借助社会上有影响力的人士对企业的认可等。

(2) 按照创业资源的来源分类

创业资源分为自有资源和外部资源。其中，自有资源是指创业者自己所拥有的、能够自由配置和使用的各种可用于创业的资源，包括自有场地资源、自有设备资源、自有资金、自有技术、自有人才、自有品牌等。外部资源指对企业运营有影响但是企业不能完全掌控的所有社会因素和环境因素的集合，包括政策资源、环境资源和文化资源等。

(3) 按照创业资源的存在形态分类

创业资源按其存在形态可以分为有形资源和无形资源。有形资源是具有物质形态的、价值可用货币度量的资源，如组织赖以生存的自然资源及建筑物、机器设备、原材料、产品、资金等。无形资源是具有非物质形态、价值难以用货币精确度量的资源，如信息资源、人力资源、政策资源及企业的信誉、形象等。无形资源往往是撬动有形资源的重要手段。

(4) 按照创业资源的重要性分类

按重要性将创业资源分为三大类：核心资源、基础资源和其他资源。核心资源包括人力资源、技术资源和管理资源，这些是创业企业有别于其他企业的核心竞争力，是创业机会识别、筛选和运用三大阶段的主线。基础资源包括资金资源和场地资源，这些是创业企业成功创办和持续经营的基本资源。其他资源包括政策资源、人脉资源、品牌及文化资源和行业资源。

(5) 按照资源要素对企业战略规划过程的参与程度分类

创业资源分为直接资源和间接资源。直接资源包括财务资源、经营管理资源、人才资源以及市场资源，这些要素直接参与创业企业战略设计与执行过程；间接资源则包括政策资源、信息资源和科技资源，这些要素为企业创业提供间接的支持与帮助。

(6) 按照创业资源在创业过程中的作用分类

按照创业资源在创业过程中的作用将创业资源分为两大类：一类是运营性资源 (operation resource)，主要包括人力资源、技术资源、资金资源、物质资源、组织资源和市场订单等资源；另一类是对新企业的生存和发展具有关键作用的战略性资源 (strategic resource)，主要指知识资源。知识型社会为企业带来了持续而长远的影响，知识成为企业进行生产、竞争的关键，企业组织工作的重要任务是战略性地开发和利用知识资源。由于新企业的高度不确定性及创业者和资源所有者之间的信息不对称性，知识资源对运营资源的获取和利用具有促进作用。

3.2.3 创业资源在各个创业阶段的作用

创业活动的本质是创业者围绕潜在机会来调动和整合一切可能获得的资源以创造商业价值的过程。创业者所拥有的或者能够支配的资源在很大程度上决定了创业方向。

(1) 社会资本在创业中的作用

社会资本是相对于物质资本和人力资本的一种无形资源形式，以社会关系中的信任、规范和网络为载体，既包括社会关系中的制度、规范和网络化等组织结构特征，又包括公民所拥有的信任、威望、社会声誉等人格网络特征，是人们在社会结构中所处的位置给他们带来的资源，包括权利、地位、财富、资金、学识、机会、信息等。社会资本拥有状况体现创业者创业的基础。

（2）资金在创业中的作用

资金是创业者资源整合的重要媒介，很多时候一个创业项目在起步后的相当一段时间内是没有收入的，或者收入不会像预期那么容易，尤其是大学生创业，其最大困难之一就是资金缺乏，即便是已经运营多年的企业，也极有可能因资金链断裂而毙命。因此，资金在创业中具有不可或缺的重要作用。

（3）技术在创业中的作用

对于制造业或提供基于技术服务的新创企业而言，技术资产及技术开发能力是企业存在和发展的基石，是生产活动和生产流程稳定的根本，决定了创业产品或服务的市场竞争力和获利能力，创业能否成功的关键在于是否拥有可靠的技术支点，对高科技新创企业而言，技术更是其战略性资源。

（4）专业人才在创业中的作用

知识经济时代，人才是经济和社会发展的第一资源。科技的迅猛发展、激烈的全球化竞争，任何技术都可能落伍，任何资源都可能被取代，只有人才资源是任何时代都不能缺少的，专业人才是企业的创立创新和持续发展的基础，也是企业永葆活力的坚强后盾。

3.3 创业资源获取

3.3.1 创业资源获取的内涵

创业就是识别创业机会以及获取和整合创业资源的过程，创业资源获取和整合伴随着整个创业过程，当创业者拥有或者能够控制那些稀有的、有价值的、难以复制的和不可替代的资源时，他们就可以为自己所建立的创业企业建立起持久的竞争优势。

3.3.2 影响创业资源获取的因素

资源获取是在识别资源的基础上，得到所需资源并用之于创业过程的行为。创业资源的获取对于创业的成功非常重要。影响创业资源获取的因素主要有创业导向、商业创意的价值、创业资源的配置方式、创业者的管理能力及创业者的社会网络等方面。

（1）创业导向

创业导向反映了企业建立新事业、应对环境变化的一种态度或意愿，这种态度或意愿会导致一系列创业行为。创业导向会通过市场机会的识别和开发，进而促进对资源的获取。因此，创业者要注重创业导向的培育和实施，充分关注创业者特质、组织文化和组织激励等影响创业导向形成的重要因素，采取有效的方式获取资源，并在资源的动态获取、整合和利用过程中，注意区分不同资源，充分发挥知识资源的促进作用。

（2）商业创意的价值

创业的关键在于商业创意。商业创意为资源获取提供了杠杆，但获取资源还有赖于创意的价值被资源所有者认同的程度。换言之，一种能被资源所有者认同的、有价值的商业创意，才有助于降低创业者获取资源的难度。

(3) 创业资源的配置方式

资源配置指的是人们相对稀缺的资源在各种不同用途上加以比较做出的有利选择。由于资源的异质性、效用的多维性和知识的分散性，人们对于同样资源往往具有不同的效用期望。有些期望难以依靠市场交换得到满足，因此，如果通过资源配置方式创新，能够开发出新的效用，使之更好地满足资源所有者的期望，创业者就有可能从资源所有者手中获得资源使用权，以开展生产经营活动。

(4) 创业者的管理能力

创业资源获取的关键往往取决于企业的软实力。创业者的管理能力是企业软实力的主要表现，管理能力越高，获取资源的可能性越大。创业者的管理能力可以从其沟通能力、激励能力、行政管理能力、学习能力和外部协调能力等多方面予以衡量。

良好的沟通能力可以使创业团队表现出坚强的凝聚力，采取共同的行动，从而更容易获取必要的外在资源；团队激励和合作有助于企业综合能力的提升，产生团队外溢效果，获取必要的资产和资源；较强的行政管理能力有利于将各种资源进行较完美的匹配与组合，使企业的正常运作更有效率，企业因而会根据成员的要求和组织发展的需要，去吸引更多的人力资源和其他无形资产；学习能力则可以不断地使创业者提升自身管理能力，了解外部市场的变化和创业企业内部的需求，对其做出理性判断，运用一定的方式获取企业所需的资源；外部协调能力是创业者个人才能的外向性应用，创业者的外部协调能力越强，与合作者(如供应商、销售商等)达成一致的可能性就越大，创业者就可以利用外部资源为企业服务，得到资源获取的外在效应，在获取必要资源的同时，为企业创造良好的发展环境。

(5) 创业者的社会网络

社会网络是机构之间及人与人之间比较持久的、稳定的多种关系结合而成的网络关系。社会网络是多维度的，能够提供企业正常运转所需要的各种资源，也是新创企业最重要的资源之一。由于创业资源广泛存在于各种资源所有者手中，这些所有者又处于一定的社会网络之中，而且人们对于商业活动的认识和参与，客观上会受到自己所处网络及在网络中地位的影响，所以，社会网络对于创业资源的获取具有重要意义。不同的社会网络和网络地位，为人们之间的沟通协作提供了不同渠道。在社会网络中处于优势地位的创业者，具有较好的社会关系依托，可以有选择地了解不同对象的效用需求，有针对性地对不同对象传递商业创意的不同方面，有目的地取得不同资源所有者的理解和信任，最终成功从不同网络成员那里取得所需的各种资源，为自己进行资源配置方式创新提供基础。

3.3.3 创业资源获取的途径

创业者可通过市场途径和非市场途径获取创业资源。市场途径是指通过支付费用在市场购买相关创业资源，非市场途径则指通过社会关系，用最小的代价甚至无偿获取创业资源。通过市场交易途径获取资源，采取购买、联盟和并购的方式，购买物资资源、技术资源、人力资源等。联盟则是联合其他组织对一些难以或无法自己开发的资源进行共同开发,联盟是现在比较普遍采用的形式。并购则是依托资金实力助力创业者缩短进入一个新领域的时间,从而及时把握商机,实现创业目标。通过资源吸引和资源积累的非市场交易途径也可获取创业所需资源。

选择通过市场途径还是非市场途径取得资源,取决于创业者拥有社会资本的状况、资金实力、创业者行为偏好等。可以在市场途径与非市场途径中选择一种以取得资源,也可以两种途径组合以取得资源。具体选择结果取决于创业者对自身综合实力、对效率、对自身行为偏好的综合考虑。

3.3.4 创业资源获取模式

创业者开创企业的初始条件不同,其获取资源的模式也会有所不同。典型的创业资源获取模式有技术驱动型的资源获取模式、人力资本驱动型的资源获取模式,以及资金驱动型的资源获取模式。

(1)技术驱动型的资源获取模式

技术驱动型的资源获取模式是指创业者最先拥有技术资源,或者创业初始技术资源较为充裕并带动其他资源向企业聚集。在该模式下,创业者以拥有的核心技术为基础,根据技术开发的需要获取、整合和利用资源。大学生创业或高科技创业多采用这一模式。

(2)人力资本驱动型的资源获取模式

人力资本驱动型资源获取模式是指创业者以拥有的团队为基础,通过发挥团队特长或根据机会开发的需要来获取、整合和利用资源的模式。很多职业经理人创业采用这一模式;工作一段时间后再创业的创业活动很多也是以原工作单位的工作伙伴以及积累的工作技能为基础,先组建一个相互默契的工作团队,再寻找一个适合的创业项目,促成创业成功。

(3)资金驱动型的资源获取模式

资金驱动型资源获取模式是指创业者最先拥有资金,或者创业初始资金较为充裕并带动其他资源向企业聚集的资源获取模式。在该模式下,创业者以其拥有的资金为基础,通过寻找和资金相匹配的项目,进而对其进行开发来获取、整合和利用资源。很多大型企业的内创业多采用资金驱动型的资源获取模式,它们有着充裕的资金,有发现新商机的独到眼光,于是通过新产品研发或新技术购买开始新一轮的创业活动。

3.4 创业资源整合

3.4.1 创业资源整合的含义和流程

(1)创业资源整合的含义

创业不是饮无源之水,栽无本之木。每一个人创业,都必然有其凭依的条件,也就是拥有的资源。创业的过程就是创业者建立、整合和拓展资源的过程。

资源整合是指企业对不同来源、不同层次、不同结构、不同内容的资源进行识别与选择、汲取与配置、激活和融合,使其具有较强的柔韧性、条理性、系统性和价值性,并创造出新的资源的一个复杂的动态过程。

创业资源整合在于寻找并有效利用各种创业资源的过程,这一过程一是尽可能发现有利的创业资源;二是以效率尽可能高的方式来配置、开发和使用这些创业资源。

成功创业者对把握商机过程中所需要的资源以及对这些资源的所有权和管理权都有着自己的独特看法,与企业经理人的看法极不相同,成功的创业者在新创企业成长的各个阶段,都会努力做到用尽可能少的资源来推进企业向前发展;同时,对他们而言,资源的所有权并不是关键,关键的是对其他人的资源的控制和影响。

整合就是要优化资源配置,就是要有进有退、有取有舍,就是要获得整体的最优。在战略层面,资源整合是系统论的思维方式,是通过组织协调,把企业内部彼此相关但却彼此分离的职能,把企业外部既参与共同的使命又拥有独立经济利益的合作伙伴整合成为一个为客户服务的统一体,取得 1+1>2 的效果。

在战术层面,资源整合是资源优化配置决策,是根据企业的发展战略和市场需求对有关的资源进行重新配置,以凸显企业的核心竞争力,并寻求资源配置与客户需求的最佳结合点,目的是要通过组织制度安排和管理运作协调来增强企业的竞争优势,提高服务客户的水平。

(2)创业资源整合的流程

企业的核心竞争力就是对资源的整合能力,对资源的整合能力越强,核心竞争力越强。因此,企业如何走出狭隘的发展空间,做大做强,与领导者的思维有着不可分割的关系,这就需要领导者必须具备一定的整合能力。

创业者在面对自己的创业任务时,要考虑自己在此项目上有哪些资源,分析已有的资源,并对资源进行发掘。资源整合的前提是要善于发现资源,培养一双善于发现资源的眼睛,及时捕捉到所需的财富资源,就能比竞争对手多走一步。

将自己的资源列出一张清单,包括资金、团队、渠道、客户、品牌、专业、人脉等方面,对这些资源进行精确分析,给自己的资源定性。这样,我们才知道该如何运用资源:一方面,让自己的资源升值,实现资源价值的最大化;另一方面,询问自己需要哪些资源,并为如何获得这些资源制定策略。通俗来讲,就是在分析完已有资源后,明确自己还缺哪些资源,缺少的资源在谁手里。

资源短缺是每个企业都会面临的问题。在资源整合中,你缺什么并不重要,重要的是你知道缺少的资源在谁手里。对于中小企业来说,要解决当前各种资源短缺的困境,就要及时出击,找到自己需要的资源,再对症下药:或强强联手,或引进外来的设备、人才,或向银行贷款,或借助政策支持,等等。

在了解自己手中资源的具体情况后,就可以进行资源的开发、配置与应用。其实创业者的创业任务也是围绕如何进行资源开发、应用来进行的。

3.4.2 创业内部资源整合的目标和原则

内部创业资源基本上可以概括为人、财、物和技术四个主要方面,人以外的企业资源的作用都相对明确,只要配置合理就能发挥很好的作用。而且即使人的作用也比企业外部人的作用更加明确一些。内部资源清单见表 3-1 所列。

表 3-1 内部资源清单

资源名称	对资源的认知
创业者	素质与能力、社会关系网络、需求特征
创业企业员工	素质与能力、社会关系网络、需求特征
创业企业的固定资产	寿命周期、使用成本、有效配置
创业企业的流动资产	使用成本、有效配置
创业企业的资金	使用成本、有效配置
创业企业的技术资产	后继研发、拓展应用

与外部创业资源相比，内部创业资源作用很明确，因此，内部资源整合的最根本目标就是如何更有效地配置和使用这些资源。可以把内部创业资源整合形象地比喻为"内部挖潜"，需要像外部资源整合那样不断地发掘各种新的资源主体。

（1）公平原则

创业资源的整合要体现双赢原则。因此，对于具有相对独立的利益主体特征的资源，在整合的过程中要体现不同资源主体之间的公平原则。尤其是对于内部的人力资源，由于创业者或者创业企业员工之间平时相互都有沟通，所以不公平的现象很容易显现，以至于给整合带来负面的影响。

（2）当前利益与长远利益相结合的原则

创业资源整合的根本目的就是为了实现创业企业利益的最大化，但这个利益有当前和长远之分。因此，在内部创业资源整合的时候就要充分协调好当前利益与长远利益之间的冲突。任何基于当前利益而对创业资源的过度开发、急功近利，都会给企业的长远发展埋下隐患。

（3）缓冲原则

遭遇困难和挫折是创业企业常有的事情，而应对这些困难和挫折可能更多的是依靠创业企业的自有资源，任何一个利益主体基于风险规避的考虑都不会愿意冒太大的风险去帮助一个新创建的企业。因此，在对内部资源整合的过程中尽量留有余地，以满足不时之需。既有风险意识，也有风险识别能力，更具风险防范能力。

3.4.3 创业外部资源整合的目标和原则

与内部资源相比，外部资源就要复杂多了。首先，外部资源都是相对独立的利益主体；其次，外部资源与创业者或者创业企业的关系也更加复杂，创业者或者创业企业对这些资源的开发、配置和使用的难度更大；再次，很多外部资源不是直接摆在创业者和创业企业面前的，而是需要去寻找、发掘或选择，因此具有相当的不确定性。外部资源清单见表 3-2 所列。

由于创业者或者创业企业对外部资源缺乏控制权和支配权，所以外部创业资源整合无论在难度上还是在进展的缓慢程度上都高于对内部资源的整合。或者可以说，对内部资源进行整合的目的就是提高效率，不存在不可使用这些资源的问题。而在外部资源整合方面，基本的目标则是保证可以利用这些外部资源，然后才顾及效率问题。

表 3-2 外部资源清单

资源类别	具体资源	对资源的认知
相关政府机构	园区管理委员会、市场监督管理部门、税务管理部门……	相对规范的外部资源
商业化的服务组织	银行、技术市场、管理咨询公司、会计师事务所、律师事务所、投资机构、广告公司	实际上是把创业企业作为"买方"的各种营利机构
非营利性的服务组织	慈善基金会、公益组织	
产业链相关组织	原材料供应商、机器设备供应商、潜在顾客、批发商、零售商、代理商	
可能的合作伙伴	高校、科研院所等研究机构	
竞争者（竞合）	竞争者	
创业团队的个人社会网络	与创业者存在人际关联的单个人	

(1) 比选原则

由于外部资源的多样性，所以有助于某一创业者的外部资源可能会有多个，使用每个外部资源都具有不同的收益、成本和不确定性。因此，创业者要根据创业项目运营的需要、自身的实力以及这些资源的特点，选择最适合于自身的外部资源。

(2) 信用原则

与外部创业资源打交道，实际上就是在与人打交道。因此，在外部资源的整合过程中，信用和信誉将是决定能否长期利用某些资源的关键因素。

(3) 提前原则

由于外部资源整合的难度较大、进展相对也较慢，并且外部资源的发现也需要一定的过程，所以不能等到需要的时候再去考虑外部资源的整合，而是应当具有一定的前瞻性，适当提前开始某些外部资源的整合。

3.5 创业资源的管理利用

3.5.1 创业资源管理利用的含义和原则

创业资源管理利用是对资源整合形成的能力予以调动、协调和配置的过程，有助于提升企业的绩效，并且企业特征及不同战略行为或导向将影响资源的利用。创业资源管理利用应遵循以下原则。

(1) 优化配置原则

创业者可以通过资源的优化配置、有效整合，提高资源使用效率，使资源得到充分利用。需要关注资源使用的频率、幅度和阶段性，对创业资源进行分类排序，确保资源配置时做到重点突出、主次分明，当然并不是意味着某种资源就比其他资源更重要，而是企业处于某一特定阶段时，某种资源起主导作用，另外一些资源起辅助作用，随着阶段转换，资源的地位也相应地改变。

(2) 木桶效应原则

创业者在创业资源管理利用过程中，不能一味地追求其主导作用的资源，而忽略其他资源的投入。因为木桶的盛水量是由最短的那块木板决定的，所以要考虑哪种资源缺乏，对潜在的资源枯竭问题进行预判，进行查漏补缺，这样才能使各种资源在不同阶段实现最佳配置。

(3) 能用和够用原则

能用是创业者筹集资源的第一原则。只有满足自己需求的、可以支配并使其发挥作用的资源才是需要筹集的资源。创业者在筹集资源时最需要做的事情便是判断哪些资源能够为我所用，为创业企业带来价值。此外，资源的使用是有代价的，筹集资源时应该本着够用的原则，而不是多多益善，否则会加大创业者的成本，以阶段够用为原则，筹集到足够当前阶段使用的创业资源即可。当然，如果筹集不到维持企业生存的最低资源，企业将会面临严重的危机。

3.5.2 创业资源的管理利用

(1) 政策资源的管理利用

作为拟创业人员，如何获取政策资源并加以运用，是一个值得学习和探讨的问题，只有对政策资源有所了解，才能更好地加以利用。目前，创新创业作为党和国家重点工作之一，各级政府和部门相继出台了诸多创新创业政策，针对大学生的创新创业政策较多，导致大学生在收集政策的过程中无从下手。大学生可以从以下几个方面收集创新创业政策。一是查询政府及主管部门官网，主要包括国务院办公厅、教育部和省教育厅、人力资源和社会保障部及各市教育局、人力资源和社会保障局、工商行政管理局、税务局等机构的官方网站。各学校承担创新创业教育的部门或创新创业学院官方网站也会有相应的政策信息。二是向政府主管部门或高校指导部门咨询，对于创业者来讲，向政府主管部门问询是最直接有效的途径之一，可以避免因为政策理解不深入而走弯路。学校创新创业指导部门在多年创新创业教育指导服务过程中积累了丰富的经验，能够给予可行性指导。收集到的政策资源在使用时需要注意以下几点。

①在法律允许范畴下使用政策。每项创新创业政策的适用范围和对象不同，对于大学生而言要对国家的政策进行分析，厘清政策的对象，找出符合自身的政策法规。既要适合自身的创业条件，也要适合自身的创业行为和创业类型，适合自身的创业过程。

②明确政策使用的具体目的。如寻求资金解决途径、寻求场地支持、寻求税收支持、寻求培训支持等，特别要从解决创新创业过程中的某一具体问题出发，不能"胡子眉毛一把"，胡乱使用，也不能"病急乱投医"，随便找个类似政策代替，最终无法解决创新创业过程中遇到的问题。

③充分发挥政策的实际效用。大学生在选择了适合自身的创业政策后，还要切实发挥好政策的实际效用，使政策的运用能真正降低经营成本，改善经营状况，提升经营能力，

对实现企业的发展壮大有实际作用，使企业走上长期发展的道路。创业者若不能充分发挥政策的实际效用，非但不能通过政策提升企业发展，相反，很有可能做出"为了政策而政策"的决策，造成适得其反的影响。

(2) 人力资源的管理利用

人力资源是所有资源中最宝贵的资源，加强人力资源管理，有利于创业企业对其他资源的合理配置和使用。人力资源管理最关键的工作就是在适当的时刻，把适当的人安排在适当的工作岗位上。所以人力资源管理的总目标就是发挥人力最大的主观能动性，取得人力最大的使用价值，提高工作效率和效果。

创业企业的人力资源管理包括人员的分级管理、合理使用、培训开发和考核激励等内容。

①分级管理。不同级别的员工可以按照不同的管理思想进行分级管理。人力资源管理级别可分为四个不同水平，包括高层管理、中层管理、基层管理及支持性管理。

高层管理是指面向全体人力资源管理活动的指导和决策，由高层管理者担任负责人。此级别的管理职责包括实施人力资源策略，以及确立组织和职员的指导原则，为员工的职业发展提供技术支持，并向员工提供建议。

中层管理是企业人力资源管理活动的实施者。它由管理者负责实施并执行人力资源政策和程序，包括招聘、职业发展、薪酬管理、企业文化等。

基层管理是企业最基本的人力资源管理层次，处理最基本的日常事务。它是指为实现公司的目标而实施的一系列具体活动，包括招聘和选拔、薪酬管理、培训和发展等等。

支持性管理是支撑企业各级人力资源管理活动的基础。它包括技术支持、资源支持、信息支持和决策支持等，以及为企业的整体人力资源管理提供有效协助的其他支持性管理活动。

②合理使用。用人是人力资源管理的重要目标，只有人用得好，部门工作才能有成效。在员工的合理使用方面，应该注意以下几点：第一，善待员工。善待员工是留住人才的唯一法宝；善待员工可以让员工有一种家的感觉，找到归属感。这种善待，不只是在精神上给予员工满足，还要适当地配以物质利益。第二，量才而用。人无完人，在用人的时候要用人所长，容人所短，尽可能使每个人的长处得到充分发挥。第三，职责明确。尽管创业初期人手紧张，有些岗位可以采用兼职的方式，但创业者还是应该尽可能明确每一个岗位的工作任务和责任范围，使不同职位的分工尽可能明确，以便日后控制和考核。第四，内容丰富。枯燥的、呆板的工作会使员工感到乏味，丰富多彩的工作不但可以激发员工兴趣，还可以激发其工作的潜力，所以创业者应充分考虑员工的身心要求，创新工作设计，使工作内容尽可能丰富。

③培训开发。企业的发展主要靠人推动，员工的培训开发是人力资源管理的主要任务之一。企业应建立培训机制，进行人员的培训开发，让人员在企业里发挥其最大的潜能。培训开发一般要遵循两个原则：一是目标明确。企业的培训开发计划应该目标明确，为企业的可持续发展服务。二是因材施教。每个人的素质、经历不同，拥有的知识和技能也不同，所以应根据每个人的特点，安排适当的培训开发计划；培训内容要具有一定的差异化和个性化。对于初创企业而言，由于时间和财力的不足，更应重视在职"师徒式"培训的重

要作用。

④考核激励。绩效考核管理，是创业者与员工之间在目标与如何实现目标上达成共识，以增强员工成功达到目标的管理方法，以及促进员工取得优异绩效的管理过程。其目的在于提高员工的能力和素质，改进与提高公司绩效水平。根据职位要求制定合理的考核标准，一方面可以进一步将工作量化，使绩效管理有据可依；另一方面根据考核结果进行奖惩，还可以激励先进个人，丰富企业文化的内容，发挥员工的积极性和创造性，增强员工的归属感和成就感。

绩效考核管理包括四个有机联系的组成部分。第一，绩效计划。主要是设计绩效目标及其标准。设计时应力求具体、明确，具有一定的可变性和差异性。第二，绩效监控。可通过工作记录法、观察法、他人反馈法等收集绩效信息，与员工保持沟通，及时进行咨询和辅导，随时纠正偏差。第三，绩效考核。对员工的绩效考核应包括业绩考核和行为考核两大部分；要根据具体情况，选择适当的考核主体和考核方法，对绩效结果进行评价。第四，绩效反馈。可通过与员工面谈的方式，反馈员工完成绩效目标的情况、存在的问题及其原因以及解决问题的建议，并根据绩效考核结果，在培训、奖惩、晋升方面做出相应的反应。

企业的活力源于每个员工的积极性、创造性。创业者应建立起完善的激励体系，综合运用不同激励手段来激发全体员工的积极性、创造性，使其达到最佳状态，提高企业综合活力。可采用的激励手段有：物质激励、目标激励、工作激励、参与激励、荣誉激励、尊重、关心激励、竞争激励、信息激励、文化激励、自我激励和负激励等。激励时应重点关注以下问题：从结果均等转移到机会均等，努力创造公平竞争环境；要有足够力度，对有突出贡献的予以重奖，对造成巨大损失的予以重罚，通过各种有效的激励技巧，达到以小见大的激励效果。要公平准确、奖罚分明，将物质奖励与精神奖励相结合，将奖励与惩罚相结合。

(3) 资金资源的管理利用

资金资源是创业过程中必不可少的重要资源之一，资金的获取及其有效利用与创业企业的发展息息相关，资金是企业经营活动的血液，面对多变的市场需求和激烈的竞争环境，企业需要努力提高自身实力，充分利用各种资源。创业企业的资金资源主要包括资金、资产和股票等。由于创业者在创业之初没有固定资产或资金作为贷款的抵押和担保，故而创业资本很难从传统的筹资渠道获得。从现行政策来讲，中小企业无法满足股票市场、债券市场融资的规定和要求，无法从股票市场、债券市场等筹资渠道融资。因此，创业者更多依赖的是自有资源或风险投资。风险投资是一种资金与管理相结合的投资，风险投资公司与企业之间不仅存在一般意义上的委托代理关系，而且还存在"帮助与被帮助"的合作关系，具有"治理+管理"的双重意义。

①自筹资金。在创业者刚刚开始创业时，一般人是很难通过传统渠道的银行、基金融到钱的，尤其是大学生创业，尽管目前已经有了各种大赛、路演、众创空间等，给大学创业者很多展示的机会，进而使他们能得到投资人的青睐，但是，大多数的创业者在创业初期的第一笔资金，通常来自创业者自己、股东、合伙人的自筹资金。有很多成功的创业者是靠自己最初给别人打工来赚取第一桶金和宝贵的职业经验。将自己打工积累的钱用作创

业资金,既有一种白手起家的荣耀感,同时也是一个创业的实习过程,世界上白手起家的企业家比比皆是。

②风险投资。风险投资基金又叫创业基金,是当今世界上广泛流行的一种新型投资机构。它以一定的方式吸收机构和个人的资金,投向那些不具备上市资格的中小企业和新兴企业,尤其是高新技术企业。风险投资基金无须风险企业的资产抵押担保,手续相对简单。它的经营方针是在高风险中追求高收益。风险投资比较青睐那些处于发展期的,或者处于快速成长期的,在未来有可能成长为独角兽或大企业的公司,它不一定是高科技公司,也可以是新兴公司,如新浪、百度、阿里巴巴等,最初都是在风险投资支持下发展起来的。

③天使投资。是权益资本投资的一种形式,是指富有的个人出资协助具有专门技术或独特概念的原创项目或小型初创企业,进行一次性的前期投资。它是风险投资的一种形式,根据天使投资人的投资数量以及对被投资企业可能提供的综合资源进行投资。天使投资的资金一般来自民间资本,而非专业的风险投资商。一般来说,天使投资的门槛较低,资金较少,比较适合处于创意阶段的大学生创业项目。

(4)技术资源的管理利用

技术是企业产品或服务的重要基础。产品与服务当中的技术含量以及所占比例,是企业长期满足社会和市场需求的动力源泉,更是企业核心竞争力的重要体现。"技术"一词除了指操作技能外,还包括相应的生产工具和其他物资设备,以及生产的工艺过程或作业程序、方法等,往往表现为专利、图纸、设计、公式、数据、程序、技术创新诀窍等。创业技术也是创业企业成功的关键因素之一,技术水平决定着创业产品的市场竞争力和获利能力,也决定着企业所需创业资本的大小,往往对创业企业整体的资源配置方式起根本性规定作用。

创业过程中所需要的技术资源可以通过自主研发、外购和合作研究等方式获得。其中,自主研发的方式有助于企业核心竞争力的建立,外购的方式需要创业者能够对技术的先进性和实用性做出准确的判断,合作研究的方式则可以缩短技术研发及投入使用的时间。创业者可根据实际情况进行选择。技术资源开发的方式包括企业通过提高自己的科研能力自行进行技术创新,以及通过整合社会的技术资源达到提高其技术能力的目的两种方式。由于创业企业很难有实力具有技术优势或保持技术优势,因此就必须整合企业之外的技术资源,更多地汲取和依赖所处经济环境的技术资源。

(5)信息资源的管理利用

信息资源指人类社会信息活动中积累起来的以信息为核心的各类信息活动要素(信息技术、设备、设施、信息生产者等)的集合。这里的信息活动包括围绕信息的搜集、整理、提供和利用而开展的一系列社会经济活动。信息资源是企业发展的战略资源,对信息资源的合理获取、科学整合与综合管理,可以帮助创业者成功创办并经营企业。

信息资源具有综合性、社会性、再生性、智能性、专业性、时效性等特点,可以通过互联网、公开出版物资料、竞争对手企业、关联方、会议展览及行业协会等渠道获得。信息资源不仅会影响创业者的创业决定,而且会影响创业项目的选择、创业资源的获取以及创业成功的概率,信息资源的利用与企业信息意识息息相关。

信息资源的开发利用主要有以下几个方面：

①制定信息资源的开发战略、规划、方针，使信息资源的开发活动在国家统一的指导和管理下有条不紊地进行，信息资源的开发成果不仅成本低、价格廉，而且能很好地做到三个"贴近"（贴近实际、贴近需求、贴近用户），满足创业活动的总体需要。

②制定信息资源管理的规章，建立科学的信息资源管理流程，使信息资源管理有章可循，使开发出来的信息资源能得到充分、及时、有效的利用。

③了解各部门、各地区和各企业之间的关系，了解各级信息资源开发利用机构的责、权、利界限，最大限度地共享外部信息资源。

④充分享受国家信息基础设施和信息资源管理网络的建设成就，使信息资源的开发利用活动建立在较高的起点和良好的社会基础上。

案例学习　蒙草资源整合

蒙草全称为蒙草生态环境（集团）股份有限公司，成立于2001年，2012年于深交所上市。公司以驯化乡土植物修复生态、是以"草"为业的科技型生态公司，是国家高新技术企业。公司立足"草、草原、草科技"构建蒙草"产业生态圈"，倡导通过驯化乡土植物进行生态修复，是中国草原生态修复的引领者。

一方水土养一方人，一方水土也生长一方植物。在蒙草创新生态系统之前，国内园林绿化采用的品种都是从南方引进或从国外进口，不仅成本高、利润小，而且不耐寒、不抗旱、耗水多、养护困难，难以适应北方环境，不久便会枯萎。此时，蒙草创业团队领导者回忆起家乡乌拉特草原生长的野草，既无人浇水，也无人养护，仅仅依靠雨水就能长得很茂盛。这些野草耐寒、抗旱、种类多样，但整个园林绿化行业缺乏野生草种驯化的创新技术。蒙草需要掌握园林绿化行业运营的知识与技术，了解园林绿化行业客户的真实需求，实现野生草种驯化。然而这些条件蒙草当时均不具备，存在很大的技术与市场资源位势差。为了缩小位势差距，蒙草围绕客户需求实施整合资源措施，将知识、信息、人才、资金、技术等资源整合到研发部门，同时与内蒙古农业大学教授开展技术研发。通过野生乡土植物驯化，成功将野生草种引入园林绿化中，实现低成本抗旱、耐寒、节水的园林绿化技术创新，为蒙草成长为我国干旱、半干旱地区的生态环境建设领先者奠定了坚实基础，这体现了蒙草内部资源整合。

此后，蒙草由内部创新转向点对点的合作创新。在大数据盛行及政府提出《生态环境大数据建设总体方案》的背景下，蒙草积极开展产学研合作——建立生态修复大数据平台及种质资源库。并在原有产学研合作的基础上，开展面向政府、企业、高校、科研机构、中介组织、金融服务机构异质性成员的"政产学研用"协同创新，牵头成立草原生态修复国家创新联盟，为企业获取外部资源提供捷径，最终形成复杂创新生态系统。

蒙草创新生态系统的发展过程中，有效利用自身及其他各主体资源，不断研发新技术，拓展业务范围，获取竞争优势，驱动企业构建创新生态系统。2014年1月，国家主席习近平在考察内蒙古时，对蒙草的科研应用表示肯定，并指出一定要走出一条符合我们自己自然规律的、符合国情、地情的路。

注：引自侯二秀，杨磊，长青，等，2022。

复习思考题

1. 结合当下国家创业激励政策,试分析所学专业的创业环境。
2. 假如你作为一个创业者,你将通过哪些方式获取创业资源?又将如何利用你所获取的创业资源?
3. 企业进行信息管理和人力资源管理的意义何在?

第4章 创业者与创业团队

党的二十大报告中的"加快实施创新驱动发展战略"和"深入实施人才强国战略"需要培养造就更多青年科技人才和创新团队。而全面推进乡村振兴，同样需要扎实推进乡村人才振兴。为此，国家将大力完善支持全面创新的基础制度和创业带动就业的保障制度，从而更好地支持大众创业、万众创新。党的二十大为创业者、创业团队指明了创业方向，增强了创业信心。

本章要点：使学生了解创业者、创业团队的含义；识别创业者的类型，了解创业者的素质，清楚创业的动机；了解创业团队的组成要素，掌握组建创业团队的原则和程序；学习股权激励，了解动态股权持股架构；学会识别创业团队风险，掌握规避团队风险的方法。

关键术语：创业者；创业团队；动态股权

4.1 创业者

4.1.1 创业者的含义

创业者指某个人发现某种信息、资源、机会或掌握某种技术，利用或借用相应的平台或载体，将其发现的信息、资源、机会或掌握的技术，以一定的方式，转化、创造出更多的财富、价值，并实现某种追求或目标的过程的人。创业者一词由法国经济学家坎蒂隆（Cantillon）于1755年首次引入经济学领域。1800年，法国经济学家萨伊（Say）首次给出创业者的定义，萨伊将创业者释义为将经济资源从生产率较低的区域转移到生产率较高区域的人，并认为创业者是经济活动过程中的代理人；著名经济学家熊彼特则认为创业者应为创新者。这样，在创业者释义中又增加了"具有发现和引入新的更好的能赚钱的产品、服务和过程的能力"。当前，国内外学者将创业者的定义分为广义和狭义两种，广义的创业者是指那些自己去开办新的小型企业的人和所有独立开创属于自己事业的人，他们都可以说是在创业，都在力图改变自己的命运。狭义的创业者指标新立异，打破现有秩序，按新的要求重组的人，也指参与创业活动的核心人员。该定义避免采用领导者或者组织者的概念，因为在创业活动中技术专家的作用越来越重要，离开掌握核心技术的专家，很多创业都将止于心动继而无法行动。

4.1.2 创业者的类型

（1）生存型创业者

马斯洛需求层次理论将人类需求像阶梯一样从低到高按层次分为生理需求、安全需求、社交需求、尊重需求和自我实现需求。生存是生活存在的简称,可以解释为活下去是最基本的目标。生存型创业者多是创业者为了生存,没有其他选择而无奈进行的行为,显示出创业者创业行为的被动性。生存型创业者大部分文化水平不高,物质资源贫乏,多从事低成本、低门槛、低风险的餐饮副食、百货等微利行业,创业目的大多仅仅是为了养家糊口,补贴家用,创业起点较低。

(2) 主动型创业者

主动指不靠外力促进而自动或者能够由自己把握。主动型创业者,指创业者在进行创业活动的过程中,创业的驱动力来源于创业者自身。对于主动型创业者来说,重点在于采取行动,创业是在没有人要求的情况下自觉自愿的行为选择,主动型创业者大多积极自信、充满热情、偏好风险、喜欢刺激,基本属于愿意折腾也有资本折腾的人群。主动型创业者又可以分为盲动型创业者与冷静型创业者。前者大多极为自信,做事冲动,创业容易失败;后者则谋定而后动,创业成功概率通常很高。

(3) 赚钱型创业者

世界经理人网站在调查中发现一种奇怪类型的创业者,他们除了赚钱,没有什么明确的目标。这类创业者往往已经有一定的经济基础和社会地位,对更多财富的追求和地位的提升,促使他们乐此不疲。奇怪的是,这一类创业者中赚钱的并不少,而且这一类创业者大多过得很快乐。

(4) 变现型创业者

这类创业者在曾经的职业生涯中,积累了大量的资源,具有一定的经济基础和社会地位。在机会合适的时候,投身商海,开公司办企业,主要依托多年的人脉,从而将过去的无形资源变现为有形财富。目前,也有企业搭建创业平台,支持员工内部创业,并提供各种支持,这类创业者具有其他类型创业者不具备的先天优势。

4.1.3 创业者的素质

(1) 心理素质

从成就动机理论出发对成功创业者特征进行分析发现,那些拥有创业心理特征的人员比不具备创业心理特征的人员具有更高的实施创业行为的倾向。作为成功的创业者,一般具备成就需要、控制欲、自信、开放的心态、风险承担倾向、创业精神等心理特征。他们有明确的创业目标,能够全身心投入到创业活动中。

(2) 知识素质

投资创业就是创业者想在某一个行业中脱颖而出,但如果没有厚实的知识基础等于建造空中楼阁。作为创业者,应该具备坚实的基础知识、广博的专业知识和不断更新知识的意识与能力。创业者应通晓经济学、管理学的基础知识,还应具备创业所在行业的专业技术知识。创业者可以通过组建创业团队、学习来弥补知识的不足或更新知识。

(3) 能力素质

创业者要成功创业需要多种能力,主要有经营能力、管理能力及人际关系能力等。其中,经营能力是创业成功的关键,管理能力是创业成功的保障,人际关系能力是创业成功的支撑。经营管理能力体现为合理利用与支配时间、资金、设备、设施、人力等各类资源的能力，处理人际关系的能力体现为组织能力、协调能力。

4.1.4 创业动机及其类型

（1）创业动机

创业动机是推动创业者从事创业活动，并使创业活动朝向创业目标前进的内部动力，是为实现一定创业目的而行动的原因。

（2）创业动机的类型

以大学生为例。大学生进行创业的具体动机千差万别，也很复杂。有些是为了维持生存，有些是为了发家致富，有些则为了追求一种轻松自由的工作状态，有些是希望实现个体的人生价值等。

①兴趣驱动型。霍兰德认为兴趣是人们活动的巨大动力，凡是具有职业兴趣的职业，都可以提高人们的积极性，促使人们积极、愉快地从事该职业。当兴趣出现时，创业者无形中就拥有了必备的重要创业素质，可以说兴趣是创业起步的动力源泉。周成建因为对服装设计有浓厚的兴趣而成就了美特斯邦威集团，成为中国休闲服饰业的领军人物；比尔·盖茨因为对计算机操作系统产生浓厚的兴趣而成就了微软公司，成为个人计算机（PC）操作系统市场的霸主。所以说，兴趣是个体事业发展至关重要的因素，也是创业的原动力之一。

②职业需求型。美国学者克雷顿·奥尔德弗在马斯洛提出的需要层次理论的基础上，进行了更接近实际经验的研究，提出了一种新的人本主义需要理论。奥尔德弗认为，个体存在生存的需要、相互关系的需要和成长发展的需要。相互关系的需要指人们对于保持重要的人际关系的要求，成长发展的需要指个体谋求发展的内在愿望。大学生创业者随着年龄的增长，对于相互关系和成长的需要会日渐强烈。大学生创业者为了增加自己的实践经验，丰富自己的社会阅历，提升职场竞职能力，为了自己以后的发展或实现自己的某个目标做好经济上、经验上的准备，在条件成熟的情况下也会积极利用课余时间走上创业的道路。这种类型的创业者往往以历练为目的，承受失败的能力较强。

③就业驱动型。据教育部统计，2022年全国高校毕业生首次突破1 076万人，2023年全国高校毕业生达1 158万人，就业创业工作面临复杂严峻的形势。高校毕业生成为新的就业困难群体。在这种情况下，有一部分大学毕业生开始了创业之路，开始逐步实现对经济收入的预期，经济因素成为大学毕业生选择创业的一个重要原因。与此同时，随着就业压力的增大，大学毕业生创业已成为社会关注的热点问题，各级政府做出制度性安排，各种鼓励大学毕业生创业的政策相继出台，透露出各级政府迫切希望自主创业能成为缓解大学生就业压力的一条有效途径。

④价值实现型。大学生一般在18岁左右入学，22岁左右毕业。大学生的年龄、知识、阅历等处于人生的始发站阶段，他们思维活跃、创新意识强烈，同时所受的约束和束缚较少，是创新、创造最为活跃的群体。大学是知识的殿堂，人才的摇篮。他们在大学期间往往更容易接触新思维、新思想、新发明、新创造、新成果。他们中的一部分人有可能依托本身具有的自主知识产权的科研成果开始创业。或者，他们中的一部分人属于自我意识较

强的群体,"希望有一番自己的事业,而不是一辈子给别人打工"。选择自主创业,以创业开启自己的职业生涯,是为了证明自己的能力,挑战自我,实现人生价值,得到社会认可。

4.2 创业团队组建

4.2.1 创业团队的含义

创业团队是指在创业初期,由一群才能互补、责任共担、愿为共同的创业目标而奋斗的人所组成的特殊群体,这是狭义层面的创业团队。广义的创业团队不仅包含狭义创业团队,还包括与创业过程有关的各种利益相关者,如风险投资商、供应商、专家咨询群体等。

4.2.2 创业团队的组成要素

创业团队需要具备以下五个重要的团队组成要素:

(1) 人(people)

在创业团队中,人力资源是所有创业资源中最活跃、最重要的资源。人是构成团队最核心的力量,2人(含2人)以上就可以构成团队。应尽可能调动创业者的各种资源和能力,将人力资源进一步转化为人力资本。根据创业团队的目标、定位、职权和计划的要求选择和确定创业团队人员,认真细致地从技能、学识、经验和才干等多方面考察候选者。

(2) 定位(place)

定位是相对而言的,通常包含团队在社会组织系统中的定位与成员在团队中的定位两个层次。核心主导创业团队,一般是有一个核心主导人物想到了一个商业创意或有了一个商机,然后自己充当领军角色,去物色和招募创业伙伴,组成所需的创业团队。群体性创业团队,由几个志趣相投的人共同组成一个团队创业,创业团队的建立主要缘于经验、友谊和共同兴趣,一起发现商机,共同进行创业。

(3) 目标(purpose)

创业团队应该有一个共同的想要达到的境界或目的,这是创业团队凝心聚力的要素。美国管理大师彼得·德鲁克(Peter Drucker)认为,并不是有了工作才有目标,而是相反,有了目标才能确定每个人的工作。所以,"企业的使命和任务,必须转化为目标",如果一个领域没有目标,这个领域的工作必然被忽视。创业团队要做到有的放矢。

(4) 计划(plan)

创业计划描述关于创业的设想,是根据对创业环境与创业条件的分析,制定在未来一定时期内要达到的创业目标以及实现创业目标的途径。按照计划的时间跨度,计划可分为长期、中期和短期计划。长期通常指5年以上,短期一般指1年以内,中期则介于两者之间。长期计划属于战略层面的计划,设定较长时期的发展方向、方针、目标、要求,短期计划属于战术层面的计划,是中长期计划的具体化。

(5)权限(power)

权限与职位关联,职位与职责关联。职位指团队中执行一定任务的位置,由创业团队中特定的时间内,一个特定的团队成员所担负的一个或数个任务所组成。职责指对应职位上必须承担的工作范围、工作任务和工作责任。权限是为了保证职责的有效履行,任职者必须具备的,对某事项进行决策的范围和程度。一般来说,在创业初期领导权相对比较集中,创业团队越成熟领导者所拥有的权力相应越小。

4.2.3 组建创业团队的原则

创业团队的组建,没有统一的程式化规程。实际上,有多少支创业团队就有多少种团队建立方式,没有一支创业团队的建设是可以复制的。创业者走到一起来,多是机缘巧合,兴趣相同、技术相同、同事朋友甚至是有相同想法的人都可以合伙创业。作为创业者,为组建一支适合自己的创业团队,在创建企业过程中,创业者应遵循以下原则:

(1)具有共同的理想,利益兼顾

大学生创业时,一般首先会想到邀请与自己志同道合的同学、室友、工作中的同事加入,形成创业之初的合伙人团队,这是最初创业团队的形成方式之一。这种情况在其他创业过程中也很常见,如"万通六君子"都是冯仑最早创业时的伙伴,当冯仑二次创业,创办万通集团时,这些人又先后加入。这样的团队中,成员有共同的理想、技能、兴趣爱好,合伙人之间相互了解,共同奋斗,往往是团队第一、个人第二。在创建团队时,即使是最好的朋友也应该建立一个合理的利益分配制度并得到合伙人的支持;在公司创建的时候就应该考虑建立一个制度健全的公司组织形式与绩效制度,这样公司就不会因为某个人的离去而无法正常运作,从而为公司今后的发展奠定良好的基础。

(2)打造互补性团队

建立一支互补性的团队有利于公司的发展。高科技创业的企业在建立之初,由于技术支持的重要性远高于其他方面,因此,大学生特别是理工科大学生在创立高科技技术公司时,更愿意找到一个技术方面的合伙人,以帮助自己提升产品与服务的优势,这种只关心产品与服务的做法实际上是有一定瑕疵的。在组建创业团队时,应该强调补缺性。这种补缺性是指在性格、能力、观念甚至是技术上的互补。因为创业者在公司的管理上不可能面面俱到,技术型的创业者需要一个管理人才帮助自己建立公司的组织结构并进行日常的绩效监督,财务的管理也需要专业的人员,这种平衡和补充的作用可以保证新创的企业健康发展。

(3)打造稳定的初创团队

一开始就拥有一支成功的、稳定的创业团队是每一个创业者的梦想,但现实是,创业合伙人分手的概率是很大的,即使企业成功地存活下来并得到发展,创业团队仍然有分手的可能。团队成员的离去有可能带走股份或者需要收购股权,造成公司的资金紧张。公司发展初期团队成员的离开有时会造成"灾难性后果",这一点创业者应当在招募时就想到,并与团队成员做出约定。

(4)学会及时沟通

创业者在寻找创业团队时,首先应制订一份计划,至少应该在心里有一个明确的想法。招聘只是招募团队成员的一种方式,创业者可以多参加一些所要招聘人员的活动,以便接触到这些人员,找到合适的人选。沟通需要技巧,创业者应当成为一个沟通高手,通过沟通,可以使双方都了解彼此的需要,这样招聘时可以针对性地找到合适的人选。一方面,通过沟通可以使团队成员相互了解,增加信任;另一方面,创业者也可以通过沟通理解团队成员的技能优势、思想状态,提前决策。沟通的话题可以不拘于工作、家庭、业余生活,这对于创业团队的彼此了解是非常有用的。每一位创业者都有自己的创建团队的途径,这里介绍两种大学生创业过程中最常利用的途径。

①寻找相同或相似背景的伙伴。创业团队的获得,虽然有很多种途径供创业者选择,但大学生创业者在招募创业团队时,更喜欢从自己的校友、室友、同学中寻找,这是最常见的大学生创业团队的招募方式。以这种方式组建的团队,成员之间因为有共同的理想、相同的教育背景以及多年的了解而有很多的默契,而且在个人与集体利益发生冲突时,成员之间也会很好地沟通,有利于问题的解决。但是以这种方式创建的团队,人员的搭配上会有些单调。例如,技术类的创业者往往首先找到的是相同的技术类人才,这是由自己的生活圈子决定的,因此一个有创业想法的人,应当有一个完整的团队建设方案,并注重人员的配合,有意识地跳出自己生活的圈子,寻找一些与自己完全不同的人才,这样创业团队的人员才会配备得更完整。

②招聘是一条快捷、方便的寻找团队成员的途径。每个企业都会有招聘任务需要完成,但是创业团队与成熟企业不同,因此招聘团队成员与企业的日常招聘也不相同。新企业无法与成熟的企业在待遇上相比,但是新企业会有很多机会与挑战,对于有着相同的创业理想的人员和希望实现自己价值的人来说,这些远比薪资待遇更加有吸引力,但是完全不提薪资显然也是不现实的,很难仅靠理想、愿景来使团队成员凝心聚力。

4.2.4 组建创业团队的程序

(1)识别创业机会

创业机会的识别是整合创业团队的起点。为了组建创业团队,创业者需要首先关注创业机会在人力资源方面的支持要素。并在此基础上,形成团队构建的目标。

(2)撰写商业计划书

在创业机会识别的基础上,创业者有必要写一份商业计划书。撰写商业计划书的目的有两个:一是使自己的思路清晰,同时对自身的优劣势、已有的资源和下一步急需的资源或急需开拓的方面都有清晰的认识;二是能够让合作伙伴感到创业者的热情及其对自己的尊重。

(3)寻找创业伙伴

通过创业机会的识别以及正式的商业计划书的撰写,创业者可以根据自己的情况,寻找那些能够与自己形成优势互补的创业伙伴。创业者可以通过媒体广告、亲戚朋友介绍、各种招商洽谈会、互联网等形式寻找创业伙伴。在选择创业伙伴时,需要关注个人品德,如成员是否诚信、成员的行为和动机是否带有很强的私心、成员是否对集体忠诚、能否彼此坦诚相待等。在实际中,很多的创业团队是基于亲戚朋友的关系,这能够保证团队成员之间有较大的信任,在创业初期资源匮乏、企业事务繁多的情形下,有较强的可行性。但是随着企业进一步扩大，依靠亲戚朋友构建起来的团队有可能会遇到一些权限不明、责任不清的问题，甚至由于发展目标和价值观念不同，给企业带来致命的裂痕。因此，在联合亲戚朋友构建创业团队时一定要谨慎处理，特别是在责、权、利等方面。

(4) 落实合作方式

找到有创业意愿的合作伙伴后，双方还需要就创业计划、股权分配等具体合作事宜进行深层次、多方位的沟通，落实创业团队成员的正式合作方式。在合作方式方面，首先要制定创业团队的管理规则，处理好团队成员之间的权力分配。团队创业管理规则的制定，要有前瞻性和可操作性，不仅要考虑到创业初期的管理细则，对于企业初步成长之后的情况都应当有所考虑。这样有利于维持团队的稳定，实现团队成员间的凝心聚力。同时，创业者还要妥善处理创业团队内部的利益关系，尤其是创业伙伴通过创业活动所能获得的成长机会以及与企业长期绩效相关的薪酬。从长远看，创业团队能否共同努力，实现创业目标，本质上是基于物质方面的激励，依靠热情只能解决一时的问题，难以长久。

4.3　创业团队激励

4.3.1　股权激励

股权激励的界定方法较多，依据激励对象可分为员工持股和管理层持股，依据具体激励模式可分为现股激励、期股激励和期权激励。股权激励是指企业所有者通过授予经营者股份形式的现实权益或潜在权益，使后者能够分享企业剩余索取权，进而使企业利益增长成为经营者个人利益的增函数的一种长期制度安排。我国证监会在2018年颁布《上市公司股权激励管理办法》中规定，股权激励是指上市公司以本公司股票为标的，对其董事、高级管理人员及其他员工进行的长期性激励，包括股票期权、限制性股票及法律允许的其他方式。

企业依据行政法规允许的方式实行股权激励计划，使拥有股权的管理人员在获得一定利益的同时，将管理人员与企业所有者的目标有机统一起来，使其也愿意为公司在发展过程中出现的经营风险承担责任。实践活动和理论发展表明，股权激励可以激励管理人员为公司经营服务，让其加倍努力地投入到公司的经营管理活动中，从而为自己和公司创造更好的经济利益，推动公司持续稳定发展。

4.3.2　动态股权激励

动态股权激励的提出源于1999年襄樊市（现襄阳市）提出的"动态股权制"的改革模式，一批国有企业率先进行改革试点。实践证明，在进行动态股权激励的改革后，企业绩效和职工收入均得到了显著提升。

在实践活动开展的同时，众多学者也在对其理论构建进行不断的探索。孙楚寅等（2001）对动态股权激励进行界定，认为动态股权激励是对企业产权、分配、人事和劳动"四项制度"做出系统性的安排，实行动态管理的现代公司制企业制度，是建立现代企业制度的一种有效实现形式。金玉秋等（2009）认为股权激励制度是指通过一定形式向公司经营者和员工授予或转让股权,使其能参与公司剩余分配从而达到长期激励作用的一种制度安排,在具体操作中可以对企业关键人设置三类股:岗位股、风险股和贡献股。汤健(2011)认为动态股权激励就是通过企业产权制度改革,把企业的经营、管理、销售、技术等关键岗位人员作为主要激励对象,将出资人的所有权与盈亏分配权进行阶段分离,按照企业所有者权益的增减变动奖罚股权作为主要形式,建立人事同劳动竞争激励机制,实行按资、按劳、按贡献等"三位一体"的分配制度,以达到合理调配人力和物力的激励与管理机制。

动态股权激励的主要激励对象是企业的经营者,包含管理、销售、技术、生产等关键岗位人员。动态股权激励将出资人资本的最终所有权与分红权阶段性地分离,将企业增加的净资产的一部分按照贡献度进行股权的分配,实行按劳分配、按资分配、按贡献分配"三位一体"的分配制度,构建企业所有者、经营者、劳动者的利益共同体。

由此看到,动态股权制有以下特点。

(1) 产权清晰

在制定公司改革的方案框架时,需要界定公司的产权。实行动态股权制的企业,企业的股权结构和产权结构是动态变化的。股权会根据公司的业绩、员工的表现情况等发生变化,并且其公司的产权也会随之变化。

(2) 分配制度

分配制度是动态股权制的核心内容,企业的人事和劳动改革围绕分配制度展开。为了转换企业经营机制,特别引入竞争、激励、约束和监督机制作为分配制度的核心。抛弃了传统的脱离产权的分配制度,新的分配制度更加符合现代企业管理的要求。

(3) 关键人

关键人是指动态股权激励的对象及其所在的岗位。具体涵盖了企业的管理、销售、研发、生产和财务等关键岗位的员工。对于激励对象的考评,既要评价关键人所在岗位的重要性,也要评价激励对象自身的品德、能力和综合素质。

(4) 激励手段

以股权激励为主,在激励过程中,激励与约束并存,企业的近期计划和长期发展统筹兼顾。

(5) 动态调整

动态股权制在运用的过程中是动态调整的,要不断地进行优化。在关键人的选择、分配方式和激励手段等方面,要依据企业具体的经营状况而变化。动态股权制不仅在股权上动态调整,其制度本身也在动态调整,在调整中达到企业发展的最优状态。

4.3.3 动态股权持股架构

(1) 持股架构

①直接持股法。所谓直接持股法,就是股权直接体现在创业企业的股权层面,获得股权分配的合伙人作为企业的直接股东持有企业的股权,享受作为公司股东的完整的权利,受到公司章程以及《中华人民共和国公司法》的保护。完整的股东权利主要包括决策权、知情权、收益权。这种持股方式比较适合联合创始合伙人之间分配股权。

如图 4-1 所示，合伙人 1、合伙人 2、合伙人 3 的股东权利是完整的。有一些权利的大小与他们的股权比例直接相关，如收益分配权、在股东大会上的投票权。而有一些权利则与股权比例无关，大股东和小股东都一样，如对企业的知情权，任何股东都有权去查阅公司的财务报告。

②间接持股法。顾名思义，间接持股法就是获得股权分配的合伙人间接地持有公司的股权。间接持股的方式可以通过有限合伙企业持有，也可以通过"代持"方式做成"虚股"。这种持股方式比较适合分配员工股权激励池中的股权，或者用于非核心合伙人的股权分配。获得股权的合伙人的稳定性和对公司的忠诚度如果有较大不确定性，或者核心合伙人想对公司有较大的控制权可以选择这种持股架构。

如图 4-2 所示，合伙人都通过一家专门设立的有限合伙企业持有创业企业的股权，而不是直接持有。创业企业的股东为"有限合伙企业"，始终保持稳定。动态的股权分配主要体现在有限合伙企业内部合伙人股权份额的动态调整中。合伙人 1 作为有限合伙企业管理合伙人管理有限合伙企业，合伙人 2、合伙人 3 作为有限合伙企业的有限合伙人，不参与有限合伙企业的管理。在这样的设置下，管理合伙人可以代表有限合伙企业行使全体合伙人的股东权利。创业企业的控制权实际上掌握在充当有限合伙企业管理合伙人的合伙人 1 手上。其好处是决策快，因为创业企业的决策权全部由合伙人 1 行使，合伙人 2 及合伙人 3 成了合伙人 1 的一致行动人。而坏处是合伙人 2 及合伙人 3 只能根据《中华人民共和国合伙企业法》以及合伙协议间接主张自己对创业企业的权利。若合伙人 1 是一个不尽责的管理合伙人，一直不向其他合伙人汇报创业企业的情况，那合伙人 2 及合伙人 3 没有任何权利要求审核创业企业的财务报告，因为他们不是公司股东。他们只能按照《中华人民共和国合伙企业法》以及约定的合伙协议追究合伙人 1 的失职责任。

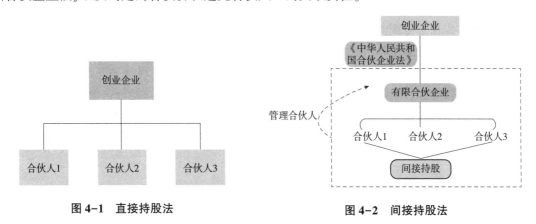

图 4-1　直接持股法　　　　　图 4-2　间接持股法

间接持股法还可以通过"代持"的方式来实现（图 4-3）。股权被代持的合伙人的股东权益由代持人与被代持人签署的代持协议来保护，遵循的是《中华人民共和国民法典》，这个保障比起前面提到的有限合伙企业间接持股的架构就更弱了。代持与被代持的关系实际上是一种"债权债务"的关系，代持人与创业企业的关系才是"股权关系"。不管代持协议怎么写，只能作为一个"君子协议"。在遇到法律纠纷时，法院只承认代持人才是公司的股东。如果代持人侵害被代持人的利益，被代持人只能根据代持协议追讨代持人的法律责任，无权要求创业企业把他视为公司的真正股东。"代持"的做法还会引起很多其他的问题，如在公司上市的时候，使公司无法满足上市主体股权清晰的要求，而成为上市的阻碍。

有一些公司还可以使用直接和间接综合持股法（图4-4）区别对待稳定性更好的核心合伙人，以及稳定性较不确定的合伙人。这样做的好处是，最大限度地确保股东的稳定，也避免了创业企业后续的股权调整和决策流程过于烦琐。

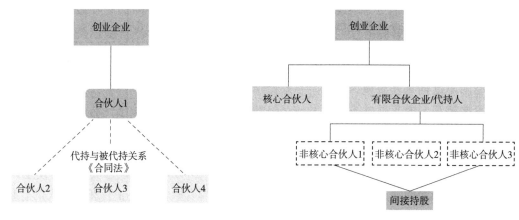

图4-3　代持方式间接持股法　　　　图4-4　直接和间接综合持股法

动态股权分配还可以用在一些"虚拟股"的分配中。虚拟股指公司授予激励对象的一种虚拟的股票，激励对象可以据此享受一定数量的分红权和股价升值收益，但没有所有权，没有表决权，不能转让和出售，在离开企业时自动失效。严格来说，这种权利本质是一种"奖金分配的权利"，与本书所指的股权有本质区别。本书所讲的机制不仅能用来分配股权，一样可以用于分配其他的权利。

应该用哪一种架构体现动态股权分配，你可以根据自己公司和团队的实际情况来选择。每一种架构各有利弊，保障程度也不尽相同。你分配的权利越是完整，越是有保障，激励性自然就越强。股权之所以有激励性，是因为它有永久性，能为获得股权的人带来被动收入。只要公司永续经营，哪怕成员离开了公司，也一样可以享受到公司发展的结果。如果成员获得的是一个受限的、不完整的、无法被保障的股权，那吸引力和激励性就会打折扣。

（2）存量股权与增量股权

动态股权分配所分配的股权可以是存量股权（即预留好的股权），也可以是未来要增发的股权，甚至可以先分存量，存量分完再分增量。存量股权一开始可能需要暂存在一方股东名下，或者放在一个有限合伙企业，或者是一家有限责任公司。鉴于规范性以及税负的考量，建议选择有限合伙企业作为持股主体。当股权被授予时，股权或者是合伙企业的份额需要从临时的"代持人"过户到被授予股权的合伙人中，完成股权分配。这是许多创业企业普遍采用的做法，也是创业企业融资的时候投资机构乐见的做法。企业为日后要引入的核心员工预留好股权池的做法，一来显示出创始人的格局，二来企业日后不用增发股权稀释全体股东的股权比例。

分配增量股权是增发股本的行为，不存在股权的转让行为，不会产生股权转让所得，也就没有相关的税金。而分配存量股权是一种股权转让行为，虽然出让方并没有收取任何收入，或者按照成本价转让，但有可能会被税务局认定有股权转让所得，征收相关的税金。在设计动态股权的持股架构时需要考虑税金的问题，还没有赚到钱就先交税，会大大削弱股权的激励性。

（3）部分动态与全动态

①部分动态股权分配。分配部分存量股权的做法是"部分动态股权分配"机制。如图4-5所示，这家创业公司的注册资本100万元。合伙人1认缴40万元，合伙人2认缴30万元。注册资本70万元被静态地分配给了合伙人1和合伙人2。剩余的注册资本30万元被设置为一个股权池。这个股权池可以是一个合伙企业，也可以是某一个合伙人代持。但设立之初这个股权池并没有被分配出去，而是执行动态股权分配机制，日后对合伙人进行分配。每一次分配都不影响合伙人1和合伙2的股权。所以，这是一个"部分动态分配存量股权"的架构。就算此时引入新的投资人股东，投资人也不用担心日后因为做股权激励的原因，股权比例被增发的员工激励股权稀释。当然，部分动态股权分配的激励效果不如全动态股权分配好。

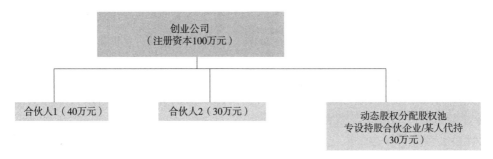

图4-5　部分动态分配存量股权

②持续分配增量股权的全动态股权分配。持续分配增量股权则是"全动态股权分配"机制。如图4-6所示，企业不需要预留股权池，每次分配新股权时通过增发公司的资本金获得用于分配的股权。这样做的结果是原股东的股权比例都会被稀释。但如果通过股权激励的机制，能够把公司的蛋糕做大，被稀释一点也不一定会吃亏。更何况，原来的股东也很可能会参与到增发股权的分配当中。公司增资扩股按照《中华人民共和国公司法》属于公司的重大事项，需要经过代表股权2/3以上的股东同意才可以实施。所以，要用增发股权的方式获得用于分配的股权，在股权机制实施之前，取得原股东的一致通过非常重要。如果原来的股东都是公司的内部股东，那么沟通起来会比较容易。但如果存在一些外部股东，如财务投资机构股东，可能要解释起来就没有这么容易，他们未必能够像内部股东那样感知到公司价值会因为新股东的加入而得到提升。还可能受限于原来签订的投资条款，以至于他们反对企业这么做。例如，许多投资协议中会签署"反稀释"条款，因为被激励者获得股权要支付的行权对价，很可能远低于他们投资的价格，他们会感觉到自己的股权"贬值"了。这也是为什么很多投资机构投资一家企业之前都要求企业先设立股权激励池再投资。

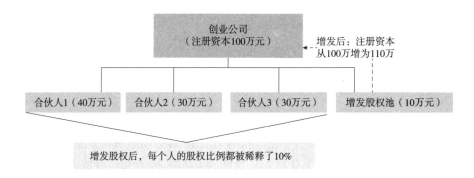

图 4-6　持续分配增量股权的"全动态股权分配"机制

持续使用增发股权的方式分配股权，意味着公司所有的股权都按照动态股权分配的原则来分配，可完全反映每个合伙人所作的贡献。因此，我们把这种分配股权的方式称为"全动态股权分配"机制。

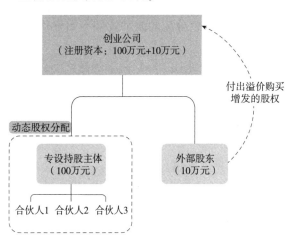

图 4-7　全动态存量股权分配架构

③区分内外部股东的全动态存量股权分配。外部股东是指不参与公司日常经营的股东，最典型的就是财务投资人。鉴于内外部股东对公司的价值感知的不同和参股逻辑的不同，我们可以做一个区分内外部股东的股权架构。如图 4-7 所示，对外部股东进行传统的静态分配，除了他们获得的公司股权，所有剩余股权在合伙人之间进行动态分配。而这部分股权需要放置在一个专设的持股主体中，属于"存量股权"。这个持股主体的法律形式可以是有限合伙企业、有限责任公司，也可以是一个代持人。因为所有合伙人所取得的股权都是在动态股权分配机制下取得，因此这是一个全动态的机制，保持着最大的激励性。采用内外部股东架构的结合，能够省下不少跟外部股东沟通的时间。让外部股东(如财务投资人)参与到动态分配这个过程也不是一个明智的做法，因为其往往付出了很高的溢价取得公司的股权。换句话说，他们可能付出 100 万元才获得了 1% 的股权。但如果是参与动态股权分配计划的合伙人给企业投入 100 万元的现金，所获得的股权很可能远远大于 1%。

④分部门动态股权持股架构。一些公司可能有比较明显的部门分工，如产品研发、产品销售和公司管理。公司要取得成功要求每一个部门都密切配合，他们的贡献缺一不可，很难评估哪一个部门比另外一个部门更重要。部门与部门间的贡献比较难有可比性。所以，有时候很难按照一套标准来分配股权。但是部门内每个人的贡献可比性就高很多。在这种情况下，我们可以把公司的股权先做一个粗略的静态的划分，分成几个"粗块"，再在这些粗块中制定部门内的动态股权分配方案。

如图 4-8 中的创业企业，把公司的研发部门、销售部门和管理部门的股权分别装到三个合伙企业中，作为这三个职能部门的股权池。这个做法是承认每个职能部门的相对贡献度。一个产品卖得好，可能 40% 是销售部门的贡献，30% 是产品研发部门的贡献，30% 是公司管理部门的贡献。每个部门按照他们的工作内容再制定自己的动态股权分配标准。但要注意，虽然每个部门有自己的动态股权分配标准，但他们所适用的里程碑应该是一致的，也就是说切蛋糕分配股权的时点是一致的，这样才能把不同部门的工作目标统一起来。如果公司的目标没有达成，哪怕某一个部门做得特别好，完成了部门的任务也不应该分配部门的股权，否则会使得部门与部门之间完全割裂，出现研发部门为了研发而研发的糟糕情况。

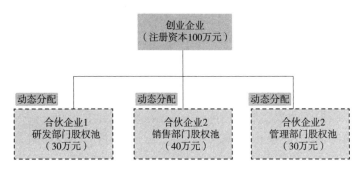

图 4-8　分部动态股权持股架构

在分部门分配股权的方案中，我们还可以进一步约定，每个部门的股权池所适用的合伙人范畴。可以约定只适用于本部门的人，也可以约定适用于所有合伙人，只要这个合伙人为这个部门作了贡献，他就可以分这个部门的股权池。在实践中，存在那种全能型的、跨部门都能作贡献的合伙人，尤其是在初创企业中，没有严格的分工反而是常态，每位合伙人都一人多职、一职多能。例如，做研发的合伙人利用自己的关系帮助公司获得一笔大的订单，为销售部门作了贡献。这个贡献所获得的股权就体现在销售部门的股权池中。

动中有静，静中有动。动与静都是相对的。动与静的结合使得公司的股权在承担不同职能的合伙人之间实现一个平衡，而每个合伙人取得多少股权是不确定的，完全取决于公司目标是否达成以及他为公司所作的贡献。

4.4　创业团队风险管理

有研究表明，90% 的新创建企业在 3 年内会失败，而高新技术企业 3 年内的存活率只有 1%~2%。能够幸存的企业，大多非常重视创业中的团队建设。因为创业涉及技术研发、资源获取和有效利用等多项商业活动，仅凭个人的能力难以完成，所以必须借助团队的力量。风险投资者也开始逐渐重视创业团队的作用，在选择投资项目时对创业团队的考评权重占到 50% 左右。在创业初期，几乎所有创业团队成员都可以不计个人得失，全心全力投入新产品的开发和推广，一旦度过生存期后，组织开始产生盈余，运营日渐步入正轨，创业团队中隐蔽的诸多矛盾就会逐渐暴露，矛盾激化导致关键成员流失，进而影响企业发展乃至生存,从而突显出创业团队风险管理的重要性。

4.4.1 组建创业团队风险识别

(1)盲目照搬成功模式导致团队解散

创业团队的组建基本可以分为关系驱动、要素驱动和价值驱动三种模式。关系驱动指以创业领导者为核心的人际关系圈内部成员构成团队。他们因为经验、友谊和共同兴趣结成合作伙伴,彼此发现商机后共同创业。要素驱动指创业团队成员分别贡献创业所需的创意、资源和操作技能等要素。由于这些要素完全互补,团队成员之间处于相对平等的地位。价值驱动指创业团队成员将创业视为一种实现自我价值的手段,他们的使命感很强,成功的冲动也很强。

不同的创业团队组建模式适用的条件不尽相同。如果盲目照搬某种组建模式,会带来巨大的风险。现在应用最为广泛的是关系驱动模式。这种模式比较符合中国文化的特点,其团队的稳定性相对较高。但是关系的亲疏远近经常会成为制约团队发展的瓶颈。要素驱动模式比较符合西方文化的特点,现在的互联网创业团队大多属于这种模式,如果成员之间磨合顺利,可以缩短企业成功所需的时间,但是如果磨合不顺利,就很容易发生创业团队解散风险。价值驱动模式中的团队成员虽然是为了追求自我实现而组合在一起,但是一旦产生分歧,则几乎无妥协的余地。

(2)团队成员选择不当导致团队解散

创业团队要将创业团队成员个体的力量整合为集聚的战斗力,并保持这种战斗力的持久性。团队成员间优势互补是组建创业团队的关键。英国学者贝尔宾曾考察了1 000多支创业团队,研究理想创业团队的构成,最后提出了"九种角色"论,即成功的团队成员必须包含九种不同角色的人。九种角色分别是:创新者、凝聚者、协调者、完美者、监控者、协作者、推进者、完成者、专家。创新者角色的职责是解决难题、做出决策,为团队带来创新、变革力,贡献好的思路和方法;凝聚者角色的职责是外部公关、获取资源,为团队带来热情、发展机会,获取外部资源;协调者角色的职责是内部协调、促进合作,为团队带来成熟、掌舵支柱,促进成员信任与认同;完美者角色的职责是成就导向、激发人心,为团队带来动力、韧性,使团队有克服困难的动力和勇气;监控者角色的职责是沉稳冷静、战略决断,为团队带来客观评判、明智决策,监督成员遵守规则;协作者角色的职责是防止摩擦、平息争端,为团队带来高效合作、凝聚力,促使团队保持振奋向上的团队精神;推进者角色的职责是推进实施、办事高效,为团队带来稳健、信誉,使团队富有执行力,办事富有效率;完成者角色的职责是勤勤恳恳、尽职尽责,为团队带来严谨、担当,使团队成员务实,准时完成任务;专家角色的职责是目标专一、甘于奉献,为团队带来特殊技能、专业性,以专业知识和技能见长。

但在创业团队组建初期,由于规模和人数的限制,创业团队在成员选择方面难以考虑全面,过于随意和偶然,甚至只是因为碰巧谈到创业问题而一拍即合,所以不可能具备所有角色,之后又没有进行及时的补充,或是在团队中承担某种角色的人才过多,团队成员之间角色和优势重叠,这些都会引发各种矛盾,最终导致整个创业团队散伙。西安海星集团作为一家民营高科技企业,最初的创业团队是由海星集团现任总裁荣海和他的大学室友以及学生共同组建的,两年多的时间里海星集团创造了300万元的营收,但是后来创业团队散伙,每个人都认为自己有能力挣钱。这与其成员能力和优势重叠以及利润分配不合理密不可分。

(3) 缺乏明晰的团队目标导致团队解散

心理学家马斯洛指出：杰出团队的显著特征是具有共同的愿景与目标。团队合作的基础是凝聚人心的共同愿景与经营理念。目标则是共同愿景在客观环境中的具体化,能够为团队成员指明方向,是团队运行的核心动力。事实上,在创业初期,创业团队的目标一般并不明确,可能只是一个朦胧的发展方向,有些人甚至不明白自己为什么会走上创业的道路。而且即使创业领导者的目标明确,也不能保证其他创业团队成员都能够真正、准确理解团队创业目标的含义。随着创业进程的推进以及外界环境的变化,团队成员可能会发现原先确定的目标和现实之间存在差距,必须对目标进行适当调整,此时如果创业团队成员之间意见难以调和,或是个人目标与组织目标出现较大的不一致,那么团队就会面临着解散的风险。联想的柳传志非常重视市场导向,而倪光南则十分强调技术导向,他们在经营理念和创业目标上的不一致导致了曾被誉为"中关村最佳拍档"的联想创业组合的分裂,给当时的联想企业带来了巨大的冲击。

(4) 激励机制不完善导致团队解散

有效激励是企业长期保持团队士气的关键。如果缺乏有效的激励,创业团队或者组织的生命都难以长久。有效激励的重点是给予团队成员合理的"利益补偿"。根据2004年6月对200多位在职工商管理研修班的学员进行的创业管理调查结果得知,影响中国现阶段创业团队散伙的前两个原因是团队矛盾(26%)和利益分配(15%)。团队矛盾的背后或多或少存在利益的影响,因此可以看出,利益分配对于创业团队的成长有着重要的意义。

实际上,在团队组建初期,由于企业前途未卜,各成员在创业企业中的作用和贡献无法准确衡量,因此团队无法给出一个明确的利润分配方案,可能只是简单地采取平均主义的做法,由此随着企业的发展和利润的增加,团队成员在利润分配时就会出现争议,从而导致创业团队解散。无锡尚德太阳能电力有限公司当年在创业初始的两年里一直处于亏损状态,后来业务稍有起色,就因为利润分配方案不健全等原因,5人的创业团队走了4人,只剩下施正荣支撑尚德公司,而且离开的4人后来均进入了光伏电池行业,成为施正荣的竞争对手。

4.4.2 创业团队风险防范

组建创业团队是创业企业成功的重要基础。因此,如何防范组建创业团队风险对于提高企业绩效、保持企业发展的稳定性和持续性具有非常重要的意义。除此以外,创业企业要想获得长期成功,还必须提高防范市场风险、技术风险以及财务风险等方面的能力。

(1) 选择合适的团队成员

建立优势互补的创业团队是保持创业团队稳定性的关键,也是规避和降低团队组建风险的有效手段。在团队创建初期,人数不宜过多,能满足基本的需求即可。在成员选择上,要综合考虑成员在能力和技术上的互补性,尽量保证具备理想团队所需的九种角色。而且,成员的能力和技术应该处于同一等级,不宜差异过大。如果团队成员在对项目的理解能力、表达能力、执行能力、社会资源能力、思维创新能力等方面存在较大的差异性，就会产生严重的沟通和执行障碍。

此外，在选择成员时还要考虑创业激情的影响。在企业初创期，所有成员每天都需要超负荷工作。如果缺乏创业激情和对事业的信心，不管其专业水平多高，都可能成为团队中的消极因素，对其他成员产生致命的负面影响。携程网的成功，除了抓住互联网快速发展的契机，有一个良好的创业团队是关键。携程网的团队成员来自美国甲骨文公司、德意志银行和上海旅行社等，是技术、管理、金融运作和旅游的完美组合。大家共同创业，分享各自的知识和经验，避开了很多创业"雷区"。

（2）确定清晰的创业目标

创业团队在实践中要不断总结和吸取教训，形成一致的创业思路，瞄准共同的目标，以此作为创业团队努力的目标和方向，鼓励团队成员积极掌握工作内容和职责，竭诚与他人合作交流，贡献个人能量。创业团队的目标要清晰明确，能够集中体现出团队成员的利益，与团队成员的价值趋向一致，并保证所有团队成员都能正确理解，这样才能发挥鼓励和激励团队成员的作用。此外，创业团队的目标还必须切实可行，既不应太高，也不应太低，而且能够随着环境和组织的变化及时更新和调整。

1998年成立于北京的交大铭泰，主要从事研究、开发及销售以翻译软件为主的四大系列软件产品。其在创业初期就确定了三年内成为我国最大应用软件和服务提供商的目标以及具体的发展战略。明确的创业目标保证了团队成员的稳定性，其成员自创业以来基本上没有太大变化，这不仅带来了企业凝聚力的提高，也使交大铭泰在企业创新方面取得了较大突破。

（3）制定有效的激励机制

正确判断团队成员的"利益需求"是有效激励的前提。从需要层次来看，实际上，不同类型的人员对于利益的需求并不完全一样，有些成员将物质追求放在第一位，而有些成员则是希望能够获得荣誉、发展机会、能力提高等其他利益。因此，创业团队的领导者必须加强与团队成员的交流，针对各成员的情况采取合理的激励措施。

创业团队的利润分配体系必须体现出个人贡献价值的差异，而且要以团队成员在整个创业过程中的表现为依据，而不仅是某一阶段的业绩。其具体分配方式要具有灵活性，既包括诸如股权、工资、奖金等物质利益，也包括个人成长机会和相关技能培训等内容，并且能够根据团队成员的期望进行适时调整。

腾讯公司马化腾的创业团队多年来十分稳定，与其利润分配机制的有效性是分不开的。虽然腾讯公司的股权多次转让，但是它的5位创办人一直共同持有公司的大部分股份。公司的上市更是使得创业团队的5位成员均成为亿万富翁。

案例学习　北大"杀猪佬"陈生走过创业"至暗时刻"

1984年，陈生从北京大学毕业，被分配到广州市委办公厅成为一名公务员。1990年，随着下海狂潮的迅速升温，陈生决定下海经商。这位北大经济系毕业的高材生，半生都在创业的道路上狂奔。从房地产、醋饮料到养鸡养猪，他总能在别人瞧不上的领域里，发现商机。他的个人爱好也极其单调甚至乏味，生活也极致简单。他更多的时间都在思考,如何延缓企业死亡的时间。他形容自己是实用主义者,对待企业、创业等他在乎的事情,他一丝一毫都不会放过,反之则会非常粗线条——他经常记不住一些公司员工的名字。

1996年之后陈生退出了房地产业,寻求其他的创业方向。他认为自己的性格天赋应该进入更市场化的领域,哪怕是去卖水、卖肉、卖衣服。之后,陈生便成立了广东龙虎豹酒业有限公司,进入养生酒行业。当年的4月16日,位于广东湛江市开发区的酒厂就正式投产。

5月15日,陈生在电话中听到一个有趣的事情,那段时间湛江地区开始流行一种喝法:雪碧兑陈醋,当时叫作"××壹号"。接连两个电话里,朋友都跟他提起此事,陈生隐约觉得,这一喝法的流行可能远超他的认知。在那个年代,醋在中国人心中一直是健康的代名词,能够杀菌消毒,只要有流感,医生就建议在家里拿醋来熏。于是,陈生就跑到当地的大排档,跟服务员说,给我弄点××壹号。服务员二话不说,熟稔地端来了半碗陈醋和一罐雪碧。陈生一喝,竟觉得口感还不错。然后,他又跑去这家大排档的垃圾堆,发现有很多山西陈醋空瓶。沿着那条街,他又先后去了三四家酒店,都是类似的情形。他随即意识到,这款产品不是流行,而是大流行。

当即,他就打电话给时任酒厂的副厂长和车间主任,宣告要快速研发推出一款醋饮料。"当时我的酒业刚刚投产,还在摸索阶段。做酒我只能靠我自己的能量去拼命做,但雪碧兑陈醋已刮起了超级台风,正在风口上。"陈生意识到,如果研发出该产品,不用做广告,也不需要推广,拿出去给各大酒楼一定会受欢迎。"大家不是喜欢喝吗?我专门调配弄一个,且品质、口感都能保证。"

副厂长接到电话的第二天就去上海奉贤买设备,但被告知没有现成的设备,只有一台展览用的样机,现在下订单起码需要等两三个月才能拿到机器。陈生决定先把这台样机拉回来,虽然样机或多或少存在一些问题,但他依旧拍板买下机器。第二天他们就跟对方签了合同,花了近20万元买下了这台样机。当时这台机器号称一小时能生产1 200瓶,实际上,因为跑冒滴漏等各种问题,一小时最多能产出800瓶。

但真正困住他们的是醋饮料的制作工艺,因为在此之前从未有人做过陈醋饮料,所以最初团队研发的十几批产品全部都变质了。为了做好产品,陈生派了一个调研小组去山西一个大学拜访一位教授,但教授却说目前醋饮料的技术没有过关。这个事情团队没有如实跟陈生交代,"当时,他们要是把这个消息告诉我,我可能就不做了。"

之后,团队又接连尝试了十几批也都失败了。就在陈生想放弃时,车间主任说有一批产品有一半左右没变质。陈生想如果有一半没变质,就证明不是配方有问题,很可能是制作工艺的某个环节出问题了。他们仔细回忆,发现了端倪。有一批产品因为工人操作不当,原本是要在40~50℃下做冷灌装,但工人却误将温度调高至60℃。问题根源终于找到了,醋饮料跟其他饮料不同,要做热杀菌,不杀菌的方式是错误的。之后,按照这种方式生产出来的醋饮料,一瓶都没有变质。

7月2日,"天地壹号"醋饮料正式上线。上市三个月就实现盈利,当年销售额突破2 000万元。

可见在决定做醋饮料之前,没有可行性报告和研究报告,也没有成熟的设备和制作工艺，陈生是在看到风口后，全凭感觉在很短的时间内做的决策。尽管整个过程略显狼狈，但陈生认为，"创业没必要那么完美，先干起来再说。"

注：引自刘炜祺，2022。

复习思考题

1. 试分析创业者应具备的素质和能力。
2. 创业团队的组成要素包括哪些？
3. 如何组建一支优秀的创业团队？
4. 试结合你身边的创业者们分析创业者特质。

第 5 章　商业模式

党的二十大报告指出："必须坚持守正创新。"守正才能不迷失方向、不犯颠覆性错误，创新才能把握时代、引领时代。守正创新需要坚持问题导向，创新创业的过程中首要解决的就是用户的痛点问题，明确其价值定位。因此，在商业模式的选择上，必须要守正创新，发现问题、分析问题，从而提出真正解决问题的新理念新思路新办法。

本章要点：使学生清楚商业模式的含义；掌握商业模式设计要素，学习商业模式的种类；学会如何用商业模式画布来诠释商业模式，使学生可以更好地展示其创业项目。

关键术语：创业项目；创业模式；商业模式设计要素

5.1　商业模式设计

5.1.1　商业模式的含义

商业模式指公司赚钱的途径或方式，即商业模式指企业与企业之间、企业各部门之间、企业与顾客之间、企业与渠道之间的交易关系和联结方式。

5.1.2　商业模式设计要素

(1) 价值主张(value propositions)

创业公司所要填补的需求是什么或者说要解决什么样的问题？价值定位必须清楚地定义目标客户、客户的问题和痛点、独特的解决方案，以及从客户的角度来看这种解决方案的价值所在。

(2) 客户细分(customer segments)

客户细分是创业公司打算通过营销来吸引的客户群，并向他们出售产品或服务。细分市场应该有具体的人数统计以及购买产品的方式。

(3) 渠道通路(channels)

创业公司如何销售产品或服务？有些产品和服务可以在网上销售，有些产品需要线下多层次的分销商、合作伙伴或增值零售商，创业公司要规划好自身产品的销售渠道与销售区域。

(4) 客户关系(customer relationships)

创业公司针对某一客户群体所建立的客户关系的类型。自助服务、自动化服务、私人服务是目前流行的方式。不同的客户关系要考虑到成本，以及与商业模式中其他要素如何融合。

(5) 关键业务(key activities)

创业公司如何做产品或服务？常规的做法包括企业生产、外包或直接买现成的部件，关键问题是进入市场的时间和成本。

(6) 核心资源(key resources)

创业公司拥有哪些重要的资产？核心资源包括实物资源、金融资源、人力资源。核心资源可以是自己的，也可以来自天使投资人，或者来自合作伙伴。

(7) 收入来源(revenue streams)

创业公司如何赚钱？关键要向你自己和投资人解释清楚如何定价、收入现金流是否会满足所有的日常开支和售后支持费用，是否有很好的回报。

(8) 成本结构(cost structure)

创业公司的成本包括哪些？新手创业者忌讳只关注直接成本而低估营销成本、日常开支和售后成本等。

(9) 重要伙伴(key partnerships)

创业公司需要哪些供应商和合作伙伴网络？重要合作包括非竞争者的联盟、竞争者的战略合作、供应商等。合作关系旨在降低市场风险和不确定性，同时，很少有创业公司能拥有全部资源或提供全部环节的产品生产服务，为此企业间需要合作。

5.1.3 商业模式画布

(1) 商业模式画布的含义

商业模式画布(business model canvas)的概念由著名商业模式创新作家、商业顾问亚历山大·奥斯特瓦德(Alexander Osterwalder)和比利时学者伊夫·皮尼厄(Yves Pigneur)在《商业模式新生代》一书中提出。该书将一个完整的商业模式通过结构化的方式划分出为谁提供、提供什么、如何提供、如何赚钱四个视角，共分为以上九个模块。

(2) 商业模式画布示例

具体商业模式画布示例如图5-1所示。

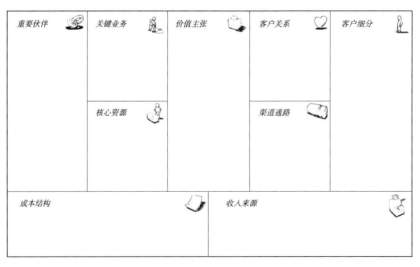

图5-1 商业模式画布示例(引自亚历山大·奥斯特瓦德，伊夫·皮尼厄，2016)

5.2 商业模式的种类

5.2.1 分拆商业模式

APP产品服务商、银行的理财和资产管理咨询服务部门、汽车生产商归于分拆商业模式。分拆商业模式将企业从事的活动分为三种不同类型：客户关系管理、新产品开发和基础设施管理。每种类型的活动有着不同经济、竞争和文化规则。这三种类型可能共存于同一家企业中，但理想情况下，它们各自存在于相互独立的实体中以避免冲突或不必要的消长。

5.2.2 长尾商业模式

喜马拉雅平台可以归于长尾商业模式的类别。长尾商业模式在于少量多种地销售自己的产品，它致力于提供相当多种类的小众产品，而其中的每一种卖出量相对很少。将这些小众产品的销售汇总，所得收入可以像传统模式销售所得一样可观。它不同于传统模式，以销售少数的明星产品负担起绝大部分的收益。长尾商业模式要求低库存成本以及强大的平台以保证小众商品能够及时被感兴趣的买家获得。

5.2.3 多边平台商业模式

最著名的多边平台商业模式就是淘宝。多边平台将两个或更多独立但相互依存的客户群体连接在一起。这样的平台对于平台中某一群体的价值在于平台中其他客户群体的存在。平台通过促进不同群体间的互动而创造价值。一个多边平台的价值提升在于它所吸引的用户数量的增加，这种现象被称为网络效应。

多边平台的运营者需要问他们自己几个问题：我们能够为我们平台的各个"边"的群体吸引到足够数量的用户吗？哪一"边"对价格更敏感？如果对该群体施以补贴是否可以吸引到他们？另一"边"群体的加入创造的收益是否足以覆盖补贴的成本？这种商业模式的核心资源就是平台。三项关键活动通常是平台管理、服务实现以及平台升级。

以多边商业平台作为商业模式的企业有着特殊的结构。它们有两个或更多的客户细分群体，每一个都有各自的价值主张和各自的收益流。而且，这些客户群体之间相互依存，哪一个也无法独立存在。每一个客户群体产生一个收益流。一个或更多群体可以享受免费服务，或者享受来自另一个客户群体的收益流产生的补贴。选择对的客户群体作为补贴对象是一个关键的定价决策，这决定着该多边平台的商业模式能否成功。

5.2.4 免费商业模式

网络游戏是典型的免费商业模式。免费商业模式中，一部分客户可以享受免费或者极低价的服务，而其费用和利润来自另一部分细分客户。一部分花钱的玩家获得更好的游戏服务，同时支持另一部分不花钱的玩家。

免费模式有很多又是多边平台模式，新浪、搜狐等新闻提供商也是免费模式（同时也是多边模式），对普通读者提供免费新闻服务，但对广告发布者和有特殊新闻要求的客户提供收费服务。免费模式一般遵循基础服务免费，增值服务收费的原则。一般是少数的增值服务客户补贴多数的普通客户。但并不一定非得是少数补贴多数，例如保险业则刚好相反，大量的保险客户为少数出险的客户买单。免费模式最重要的因素是要有足够低的边际成本。当客户数量增加时，边际服务成本应是极低的。免费模式用以吸引足够的客户数量，而增值服务的吸引力则决定了客户由免费向收费的转换。

免费模式也常用"诱饵"的方式实现盈利。最常见的在于设备及其易耗品（服务）的锁定销售上。商家以低价销售甚至免费赠送设备，但以较高价格提供以后的易耗品或者配套服务。商家通过免费的初始产品锁定今后的产品和服务。通常诱饵模式需要很强的品牌吸引力或者产品优势，如吉列剃须刀的刀片销售、佳能打印机的碳粉销售等。足够的品牌吸引力和产品优势是其关键，保证了客户的锁定关系。

5.2.5 开放式商业模式

宝洁公司是典型的由外向内的开放式商业模式。开放式商业模式通过与外部伙伴的合作来获得创造价值的机会。可以是将外部的价值引入公司，也可以是将公司内部的低效或者闲置的部分提供给外部伙伴，从而共同提升价值。

宝洁公司在其商业模式中建立了三个桥梁：技术创业家、互联网平台以及退休专家，通过桥梁获得外部的价值，其与外部伙伴有关的创新工作超过了总研发量的50%。由内向外的开放常常更关注于公司的闲置或者低效资源，如闲置资产、闲置专利、闲置的人才储备。许多药品商或者高科技产品生产商在研发过程中会产生许多暂时不能产生效益的专利或者技术，他们可以通过出售或者合作来让这些闲置的资产获得新的价值。

案例学习 百果园商业模式画布模式分析

商业模式画布模型的应用从2010年开始逐渐增多。商业模式画布理论模型作为一种工具，适配于水果产业的转型发展，便于企业扫描内外部环境，分析评价各商业要素，通过整合优化商业路径，确定并实施具体的商业模式。

一、价值主张

百果园通过价值主张来解决消费者难题和满足消费者需求，要让越来越多的人享受到好吃不贵的水果，要向越来越多的人传播水果知识和文化，让越来越多的人因百果园而健康快乐。让消费者便捷地享受到新鲜、安全、美味、品种繁多的优质优价水果，为消费者提供"好吃不贵"的愉悦体验，引领健康永续的生活方式。

为加盟商提供源自全球的优质果品，以及门店选址指引、开业支持、员工培训、业务运营指导及IT支持，帮助每一位热爱水果事业的加盟商伙伴的事业发展。同时通过日常监督及支持，协助各门店达到百果园的标准。

建立培育优质水果的标准体系。向合作种植基地与果农推广现代化种植理念，为其提供先进的种植与采后技术方案，不仅培育出优质水果，也为更健康的环境作出贡献。协助果农做好品牌、营销及推广等工作，并通过百果园的供应链金融及信息系统进一步为其赋能，以提高产量、增效及降本。

百果园与产业链上的其他业务合作伙伴紧密地联系在一起。百果园在自有的行业信息平台支持下通过构建垂直一体化价值链，实现与合作伙伴的互利共赢。

二、客户细分

百果园的客户主要是数量不断增加的中高端消费人群，这类群体较为注重产品和服务的品质，对价格的敏感度不高，一定程度上需要产品和服务为其带来一定的情感价值。除此之外，百果园的客户群体中还包括需求强劲扩张的企业及批发客户。

三、渠道通路

渠道通路是指企业通过沟通、分销和销售渠道向客户传递价值主张。百果园主要通过自身管理的加盟门店、委托管理的加盟门店及自营零售门店组成的线下门店网络向消费者销售水果。同时，百果园也通过自身的线上渠道(包括百果园手机APP、百果园微信小程序、主流电商平台及社交商务平台上的门店)或通过合作的第三方外卖平台进行分销。除此之外，百果园也向若干有餐饮需求的主要客户(如企业、餐厅及高铁公司)进行直接销售，并从事小规模的水果批发业务。

四、客户关系

客户关系主要指在每一个客户细分市场建立和维护客户关系。百果园拥有广泛的消费者触达，通过线上和线下与消费者的紧密互动，建立了庞大且具忠诚度的用户群。百果园通过自身的平台不断增加与消费者的良性互动。2016年，百果园陆续推出苹果和安卓应用系统的手机APP，便于消费者随时随地灵活轻松地浏览产品并下单。百果园的手机APP根据定位提供服务，因此，消费者下单时可选择一间附近指定门店亲自前往取货，或要求送货到家。

在大部分地区，百果园现在已经能提供最快29分钟内送达的即时配送服务。APP将根据手机定位信息自动为客户推荐最近的门店地点。截至2022年8月，百果园的各款手机APP总下载及安装次数超过1.92亿次。百果园紧跟技术发展，于2018年上半年开始以微信小程序形式开设营销和销售渠道。使用过百果园微信小程序的用户累计超过5 400万人次。借助这个在中国最流行、参与度最高的社交商务平台接触更广泛的潜在消费群体，并利用其一体化支付系统完成交易。除了自身平台运营之外，百果园还通过店长设立的微信群，以良好的用户关系提高用户黏性。百果园还通过多个自营线上渠道与消费者进行交互，包括百果园手机APP、百果园微信小程序，以及天猫、京东等主流电商平台商店及抖音等流行社交商务平台商店。此外，百果园与美团、口碑及饿了么等第三方外卖平台合作，提供即时送货车队来完成线上订单。

五、关键业务

关键业务是指通过执行一些关键业务活动，运转商业模式。

①已经建成水果产品果品品质分级标准体系。百果园已经建成的水果产品品质分级标准体系，为后续企业的扩张及新的水果品类品牌加入提供了一套标准化的体系流程。

②依托标准体系高效打造水果品类品牌。百果园通过对上游供应链施加控制，储备优质产品品牌，有机开发及与相关供应商的密切合作，现已成功将中国独家分销的招牌和A级品类的31个自有产品品牌推向市场。这31个产品品牌涵盖20种水果类型，包括苹果、草莓、榴莲、葡萄、蜜瓜、西梅等。

③建立具有渠道品牌的专营零售体系。水果零售客单价相对高、购买频次高及顾客黏性高的特点，可为零售商带来高效率，因此水果适合专营零售模式。渠道品牌能在零售行业形成竞争，并通过建立的品牌知名度和声誉培养忠实客户群，反之亦然。百果园依托加盟门店，可以有效地将优质的产品和服务经验及时地传递，让消费者享受到更优质的服务。

④贴近社区、线上线下一体化及店仓一体化的水果专营零售网络。百果园通过贴近社区、线上线下一体化的水果专营零售网络为消费者提供便利，提供及时达及次日达等的灵活配送选择，无论任何一种配送方式，消费者均可选择于指定的门店提货或要求送货上门，水果不仅满足功能需求，还有情感上的作用，在我国送赠水果是一种传统的情感表达方式。店内水果展示、试吃及面销为消费者带来愉快的购物体验并刺激消费，从而增加附加值，这是线下水果门店能长期存在的根本原因。百果园选择店仓一体化，能够提升配送效率，扩充门店销售范围，降低履约成本，从而使百果园能够向消费者提供好吃不贵、高性价比的产品。

⑤通过内部发展及外部赋能，实现对整个行业链施加影响及管理。百果园通过内部发展及外部赋能，实现对整个行业链施加影响及管理，有效地提高产量、增效及降本，为社会带来更大的效益。

⑥统一、高效、标准化管理的加盟体系。百果园采用特许经营业务模式，这是一种轻资产、高成本效益的方法，可快速拓展地理覆盖范围。除此之外，特许经营业务模式的利益共享为加盟商提供了更大的激励，使其利益更好地与总部的利益保持一致。

六、核心资源

核心资源是指提供和交付先前描述要素所必备的重要资产。

①金融资源。百果园于2023年第一季度完成全球发售及上市。在扣除承销佣金及本公司收到的与全球发售有关的其他估计费用后，百果园自全球发售(包括部分行使超额配股权)筹得的所得款项净额约为4.74亿港元。

②实物资源。拥有依靠标准体系及农业技术、信息技术、资本资源赋能，建立高效的垂直一体化产业链。全产业链品控、系统高效的仓储及物流体系，实现产品的高鲜度、高安全性及低损耗率。

③知识性资源。拥有知名的渠道品牌和品类品牌、先进的果品品质分级体系和成熟的品类品牌孵化体系，打造领先的水果品牌组合。我国最大的贴近社区、线上线下一体化及店仓一体化的水果专营零售网络。强大的会员运营能力带来庞大的客户群。以强大的品牌、供应链和运营支持为后盾的高度可复制的特许经营模式。

④人力资源。截至2022年12月31日，百果园拥有5 650家门店。其中，自营门店19家，委托管理和自营加盟门店5 631家。2022年百果园的销售成本为99.97亿元。

七、收入来源

收入来源产生于成功提供给客户的价值主张。百果园集团的收入主要源于百果园线上APP及社群和线下门店销售果类产品，以及其他大生鲜产品的收入。由百果园2022年年度业绩公告可知，百果园的收入主要来源于其加盟门店。截至2022年12月31日，收入达88.51亿元人民币(占比99.3%)；其余收入来自自营门店6 106.2万元。除果类产品外的大生鲜产品2022年上半年带来的收入达1.54亿元。

八、成本结构

成本结构是指商业模式上述要素所引发的成本构成。从百果园的年度业绩报告可知，百果园成本费用有销售成本、销售费用、管理费用、研发金融资产减值亏损拨备、研发费用、财务成本等。

整体来看，从2021年到2022年，收入增长了9.94%，这意味着百果园的销售额有了较大的增长，这可能是由于门店数量的增加及线上业务的扩展所带来的。销售成本也随着收入的增长而增加了9.47%，这可能是由于供应链、物流等方面的成本增加所导致的。毛利增长了13.65%，这表明百果园在管理成本方面做得比较好，能够在销售成本的增长下仍能提高毛利率。研发费用增长了23.78%，这表明百果园重视创新和技术发展，希望能够带来更好的产品和服务。营业利润增长了30.44%，年内利润增长了38.3%，这说明百果园的经营状况比较良好，能够实现较高的利润增长。总体来看，百果园在2022年的经营表现不错，能够实现较高的增长。

九、重要伙伴

重要伙伴是指有些业务要外包，而另外一些资源需要从企业外部获得。2019年，百果园与天猫建立战略合作伙伴关系，并在天猫开设旗舰店。同时，也在包括京东在内的我国其他主流电商平台上开始运营自身的网店。借助我国社交商务的蓬勃发展趋势，在流行的社交商务平台上占有一席之地。

注：引自辛永澄，李明翰，2023。

复习思考题

1. 简述商业模式的含义。
2. 简述商业模式的种类。
3. 运用商业模式画布，找出爆点事件、分析痛点、为创业项目设计其商业模式。

第6章 创业计划书

党的二十大报告明确提出:"坚持为党育人、为国育才,全面提高人才自主培养质量,着力造就拔尖创新人才,聚天下英才而用之。"农林高校大学生作为时代的创业者,通过学习掌握创业计划书的内容和结构,学会如何编写和展示创业计划书,能够更加明确创业行动的目标和计划,提升科学应对创业过程中面临的各种困难和挑战的能力。

本章要点:使学生了解创业计划和创业计划书的含义,明白创业计划书的用途,清楚创业计划书的类型;掌握5W2H分析法,学习创业计划书的内容和结构,尝试编制创业计划书;学会如何用PPT、短视频以及展板来展示创业计划书,使学生可以更好地展示其创业项目。

关键术语:创业计划;创业计划书;创业计划书撰写;创业计划书展示

6.1 创业计划书概述

6.1.1 创业计划与创业计划书的含义、关系

计划是工作或行动以前预先拟定的具体内容和步骤,是关于整个行动的设想、安排、部署。计划是管理的首要职能,凡事预则立,不预则废。

在管理学中,计划具有计划工作与计划形式两层含义。计划工作,指根据对组织外部环境与内部条件的分析,提出组织在未来一定时期内要达到的目标以及实现目标的途径。计划形式,指用文字和指标等形式来表述的关于组织在未来一定时期内的行动方向、内容和方式的安排部署。计划工作与计划形式两层含义都是依据社会的需要以及组织自身的能力,通过计划编制、执行、检查,确定在一定时期内组织的奋斗目标,有效地利用组织的人、财、物等资源,协调安排组织的各项活动,以达到组织设定的业绩目标。

(1)创业计划

创业计划是创业者计划创立业务的具体设想,用以描述与拟创办创业项目相关的内部外部环境条件和要素的特点,作为拟创办创业项目业务发展的指示图和衡量业务进展的标尺,是关于创业项目的一份完整、具体、深入的行动指南。

创业计划通常是营销、财务、生产、人力资源等职能计划的综合。做好创业计划需要思考如下几个问题:出色的计划摘要;了解市场;关注产品;敢于竞争;勾画出清晰的商业模式;展示你的管理队伍;表明行动的方针。

(2)创业计划书

创业计划书(business plan,BP),又名商业计划书。创业计划书是一份全方位描述创业项目发展的文件,是对与创业项目有关的所有事项进行总体安排的文件。创业计划书覆

盖了创业项目的各个方面：项目、市场、研发、制造、管理、关键风险、融资、阶段或时间表等。创业计划书是创业项目经营者素质的体现，是创业项目拥有良好融资能力、实现跨越式发展的重要条件之一。创业计划书是创业项目或项目单位为了达到招商融资和其他发展目标，在经过对项目调研、分析以及搜集整理有关资料的基础上，根据一定的格式和内容的具体要求，向读者(投资商及其他相关人员)全面展示创业项目、项目目前状况及未来发展潜力的书面材料。

创业计划书是包括项目筹融资、战略规划等经营活动的蓝图与指南，也是创业项目的行动纲领和执行方案。创业计划书应当结构合理，投资者能够在计划中找到他们所关注问题的答案，很容易找到他们特别感兴趣的话题。这就要求创业计划书必须有一个清楚的结构，使投资者能够灵活地选择他们想要阅读的部分。创业计划书在编写时，要尽量客观描述，使投资者有机会仔细地权衡你的论据是否有说服力，力避漫无边际的广告宣传。创业计划书要让大众也能读懂，一些创业者相信，他们可以用丰富的技术细节、精心制作的蓝图，以及详细的分析给投资者留下深刻的印象。其实，只在极少数情况下，会有技术专家详细地评估这些数据。大多数情况下，简单的说明、草图和照片就足够了。如果计划中必须包括产品的技术细节和生产流程，也应当把它们放在附录中去。

(3) 创业计划与创业计划书的关系

创业计划是创业者叩响投资者大门的"敲门砖"，是创业者计划创立业务的具体设想。创业计划书是创业计划的书面表现形式，是一份全方位的商业计划，其主要用途是递交给投资者，以便于他们能对创业项目或项目做出评判，从而使创业项目获得融资。创业计划书是作为一种吸引私人投资者和风险投资家进行投资的"商业包装"而出现的，间接展示了创业者的整体素养。

6.1.2 创业计划书的用途

创业计划书是创业者为创业项目量身定制的一面镜子。好的创业计划书是创业者打开风险投资大门的敲门砖。创业计划书是创业者展示产品或服务的载体，同时也是展现创业者思想和才华的工具。创业计划书的用途有以下几点：

(1) 理清创业思路

对创业者而言，一个创业项目在头脑中酝酿时，往往比较有把握，但从不同角度仔细推敲时，可能有不同的结果。通过编制创业计划书，创业者对创业项目可以有更清晰的认识，对项目可行性的探讨也会更深入。例如，你原本打算开设一家花店，却发现创业资金不足，竞争太激烈，市场增长率不足等。创业计划书可以使创业者严格地、客观地、全方位地从整体角度观察思考自己的创业思路，明确自己的经营理念，以避免因创业项目破产或失败而可能导致的巨大损失。此外，创业者在研究和编写创业计划书的过程中，经常会发现创业项目并非与自己的期望一样，此时，创业者可以根据实际情况采取不同的策略使创业活动更加可行。因此，创业者编写创业计划书的过程就是创业者进一步明确自己的创业思路和经营理念的过程，也是创业者从直观感受向理性运作过渡的过程。

(2) 增强创业信心

编制成功的创业计划书可以增强创业者的创业信心。因为创业计划书不仅提供了创业项目的全部状况及其发展方向,还提供了良好的效益评价体系及管理监督标准,使创业者在管理创业项目的过程中对创业项目发展的每一步都能做出客观正确的评价,并能及时根据具体的经营状况调整经营目标,不断完善管理方法,使创业者的自信心在创业项目逐步完善的过程中也随之增强。与此同时,详细的创业计划书还能使创业者预知创业过程可能遇到的各种风险,并预先制定一些预防对策,能大大降低创业者创业中的焦虑与紧张感,对增强创业者信心也起到了重要作用。

(3) 整合创业资源

对于正在筹集创业资金的创业者而言,创业计划书就是创业者融资的"敲门砖"。创业计划书的优劣往往决定了资金筹集的成败。投资者考察创业项目时,想知道的往往是创业者的创业逻辑,"创业逻辑"就是创业者的创业方案是否可行,是否具备了实施创业项目的各种必要资源。创业计划书是创业者向投资者展示创业逻辑的媒介,一份完整的书面创业计划书是创业项目的象征与代表,不仅是创业项目融资的"敲门砖",也是创业者与创业项目外部的组织及人员进行有效沟通的媒介,是创业项目对外宣传的重要工具,创业计划书通过描绘新创创业项目的发展前景和成长潜力,使管理层和员工对创业项目及个人的未来充满信心,并明确要从事什么项目和活动,从而使大家了解将要充当什么角色,完成什么工作,以及自己是否胜任这些工作。因此,创业计划书对于创业者吸引所需要的人力资源,凝聚人心,具有重要作用。

(4) 按照计划行动

通常情况下,人们决定做某一件事情时,很少考虑其中的原因,并且总是找出各种理由来拖延,而计划则强迫你给出理由,迫使你立即行动起来。对于创业者而言,在编写创业计划书时,明确创业目标,并逐步制订创业计划具体步骤,从而能够强迫自己按照计划行动起来,创业计划书对创业者具有自我激励、自我约束、自我鞭策的作用。

(5) 能够凝心聚力

要素齐全、思路清晰的创业计划是一份令人赏心悦目的文件,对内可以通过创业目标凝心聚力,增强创业团队的战斗力;对外可以利用创业目标及达成目标的构思吸引社会资源,引起政府、社会团体、供应商、销售商等各方的关注。

6.1.3 创业计划书的类型

创业计划书是融资的必备工具,根据创业产业特点、编写用途、内容、详细程度可以划分不同创业计划书的类型。这几种类型的计划书无论是特点、模式、风格都有很大的不同,所对应的场合也不尽相同。创业者根据不同的场合来选择不同类型的创业计划书。

(1) 根据产业特点划分类型

按照产业特点可分为传统产业类和现代产业类的创业计划书。传统产业主要指以劳动密集型为主的生产消费品的行业,最典型的有制造业、建筑业、采掘业、种植业、运输业、冶炼业等;电子行业、制鞋、制衣、光学、机械等可归到传统行业,但若它们加上高新技术之后又将是另一种局面,而且是未来的明星产业。现代产业指依靠现代科学技术装备起来的产业,具有知识密集型特征。最典型的有航天航空、生物技术、微电子、新材料、信息通信等。

(2) 根据编写用途划分类型

按照创业计划书编写用途可分为争取风险资金投入、争取他人合伙、争取政府支持、创业比赛、创业规划指导、创业实习、创业实操等类型。

(3) 根据内容划分类型

根据内容可以划分为专利性创业计划书、产品性创业计划书、服务性创业计划书、概念性创业计划书。专利性创业计划书，主要适用于自己有某领域的专利技术，但缺少资源、资金等；产品性创业计划书，主要适用于产品制造的创业计划，又可细分为硬件产品型和软件产品型；服务性创业计划书，主要适用于以服务为目的的创业计划；概念性创业计划书，主要适用于有好的概念或商业模式，但缺乏资金或资源的创业计划。

(4) 根据详细程度划分类型

根据创业计划书内容的详细程度可划分为略式创业计划书和详式创业计划书。出色的计划书摘要可视为一份言简意赅的略式创业计划书。

6.2 创业计划书撰写

6.2.1 用七问分析法构思创业项目

七问分析法又称 5W2H 分析法，是第二次世界大战中美国陆军兵器修理部首创。简单、方便，易于理解、使用，富有启发意义，广泛用于创业项目管理和技术活动，对于决策和执行性的活动措施也非常有帮助，也有助于弥补考虑问题的疏漏。

发明者用五个以 W 开头的英语单词和两个以 H 开头的英语单词进行设问，发现解决问题的线索，寻找发明思路，进行设计构思，从而搞出新的发明项目，这就叫作七问分析法(图 6-1)。

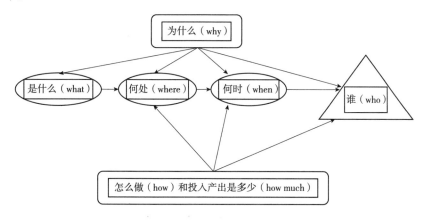

图 6-1　七问分析法

(1) 为什么(why)

何因。作为创业者思考为什么要创业？为什么要选做这个创业项目？回答选择创业的缘由、选择特定项目的缘由。

(2) 是什么(what)

何事。选定的创业项目属于哪个行业?项目的名称?创业项目由哪些具体要素构成?各要素的名称?要达到什么样的创业目标?

(3) 何处(where)

何地。创业计划实施的场所,在哪里做?从哪里入手?行业的背景如何?要做什么工作?切入点在哪里?

(4) 何时(when)

何时。创业计划实施的时间范围,什么时间完成?什么时机最适宜?列出创业项目起止时间表。

(5) 谁(who)

何人。创业计划的相关人员,由谁完成?谁负责?董事长、总经理、营销总监、财务总监、技术总监等管理团队人员结构?专长、经验?出资比例?创业团队人力资源的优势?

(6) 怎么做(how)

何法。创业计划如何运作实施?如何提高效率?如何推进?采取哪些方法?生产、营运流程?

(7) 投入产出是多少(how much)

何量。创业计划具体的预算分析,盈亏平衡点能做到什么程度?数量、质量水平如何?房租、设备、原料、工资、成本费用支出如何?预计经济效益如何?资产负债表、利润表、现金流量表数据?

如果一份创业计划书能够清晰陈述上述问题,便可认为这是一份很好的创业计划书。如果七个问题中有一个陈述不能令人满意,则表示这方面有改进余地。如果某一方面的陈述有独创的优点,则可以增加创业计划书的亮点。

6.2.2 创业计划书的内容及结构

创业计划书是创业项目中重要的环节,目的在于将新颖的创意转变成具体的行动方案,更好地介绍创业项目的业务及未来发展情况。一份内容丰富的创业计划书可以清晰地表达创业者的创业理念、描述项目的未来愿景、制订详细的发展战略,是项目发展过程中的基石。然而,撰写一份思路清晰、表达简洁、有说服力的创业计划书并不容易,创业者需要通过大量的市场调研和科学分析,总结市场现状,制订详细的业务发展计划,提出风险规避及解决措施,确保项目的顺利实施。

(1) 创业计划书的内容

制定一个完整的创业计划需要投入相当多的精力,最终计划应做成一份结构清晰完整的业务文件。通常,一份创业计划是用以介绍可行的市场需求,创业项目如何满足这些需求,并强调实施工作所需资源。创业计划书要提交给创业项目筹办合伙人、潜在投资者及融资公司、潜在雇员、合作伙伴及顾问、客户及供应商。所以,创业计划书的内容要体现出完整性、逻辑性、规范性的特点,创业计划书应该按照实际创业准备的过程来进行构思。一份完备的创业计划书应该包括以下内容：

①产品或服务。产品或服务简介是整个创业计划书的重点之一，作用在于让投资者或评委清楚地了解创业项目的主要业务。该部分重点解释新创意产品或服务创造了什么价值，解决了什么痛点需求问题，是否具有产生利润的潜力，以及预期能够实现的目标，是创业计划书的核心竞争力所在。通常这部分的写作要点是介绍产品或服务的技术原理、新颖性与独创性、产品或服务研发过程、新产品发展计划与成本分析、目标顾客及竞争优势、产品市场前景预测等，同时也包括对知识产权、专利等无形资产的介绍。产品或服务的未来发展规划也需要在这部分展示，未来发展规划介绍产品的发展历程及未来发展路线，从而让投资者看到广阔的发展前景。

②产业分析。主要描述新创创业项目所涉及的产业发展趋势及前景，分析产业结构、产业规模等。只有明晰了创业项目所处产业的发展大环境，才能瞄准产业内的目标市场，以便制定有的放矢的竞争战略。

③市场分析。是创业计划最为重要的部分，因为创业计划的其他部分都要依靠该部分的信息展开，完整的市场分析包括以下几个内容：市场概况、趋势及潜力预测、竞争者分析、市场细分及目标市场分析等内容。通过市场调查研究而分析出来的销售预测量，将直接影响生产规模、营销计划、财务计划中的权益资本量。在进行市场分析时，要尽可能确保分析过程及内容的客观真实性，可以通过各种渠道如行业协会、政府机构公开的信息等来进行分析，也可以向专家请教，必要时也可以自行组织市场调查以获取所需数据资料。

④商业模式。要说明公司通过什么途径或方法来赚钱，一般贯穿在整个创业计划书中，商业模式决定了创业公司的运作，在创业计划书中要简单清晰地说明关于创业项目的顾客及其价值主张、创业项目如何获利及其为顾客提供价值的可行性分析。

⑤营销计划。主要描述创业项目计划如何销售产品或服务以实现预期的市场目标。营销计划通过总体营销策略、渠道策略、定价策略以及促销与广告策略等来说明营销计划的具体实施细节。撰写此部分内容应尽可能清楚、完整地介绍产品或服务投放到市场的计划，说明在以顾客为导向的理念下创业项目要做什么、如何做、何时做以及由谁来出售产品或提供服务。

⑥生产及运营计划。主要介绍创业项目的日常生产与运营问题，此部分计划的撰写目的在于使风险投资者了解创业项目的成本规模和创业项目产品在市场中的受欢迎程度。因此，撰写时应该尽量详细、可靠，增大创业项目在投资前的评估价值。一般应包括如下内容：创业项目选址、必需的资源、生产流程、劳动力可得性等。对于制造型创业项目，要重点说明库存采购及控制、生产控制、外包原则等。对于服务型创业项目，要重点阐述接近客户的选址原则、日常开支最小化和富有竞争力的劳动生产率。

⑦财务分析。主要目的是表明创业项目的资金来源及运用情况，至少要对创业项目未来3~5年的资金需求及使用计划做出全面分析。一份好的财务分析可以提高创业项目获取资金的可能性，为创业计划提供有力支撑。财务分析涉及的内容包括以下几个方面：融资计划、预期财务报表的编制以及财务预测。需要注意的是，在进行财务分析时要注重客观数据的应用，要尽量客观准确地进行描述，同时要确保基础数据与创业计划的其他描述内容相一致，如销售量、价格、生产成本等，以确保财务分析的精准性。

⑧人员及组织结构。人的创造性和主观能动性决定了在所有的创业资源中人是最宝贵的因素，这也决定了创业者团队的组成是创业计划不可或缺的内容。风险投资中管理团队是最重要的因素，结构合理、成员学历高、工作背景良好的团队是事业成功的保证。在评估创业计划时，风险投资者首先注重的是创业团队的管理能力，如果创业团队不是一流团队，哪怕是最绝妙的创意，大多数风险投资者也会选择放弃。这部分内容撰写时需要重点介绍以下内容：创业项目组织结构、关键团队人员以及薪酬体系设计。创业项目的关键管理人员应该是互补型的，要具有极强的团队意识。

⑨关键风险分析。主要说明创业项目在运营过程中可能会遇到的关键风险。对于大量的创业计划，风险投资者在进行筛选时，绝大多数除了关注创业团队能力外，还会特别重视创业团队对关键风险的认识。识别并分析创业项目中存在的风险，有助于向风险投资者表明创业团队对风险已有清楚认识且能应对此类风险，可以增加风险投资者对创业团队的信任感。在进行风险分析时，创业者可以从以下两个方面进行阐述：创业项目内部风险（包括管理风险、经营风险、资金风险以及生产风险）和创业项目外部风险（包括市场风险、政策风险、资源风险等）。创业者应该指出对于创业项目而言哪些问题及关键风险对其成功是最主要的，并将这些风险以及相应的解决方案用清晰的文字在创业计划书中描述出来。

⑩风险投资退出策略。在了解了创业计划一系列完美构想后，风险投资者会对投资资金如何退出非常关心，因为这直接关系到风险投资者是否会对本次投资属意。风险投资者最终想获得的是现金回报，因此要描述清楚怎样使风险投资者最终能以现金的方式收回其对本创业项目的投资。一般而言，常见的退出方式有公开上市、兼并收购和偿付协议。创业计划中应让风险投资者明了哪一种退出方式是最可能的投资退出方式以及相应的投资回报率。

附录是对整个商业计划书的补充内容，这部分可以添加一些相关材料证明公司的能力、产品的核心竞争力等。可以添加的附件有：营业执照影印本、注册商标、专业术语说明、专利证书、获奖证书、荣誉证书、生产许可证、鉴定证书、销售合同、意向合同、投资合同、主要供货商及经销商名单。

商业计划书的撰写并不是简单的事情，对于初次撰写者来说具有一定的难度，要完成一份高质量的创业计划书，从构思、写作、修改、编辑到最终的校对都需要花费大量的时间和精力，这里只是提供一个基本的内容框架，具体的内容还需根据产品及行业的特点，进行版块的选择和扩充。

（2）创业计划书的结构

创业计划书详细描述了创业者对于创业项目的构想，是对创业项目的详细描述和预测，所以一份创业计划书应该有完整的框架结构来表达思想。创业计划书各组成部分及创业计划书的基本结构如图 6-2 所示。

①封面。应包括项目名称、地址、电子邮件地址、电话号码（座机和手机）、日期、主要创业者的联系方式以及创业项目网址（如果创业项目有自己的网站的话）。通常这些信息应该集中在封面页的上半

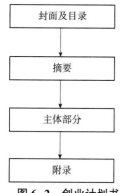

图 6-2 创业计划书的基本结构

部分。封面的底部应有一句话提醒读者对计划书的内容保密。如果创业项目已经有创业徽标或商标，就把它置于封面的中间。如果已有产品或服务的设计简图或照片，且比较美观的话，可将图片印在封面上。有时可以利用图片库中的图片，这样效果非常好。封面上最重要的一项是计划书撰写者的联系方式，应该让计划书的读者能够轻松联系到撰写者。

②目录。紧接封面后页。列出创业计划书的主要章节、附录和对应页码，目的是便于读者查找计划书的相应内容。有些计划书的相关页码上贴上标签，更方便读者直接查找相应章节。在递交创业计划书时，一定要认真核对目录页码是否与正文页码相一致，因为创业计划书在撰写过程中需要进行反复修改，增减内容时会使原来的页码发生改变，这时就需要反复核实。如果使用 Word 文档写作，请及时利用"只更新页码"的功能进行调整。

③摘要。创业计划书的摘要又称为概要、提要。它是创业项目的内容梗概，对具体内容不加评论和解释，简明、确切地叙述项目重要内容的短文。具体地讲，摘要就是用简洁的语言讲清楚投资的面向人群和范围、采取的方式以及得出的结论，有时也包括具有情报价值的其他重要信息。

摘要是风险投资人阅读创业计划书时首先看到的内容，它是从整个创业计划书中摘出来的要点，通常评委或者读者通过摘要可以快速了解创业计划书的大体内容。所以，摘要是创业计划书的重中之重，在介绍中必须体现创业项目的核心亮点。如果摘要部分不能激起风险投资者的兴趣，创业计划书后面的内容就很有可能无缘与风险投资者见面。为了更好地展示创业计划书的重要内容，摘要的撰写需要遵循以下几个原则：

a. 摘要必须放在最后完成：从摘要在整个创业计划书中的作用来看，撰写者只有完成了计划书中的主体内容，才能写出让人耳目一新的摘要。写完之后，撰写者可以采取如下方式进行修改，即团队成员轮流细读，并结合切身感受提出改进建议，再让未曾听过该项目的人（如专业老师等）看看，并给出相应的建议。撰写者通过综合上述两方面的修改建议，最后对摘要进行修改。

b. 摘要必须具有针对性：撰写者在写摘要时，要清楚"看创业计划书的人是谁"，由于评委或投资者的个人经历和兴趣的差异，他们看创业计划书的侧重点一般不同。所以，在撰写摘要之前，撰写者最好做一些关于他们的调查研究，以确保摘要能够抓住他们的兴趣。

c. 摘要用语必须严谨明确，表达简洁，语序通顺：撰写者应抓住整个创业计划书的重点，尽量用简洁明了的语句表达清楚，切勿使用含糊不清、空泛笼统的词语，避免给读者造成误解。

d. 摘要的内容要完整全面：摘要至少要回答以下几个问题：公司的性质、组织结构、人员构成、所处行业以及业务范围；市场痛点、公司的产品和服务；市场需求、客户群体、竞争者、竞争优势；公司的发展规划，包括营销计划与策略、资金筹措与运用等。

常见的摘要写作有提纲性摘要和叙述性摘要两种格式。

第一，提纲性摘要：结构简单，内容一目了然，每一段基本上就是创业计划书每一章的总结部分。其优点是容易撰写，缺点是内容比较枯燥。提纲性摘要基本上包括了创业计划书的所有方面，各个部分所占比例基本相等。

第二，叙述性摘要：重点集中在描述创业项目的基本情况，突出项目特点上。叙述性摘要主要是调动风险投资者对创业项目的情绪，使其对创业项目感兴趣，所以在撰写时要重点选择一些最能感动风险投资者的创业项目特点，使其了解为什么创业项目能够成功以及成功的要素，而较少描述管理细节。叙述性摘要特别适用于在新产品、新市场、新技术等方面有良好历史或背景的创业项目。

创业计划摘要撰写时一般不要超过两页，这样可以极大地带动风险投资者的阅读兴趣。不同的创业计划书摘要可能强调的内容有所差别，但一般都包括以下主要内容：公司名称和联系方式；创业项目业务范围和类型；管理团队和管理组织；产品或服务及市场竞争情况；资金需求状况，需要说明筹集多少资金、资金的用途及资金的形式；财务状况和计划，保证数据的真实可靠性，风险投资家一般不是技术专家，但大多是财务专家；投资出路，说明若干年后投资的出路，是实现股票上市，还是由创业项目赎回，一定要说明，否则可能得不到投资。

④主体部分。是整个创业计划书的核心，从项目及产品介绍、商业模式、行业与市场分析、竞品分析、管理团队、财务规划这六大方面进行深度介绍，展现企业的综合实力，为未来的融资做好充足准备。

⑤附录。一般置于创业计划书的最后，作为主体部分内容的补充而展现，不宜放入创业计划主体部分的所有材料都应该放入附录中。附录常包括的内容有：主要合同资料、信誉证明、图片资料、市场调查结果、主要创业团队人员的履历、技术信息、生产制造信息、宣传资料及其他方面的信息。

6.2.3 创业计划书的编制原则

在撰写创业计划书时，首先面临的一个问题是"需要写多长"，一份创业计划书最长不要超过50页，但大多数还是建议保持在25~35页。可以根据创业计划书编写用途确定，如参加创业比赛活动，则创业计划书应遵从比赛指南的具体要求。一般要求在编制创业计划书时遵循以下几个原则。

(1) 简明扼要

简明扼要是创业计划书的风格，撰写创业计划书的主要目的是获取风险投资或者向合作者展示创业项目的发展思路，因此写作时要简明扼要。因为阅读创业计划书的投资者往往都惜时如金，风险投资者既没有时间，也没有兴趣看对他来讲没有任何意义的内容。创业计划书要在最短的时间内传递最有效的信息，这就需要撰写者以通俗易懂的语言展示自己的思路，尽量少用或不用过多技术术语及英文缩写来证明自己的专业性；要对摘要进行深思熟虑的写作，言简意赅地表述，这样才能给投资者、评委或者观众留下好的印象。

(2) 条理清晰

思路不清的创业计划书可能会导致创业项目良好的创意不能被有效地传达给读者，所以撰写者在进行写作时要注意行文的逻辑结构，确保其整体的完整性和一致性。在进行观点论证时，要采用真实、清晰、有效的数据资料进行佐证，完善相应的论证过程。

(3) 客观公正

撰写创业计划书时要实事求是，用数据说话，客观陈述，言辞妥帖地明确创业项目的市场机会、财务状况、竞争威胁、潜在风险等，这样可以使读者相信创业计划书中的所有行动方案都是经过创业者慎重考虑的结果。好的创业计划书要以客观性打动读者，要切合实际，尽量不要过分乐观地陈述或预测。

（4）要素齐全、重点突出

创业计划书的内容和格式虽然不是千篇一律，但是任何类目的创业计划书都要涉及以下内容：摘要、产品或服务介绍、团队介绍、市场分析、营销策略、财务分析、关键风险分析等，所以一定要从整体性上保证创业计划书内容全面。对于不同的读者，由于其自身的经验、背景不同，所以对创业计划书的各个组成部分的关注点会有差异，这就要求撰写者在写作时重点突出，对潜在读者所关注的部分进行重点描述。

（5）版面设计规范、精致，装订美观

创业计划书中的封面、目录、摘要、附录、图表等是否合理编排、美观整洁，会直接影响读者对创业计划书的评价。在排版时要注意不可有排版混乱、语法错误、印刷错误及错别字等情况，否则会给读者留下不认真、不重视的印象。

6.3 创业计划书展示

创业计划书展示是指项目演示者通过可视化工具（如 PPT、短视频、展板等）将创意、新观点、新想法向他人传达的表达方式。创业计划书展示的具体过程分为两个阶段，第一阶段是将创业计划书丰富的内容进行压缩凝练，并制作成可视化文档；第二阶段是演示者运用 PPT、短视频、展板等形式，用熟练的、富有感染力的语言向评委或风险投资者展示创业计划书。展示要求演示者把复杂问题讲得通俗易懂，这既是博得他人对项目的肯定（如好的评分、吸引风险投资者和客户等），也是项目团队再一次梳理创业思路的机会。这个过程涉及多个环节和核心问题，而且有规定的展示时间要求。

从现有的大量"互联网+"大赛的展示过程来看，创业计划展示有较为严格的时间要求，如 10 分钟、15 分钟和 30 分钟的展示，要在如此短的时间内阐述清楚多达几十页的创业计划书，这几乎是不可能完成的任务。创业计划展示的目的是获得评委和投资者对团队项目的认可，所以展示者需要站在他们的角度去思考他们最关注项目的哪些方面。例如，产品介绍、市场分析、商业模式及财务分析等都是评委和投资者关注的核心问题，这就要求展示者必须熟悉创业计划书的内容，并在脑海里形成一条清晰的逻辑线。只有这样，展示者才能在展示过程中有条不紊地将创业计划书最关键的内容传递给评委和投资者。

6.3.1 创业计划书的 PPT 展示

PPT 是创业者向投资者传达创业计划书内容的最佳媒介，在创业项目融资过程中具有非常重要的作用，其内容的好坏基本上就决定了创业项目能否敲开投资者的大门。因此，创业者使用 PPT 向投资者传达信息，其 PPT 就应该具备清晰易懂、简单明了、显而易见的特点。PPT 的制作根据专家建议应遵循 6-6-6 法则，即每行不要超过 6 个词，每页不超过 6 行，连续 6 张纯文字 PPT 之后需要一个视觉停顿（采用带有图、表、插图的 PPT）。具体来讲，PPT 的制作模板及要点如图 6-3 所示。

　　一般在进行口头推介时，只需使用 10~15 张 PPT 来完成创业计划书的核心内容的展示。若 PPT 张数过少，不能全面地反映创业计划书想要表达的思想，不能满足风险投资者的要求；若 PPT 张数过多，如果想在规定时间内阐述完这些内容，就会产生"走马观花"的效果。

标题页：
　　项目名称、公司 Logo 创始团队、联系方式、日期

制作要点：简洁、大方，可以添加有吸引力的封面图片，突出项目的特点和价值

PPT 制作要点一

背景介绍：
　　介绍创业项目的背景；推荐内容要点介绍；创业成功后带来的潜在优势

制作要点：通过插入统计数据表和趋势分析图、故事等，提升创业计划书的亮点

PPT 制作要点二

市场需求：
　　详细描述市场的规模、增长率、需求特征

制作要点：利用调查及统计数据展示可行性分析

PPT 制作要点三

产品或服务介绍：
　　介绍产品或服务的特点、创新之处，以及解决目标市场需求的能力

制作要点：展示问题解决方案的差异化特点

PPT 制作要点四

竞争分析：
　　详细描述现有的、潜在的直接或间接竞争者

制作要点：展示有效削弱劣势、增强优势的途径，竞争优势持久性存在的原因

PPT 制作要点五

商业模式：
　　详细描述项目的商业模式

制作要点：展示商业模式有哪些要素构成，收入来源、定价策略、销售渠道和合作伙伴关系

PPT 制作要点六

市场推广：
展示项目市场推广策略

制作要点：包括宣传活动、广告投放计划、渠道开发

PPT制作要点七

营销策略：
描述总体市场营销的策略；详细说明定价策略，注明定价方法；明确说明销售过程

制作要点：明确产品价格与竞争对手相比的差异性，说明唤起消费者注意的方法以及产品如何到达最终消费者的措施，最好附上消费者购买动机调查及消费者对该产品的认知调查

PPT制作要点八

管理团队：
介绍现有的管理团队及公司的所有权结构

制作要点：展示团队成员的优势，包括学术背景、技术优势、擅长的领域、参赛获奖经历以及对应职务

PPT制作要点九

财务规划：
介绍未来3~5年内的收入规划及现金流规划；介绍前期投入的资金是如何使用的

制作要点：用尽可能客观、翔实的数据进行说明，重点讲述资金使用的效率性

PPT制作要点十

融资诉求：
介绍想要融资的数目及资金的使用方法

制作要点：尽可能介绍资金筹得后能够取得的重大进展

PPT制作要点十一

总结：
概括企业最大的优势；概括创业团队最大的优势；明确企业的退出战略

制作要点：介绍优势时最多罗列三点

PPT制作要点十二

图 6-3 PPT 制作模板及要点

在口头演讲时应注意不要读 PPT。潜在的投资者通过你的展示来了解你，看你如何推销自己的梦想。所以，要想办法通过语言把他们带入你的构想，并做到熟悉讲稿，自然表达。如果只是读 PPT，会让人觉得生硬、呆板、无趣。

创业计划书制作没有固定规则，但需要有一个清晰顺畅的逻辑脉络。创业计划书的每一页 PPT 及每一个模块、要素、要点都不是随便组合排列的，背后都应有贯通的、顺畅的结构逻辑做支撑。这个结构逻辑越简洁明了越好。

6.3.2 创业计划书的短视频展示

短视频是目前宣传的最好手段之一。它能非常有效地把创业项目形象提升到一个新的层次，更好地把创业项目的产品和服务展示给大众，能非常详细地说明产品的功能、用途及其优点（与其他产品不同之处），诠释创业项目的文化理念，所以短视频已经成为创业项目必不可少的形象宣传工具之一。

创业项目宣传短视频，对于一个创业项目来说，就相当于一个人的脸，无论是在展会、招商、终端店面、招标会议，相信任何一个创业项目都会顾及脸面，所以拍摄创业项目短视频于当今社会来说已经是一种必须，任何一个创业项目都不想在客户、同行面前失去自身创业项目的尊严。所以，创业项目宣传短视频是时下所有创业项目的必需品，不但能够提升公司的业绩，而且可以提升创业项目的形象。

一部短视频的制作，策划与创意是第一步要做的事情。精心的策划与优秀的创意是专题片的灵魂。要想作品引人入胜，具有很强的观赏性与视觉冲击力，独特的创意是关键。独具匠心的表现形式让人们对一个陌生的产品从一无所知到信赖不已，这就是创意的魅力所在。

创业项目宣传短视频是创业项目一种阶段性总结动态化、艺术化的展播方式，回望过去，放眼未来，这是传统创业项目宣传短视频内在的核心线索。创业短视频，要让创业项目宣传短视频的展现元素都依托在创业项目核心的创意上，或通过故事的形式，或通过立体交叉的形式，对创业项目核心创意进行战略层面的宣传和传播，同时借助新媒体的传播平台，为创业项目的后续传播提供战略层面的服务，以达到尽可能大的宣传力度。

在内容方面，短视频可以将创业计划书中抽象的事物展现出来，如未来的创业成果、核心的创业产品等，通过短视频给予集中而深入的展示，达到扩大宣传、展示成果的目的。

短视频在制作方面，需要注意以下几点：

(1) 精炼解说

解说词应叙事干净利落，语言通畅明白，词句短小简洁，语言力求口语化、形象化。

(2) 注重细节

短视频所记录的人和事，只有通过栩栩如生的人物形象、色彩鲜明的画面、生动感人的生活场景才能达到表现情感、蕴含哲理的效果，细节是表现人物、事件、社会环境和自然景物的最小单位，典型的细节能以少胜多，以小见大，起到画龙点睛的作用，从而给观众留下深刻的印象。

(3) 精致背景

背景，又称为环境，是短视频的基本构成因素，也是专题片所反映的人物的性格、命运和事件赖以发生、发展和变化的根据。

(4)独特构思

短视频的构思一要完整,二要新颖,三要科学,这是最基本的要求。只有构思精巧、制作精良,才能制作出内容、形式俱佳的创业项目宣传短视频。

6.3.3 创业计划书的展板展示

展板,指用于发布、展示信息时使用的板状介质,有纸质、新材料、金属等材质。展板的画面为背胶材质,可根据使用现场的亮度和个人喜好选择亚光膜或亮膜。在商场、创业项目、厂区、医院、学校、小区等地随处可见引人注目的各种各样的宣传展板。创业计划书撰写完毕,就可以向不同对象进行宣传了。展板在人群集聚处可以发挥良好的宣传作用,展板上耐人寻味的广告文字,逼真的图片,色彩鲜艳的图像,创意十足的构成和编排,可以吸引观众,推介创业计划书。应特别注意,在展板设计上,要根据不同产品、适用人群、使用时间、使用场合来确定设计风格,才能获得展板展示的预期效应。

创业计划书的展板内容如图6-4所示。项目展示以展板加实物的方式进行,展板包含信息如下:①项目成员信息;②项目简介(200字左右);③项目创新点描述(100字左右);④项目图表。

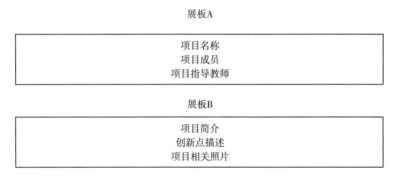

图6-4 创业计划书展板

案例学习 成都YC美鲜公司创业计划书

一、创业背景

之所以创立YC美鲜公司,主要基于以下几个方面的原因:

①创业者是一位美食爱好者,物以类聚,身边朋友大多对饮食也有着较高追求。在多次聚会聊天中,多次谈起平时工作忙,没时间在家吃晚餐,同时抱怨经常在外就餐不健康、不卫生,于是诞生出食谱化成套半成品生鲜电商的初级创业想法。

②O2O(online to office 的缩写,即线上到线下的商业模式)生鲜电商处于创业窗口期,主要表现在政策扶持力度大,宏观上具备暴发基础;用户消费习惯正在变迁,生鲜网购需求旺盛;目前市场渗透率不足1%,未来空间巨大;产业资本纷纷加大投资,融资机会增多。

③有一个志同道合的团队,大家产生了同样的创业项目设想,并且能力互补。大家都坚信自己的选择,通过不懈的努力,终将建立我们的商业王国。

④食谱化成套半成品生鲜的提供，能解决都市人在家吃上安心美味晚餐的问题，能为用户创造更美好的生活。

二、公司、产品、服务

YC美鲜的目标用户为忙碌的都市白领和三口之家。

主营业务：提供食谱化成套半成品食材，包括主食和配料、初步加工、所需佐料的调制及精细化配比和烹饪指导。用户通过线上下单，在居住地附近自提，在家傻瓜式操作就能在短短几分钟内轻松做出美味大餐，帮助用户创造便捷和美好的生活。

公司愿景：为用户创造美味的幸福生活。

公司使命：建立一个食谱化半成品成套食材O2O的闭环生态系统，发现并生产美味，为用户创造便捷和美好的生活。锐意进取，立足成都，成为深受用户喜爱和信赖的健康便捷美食服务提供商。

三、市场与营销

商业社会，生活节奏加快，家庭主妇减少，对于都市白领及三口之家来说，如何吃上一顿美味、放心的晚餐是一道难题。菜市场关门早，超市菜不新鲜、结账还要排队，劳累了一天提着菜回家，还要洗切等烦琐的预处理工序，如此费神还不一定能做出美味可口的饭菜。

家里小孩口味挑剔，辛苦忙碌半天，做出的饭菜却不够吸引小孩，让父母头疼不已。在外就餐方便和美味，但在这背后却藏着一些健康隐患，比如油、盐摄入往往超标，久而久之导致肥胖、高血压，还会诱发糖尿病、脑卒中，甚至是肿瘤。同时，在家共进晚餐是中国的传统习俗，利于营造家庭氛围，增进家人亲情。家庭晚餐是一个关系民生的社会问题。

公司致力于为用户提供健康便捷美食服务，解决用户在家晚餐问题。市场定位方面，立足成都本地，采取差异化竞争战略，深挖本地用户饮食习惯和口味偏好，提供食谱化半成品成套食材，形成特色和用户口碑。

YC美鲜为典型的O2O模式，获取优质菜谱，并对这些菜谱开展精细化定量配比测试和标准化工作，从而得到可均质化和批量化生产的产品，最终的销售收入与菜谱提供者分成。YC美鲜通过线上和线下相结合的方式进行推广，其收入初期主要来自成套食材、调料包，以及周边产品的销售。

营销方面，采用服务营销7P理论作指导，不打价格战，重视用户让渡价值。产品及服务流程标准化，加强员工培训。渠道方面，线上线下相结合，线上接受订单，线下自提。并根据项目自身特色，采取精准定位和下沉的促销方式，近距离接触我们的用户进行产品的宣传和促销。

四、组织与人力资源

公司处于初创期，为提高运营效率，建立扁平化组织架构。公司设立董事会、CEO、产品中心、物流与采购中心、IT中心、管理中心、运营中心等机构，各司其职，承担公司运营所需的各项职责。

初期，公司创始团队成员亲自参与管理，根据能力及专长，分别承担各职能部门领导职责，后期根据公司业务发展需要，招聘合适的人才。公司致力于培养和公司理念一致的员工，建立合伙人制度，给予优秀员工股权激励。

五、财务

公司以轻资产模式运营，初期资金全部自筹，后期为了尽快扩大市场规模，实施差异化与成本领先融合战略，构建壁垒，考虑出让部分股权进行融资。项目从正式启动的第一年开始，公司前四年财务预测收益见表6-1所列。

表6-1 公司前四年收益分析

项目	第一年	第二年	第三年	第四年
收入（万元）	90	350	700	1 200
毛利率（%）	14.44	41.71	47.00	50.75
净利率（%）	14.44	24.00	35.64	41.54

同时，通过预测前四年的利润表、资产负债表及现金流量表，计算得出项目净现值为正，投资回收期为2.92年。

本项目目标用户清晰，对用户的价值具有刚性和可持续性。市场规模巨大，目前我国生鲜电商渗透率不足1%，极具增长空间。团队成员分工合理，优势互补，对公司战略清晰且运营理念一致。产业链条成熟，商业模式清晰，具有可复制性，具备大规模复制的先决条件，具有投资价值。

注：引自李秋兰，2016。

复习思考题

1. 简述创业计划与创业计划书的含义以及两者之间的关系。
2. 创业计划书的内容有哪些？
3. 创业计划书的用途有哪些？
4. 创业计划书的编制原则有哪些？
5. 创业计划书的PPT展示有哪些内容？
6. 根据本章所学内容，学生自主分组，共同编写一份创业计划书。

第 7 章 新企业创办

党的二十大报告指出:"支持中小微企业发展……完善产权保护、市场准入、公平竞争、社会信用等市场经济基础制度,优化营商环境。"这为更好地促进和服务民营企业发展提供了政策依据。大学生了解企业创办知识,对于在宝贵政策支持期,投身创新创业活动,创办和发展新企业,意义重大。

本章要点:使学生了解企业的组织形式,熟悉不同企业的特征和设立条件,熟悉企业名称的构成,熟悉企业起名的技巧和遵循的原则;掌握企业名称自主申报的程序,了解创办新企业具备的条件;熟悉新企业的注册流程。

关键术语:组织形式;名称登记;注册资金;注册流程;法律问题

7.1 新企业组织形式

7.1.1 个人独资企业

个人独资企业,是指依照《中华人民共和国个人独资企业法》,在中国境内设立,由一个自然人投资,财产为投资人个人所有,投资人以其个人财产对企业债务承担无限责任的经营实体。

个人独资企业是一个企业实体,其设立需要符合法律所规定的场所、资金、人员等方面的条件,但不是法人企业。个人独资企业投资人在申请企业设立登记时明确以家庭共有财产作为个人出资的,个人财产与企业财产不可分离,投资人以其个人财产对企业债务承担无限责任。个人独资企业一般规模较小,设立条件较宽松,设立程序较简便,进入或者退出市场也比较灵活。

设立个人独资企业的条件:①投资人为一个自然人;②有合法的企业名称;③有投资人申报的出资;④有固定的生产经营场所和必要的生产经营条件;⑤有必要的从业人员。

7.1.2 合伙企业

合伙企业,是指依照《中华人民共和国合伙企业法》,自然人、法人和其他组织在中国境内设立的普通合伙企业和有限合伙企业。其中,普通合伙企业由普通合伙人组成,合伙人对合伙企业债务承担无限连带责任;有限合伙企业由普通合伙人和有限合伙人组成,普通合伙人对合伙企业债务承担无限连带责任,有限合伙人以其认缴的出资额为限对合伙企业债务承担责任。合伙企业必须有合作协议,合作协议依法由全体合伙人协商一致、以书面形式订立。

无限连带责任是指所有的合作人对合伙企业的债务都有责任向债权人偿还,不管自己在合作协议中所承担的比例如何。一个合伙人不能清偿对外债务时，其他合伙人都有清偿的责任，但当某一合作人偿还合伙企业的债务超过自己所应当承担的数额时，有权向其他合伙人追偿。

设立合伙企业的条件：①有2个以上合伙人，合伙人为自然人的，应当具有完全民事行为能力；②有书面合伙协议；③有合伙人认缴或者实际缴付的出资；④有合伙企业的名称和生产经营场所；⑤法律、行政法规规定的其他条件。

另外，在合伙企业中，还可依法设立特殊的普通合伙企业和有限合伙企业。其中，以专业知识和专门技能为客户提供有偿服务的专业服务机构，可以设立为特殊的普通合伙企业，名称中应当标明"特殊普通合伙"字样。有限合伙企业由2个以上、50个以下合伙人设立，至少应当有一个普通合伙人，名称中应当标明"有限合伙"字样。

7.1.3 公司制企业

公司制企业，简称公司，是指依照《中华人民共和国公司法》，在中国境内设立的有限责任公司和股份有限公司。公司是企业法人，有独立的法人财产，享有法人财产权，以其全部财产对公司的债务承担责任。

(1) 有限责任公司

有限责任公司由1个以上50个以下股东出资设立。

有限责任公司的设立条件：①股东符合法定人数；②有符合公司章程规定的全体股东认缴的出资额；③股东共同制订公司章程；④有公司名称，建立符合有限责任公司要求的组织机构；⑤有公司住所。

(2) 股份有限公司

股份有限公司，是指公司全部资本分为等额股份，股东以其所持股份为限对公司承担责任，公司以其全部资产对公司的债务承担责任的企业法人，股份有限公司有独立的法人财产，享有法人财产权。股份有限公司应当有1人以上、200人以下为发起人，其中须有半数以上的发起人在中国境内有住所。股份有限公司的设立可以采取发起设立或者募集设立的方式。以募集设立方式设立股份有限公司的，发起人认购的股份不得少于公司股份总数的百分之三十五。

股份有限公司的设立条件：①发起人符合法定人数；②有符合公司章程规定的全体发起人认购的股本总额或者募集的实缴股本总额；③股份发行、筹办事项符合法律规定；④发起人制订公司章程，采用募集方式设立的经创立大会通过；⑤有公司名称，建立符合股份有限公司要求的组织机构；⑥有公司住所。

7.1.4 不同企业组织形式比较

各种企业组织形式没有绝对的好与坏之分，除股份有限公司外，其他组织形式均可以作为新企业创建的选择。对创业者而言，需要综合考虑企业愿景、债务责任、资金分配、筹资方式、税收政策等多方面因素，进而选择更有利于企业生存与发展的组织形式。各种企业组织形式的优势与劣势的比较分析见表7-1所列。

表 7-1 各种企业组织形式的优势与劣势

组织形式	优势	劣势
个人独资企业	①企业设立手续简便，且费用低 ②产权独享，决策自主 ③企业经营灵活性强，可迅速对市场变化做出反应 ④只需缴纳个人所得税，税收负担轻	①对债务承担无限责任 ②投资的流动性较低，融资困难 ③企业稳定性和持久性较差，易随着创业者退出而消亡 ④企业的成功更多地依赖创业者的个人能力，决策风险性较大
合伙企业	①企业设立较简单和容易，费用低 ②企业经营具有高度的灵活性 ③企业资金来源较广，信用度提升 ④企业易形成团队优势，决策较为集中 ⑤企业风险实现分担，抵御能力增强	①合伙人承担无限连带责任 ②易发生纠纷，合伙人财产转移困难 ③统筹内部关系成本增加 ④在合伙人对企业经营有分歧时，决策困难
有限责任公司	①股东承担有限责任，风险较低 ②公司具有法人资格，易于存续 ③公司所有权与经营权分离 ④企业治理结构明晰，可聘任经理管理，决策科学性提升 ⑤筹集资金渠道相对拓宽	①设立程序相对复杂，费用较高 ②企业交企业所得税，股东交个人所得税，税收负担较重 ③不能公开发行股票，筹集资金的规模和渠道受限 ④产权不能充分流动，资产运作受限
一人有限责任公司	①设立比较便捷 ②运营与管理成本较低	①筹资能力受限 ②财务审计条件较严格
股份有限公司	①股东承担有限责任，风险较低 ②公司具有法人资格，易于存续 ③公司产权可以股票形式充分流动 ④企业治理结构明晰，可聘任经理管理，决策科学性提升 ⑤筹资能力强	①创立程序相对复杂，费用较高 ②企业交企业所得税，股东交个人所得税，税收负担较重 ③法规要求比较严格 ④定期报告其财务状况，公司的相关事务不能严格保密

7.2 新企业的名称

7.2.1 企业名称的构成

2021年3月1日起施行《企业名称登记管理规定》。企业名称由行政区划名称、字号、行业或者经营特点、组织形式组成，并依次排列。根据商业惯例等实际需要，企业名称中的行政区划名称置于字号之后、组织形式之前的，应当加注括号。

(1) 行政区划

住所所在地行政区划选择，指本企业所在地县级以上的行政区域。企业名称中的行政区划名称，应当是企业所在地的县级以上地方行政区划名称。

已经登记的企业法人，在3个以上省级行政区域内投资设立字号与本企业字号相同且经营1年以上的公司，或者符合法律、行政法规、国家市场监督管理总局规定的其他情形，其名称可以不含行政区划名称。

(2) 字号

企业名称中的字号应当具有显著性，由两个以上汉字组成，可以是字、词或者其组合。县级以上地方行政区划名称、行业或者经营特点用语等具有其他含义，且社会公众可以明确识别，不会认为与地名、行业或者经营特点有特定联系的，可以作为字号或者字号的组成部分。自然人投资人的姓名可以作为字号。

(3) 行业

企业名称中的行业或者经营特点用语，应当根据企业的主营业务和国民经济行业分类标准确定。企业名称中行业用语表述的内容应当与企业经营范围一致。

企业经济活动性质分别属于国民经济行业不同大类的，应当选择主要经济活动性质所属国民经济行业类别用语来表述企业名称中的行业。

已经登记的跨5个以上国民经济行业门类综合经营的企业法人，投资设立3个以上与本企业字号相同且经营1年以上的公司，同时各公司的行业或者经营特点分别属于国民经济行业不同门类，其名称可以不含行业或者经营特点。除有投资关系外，该企业名称应当同时与企业所在地同一行政区域内已经登记的或者在保留期内的企业名称字号不相同。

企业为表明主营业务的具体特性，将县级以上地方行政区划名称作为企业名称中的行业或者经营特点的组成部分的，应当参照行业习惯或者有专业文献依据。

(4) 组织形式

企业应当依法在名称中标明与组织结构或者责任形式一致的组织形式用语，不得使用可能使公众误以为是其他组织形式的字样。

公司应当在名称中标明"有限责任公司""有限公司"或者"股份有限公司""股份公司"字样。合伙企业应当在名称中标明"普通合伙""特殊普通合伙""有限合伙"字样。个人独资企业应当在名称中标明"个人独资"字样。

7.2.2 企业名称登记的基本原则

依据国家市场监督管理总局印发的《企业名称登记管理规定》及《企业名称登记管理规定实施办法》，企业起名要遵循一定的原则，要规范用字，有些字或内容不得用在公司名称中。

①企业名称应当使用符合国家规范的汉字。

②企业名称应当同时与企业所在地设区的市级行政区域内已经登记的或者在保留期内的同行业企业名称字号不相同。

③企业名称中不得含有另一个企业名称。企业分支机构名称应当冠以其所从属企业的名称，并缀以"分公司""分厂""分店"等字词。

④登记的企业法人控股3家以上企业法人的，可以在企业名称的组织形式之前使用"集团"或者"(集团)"字样。企业集团名称应当在企业集团母公司办理变更登记时一并提出。企业集团名称应当与企业集团母公司名称的行政区划名称、字号、行业或者经营特点

保持一致。

⑤企业名称中间含有"中国""中华""全国""国家"等字词的，该字词应当是行业限定语。

⑥企业名称不得有下列情形：损害国家尊严或者利益；损害社会公共利益或者妨碍社会公共秩序；使用或者变相使用政党、党政军机关、群团组织名称及其简称、特定称谓和部队番号；使用外国国家(地区)、国际组织名称及其通用简称、特定称谓；含有淫秽、色情、赌博、迷信、恐怖、暴力的内容；含有民族、种族、宗教、性别歧视的内容；违背公序良俗或者可能有其他不良影响；可能使公众受骗或者产生误解；法律、行政法规以及国家规定禁止的其他情形。

7.2.3 企业起名的技巧

(1) 企业起名要注重视觉冲击强烈

如果一个企业名称能够给人的视觉一种强有力的刺激，那么它必定能吸引更多人的目光，引起更多人的注意，也就较易被大家所熟识。

(2) 企业起名要注重字形漂亮和谐

企业起名要强调名字在外形上漂亮和谐，给人一种美感，让人感觉舒适。无形中，企业就给人留下了好印象。

(3) 企业起名要注重寓意美好贴切

一个好的企业名字，必有一定的寓意，或寓意美好生活，或寓意深厚感情，或寓意企业文化。

(4) 企业起名要注重立意雅致特别

有一个立意别致特别的企业名称，往往能给人一种耳目一新的感觉，从而引起他人注意。要做到名字立意别致，关键就是取名的角度一定要选好，要独辟蹊径，尽量避开目前企业的常用字，或将一些常用字巧妙组合，或选择那些尚未引起人们注意的词，使名字富有个性。

7.2.4 企业名称的自主申报

企业名称由申请人自主申报，申请人可以通过企业名称申报系统或者在企业登记机关服务窗口提交有关信息和材料，对拟定的企业名称进行查询、比对和筛选，选取符合《企业名称登记管理规定》要求的企业名称。申请人提交的信息和材料应当真实、准确、完整，并承诺因其企业名称与他人企业名称近似而侵犯他人合法权益的，依法承担法律责任。

初创企业一般可登录各省企业名称申报系统或前往各级市场监督管理部门登记注册。这里以国家市场监督管理总局企业名称申报系统(不含行政区划企业名称申报服务系统)为例，了解申报程序。

(1) 企业名称的网上申报程序

①登录"国家市场监督管理总局企业名称申报系统"。

②通过点击"个人用户"或者"企业用户"可以选择不同登录方式，根据页面要求，填

写用户登录信息，并点击【登录】进行登录。

③登录企业名称申报系统后，进入"企业名称申报"界面。

④选择企业名称类型。在企业名称类型选择页面，申报人员可根据企业名称实际情况选择"内资名称"或"外资名称"，并点击【确认】按钮，完成企业名称类型选择。完成企业名称类型选择后，系统将弹出"温馨提示"，需要用户认真阅读，点击【确定】按钮可关闭"温馨提示"页面并进入"名称登记申报"信息填写页面。

⑤填写申报信息。企业名称设立登记申报需填写"名称信息""企业信息""投资人信息"和"其他信息"。

"名称信息"页面上的信息填写完毕后，系统会对填写的企业名称进行初步检查，检查通过，可填写"企业信息"；检查不通过，需要调整名称信息直至检查通过后才可以继续操作。

"企业信息"页面内容填写完毕并通过检查后，进入"投资人信息"页面填写相关内容。

"其他信息"页面用于补充完善代理人信息，以及上传相关证明材料。

⑥检查提交。在填报信息预览页面，系统会对申请人填写的所有信息再次进行检查；检查通过后请点击【提交】按钮，通过互联网将申请提交至国家市场监督管理登记注册局。检查不通过的，申请人需根据提示修改填报信息，直至被检查通过才可提交申请至业务部门。

⑦查看反馈。企业登记机关将在3~5个工作日内做出企业名称设立登记意见。申请人可登录企业名称申报系统，点击【我的业务申报】查看申报业务审查过程反馈信息。申报状态为"退回修改"的，业务信息可查看、修改或者将申报的业务直接"删除"。申报状态为"已办理成功"的，业务信息可以查看，文书可以打印。

⑧打印告知书。查看系统业务办理状态为"已办理成功"后，打印系统生成的《企业名称网上登记告知书》（含指定代表或者共同委托代理人授权委托书及身份证件复印件）。

⑨提交纸质材料，领取通知书。咨询企业住所所在地企业登记机关本省市登记管辖有关规定，协商、确认拟注册企业的登记机关。申请人需按要求准备好相关申报材料，现场交给该企业登记机关，领取加盖登记机关业务专用章的《企业名称保留告知书》。

(2) 现场申请操作简介

①申请书下载。可通过国家市场监督管理总局网"网上办事"栏目，点击登记注册主题下的"表格"并下载《企业名称登记申请书》。

②准备申请材料、选择企业登记机关。根据名称登记申请要求准备相关材料，结合企业现场申请条件及企业名称相关信息，选择有受理权限的企业登记机关。

③提交纸质材料。将填写完整的《企业名称登记申请书》（含指定代表或者共同委托代理人授权委托书及身份证件复印件）及其他有关文件、证件交给企业登记机关，并接受企业登记机关受理意见。

④领取通知书。企业登记机关将在3~5个工作日内做出企业名称设立登记意见。通过后，个人或授权委托人可到企业名称登记机关领取《企业名称保留告知书》。未通过的，申请人需按要求提交相关修改材料。

7.3 创办新企业具备的条件

7.3.1 企业住所

依据《中华人民共和国公司法》的规定,企业以其主要办事机构所在地为住所。根据我国《市场主体登记管理条例》的规定,只能登记一个住所或者主要经营场所。市场主体应当以真实、合法、有效、安全的固定场所作为住所(经营场所)。电子商务平台内的自然人经营者可以根据国家有关规定,将电子商务平台提供的网络经营场所作为经营场所登记。

企业住所即为企业注册地址,企业住所可与其经营场所一致,也可以不一致。企业住所是企业章程载明的地点,是企业章程的必要记载事项,具有公示效力。住所是法律关系的中心地域,凡涉及企业债务的清偿、诉讼的管辖、诉状的送达均以此为标准。

企业住所应经登记机关登记。企业变更住所的,应当自做出变更决议、决定之日起30日内向登记机关申请变更登记。企业变更住所应当在迁入新住所前向迁入地登记机关申请变更登记。变更住所属于依法须经批准的,申请人应当在批准文件有效期内向登记机关申请变更登记。

下列建筑物不得作为企业住所(经营场所):未依法依规取得土地、规划、建设等手续擅自新建、改建、扩建的;未通过竣工验收的;擅自改变房屋结构危害房屋安全、不符合安全性能要求的;经鉴定为危房的;已纳入政府征收拆迁范围的;超出批准期限的临时建筑物;未经消防验收或消防验收不合格的,以及未经备案或经抽查不合格的;自建房未依法依规取得房屋安全鉴定合格证明的;管理规约或业主大会决定明确禁止作为住所(经营场所)的;法律法规规定不得作为企业住所(经营场所)的其他建筑物。

7.3.2 注册资金

《中华人民共和国公司法》第四十七条规定:"有限责任公司的注册资本为在公司登记机关登记的全体股东认缴的出资额。全体股东认缴的出资额由股东按照公司章程的规定自公司成立之日起五年内缴足。法律、行政法规以及国务院决定对有限责任公司注册资本实缴、注册资本最低限额、股东出资期限另有规定的,从其规定。"

7.3.3 企业的法人治理结构

按照《中华人民共和国公司法》的规定,企业的法人治理结构由股东(大)会、董事会、监事会、经理四个部分组成。

(1)股东(大)会

股东(大)会由公司股东组成,所体现的是所有者对公司的最终所有权,是公司的最高权力机构。股东(大)会由全体股东组成,应当每年召开一次年会。股东出席股东(大)会会议,所持每一股份有一表决权。但是,公司持有的本公司股份没有表决权。股东(大)会做出决议,必须经出席会议的股东所持表决权过半数通过。

①股东的任职资格。股东是指对股份公司债务负有限或无限责任,并凭持有股票,享

受股息和红利的个人或单位。

股东的任职资格包括如下条件：股东必须是完全民事行为能力人。虽然没有相关法律对于股东年龄进行明确限制，但在实际办理时市场监督管理部门对于股东年龄也有严格审核，必须是完全民事行为能力人；国家公职人员不能担任任何公司的股东；政府部门的干部或职工，在职时不能担任公司股东，离职后也不能进行投资成为股东；现役军人也不能投资或担任公司股东；曾担任破产公司、被吊销营业执照公司的负责人，自被执行之日起三年内不能担任其他公司股东；受到过行政处罚或被剥夺政治权利的，执行期未满五年的，不能担任其他公司股东；相关行业的工作人员不能投资注册公司成为股东，如银行工作人员不能投资有关金融业务的公司成为股东。

②股东(大)会行使下列职权：决定公司的经营方针和投资计划；选举和更换非由职工代表担任的董事、监事，决定有关董事、监事的报酬事项；审议批准董事会的报告；审议批准监事会或者监事的报告；审议批准公司的年度财务预算方案、决算方案；审议批准公司的利润分配方案和弥补亏损方案；对公司增加或者减少注册资本做出决议；对发行公司债券做出决议；对公司合并、分立、解散、清算或者变更公司形式做出决议；修改公司章程；公司章程规定的其他职权。

(2) 董事会

董事会由公司股东(大)会选举产生，对公司的发展目标和重大经营活动做出决策，维护出资人的权益，是公司的决策机构。董事会成员中可以有公司职工代表。董事会中的职工代表由公司职工通过职工代表大会、职工大会或者其他形式民主选举产生。董事长和副董事长由董事会以全体董事的过半数选举产生。董事会每年度至少召开两次会议，会议应有过半数的董事出席方可举行。董事会做出决议，必须经全体董事的过半数通过。董事会决议的表决，实行一人一票。董事会应当对会议所议事项的决定形成会议记录，出席会议的董事应当在会议记录上签名。董事应当对董事会的决议承担责任。

①董事的任职资格。董事是指由公司股东(大)会或职工民主选举产生的具有实际权力和权威的管理公司事务的人员，是公司内部治理的主要力量，对内管理公司事务，对外代表公司进行经济活动。

董事的任职资格包括如下条件：董事为自然人。董事由股东(大)会或职工民主选举产生，可以由股东或非股东担任。董事的任期一般有定期和不定期两种。定期把董事的任期限制在一定的时间内，但每届任期不得超过三年。不定期是指从任期那天算起，满三年改选。董事任期届满，可以连选连任。

②董事会对股东(大)会负责，行使下列职权：召集股东(大)会会议，并向股东(大)会报告工作；执行股东(大)会的决议；决定公司的经营计划和投资方案；制订公司的年度财务预算方案、决算方案；制订公司的利润分配方案和弥补亏损方案；制订公司增加或者减少注册资本以及发行公司债券的方案；制订公司合并、分立、解散或者变更公司形式的方案；决定公司内部管理机构的设置；决定聘任或者解聘公司经理及其报酬事项，并根据经理的提名决定聘任或者解聘公司副经理、财务负责人及其报酬事项；制订公司的基本管理制度；公司章程规定的其他职权。

(3) 监事会

监事会是公司的监督机构，对公司的财务和董事、经营者的行为发挥监督作用，是公司必备的法定的监督机关。监事会成员不得少于三人，具体比例由公司章程规定。监事会中的职工代表由公司职工通过职工代表大会、职工大会或者其他形式民主选举产生。监事会每六个月至少召开一次会议。监事可以提议召开临时监事会会议。监事会决议应当经半数以上监事通过。监事会应当对所议事项的决定形成会议记录，出席会议的监事应当在会议记录上签名。

①监事的任职资格。监事是公司中常设的监察机关的成员，负责监察公司的财务情况、公司高级管理人员的职务执行情况，以及其他由公司章程规定的监察职责。

监事的任职资格主要包括如下条件：监事由股东代表和公司职工代表担任，公司职工代表担任的监事不得少于监事人数的1/3。监事应具有法律、会计等方面的专业知识或工作经验。监事会的人员和结构应当确保监事会能够独立有效地行使对董事、经理和其他高级管理人员及公司财务的监督和检查。国家公务员不得兼任公司监事。董事、高级管理人员不得兼任监事。

②监事会、不设监事会的公司的监事行使下列职权：检查公司财务；对董事、高级管理人员执行公司职务的行为进行监督，对违反法律、行政法规、公司章程或者股东(大)会决议的董事、高级管理人员提出罢免的建议；当董事、高级管理人员的行为损害公司的利益时，要求董事、高级管理人员予以纠正；提议召开临时股东(大)会会议，在董事会不履行《中华人民共和国公司法》规定的召集和主持股东(大)会会议职责时召集和主持股东(大)会会议；审议批准监事会或者监事的报告；向股东(大)会会议提出提案；依照《中华人民共和国公司法》的规定，对董事、高级管理人员提起诉讼；公司章程规定的其他职权。

(4) 经理

经理由董事会决定聘任或者解聘，是经营者、执行者，是公司的执行机构，对董事会负责。

经理行使下列职权：主持公司的生产经营管理工作，组织实施董事会决议；组织实施公司年度经营计划和投资方案；拟订公司内部管理机构设置方案；拟订公司的基本管理制度；制订公司的具体规章；提请聘任或者解聘公司副经理、财务负责人；决定聘任或者解聘除应由董事会决定聘任或者解聘以外的负责管理人员；董事会授予的其他职权。

另外，根据《中华人民共和国公司法》第六章第一百四十六条规定，有下列情形之一的，不得担任公司的董事、监事、高级管理人员（公司高级管理人员是指公司的经理、副经理、财务负责人，上市公司董事会秘书和公司章程规定的其他人员）：无民事行为能力或者限制民事行为能力；因贪污、贿赂、侵占财产、挪用财产或者破坏社会主义市场经济秩序，被判处刑罚，执行期满未逾五年，或者因犯罪被剥夺政治权利，执行期满未逾五年；担任破产清算的公司、企业的董事或者厂长、经理，对该公司、企业的破产负有个人责任的，自该公司、企业破产清算完结之日起未逾三年；担任因违法被吊销营业执照、责令关闭的公司、企业的法定代表人，并负有个人责任的，自该公司、企业被吊销营业执照之日起未逾三年；个人所负数额较大的债务到期未清偿。

(5)法人治理结构的建立原则

①法定原则。公司法人治理结构关系到公司投资者、决策者、经营者、监督者的基本权利和义务，凡是法律有规定的，应当遵守法律规定。

②职责明确。公司法人治理结构的各组成部分应当有明确的分工，在这个基础上各司其职、各负其责，避免职责不清、分工不明而导致的混乱，影响各部分正常职责的行使，以致影响整个功能的发挥。

③协调运转。公司法人治理结构的各组成部分是密切地结合在一起运行的，只有相互协调、相互配合，才能有效率地运转、有成效地治理公司。

④有效制衡。公司法人治理结构的各部分之间不仅要协调配合，还要有效地实现制衡，包括不同层级机构之间的制衡、不同利益主体之间的制衡。

7.4 新企业的注册流程

新企业注册流程是先去市场监督管理部门领取执照，再去公安机关刻制印章，到银行申请开通银行基本账户，去税务部门办理税务登记，去社保管理中心设立公司社保账户，去住房公积金管理中心设立公司公积金账户，最后进行行政审批。

7.4.1 市场监督管理部门

第一步：确定公司股东、法人、董事、监事、高级管理人员以及公司经营范围，并且公司股东对股份予以确认，并确认可用的公司名称。

第二步：在各级市场监督管理局网站全程电子化系统进行注册并填写基本信息。

第三步：市场监督管理部门对申请人在全程电子化系统提交的资料进行预审。

第四步：市场监督管理部门资料预审通过后，申请人下载纸质材料进行签字，然后到市场监督管理部门业务受理大厅窗口提交纸质资料。

需要下载并打印出来进行签名提交的资料有：①公司设立登记申请书；②指定代表或者共同委托代理人授权委托书；③公司章程；④承诺书；⑤股东(大)会决议；⑥财务负责人信息；⑦全体股东信息；⑧董事、监事、经理信息；⑨租房合同或房屋产权证；⑩法定代表人信息。

第五步：在市场监督管理部门现场受理纸质资料后，经审核通过，就会通过手机短信息的方式通知申请人领取营业执照，或者现场受理单告知领取营业执照的时间。

第六步：领取营业执照。

7.4.2 公安管理部门

每个公司都有各自公司的印章，而且部分印章是要经过公安机关备案的，所以公司印章的刻制一般由公安管理部门直接受理，或者授权指定有资格的印章公司来刻制。需要公安备案的印章是公司公章和财务专用章。发票专用章、合同专用章、业务专用章以及公司因开展业务所需的其他印章不需要在公安机关备案，可以后续刻制。

领取营业执照后，持营业执照原件和法人身份证件原件(如果是经办人去的情况下，也要带上经办人身份证件)直接去公安机关印章刻制窗口办理(现在在各级政府便民服务大厅或者政务大厅都有公安机关的窗口)。

印章的种类及规格：

①公章。领取营业执照后，办理税务报到时需要公章。有限公司公章为圆形，直径大小为 40 mm；股份有限公司公章为圆形，直径大小为 42 mm；内资个体户公章为圆形，直径大小为 38 mm；外资企业公章为椭圆形，不带五星且为中英文排列，尺寸为横径 45 mm、竖径 30 mm。

②财务专用章和法定代表人章。财务专用章是各单位办理单位会计核算和银行结算业务时使用的专用章。财务专用章尺寸主要分为三种：正方形为 22 mm×22 mm 或者 25 mm×25 mm；圆形为直径 38 mm，椭圆尺寸为横径 45 mm、竖径 30 mm。

法定代表人章是以法定代表人的名字篆刻的印章，一般为方形和长方形，没有尺寸规定。

银行开公司基本账户，需要用到公章、财务专用章、法定代表人章，这些章也称印鉴章，主要采用不易变形等硬质材料制成。

③发票专用章。发票专用章是用票单位和个人在其开具发票时加盖的有其名称、税务登记号、发票专用章字样的印章。形状为椭圆形，尺寸为横径 40 mm、竖径 30 mm。

④合同专用章。专门用于对外签订合同时使用，如果公司没有合同专用章，则用公章。合同章是专用的，即只能加盖在合同上，加盖在合同之外的文件上无效。合同专用章一律为圆形，直径为 58 mm。

⑤其他印章。有些单位因业务方面的需要还有其他印章，如业务专用章、公司部门或项目部章等，后续可按公司需求进行刻印。

7.4.3 银行

(1) 基本账户的设立

领取营业执照和刻制完公章、财务专用章和法定代表人名章后，可到银行申请开通银行基本账户，用于公司业务资金收付以及扣缴税款。

银行开户需要营业执照的正副本、法人身份证件原件(经办人身份证件)、公章、财务专用章、法定代表人章即可。

银行账户开设后，税务机关、银行和公司要签订扣税协议。

(2) 验资账户的设立

《中华人民共和国公司法》规定，实行注册资本认缴登记制，就是在公司设立时，由公司股东(发起人)对其认缴出资额、出资方式、出资期限等进行自主约定，并记载于公司章程。同时，之前文中也明确认缴制并不适用于登记注册所有类型的企业，国家对包括银行业金融机构、证券公司、期货公司、基金管理公司、保险公司、保险专业代理机构和保险经纪人、直销企业、对外劳务合作企业、融资性担保公司、募集设立的股份有限公司，以及劳务派遣企业、典当行、保险资产管理公司、小额贷款公司等 27 个行业仍然实行注册资本实缴登记制。

新登记注册属于以上 27 个行业之一的企业，还有以上 27 个行业以外的登记注册时自愿全部或者部分实缴的企业，在取得《名称保留告知书》时就需要在银行开设临时账户，即验资账户。

开设验资账户所需提交的资料：①名称保留告知书。②如果出资人为自然人，需要所有股东的身份证明(身份证件)；股东私人名章。③如果出资人为公司法人，需要企业法人营业执照(副本)；企业法人身份证件(盖公章)；如果不是公司法人亲自去办理，则需要法人写一份委托书委托他人办理，委托书上需法人签字并加盖公司公章；经办人身份证件(经办人不是股东时要提供)；受托人的身份证件；公章、法定代表人名章。

(3) 公司验资

第一步：开设验资账户。

第二步：投资人将投资款从投资主体本人的银行账户转入验资账户。

第三步：银行确认投资款进验资账户后，在会计师事务所的询证函上盖章。

第四步：会计师事务所收到询证函，出具验资报告。

7.4.4 税务管理部门

新成立的公司必须在取得营业执照后的 30 日内去税务局办理税务登记。30 日内未登记报到，情节严重的会面临 2 000 元以上、1 万元以下的罚款。

领取公司印章后，公司财务人员持公司营业执照原件和复印件、法人身份证件原件和复印件、财务人员身份证件原件和复印件、公司章程、房产证明或租赁协议复印件到公司归属的税务局办理税务登记(公司成立后第二个月开始，每个月都需要建立账本和申报税务，不管是否有收入都需要做账并报税)。

三证合一以后，因为没有税务登记证了，开户时不需要提供税务登记证，所以新公司可以先去银行开户，也可以先去税务局报到。对于没有开设银行账户而先进行税务报到的公司，不能通过银行账户扣缴税款，但是可以在开户前进行零申报。但有的城市税务局要求先开户，并开通三方扣税协议。

7.4.5 社保、公积金管理部门

公司成立运营后，需要到公司所属地社会保险管理中心设立公司社保账户，去所属地住房公积金管理中心设立公司公积金账户。

7.4.6 行政审批管理部门

(1) 行业许可前置或后置审批

2014 年以来，国务院分三批审议决定将一些工商登记前置审批事项调整或明确为后置审批，由先证后照改为先照后证，并印发《国务院关于取消和调整一批行政审批项目等事项的决定》予以公布。原国家工商总局发布了《工商登记前置审批事项目录》，并实行动态管理。2017 年 5 月 7 日，国务院印发了《关于进一步削减工商登记前置审批事项的决定》，进一步削减工商登记前置审批事项，将五项工商登记前置审批事项改为后置审批；建议将一项依据有关法律设立的工商登记前置审批事项改为后置审批。2021 年，国家市场监督管理总局根据《中华人民共和国外商投资法》《外商投资法实施条例》《防范和处置非法集资条例》

《国务院关于实施金融控股公司准入管理的决定》等法律、行政法规、国务院决定有关规定，结合机构改革和职能调整情况，调整形成了《企业登记前置审批事项目录(2021年)》。

(2)市场监管总局关于调整企业登记前置审批事项目录(表7-2)

表7-2 企业登记前置审批事项目录(2021年3月)

序号	项目名称	实施部门	设定依据
1	证券公司设立审批	中国证券监督管理委员会	《中华人民共和国证券法》
2	烟草专卖生产企业许可证核发	国家烟草专卖局	《中华人民共和国烟草专卖法》《中华人民共和国烟草专卖法实施条例》
3	烟草专卖批发企业许可证核发	国家烟草专卖局或省级烟草专卖行政主管部门	《中华人民共和国烟草专卖法》《中华人民共和国烟草专卖法实施条例》
4	营利性民办学校（营利性民办培训机构）办学许可	县级以上人民政府教育行政部门、县级以上人民政府人力资源社会保障部门	《中华人民共和国民办教育促进法》
5	金融控股公司设立审批	中国人民银行	《国务院关于实施金融控股公司准入管理的决定》《金融控股公司监督管理试行办法》
6	民用爆炸物品生产许可	中华人民共和国工业和信息化部	《民用爆炸物品安全管理条例》
7	爆破作业单位许可证核发	省级、设区的市级人民政府公安部门	《民用爆炸物品安全管理条例》
8	民用枪支（弹药）制造、配售许可	中华人民共和国公安部、省级人民政府公安部门	《中华人民共和国枪支管理法》
9	制造、销售弩或营业性射击场开设弩射项目审批	省级人民政府公安部门	《国务院对确需保留的行政审批项目设定行政许可的决定》《公安部国家工商行政管理局关于加强弩管理的通知》
10	保安服务许可证核发	省级人民政府公安部门	《保安服务管理条例》
11	设立经营个人征信业务的征信机构审批	中国人民银行	《征信业管理条例》
12	卫星电视广播地面接收设施安装许可审批	国家广播电视总局	《卫星电视广播地面接收设施管理规定》《关于进一步加强卫星电视广播地面接收设施管理的意见》
13	设立出版物进口经营单位审批	国家新闻出版署	《出版管理条例》

(续)

序号	项目名称	实施部门	设定依据
14	设立出版单位审批	国家新闻出版署	《出版管理条例》
15	境外出版机构在境内设立办事机构审批	国家新闻出版署 国务院新闻办	《国务院对确需保留的行政审批项目设定行政许可的决定》 《外国企业常驻代表机构登记管理条例》
16	境外电影机构在华设立办事机构审批	国家电影局 国务院新闻办	《国务院对确需保留的行政审批项目设定行政许可的决定》 《外国企业常驻代表机构登记管理条例》
17	境外广播电视机构在华设立办事机构审批	国家广播电视总局 国务院新闻办	《国务院对确需保留的行政审批项目设定行政许可的决定》 《外国企业常驻代表机构登记管理条例》
18	危险化学品经营许可	县级、设区的市级人民政府应急管理部门	《危险化学品安全管理条例》
19	新建、改建、扩建生产、储存危险化学品(包括使用长输管道输送危险化学品)建设项目安全条件审查；新建、改建、扩建储存、装卸危险化学品的港口建设项目安全条件审查	设区的市级以上人民政府应急管理部门；港口行政管理部门	《危险化学品安全管理条例》
20	烟花爆竹生产企业安全生产许可	省级人民政府应急管理部门	《烟花爆竹安全管理条例》
21	外资银行营业性机构及其分支机构设立审批	中国银行保险监督管理委员会	《中华人民共和国银行业监督管理法》 《中华人民共和国外资银行管理条例》
22	外国银行代表处设立审批	中国银行保险监督管理委员会	《中华人民共和国银行业监督管理法》 《中华人民共和国外资银行管理条例》 《外国企业常驻代表机构登记管理条例》
23	中资银行业金融机构及其分支机构设立审批	中国银行保险监督管理委员会	《中华人民共和国银行业监督管理法》 《中华人民共和国商业银行法》
24	非银行金融机构(分支机构)设立审批	中国银行保险监督管理委员会	《中华人民共和国银行业监督管理法》 《金融资产管理公司条例》

（续）

序号	项目名称	实施部门	设定依据
25	融资担保公司设立审批	省级人民政府确定的部门	《国务院对确需保留的行政审批项目设定行政许可的决定》 《国务院关于修改〈国务院对确需保留的行政审批项目设定行政许可的决定〉的决定》 《融资担保公司监督管理条例》 《融资性担保公司管理暂行办法》
26	外国证券类机构设立驻华代表机构核准	中国证券监督管理委员会	《国务院对确需保留的行政审批项目设定行政许可的决定》 《外国企业常驻代表机构登记管理条例》 《证券公司监督管理条例》 《国务院关于管理外国企业常驻代表机构的暂行规定》
27	设立期货专门结算机构审批	中国证券监督管理委员会	《期货交易管理条例》
28	设立期货交易场所审批	国务院或中国证券监督管理委员会	《期货交易管理条例》
29	证券交易所设立审核、证券登记结算机构设立审批	国务院、中国证券监督管理委员会	《中华人民共和国证券法》
30	专属自保组织和相互保险组织设立审批	中国银行保险监督管理委员会	《国务院对确需保留的行政审批项目设定行政许可的决定》
31	保险公司及其分支机构设立审批	中国银行保险监督管理委员会	《中华人民共和国保险法》 《中华人民共和国外资保险公司管理条例》
32	外国保险机构驻华代表机构设立审批	中国银行保险监督管理委员会	《中华人民共和国保险法》 《国务院对确需保留的行政审批项目设定行政许可的决定》 《外国企业常驻代表机构登记管理条例》
33	快递业务经营许可	国家邮政局或省级邮政管理机构	《中华人民共和国邮政法》
34	经营劳务派遣业务许可	省、市、县级人民政府人力资源社会保障部门	《中华人民共和国劳动合同法》
35	使用"交易所"字样的交易场所审批	国务院或国务院金融管理部门、省级人民政府	《防范和处置非法集资条例》 《国务院关于清理整顿各类交易场所切实防范金融风险的决定》

7.5 新企业法律问题

7.5.1 与知识产权有关的法律法规

在创业早期，知识产权可能是公司最宝贵的资产之一。知识产权是人们对自己通过智力活动创造的成果所依法享有的权利，包括作品、发明、实用新型专利、外观设计、商标、地理标志、商业秘密、集成电路布图设计、植物新品种等，是企业无形但有重要价值的资产，可通过许可经营或出售换取收入。对创业者来说，为了有效保护自己的注册商标、专利或版权，也为了避免无意中违法侵犯他人的知识产权，了解知识产权内容及相关法律是非常重要的。

大学生创业通常起源于一个独特的创意，即通过观察社会和自身体验发现问题，在分析问题的基础上运用自己的知识，提出有助于解决问题的可商业化的独特方法。如何保护创意？在创意未公开之前，可以考虑通过商业秘密保护创意，这就需要了解《中华人民共和国著作权法》《中华人民共和国反不正当竞争法》等。商标是区分商品服务来源的标志，是商誉的载体。对创业大学生而言，了解《中华人民共和国商标法》，及时注册商标是明智的选择。申请注册商标时，可以采用自己享有著作权的图案注册商标，从而使该商标同时享有注册商标专用权和著作权。通过对自有商标的使用和宣传，大学生可以积累商业信誉和品牌商业价值。大学生创业过程中可能拥有自己的技术，保护技术通常首先想到的是申请专利。根据《中华人民共和国专利法》，将技术方案申请专利可以保护对技术方案实施的专有权利。专利还可以用于防止后发明人申请专利。

7.5.2 与劳动关系有关的法律法规

劳动法是调整劳动关系以及与劳动关系密切联系的社会关系的法律规范的总称。依法规范新企业与员工之间的劳动关系，对于调动员工积极性、确保新企业创业成功具有重要意义。新创建企业要雇佣员工，就需要熟悉劳动法，以正确处理劳动关系，避免劳资纠纷，同时要依法合理雇佣员工，最大限度地降低人工成本。

大学生开办新企业招聘员工需要注意以下问题：①签订书面的劳动合同并购买社保。做好入职审查工作，防止未与原单位解除劳动合同关系的人员或者负有竞业禁止义务的人员进入本企业；②履行好告知义务，如实告知劳动者工作内容、工作条件、工作地点、职业危害、安全生产状况、劳动报酬等；③建立完善的绩效考核制度，根据企业规模、盈利状况和员工数量自行制订多层次、多档位的考核奖惩办法；④了解和遵守当地劳动法规，以避免潜在的劳动纠纷。

7.5.3 与合同有关的法律法规

《中华人民共和国民法典》是调整平等关系主体的交易关系的法律，它主要规定合同的订立、合同的效力及履行、变更、解除、保全、违约责任等问题，其目的是保护合同当事人的合法权益。新企业进入经营过程，其买卖、贷款、租赁、运输等交易行为必须遵守

《中华人民共和国民法典》的规定。

大学生创业时，无论是与供应商、客户还是合作伙伴的合同，都必须仔细审查和管理，确保所有合同条款明确并符合当地法律要求，避免未注意的法律风险。通过了解《中华人民共和国民法典》，有利于防止新企业盲目签约，防止与无签约资格、无履约能力或不讲信用的当事人签约；有利于确保合同内容的合法性与条款的完整性；有利于新企业获得合同纠纷的主动权。

此外，大学生创业还会涉及《中华人民共和国产品质量法》、税法等，也可能涉及安全、环境保护等方面的法律法规等。尽管有一些法律可能在企业达到一定规模时才涉及，但事实是新企业都追求生存、发展、盈利，这就意味着创业很快就会面临这样的法律问题，因此创业者必须熟知这些法律知识，利人利己。

最后，值得强调的是，寻求专业法律顾问的帮助对新公司至关重要。合格的律师能够为您提供专业建议，并确保公司在法律方面做到合规和风险最小化。

案例学习　谷色天香企业创办

李小波，山西农业大学林学院毕业生。2015年7月毕业后，他没有选择车水马龙的城市，而是选择了留在山西省晋中市太谷区。李小波说，经过4年大学生涯，他渐渐热爱上了农业，对田间地头的新品种、新技术产生了浓厚兴趣，4年的生活也让他对这片土地产生了不可割舍的感情，他毅然选择留下。

"在同学和朋友的带动下，我产生了大棚种植果蔬的想法，加上国家倡导和鼓励大学生返乡创业，对返乡创业有一定扶持和补贴，特别适合资金不多的大学生。"李小波介绍，最初自己和同学合伙，第一年投入2万元，参与到学校提供的大学生创业园平台上，并注册了太谷县卓越农人农业有限公司。刚刚涉足种植行业的他是贪心的，仅仅5个大棚，就种植了10多种蔬菜。"蔬果品类很多，但没有特色，还需要大量人力，经过摸索，最终确定了草莓、甜瓜、水果番茄、西瓜4个作物。"李小波表示，经过5年发展，大棚面积已扩大到12亩。父母对李小波一个大学生种大棚的态度也逐渐发生变化，从最初的坚决反对到试试看，再到全力支持。

经过多年积淀和发展，2019年，他创立山西谷色天香农业有限公司，种植基地由晋中市太谷区扩展到太原市，主持创业项目获得第九届"创青春"山西青年创新创业大赛二等奖，还获得太原市小店区"十佳新农人"荣誉称号，创业事迹也被国家和省级多家媒体报道。

谈到新企业的创办，李小波围绕"谷色天香"的注册登记，说出了他的理想和愿景：我们做农业的理念是科学健康、绿色生态、环境友好，生产出天然美味的农产品。而谷色天香，取自国色天香谐音，寓意天然美好的事物；谷，既可代表农业，也可代表晋中国家农高区(山西农谷)，代表我们要依托农谷，立足农业，做出天然生态、色香味美的优质农产品。

回顾创业过程，李小波谈到："大学生创业具有专业知识优势，加强知识产权保护很重要。"创业过程中，探索形成病虫害的生物防治、物理防治、化学防治相结合的植物病虫害综合防治系统，正在申请保护。同时，创业是一个漫长而艰辛的过程，除了脚踏实地、苦练内功、找准创新点之外，还要了解国家公司法、劳动法、税法等与公司经营密切相关的法律法规，依法经营，"利他"经营。

谈及未来，他希望建立一个核心产业园，将成熟的种植技术及流程形成标准化后推广给农户，形成规模效应，带动周边农户一起投入蔬菜瓜果的种植中，促进这一片区的农户收入增长。

复习思考题

1. 新企业的组织形式主要包括哪些？
2. 创办新企业起名时需要遵循哪些原则？
3. 根据《中华人民共和国公司法》，哪些类型的新企业在登记注册时需要开设验资账户？
4. 新企业登记注册过程中需要经过哪些部门的审核和批准？
5. 新企业成长过程中需要关注哪些法律问题？

第 8 章 创业融资

党的二十大报告指出:"健全资本市场功能,提高直接融资比重。"健全资本市场功能,最重要的一步就是强化资本市场的资源配置功能,坚持金融服务实体经济的宗旨。而发展直接融资可将不同风险偏好、期限的资金更为精准高效地转化为资本,促进要素向最具潜力的领域协同集聚,提高要素质量和配置效率,推动产业基础高级化、产业链现代化,这为指导提升大学生创业融资的科学化决策水平奠定了理论基础。

本章要点:使学生了解创业融资难的团队自身原因;了解创业融资难的外部环境原因;使学生掌握创业融资的步骤,了解个人信用建立,掌握资金需求量预测,掌握如何确定融资来源,了解融资谈判;使学生掌握资本市场上的创业融资渠道和融资方式;使学生了解优化融资结构的措施;掌握风险投资的三种主体类型,掌握挑选风险投资人的三大原则;了解风险投资的一般流程;了解国内部分主流风险投资公司。

关键术语:创业融资;融资渠道;融资方式;风险投资

8.1 创业融资难的原因

8.1.1 团队自身原因

(1)大学生创新创业经验欠缺

大学生创新创业经验不足是造成其融资难的内在原因,由于在校大学生创业的动机往往是一时的热情和冲动,而对创业项目前因后果并未详尽研判,不了解项目的可行性和短板,不了解市场的行情和需求,不知道自己对创业项目的优势和劣势,不知道创业项目面临的困难和阻碍,缺乏长远的规划和考量,在这些创业经验欠缺的情况下,很容易在创业初期就会遇到资金瓶颈,而一旦遇到挫折和困难,就会放弃。对于大多数创业者来说,缺乏市场调研,在创新和创业项目中往往会根据自己的主观想法和判断盲目创业。因此,对于大学生创业者来说,失败可能是一种常态,即使创新项目具有较高的科技含量,也很难得到市场的认可。

(2)个人能力和创业知识不足

作为大学生创业者,年龄还较小,社会阅历不足,缺少社会职场的历练,社会经验欠缺。在校期间,大学生大多倾向于理论知识的学习,而对于创业技能和相关知识没有系统的培训和学习。在这样的客观情况下,大学生在创业项目中,个人能力不足以满足创业所需,致使创业风险加大,同时也加大了创业融资的难度。另外,部分大学生从小娇生惯养,以自我为中心,团队协作意识淡薄,没有实战经验,只会纸上谈兵,这也是导致大学生创业失败的诱因。由于能力不足，知识欠缺，对项目的商业模式、市场前景、营销战略、风险管控、财务预测等缺乏深层次的思考等因素，使资金供给者不愿冒风险出借资金给大学生创业者，导致融资困难。

(3) 创业项目科技含量较低

创新意识和创新思维是大学生进行创新创业的重要前提和核心要素。在"互联网+"和"共享经济"的环境下，创新思维显得尤为重要。大学生在校期间，由于专业课的学习任务较重，没有充足时间进行创新观念和创造思维的培养与锻炼，另外，学校提供创业实践活动较少，一定程度限制了大学生创新意识和创新思维，这也导致大学生在创业时无法找到正确的方向，创业项目不具有前沿性和创新性，科技含量较低，无法满足市场发展需求，进而导致融资困难，创业目标难以实现。

根据目前大学生创业现状，由于大学生面临较大的就业压力，部分大学生为了逃避激烈的就业竞争而被动选择创业，这一类大学生对创业项目没有长远的规划，缺乏创新意识，创业项目大多选择容易入手的、大众所熟知的教育培训、餐饮零售等项目，较少涉及科技含量高、经济附加值高的行业。创业项目没有创新性，在激烈的市场竞争中没有特色，很难在大环境中生存和发展，导致在融资时很难得到银行、投资机构的认可和青睐。

8.1.2 外部环境原因

(1) 高校创新创业教育体系不完善

我国高校创新创业教育起步较晚，校企合作制度并不完善，高等学校创新创业教育体系建设还存在一定的不足和缺陷。大学生创业正需要学校提供创业课程、给予创业指导，帮助他们丰富创业知识架构，明确创业方向，提高创业能力，积累创业经验，降低创业风险，并为创业融资提供支持。然而，从实际情况来看，在校大学生缺乏创新创业理论指导与实践，高校创业课程设置并不完善，大学生在创业中缺乏良好的创业理论体系和指导。因此，从高校层面来讲，对大学生创业的支持力度不足，创业课程设置不尽合理，重理论、偏实践，都会导致学生在选择创业项目时偏离正确方向。

(2) 社会机构不适应，政策支持力度不够

从目前来看，各类社会金融机构对大学生融资并不利好。从银行角度分析，银行在考虑自身收益和财务风险的情况下，认为大学生创业风险较高，回收资金风险较大，未来造成呆账的概率较高。因此，针对大学生创业融资，为最大限度降低风险，不仅要求抵押或担保等大学生很难解决的苛刻条件，还要求诸多烦琐手续和审批程序，降低信贷额度，延长放贷周期，最终使大学生望而却步。从投资角度分析，投资机构对大学生创业融资存在一定的限制。大学生创业项目一般科技含量和经济附加值偏低，不符合投资机构的要求，很难融到所需资金。虽然社会上相关组织机构对大学生创业融资有一定的倾斜，但是各类社会机构之间尚未形成合力，对大学生融资带来了困难和阻碍。此外，据调查，中小企业因无法落实担保而被拒贷的比例很高，总拒贷额近60%。但目前面向中小企业的信用担保业发展滞后，难以满足企业需要。政府出资设立的信用担保机构通常又缺乏后续的补偿机制，很多担保机构独自承担担保贷款风险，未与协作银行形成共担机制。由于担保的风险分散与损失分担、补偿制度尚未形成，使担保资金的放大作用和担保机构信用能力均受到

较大制约。另外，与信用担保业相关的法律法规建设滞后，这在一定程度上也影响了信用担保机构的规范发展。

大学生作为创业的"弱势群体"，在面临创业融资困境时如果政府给予一定的支持，将在很大程度上缓解大学生资金不足的困境。然而在实际生活中，虽然各级政府出台了相关的激励政策和扶持文件，并且针对大学生创业项目提供财政税收减免、无息贷款等优惠政策，但是依然存在一定的问题。例如，政策的具体细则不够详细、财政扶持资金如何落实到大学生个人的具体过程无法跟踪等。

8.2 创业融资的步骤

8.2.1 个人信用建立

市场经济是一种信用经济，信用对国家、企业、个人都是一种珍贵的资源。在创业融资中，信用有很重要的作用。人都生活在一定的社会群体中，创业者也不例外。创业者因为具有创业精神和创新意识，可能在思维方法和行为方式上会有不同之处，显示出异质型人才资本的特征，但信任是一种市场规则，谁违背了，信息就会在社群内通过口碑传播，而创业最初的融资往往来自亲人、朋友和同事，如果口碑太差，信任度太低，融资难度就会加大。因此，创业者应广结善缘，建立健康、有益的人脉关系，创造和积累基于同事关系、师生关系和亲友关系的社会资本，为创造财富人生，实现自我奠定基础。

8.2.2 资金需求量预测

资金需求量预测是采用一定方法合理预计企业未来的资金数量，做到既保证生产需要，又不闲置资金。对资金需求量进行预测是财务计划的基础，能从总量上保证资金的合理使用，提高资金利用率。资金需求量受诸多因素的影响，如企业的生产经营规模、对外投资规模、资金成本、企业现金净流量等因素。

8.2.2.1 资金需求量预测程序

(1) 制订企业经营和投资计划

企业经营和投资计划是根据企业发展战略做出的，决定企业融资数量。因为企业资金是在满足基本的生产经营需要的基础上，进而满足投资需求，所以，在制订一定时期经营和投资计划后，才能预测资金的需求量。

(2) 根据财务状况确定目标资本结构

企业根据资产负债表、损益表、现金流量表对企业的偿债能力、营运能力、盈利能力和可持续发展能力进行分析，评价企业财务状况，确定合适的资本结构。并按照目标资本结构进行资金需求量的预测，才能降低资金成本，实现财务管理目标。

(3) 选择适当的方法进行预测

科学合理的方法是影响预测精度的主要因素，企业根据经营或投资的特点以及自身的技术条件在各种方法中选择，找到适合自身的方法，可以提高预测效果，节约预测成本。

8.2.2.2 资金需求量的预测方法

(1) 定性预测方法

①专家个人意见集合法。这种方法是首先征求各位专家的意见,要求他们根据企业大发展战略对资金的需求量进行预测,然后汇集各位专家意见,综合确定预测数值。这种方法预测结果相对准确。但是,如果专家不能全面掌握企业的经营状况或投资战略,预测结果可能带有一定片面性。

②专家小组预测法。这种方法是将众多专家分成多个预测小组,对企业所需资金量进行预测,最后将各小组结果进行汇总计算。这种方法的优点是能够发挥集体智慧,预测结果更为准确。缺点是在预测过程中可能会受某些权威专家的影响,不利于各位专家发挥个人见解。

③德尔菲法。这种方法首先以函询的形式向各位专家征询意见,各位专家根据企业状况对融资需求量进行预测。企业将各位专家的意见进行汇总计算后反馈给各位专家,再次请各位专家根据别人的判断结果修正自己的意见,如此反复,最后得到一个比较趋同的预测结果。该方法是在专家个人意见集合法的基础上反复多次预测结果,而且各位专家都是在独立的情况下进行预测,既参考了各位专家的意见,又排除了受其他专家的影响,预测结果相对最为准确。

(2) 定量预测方法

理论上对资金需求量预测的定量方法很多,如趋势预测法、销售百分比法、线性回归分析法等。由于趋势预测法是根据企业生产经营的历史资料预测企业未来的资金需求量的,要求企业必须有历史资料而且生产经营状态比较稳定。对于大学生创业企业属于初创企业,缺乏历史资料的支撑,则无法应用该方法进行预测。所以,本章重点介绍销售百分比法和线性回归分析法。

①销售百分比法。是利用企业销售收入和损益表以及资产负债表某些项目之间的比例关系,预测各项目的资金需求量。一般按各报表项目与销售收入是否有正相关关系,将它们分为敏感项目和非敏感项目。例如,存货与销售收入一般成正相关,销售量每增加一定百分比,则存货必然会增加,那么存货就属于敏感项目,货币资金、应收账款等也属于敏感项目。有些项目的数量不会随销售收入的变化而变化,则称为非敏感项目,如固定资产、对外投资等。销售百分比法就是根据这些项目与销售收入之间的变化关系,通过预计财务报表来预测企业资金需求量。

在资产负债表中,左边资产为企业资金运用数,右边负债和所有者权益是资金的来源数。根据会计等式(资产=负债+所有者权益),若预计资产>预计负债+预计所有者权益,表明企业资金运用多于资金来源,因此企业需要从外部追加资金来满足生产。因此,企业需要追加的资金可用以下公式计算:

需追加的资金 = 预计资产 − 预计负债 − 预计所有者权益

【例8-1】 B公司2022年的财务数据见表8-1所列。假设该公司2022年的实际销售收入为4 000万元,实收资本始终保持不变,2023年预计销售收入将达到5 000万元,请采用销售百分比法来预测2023年的资金需求量。

表 8-1　B 公司 2022 年的财务数据

项目	金额/万元	占销售百分比
流动资产	4 000	100%
长期资产	（略）	无稳定的百分比关系
应付账款	400	10%
其他负债	（略）	无稳定的百分比关系
当年的销售收入	4 000	—
净利润	200	5%
分配股利	60	无稳定的百分比关系
留存收益	140	无稳定的百分比关系

首先，计算敏感性项目的销售百分率。计算公式如下：

敏感性项目的销售百分率＝基期资产或(负债)/基期销售收入

本例中敏感性项目的销售百分率的计算结果见表 8-1 第 3 列数据。

其次，计算需增加的外部融资额。计算公式如下：

需增加的外部融资额＝增加的资产－增加的负债－增加的所有者权益

其中：

增加的资产＝增量收入×基期资产占基期销售额的百分比

增加的负债＝增量收入×基期负债占基期销售额的百分比

增加的所有者权益＝预计销售收入×销售净利率×收益留存率

那么，B 公司需增加的外部融资额可做如下计算：

增加的资产＝1 000×100%＝1 000(万元)

增加的负债＝1 000×10%＝100(万元)

股利支付率＝60/200＝30%

收益留存率 1－30%＝70%

增加的所有者权益＝5 000×5%×70%＝175(万元)

需增加的外部融资额＝1 000－100－175＝725(万元)

②线性回归分析法。是假定资金需求量与产销业务量之间存在线性关系，利用历史资料可以建立回归直线方程，确定参数预测资金需求量的方法。根据资金需求量和产销量变动之间的关系，将企业所需资金总量分为不变资金和变动资金。其中，不变资金是指不随产销量变动而变动的资金需求量，主要包括为维持一定生产规模所需要的最低数额的现金、保险储备的原材料、固定资产占用资金等；变动资金是指随着产销量的变动而成正比例变动的资金需求量，如存货、应收账款等。该方法的预测模型可用式(8-1)表示：

$$y = a + bx \tag{8-1}$$

式中，y 为资金需求量；a 为不变资金数；b 为变动资金数；x 为产销业务量。

利用该预测模型，只要确定了 a 和 b，就可以根据产销业务量来预测资金需求量。

【例 8-2】　C 公司 2017—2022 年的产销业务量和资本需求量见表 8-2 所列。预计

2023年的产销业务量为85 000件。利用线性回归分析法预测C公司2023年的资金需求量。

表8-2　C公司产销量与资金需求量

年度	产销量(x)/万件	资金需求量(y)/万元
2017	7.0	1 600
2018	6.8	1 580
2019	6.9	1 585
2020	7.5	1 650
2021	8.0	1 750
2022	8.2	1 780

线性回归分析法的预测步骤如下：

第一步，根据表8-2的资料，计算出表8-3的数据。

表8-3　回归直线方程数据计算

年度	产销量/万件	资金需求量y/万元	xy	x^2
2017	7.0	1 600	11 200.0	49.00
2018	6.8	1 580	10 744.0	46.24
2019	6.9	1 585	10 963.5	47.61
2020	7.5	1 650	12 375.0	56.25
2021	8.0	1 750	14 000.0	64.00
2022	8.2	1 780	14 596	67.24
$n=6$	$\sum x=44.4$	$\sum y=9\ 945$	$\sum xy=73\ 878.5$	$\sum x^2=330.34$

第二步，根据最小二乘法，列出如下方程组：

$$\begin{cases} \sum y = na + b\sum x \\ \sum xy = a\sum x + b\sum x^2 \end{cases}$$

将表8-3中的数据代入上面的方程组：

$$\begin{cases} 9\ 945 = 6a + 44.4b \\ 73\ 878.5 = 44.4a + 330.34b \end{cases}$$

解方程组求得：

$$\begin{cases} a = 470.54 \\ b = 160.4 \end{cases}$$

第三步，将a和b代入公式预测模型，可得：

$$y = 470.54 + 160.4x$$

第四步，将2023年的预计产量值85 000件代入第三步中的方程，计算出资本需求量为：
$$y = 470.54 + 160.4 \times 8.5 = 1\,833.94(万元)$$

因此，预计 C 公司 2023 年的资金需求量为 1 833.94 万元。

线性回归分析法的特点是比较科学、准确度高，但是计算繁杂、实用性不强。

8.2.2.3 最佳现金持有量

现金管理是企业财务管理的重要内容，现金是企业的"血液"，它的正常周转对企业而言具有至关重要的作用。最佳现金持有量又称最佳现金余额，是指使现金满足生产经营的需要，又使现金使用的效率和效益最高时的现金最低持有量。即能够使现金管理的机会成本与转换成本之和保持最低的现金持有量。传统的确定最佳现金持有量的方法主要有成本分析模型、存货模型和随机模型。

(1) 成本分析模型

成本分析模型是根据现金的有关成本，分析预测其总成本最低时现金持有量的一种方法。在这种模式下，主要考虑的是持有现金而产生的机会成本和现金不足带来的短缺成本，最佳现金持有量就是机会成本与短缺成本之和最小时的现金持有量。

成本分析模型的不足之处是：成本分析模型最大的不足在于允许出现短缺成本，而在实际工作中，在财务主管的头脑中，现金是"缺不得"的，有不少企业甚至由于现金的短缺导致破产。因此，成本分析模型只强调成本节约，而没有短缺风险防范意识，这是成本分析模型的先天不足。

(2) 存货模型

存货模型又称鲍默尔模型，是目前理论界最常用的测算最佳现金持有量的模型。该模型将现金视为一种特殊的存货，并且假设企业的现金收入是稳定的，现金的支出是均匀的，企业可通过销售有价证券获得现金，弥补收支差额，使现金持有成本与转化成本之和最小的现金持有量就是最佳现金持有量。

存货模型的不足之处是：①该模型需要确定年现金需求总额，而这一模型并未向财务人员提供确定这一数据的方法；②由于证券市场的不确定性，企业持有的短期证券投资存在无法在短期内按合理的价格变现的风险；③模型中的转换成本仅指与交易次数相关的经纪人费用等固定费用，而不包括与交易额有关的税费；④模型中没有考虑企业的最低现金持有量水平即现金安全库存，因为在现实经济中，企业无法确保在较短时间内实现有价证券的变现，因此适当的安全库存往往是必要的；⑤企业未来的现金收入与支出受其生产经营变化、市场因素等多方面的影响，不可能始终保持稳定均匀。

(3) 随机模型

随机模型又称米勒-欧尔模型，是一种基于不确定性的现金管理模型。在实际中，企业的现金需求量往往波动较大，并且难以预知。但企业可以根据历史经验和现实需要，测算出一个现金持有量的控制范围，即制订出现金持有量的上限和下限，将现金持有量控制在上下限范围内。当现金持有量达到上限时，用现金购入有价证券，使现金持有量下降；当现金持有量降到控制下限时，则抛售有价证券，使现金持有量回升。如果现金持有量在控制的上下限之内，则不必进行现金与有价证券的转换。这样根据现金持有量的上下限范围控制现金的合理波动区间,是成本分析模型和存货模型都不具备的,是该模型的优势。

该模型在现实运用中的不足之处是:①不根据现金的实际需要量确定现金持有量,无法服务企业持有现金就是为了保证企业的生产经营管理的目的。②如前所述,有价证券投资不能仅仅从调剂现金余额上决策,还要遵循安全性和收益性原则,股市的风险是众所周知的,只满足现金余额的需求而完全不顾投资风险和投资收益,是不现实的,也是不可取的。③计算公式不科学。公式中的转换成本也与存货模型类似,只是考虑固定的转换成本,而没有考虑与转换金额相关的转换成本,而且公式烦琐,不便于应用。

上述三种常见的现金持有量预测模型在应对复杂的现实情况下均有不足。因此,现实中往往需要结合公司业务特点、现金收入和支出特性,选择更加实用的预测工具建立最佳现金持有量预测模型。

8.2.3 编写创业计划书

尽管创业计划的制订过程和基本要素往往是相同的,但创业者完全可以用独特的风格和方式讲述自己的故事,表达自己对创建新企业的热情。创业计划书应基于详细而真实的调查完成,对没有编写创业计划书经验的创业者来说,向有经验的人请教是一个好的方法,但切记不要让别人替写创业计划书。因为编写创业计划书的真正价值与其说在于计划书本身,不如说在制订计划书的过程,这个过程要求创业者对掌握的资料进行客观且严格的评估。

8.2.4 确定融资来源

测算完融资的需求量之后,接下来的工作就是确定资金的来源,即融资渠道和融资对象。此时,创业者需要对自己的人脉关系进行一次详尽的排查,初步确定可以成为资金来源的各种关系。同时,需要收集各方面的信息,以获得包括银行、政府、担保机构、行业协会、旧货市场、拍卖行等能够提供资金支持的各种资料。现在政府出台了很多政策,很多创业者不了解,失去了获得有关支持的机会。

8.2.5 融资谈判

无论创业计划书写得有多好,但如果创业者在与资金提供者谈判时表现糟糕就很难完成交易。因此,要做好充分准备,事先想想对方可能提的问题,要表现出信心,陈述时抓住要点,条理清晰,记住资金提供者关心的是让他们投资有什么好处。这些原则对融资谈判至关重要。此外,向有融资谈判经验的人士进行咨询,查阅关于谈判技巧的书籍,对于融资谈判的成功都有帮助。

8.3 企业融资渠道和融资方式

8.3.1 融资渠道

融资渠道是指筹措资金的来源方向,提供可供企业选择的资金来源,解决创业企业资金从哪里来的问题，强调资金的供给主体。融资渠道受国家金融市场的发展状态和完善状态的影响，由社会资本供给者的数量和结构所决定。目前，我国企业的融资渠道有以下几种：

(1) 国家财政资金

国家财政资金即国家对企业的直接投资，特别是对国有独资企业，其资本全部由国家投资形成。国家投资包括国家直接拨款、税前还贷、减免税款。

(2) 银行信贷资金

银行贷款方便灵活，是我国目前各类企业最重要的资金来源渠道。商业银行是以盈利为目的，从事信贷资金发放的金融机构，它主要为企业提供各种商业贷款，政策性银行则主要为特定企业提供政策性贷款。

(3) 非银行金融机构资金

非银行金融机构提供的金融服务包括信贷资金投放、物资融通、承销证券等。这种融资渠道所提供的资金量较小，但发展前景广阔。

(4) 其他法人单位资金

其他法人单位资金主要是指企业为提高资金收益率或其他目的，将生产经营过程中部分暂时闲置的资金进行投资而形成的资金。它包括企业法人单位资金和社会法人单位资金。随着我国上市公司的增多，许多公司用上市融资得来的资金进行投资和收购。

(5) 居民个人资金

在各种组织外，职工和居民个人节余的货币，也可对企业进行投资，如天使投资及民间借贷等。随着人们生活水平的提高和投资意识的增强，这部分资金会越来越大，也会成为创业资金的一个重要来源。

(6) 企业内部资金

企业内部资金是指企业内部形成的各种积累资金，主要是计提折旧、出售固定资产的收入，提取公积金和未分配利润而形成的自留资金。这些资金的重要特征是它们无须企业通过一定方式对外筹集，而是直接由企业内部自动生成或转移的。

(7) 境外资本

境外资本主要包括外国银行信贷、外国政府信贷、发行国际债券、国际金融机构贷款、外国企业投资者投入的资金，是我国外商投资企业重要的资金来源渠道。

8.3.2 融资方式

(1) 融资方式分类

企业按照不同的融资渠道与不同融资方式所得到的资金，形成不同的融资组合。它们对企业的收益和风险产生的影响不同。进行融资管理时，要认真分析各种属性的资本结构，并对筹集资金进行分类。

按照资金权益性质的不同，企业资金分为自有资金和借入资金两类。按照资金可使用期限，企业资金分为短期资金和长期资金。按照资金的取得来源，企业资金分为内部资金与外部资金。按照取得资金是否以银行等金融机构为中介，企业资金分为直接资金与间接资金。

①自有资金和借入资金。自有资金又称所有者权益资金，或自有资本或权益资本，是企业依法筹集并长期拥有、自主调配运用的资金来源，属于长期资金。自有资金包括实收资本、资本公积、盈余公积和未分配利润。而借入资金又称借入资本或债务资本，是企业依法筹措并依约使用、按期偿还的资金来源。借入资金包括各种借款、应付债券、应付款项等。

②短期资金与长期资金。短期资金是指期限在一年以内的资金。短期资金一般是通过短期借款、商业信用、发行融资债券等方式来筹措的。长期资金是指期限在一年以上的资金。长期资金通常采用吸收直接投资、发行股票、发行债券、长期借款、融资租赁等方式来筹措的。

③内部资金与外部资金。内部资金是在企业内部通过计提折旧或留用利润等而增加的资金来源。其中，计提折旧并不增加企业的资金规模，只是资金的形态转化，为企业增加现金来源，其数量的多寡由企业的折旧资产规模和折旧政策所决定；留用利润则增加企业的资金总量，其数量由企业可分配利润和利润分配政策（或股利政策）决定。内部融资是在企业内部"自然地"形成的，因此，一般无须花费融资费用。外部资金是指在企业内部融资不能满足需要时，向企业外部筹集资金而形成资金来源。初创时期的企业，内部融资的可能性是很有限的，企业往往需要广泛开展外部融资。

④直接资金与间接资金。直接资金是取得时企业不经过银行等金融机构，资金需求者直接与资金供应者协商借贷或发行股票、债券等办法筹集的资金。间接资金是取得时企业以银行等金融机构为中介而进行的融资活动。间接融资的基本方式是银行借款，此外还有非银行金融机构借款、融资租赁等形式。目前，我国多数企业仍以间接融资为主。

(2) 常见融资方式

融资方式是指企业筹集资金所采用的具体形式，研究、认识各种融资方式及其特点，有利于正确选择筹资方式和进行筹资方式的组合。常见的融资方式有以下几种。

①吸收直接投资。企业以协议等方式吸收国家、企业、个人和外商直接投入资金，并形成企业全部或部分资本金的一种融资方式。它是非股份制企业筹集资金的一种基本形式。

②发行股票。是股份有限公司筹措自有资金的基本方式，是股份有限公司根据有关法律为筹集资金而发行的一种有价证券。投资者拥有的股票份额代表股东对企业的所有权，符合上市条件的股票还可以在证券市场上流通转让，这就为社会上不同层次的投资者进行投资提供了方便，但对运作股票上市要求较高，同时也需要较长的时间。

③银行贷款。是企业根据借款合同从银行借入的，按规定期限还本付息的款项。它是企业取得借入资金的主要方式，一般适合中大规模的融资。

④发行企业债券。是企业取得借入资金的重要方式。企业债券分为长期债券和短期债券。同银行借款相比，它可以向企业、单位、社会团体和个人发行，符合条件者可以在金融市场上流通转让。但获得发行债券的资格并不容易，需要证券监管部门的审批，适合较大规模的融资。

⑤融资租赁。是出租人以收取租金为条件，在契约或合同规定的期限内将资产出租给

承租人使用的一种经济行为。融资租赁将融资和融物相结合，是企业借入资金的又一种形式，主要适用于需要购买大型设备而又缺钱的企业。

⑥商业信用。是指企业在商品购销活动中因延期付款或预付货款所发生的借贷关系。延期付款(如应付账款和应付票据)同预收账款都是在商品交易中因发货或预付款在时间上的差异而产生的信用行为，从而为企业提供了筹集短期资金的机会。创业者应善于利用这样的机会，筹集并扩大可不断周转的短期资金。

⑦民间贷款。是向非金融机构的民间资金取得借入资金的一种重要方式。同银行贷款相比，民间贷款更加灵活快捷，但筹资成本可能较高，适合中小规模的融资。此外，能否获得借款，主要看自己的社会关系及口碑信用。

⑧互联网融资。这种形式的出现源于人们对于新的金融手段和现代信息技术的需求。网络金融的主要形式为"平台+小额贷款"，利用电子商务平台收集商家的实际运营情况，并对收集的数据进行挖掘、分析，对最终的交易情况进行量化评价，最终确定平台的商家是否会发放贷款。

8.3.3 选择融资方式的考虑因素

企业融资时应根据自身的经营及财务状况，并考虑宏观经济政策的变化等情况，选择较为合适的融资方式。

(1)考虑经济环境的影响

经济环境是指企业进行财务活动的宏观经济状况，在经济增速较快时期，企业为了跟上经济增长的速度，需要筹集资金用于增加固定资产、存货、人员等，企业一般可通过增发股票、发行债券或向银行借款等融资方式获得所需资金，在经济增速开始出现放缓时，企业对资金的需求降低，一般应逐渐收缩债务融资规模，尽量少用债务融资方式。

(2)考虑融资方式的资金成本

资金成本是指企业为筹集和使用资金而发生的代价。融资成本越低，融资收益越好。由于不同融资方式具有不同的资金成本，为了以较低的融资成本取得所需资金，企业自然应分析和比较各种筹资方式的资金成本的高低，尽量选择资金成本低的融资方式及融资组合。

(3)考虑融资方式的风险

不同融资方式的风险各不相同，一般而言，债务融资方式因其必须定期还本付息，因此，可能产生不能偿付的风险，融资风险较大。而股权融资方式由于不存在还本付息的风险，因而融资风险小。企业若采用了债务筹资方式，由于财务杠杆的作用，一旦当企业的息税前利润下降时，税后利润及每股收益下降得更快，从而给企业带来财务风险，甚至可能导致企业破产的风险。美国几大投资银行的相继破产，就是与滥用财务杠杆、无视融资方式的风险控制有关。因此，企业务必根据自身的具体情况并考虑融资方式的风险程度选择适合的融资方式。

(4)考虑企业的盈利能力及发展前景

总的来说，企业的盈利能力越强，财务状况越好，变现能力越强，发展前景良好，就越有能力承担财务风险。当企业的投资利润率大于债务资金利息率的情况下，负债越多，企业的净资产收益率就越高,对企业发展及权益资本所有者就越有利。因此,当企业正处盈利能力不断上升、发展前景良好时期,债务筹资是一种不错的选择。而当企业盈利能力不断下降、财务状况每况愈下、发展前景欠佳时期,企业应尽量少用债务融资方式,以规避财务风险。当然,盈利能力较强且具有股本扩张能力的企业,若有条件通过新发或增发股票方式筹集资金,则可用股权融资或股权融资与债务融资两者兼而有之的融资方式筹集资金。

(5) 考虑企业所处行业的竞争程度

企业所处行业的竞争激烈,进出行业也比较容易,且整个行业的获利能力呈下降趋势时,则应考虑用股权融资,慎用债务融资。企业所处行业的竞争程度较低,进出行业也较困难,且企业的销售利润在未来几年能快速增长时,则可考虑增加负债比例,获得财务杠杆利益。

(6) 考虑企业的控制权

中小企业融资中常会使企业所有权、控制权有所丧失,而引起利润分流,使企业利益受损。例如,房产证抵押、专利技术公开、投资折股、上下游重要客户暴露、企业内部隐私被明晰等,都会影响企业稳定与发展。要在保证对企业相当控制力的前提下,既达到中小企业融资目的,又要有序让渡所有权。发行普通股会稀释企业的控制权,可能使控制权旁落他人,而债务筹资一般不影响或很少影响控制权的问题。

8.3.4　初创企业的融资渠道

对于创业者来说,不同时期可以有不同的融资渠道。下面对创业初期阶段的融资渠道进行介绍。

(1) 自筹资金

创业者可以通过自有资金、个人储蓄或亲友关系等途径融资。这种方式相对简单,但这种借款金额一般都不会太高,善于吸纳有一定资金实力的合伙人或股东是值得重视的融资渠道和方法。

(2) 天使投资

天使投资是指寻找个人投资者或天使投资团队来为创业项目提供资金。这些投资者通常是有经验的企业家,愿意冒险投资初创企业。天使投资者通常会要求一定的股权或回报率,并提供创业者所需的资金和业务指导。

(3) 风险投资

风险投资简称风投,是指投资者向初创企业提供资金支持并取得该公司股份的投资方式。风险投资的投资者一般是专业的投资公司或投资组织,资金主要用于投资初创企业或未上市企业。虽然风险投资者占据了被投资企业的股份,但风险投资者并不以经营被投资企业为目的,而是向被投资企业提供专业的指导,协助被投资企业获取成功。这种投资方式之所以被称为风险投资,是因为风险投资与普通的投资方相比有很多的不确定性,风险更高,但高风险意味着高回报,一旦被投资企业的事业取得成功,投资者将会获得更加高额的回报。

(4) 互联网众筹

互联网众筹是指创业者在互联网众筹平台上发布融资信息，投资人如果认可该项目，就会直接在互联网众筹平台上支付。有限合伙模式是较为普遍的互联网众筹模式，这种模式的保障能力强，法律架构明确，但程序复杂，耗时耗力。众筹本质上是一种具有"普惠"特点的网络金融，通过它可以打破传统的融资方式，使社会各界人士都能参与到筹资中。

(5) 创业租赁

创业租赁兴起于20世纪80年代末，是一种将一般融资的灵活性与创业投资的高收益性有机结合的新型融资方式。新创企业往往缺乏资本从而无力购买所有的设备，创业租赁便为解决这一难题提供了捷径。在创业租赁合同中，承租人可以在资产使用寿命期间获得设备的使用权，而出租人可以租金形式收回设备成本，并获得一定的投资报酬。

创业租赁与典型意义的创业投资有以下区别：①权益上的区别。典型意义的创业投资是一种股权性质的投资，对新创企业有相当大的管理权；创业租赁不属于股权融资，对新创企业没有管理权。②风险上的区别。创业投资一旦失败，将可能血本无归；创业租赁则可以从设备变卖中获得部分补偿，因为设备是属于出租方的，因而风险相对较小。③时间上的区别。创业投资的期限较长，一般为5~7年，而创业租赁期限通常为3~5年。

(6) 政府扶持资金

"科技型中小企业技术创新基金"（简称创新基金）被誉为创业企业的"奖金"，它奖励给那些"品学兼优"的创业企业，使其可以得到"无偿"的资金帮助。很多创业企业以能得到创新基金的支持为莫大的荣耀，因为这意味着对自身的肯定和褒奖，企业在向别人推介自己的时候，可以拿出有力证明。但这种资金金额一般不会太大，主要是其象征意义远远大于资金价值，如在获得创投资金前得到创新基金，对获得风险投资也会有一定的帮助。

(7) 创业竞赛

创业竞赛是一种通过参加创业比赛来获得资金和资源的方式。创业者可以通过展示自己的项目和商业计划来吸引投资者和评委的注意，并有机会获得奖金、投资或其他资源。

8.4 创业融资和风险投资的策略

8.4.1 优化融资结构

融资是企业发展的重要手段，但是融资结构的不合理会给企业带来很大的风险。因此，优化融资结构是企业发展的重要任务之一。下面，将介绍一些优化融资结构的措施。

(1) 多元化融资渠道

企业应该通过多种渠道融资，如银行贷款、债券发行、股权融资等。这样可以降低企业的融资成本，减少融资风险。

(2) 合理利用财务杠杆

财务杠杆是指企业通过借款来扩大投资规模，从而提高收益率的一种手段。但是，财务杠杆也会增加企业的财务风险。因此，企业应该合理利用财务杠杆，避免过度借款。

(3) 优化债务结构

企业应该根据自身的经营情况和融资需求选择合适的债务结构。例如，短期债务适合短期资金周转，长期债务适合长期投资项目。此外，企业还应该注意债务的偿还能力，避免出现债务违约的情况。

(4) 加强内部控制

企业应该建立健全内部控制制度，加强对融资活动的监管和管理。这样可以避免融资资金被挪用或滥用，保证融资活动的合法性和规范性。

(5) 提高企业信用度

企业信用度是融资的重要因素之一。企业应该通过提高经营管理水平、加强品牌建设、优化财务结构等措施，提高企业信用度，增强融资能力。

优化融资结构是企业发展的重要任务之一。企业应该通过多元化融资渠道、合理利用财务杠杆、优化债务结构、加强内部控制和提高企业信用度等措施，实现融资结构的优化，降低融资风险，促进企业健康发展。

8.4.2 风险投资

从广义上讲，风险投资泛指一切具有高风险、高潜在收益的投资；从狭义上讲，风险投资是指对以高新技术为主的、生产与经营技术密集型产品的投资。美国风险投资协会给风险投资的定义是"由职业金融家投入到新兴的、迅速发展的、具有巨大竞争潜力的企业中的一种权益资本"。

(1) 风险投资的三种主体类型

风险投资的主体大致可以分为三种：风险资本家或天使投资人、风险投资公司、产业附属投资公司。

①风险资本家或天使投资人。风险资本家大多是从事风险投资的企业家，与其他风险投资人一样，他们通过投资来获取利润。不同的是，风险资本家的投资资本属于个人所有，不是受托管理的资本。天使投资是风险投资的一种。它的投资对象常常是一些尚处于构思状态的原创项目或者小型初创企业。天使投资的门槛较低，有时即使只是一个创业构思，只要有发展潜力，也能获得天使资金。而其他风险投资主体一般对这些还未形成规模的创业公司兴趣不大。

②风险投资公司。种类多样，其中以风险投资基金为主。风险投资基金一般以有限合伙制为组织形式。愉悦资本(摩拜单车的风险投资人)、熊猫资本、创新工场等都属于风险投资公司。风险投资公司中最具代表性的是日本软银集团。

早在1995年，软银集团董事长孙正义就凭借敏锐的投资触觉，发现了具有巨大发展潜力的雅虎，并为其注资200万美元；第二年，软银集团又为其注资1亿美元，并因此获得了雅虎33%的股份。在软银集团第二次注资两个月后，雅虎就实现了上市，软银集团凭借其超高的股份赚得盆满钵满。孙正义随后出售了2%的雅虎股份，套现超过了4亿美元，净赚3亿多美元。除了雅虎，孙正义还在盛大、阿里巴巴等企业的投资中获得了惊人的回报。

由此能够看出，这类风险投资机构最显著的特点就是投资范围广，只要创业的项目有投资的价值，风险投资公司就会将资金投到这些项目中去。

③产业附属投资公司。大多是非金融性实业公司下属的独立风险投资机构。它们代表的是母公司的利益，主要投资一些特定行业。其投资流程与传统风险投资相同。

这类风险投资公司具有丰富的投资经验。如果创业者选择了此类投资公司，它们不仅能在资金管理上得到帮助，还能在公司基础设施建设等很多方面得到帮助。

众多实例证明，如果风险投资公司专精于创业者的领域，那么这些投资公司会对这个行业进行深入的分析和研究，并让创业者看到它们投资的诚意，而不是敷衍。同时，创业者从其组织机构上也能看出它们是不是专业。有些产业附属投资公司有专属的市场营销部门，这一部门主要负责处理公司的外部信息和各种投资组合的事务。因此，遇到这种产业附属投资公司，创业者要把握机会，因为他们是非常专业的。

(2) 挑选风险投资人的三大原则

创业者挑选风险投资人一般要遵循三大原则：第一，与企业文化是否匹配；第二，提前调查风险投资人的背景；第三，将专业的风险投资人作为挑选标准。

①与企业文化是否匹配。对创业公司来说，企业文化才是王道。独特的企业文化可以给创业公司以精神力量，支持公司发展壮大。创业者一旦锁定了潜在投资人，就需要确认他们是否与自身的企业文化相匹配。创业者可以考虑两个问题——投资人是否想参与公司的日常运营管理？投资人的发展理念是否与自己一致？同时，当创业者与投资人初次见面时，多数处于被动地位。有时候，创业者会被投资人的各种问题"轰炸"。实际上，创业者也可以问投资人一些问题，如"如果您愿意投资我们公司，那么您在我们公司中的角色定位是什么"等，借以了解投资人对自己的角色定位，可以有效避免创业者与投资人在未来合作过程中产生冲突。

②提前调查风险投资人的背景。在选择风险投资人时，提前调查风险投资人的背景有助于创业者对投资人进行判断。很多专业平台都可以为创业者提供帮助，中国的创业邦、美国的天使资本协会等都有大量的投资人数据资料供创业者查询。创业者须谨记，不要单纯为了资金而选择投资人，一定要思考投资人能为公司带来什么。多问问题，多做研究，然后决定公司需要哪种类型的投资人。找到一个理想的投资人、一个智慧的导师，可以帮助创业者获得成功。

③将专业的风险投资人作为挑选标准。在选择出色的风险投资人时，应当注意以下问题。一是不要只看重投资人的名气，如现在由互联网领域转行的投资人很多，他们可能本身就是某些领域的专家，只迷恋其头衔和成功光环，会影响你的判断而错失优秀的投资人；二是投资人对行业的理解，如果投资人明确告诉你自己重点关注的领域，然后说出自己对行业的看法，那么这样的投资人是比较有诚意的；三是看投资人提供的资源，创业者应当让投资人将其承诺提供的资源写下来，以保证其落到实处。出色的投资人可以为你介绍很多人，有可能对你的项目发展起到关键性的推动作用。

8.4.3 风险投资的一般流程

风险投资过程是风险投资实施的全部过程。以国际风投机构为例，一般经历以下阶段：

(1) 初审

国际风险投资机构在拿到申请表或商业计划书后，往往只用很短的时间走马观花地浏览一遍，以决定在这件事情上花时间是否值得。必须有吸引他的东西才能使其花时间仔细研究。因此，申请登记表或商业计划书的第一部分——"执行总结"对融资者来说就显得非常重要。

(2) 风险投资机构之间的磋商

在大的国际风险投资机构，相关的专业人员会定期聚在一起，对通过初审的项目建议书进行讨论，决定是否需要进行面谈或者回绝。

(3) 面谈

如果风险投资机构对企业家提出的项目感兴趣，则会与企业家接触，直接了解其背景、管理队伍和企业，这是整个过程中较重要的一环。

(4) 尽职调查

如果初次面谈较为成功，接下来便是风险投资机构开始对企业家的经营情况进行考察以及尽可能多地对项目进行了解。他们通过审查程序对意向企业的技术、市场潜力和规模以及管理队伍进行仔细评估，这一程序包括与潜在的客户接触、向技术专家咨询并与管理队伍举行几轮会谈。

(5) 条款清单

审查阶段完成之后，如果风险投资机构对于所申请的项目前景看好，那么便可开始进行投资形式和估价的合作谈判。通常企业家会得到一个条款清单，概括出涉及的内容。

(6) 签订合同

风险投资机构力图使它们的投资回报与所承担的风险相适应。基于各自对企业价值的评估，投资双方通过谈判达成最终成交价值。通过谈判后，进入签订协议的阶段，签订代表企业家和风险投资双方愿望和义务的合同。

(7) 投资生效后的监管

投资生效后，风险投资机构便拥有了风险企业的股份或其他合作方式的监管权力。多数风险投资机构在董事会或合作中扮演着咨询者的角色。它们通常同时介入好几个企业，所以没有时间扮演其他角色。作为咨询者，它们主要就改善经营状况以获取更多的利润提出建议，帮助物色新的管理人员（经理），定期与企业家接触以跟踪了解经营的进展情况，定期审查会计师事务所提交的财务分析报告。由于风险投资机构对其所投资的业务领域了如指掌，所以其建议会很有参考价值。

(8) 退出

创业资本的本质是追求高收益，依靠"投入回收再投资"的持续循环，将投资受益用于投资新的企业而再次实现财富增值。一般在5~10年取得一定收益后，投资合作商会协商退出。退出方法主要有：公开上市、股份回购、出售（一般并购和第二期并购）和清算。

案例学习　金蝶的风险投资之旅

一、公司简介

金蝶全称为深圳金蝶软件有限公司，作为目前我国最大的财务及企业管理软件提供商之一,成立于 1993 年。创业初期,金蝶立足"突破传统会计核算,跨进全新财务管理"的定位理念,公司积极关注主营业务相关市场政策导向,紧抓机遇,成功获得技术创业投资基金(IDGVC)风险投资机构的投资并快速发展。

二、风险投资过程分析

(一)风险投资情况

1998 年,金蝶接受广东太平洋技术创业有限公司 2 000 万元人民币的风险投资,后以 25% 的股份成为公司最大股东。充足的资金帮助金蝶在科研开发和国际性市场业务开拓方面取得快速发展,并成为行业标杆。2001 年,金蝶成功上市。而 IDGVC 则通过不断套现,赢取超额收益。此次风险投资使双方取得共赢。

(二)IDGVC 投资金蝶的成功之处

一是 IDGVC 抓住投资时机。IDGVC 凭借其特有的投资逻辑和对新事物的好奇,提前布局、卡位,然后耐心地等风来。二是金蝶的自身实力。IDGVC 董事长麦戈文对金蝶进行考察时,十分看重企业团队的经验、个人能力、知识和协作能力,并在访问后给予了高度的评价,认为深圳金蝶是一支优秀的团队,值得投资。这表明,金蝶的企业团队具有超前的战略眼光和企业战略设计能力。三是双方的互信互助。在投资后,IDGVC 给予了金蝶自主管理和投资的空间,另外,IDGVC 给深圳金蝶带来的不仅是 2 000 万元的资金,还让金蝶与国际上的大公司进行交流,进一步拓展了金蝶的国际性销售渠道,使金蝶的成长更进一步。

(三)结论与展望

风险投资企业和风险企业是互利共赢、互相协作的关系。风险投资企业为风险企业提供资金帮助、缓解资金压力,为风险企业的发展提供力所能及的市场拓展机会和商业价值提升上的帮助,有助于企业成长。风险企业实现盈利的同时,也能给风险投资企业带来超额的利润回报。因此,科学合理地引导风险投资行业的发展,能够为我国高新技术产业的发展开辟更广阔的融资渠道,从而对我国经济实力的提质增效起到助推作用。

"打铁还需自身硬",金蝶在初创期能够有这么知名的大投资商主动找上门来谈投资,其主要原因还是在于金蝶本身具有的技术优势和优质的团队建设,还有企业自身独有的特点和素质。

在我国风险投资领域的发展还处在起步阶段,投资者的不成熟和制度的不完善决定了风险投资还是要以政府主导为主要方向。因此,要通过不断优化和完善风险投资市场,以促进资本市场条件下风险投资管理的可持续发展。

注:引自卢世军,周丽,张晓春,等,2023。

复习思考题

1. 简述大学生创业融资难的原因。
2. 简述创业融资的一般步骤。
3. 简述创业融资的融资渠道、融资方式及初创企业的融资渠道。
4. 简述挑选风险投资人的三大原则。
5. 简述风险投资的一般流程。

第9章 财务管理

党的二十大报告特别强调"坚持社会主义市场经济改革方向，坚持高水平对外开放"，旗帜鲜明地重申了我们党构建高水平社会主义市场经济体制的决心。在推进中国式现代化建设中，创办企业不可避免地要参与国内和国际竞争。农林高校大学生创业需要了解财务管理基础知识，更好地理解和运用财务信息，做出科学合理的决策，提高企业的竞争力，才能有效地控制企业风险。

本章要点：使学生了解财务管理的基本概念；熟悉资金成本与资本结构决策、投资决策的方法；培养学生财务分析能力，使学生能够掌握和应用财务管理理论和技能，以有效地管理组织的财务资源。

关键术语：资本结构决策；投资决策；财务分析

9.1 财务管理概述

9.1.1 企业财务活动

企业财务活动是以现金收支为主的企业资金收支活动的总称。在市场经济条件下，拥有一定数额的资金是进行生产经营活动的必要条件。例如，企业生产经营要用资金购买厂房、设备、原材料，还要为管理人员和工人定期支付工资，要向国家缴纳税款等，这些是资金的支出活动。此外，企业为经营活动筹集资金、售出生产的商品都会带来资金的流入，这些是资金的收入活动。企业的经营活动不断进行，就会不断产生资金的收支。资金的收支构成了企业经济活动的一个独立方面，这便是企业的财务活动。企业在经营过程中，要有计划地协调和控制好资金的收支，长期入不敷出，企业生存将难以维系。企业财务活动可分为以下四个方面。

(1) 企业筹资活动

企业筹资活动是指企业为满足经营和发展的资金需求，通过各种途径获取资金的过程。这些筹资活动对于企业的运营和发展至关重要。企业筹资活动的主要目的是为了获得资金，以满足其运营、投资和成长的需求。

企业筹资活动可以分为内部筹资和外部筹资两种类型。内部筹资是指企业通过自身已有的资源和资产来满足资金需求，包括利用内部留存利润、资本再投资和自筹资金等方式。内部筹资的优势在于不会增加企业的负债，不受外部利率和市场条件的影响，有助于提高企业的稳定性和自主性。外部筹资是指企业通过外部来源筹集资金，包括银行贷款、发行债券、股权融资和引入风险投资等方式。外部筹资的优势在于能够获取大额资金，满足企业的扩张和投资需求。然而，外部筹资通常需要支付利息、股息或提供一定的回报，同时也需要承担一定的风险和义务。

企业筹资活动的选择与决策需要综合考虑多个因素。首先，企业需要根据自身的财务状况、资本需求和未来规划来确定筹资额度和时间。其次，企业需要评估不同筹资方式的成本、风险和可行性，选择最适合的筹资渠道。此外，政府政策、市场环境和行业特点也会影响企业的筹资决策。

总之，企业筹资活动是企业运营和发展的重要组成部分。通过合理的筹资规划和决策，企业可以获得足够的资金支持，推动业务增长、技术创新和市场竞争力的提升，从而实现企业的可持续发展。

(2) 企业投资活动

企业投资活动是指企业将资金投入到各种项目中，以期望获取回报和增加财富的过程。这些投资活动对于企业的发展和增长至关重要。

企业投资活动的主要目的是为了利用可用的资金进行生产、经营和资本增值等方面的投资，实现收益最大化和价值创造。通常，企业投资活动可以分为固定资产投资和金融资产投资两种类型。固定资产投资是指企业通过购买、建设或租赁固定资产，如土地、建筑物、设备和机械等，来支持生产和经营活动。这些投资主要用于扩大生产能力、改善技术水平和提高生产效率。固定资产投资的盈利周期相对较长，但可以为企业带来稳定的现金流和长期回报。金融资产投资是指企业通过购买股票、债券、基金、衍生品等金融工具来参与资本市场，以期获取资本收益和投资回报。这些投资主要用于资本运作、股权投资和风险管理等方面。金融资产投资的盈利周期相对较短，但也伴随着更高的风险和波动性。本章后续所讲的投资决策主要围绕固定资产投资类型进行。

企业在进行投资活动时需要进行全面的投资评估和决策。首先，企业需要根据市场需求、竞争环境和发展战略来确定投资项目的方向和规模。其次，企业需要进行风险评估和收益预测，以评估投资项目的可行性和潜在回报。此外，企业还需要考虑资金来源、融资成本和投资回收期等因素，以确保投资的可持续性和效益。

总之，企业投资活动是企业实现增长和发展的重要手段。通过理性的投资决策和有效的投资管理，企业可以实现资本的最优配置，提高企业的市场竞争力和盈利能力，为企业的可持续发展奠定基础。

(3) 企业经营活动

企业经营活动是指企业在日常经营中产生的各种财务交易和活动。首先，企业要采购材料或商品，以便从事生产和销售活动，同时还要支付工资和其他营业费用。其次，当企业把产品或商品售出后，便可取得收入，收回资金。最后，如果企业现有资金不能满足企业经营的需要，还要采取短期借款方式来筹集所需资金。上述各方面都会产生企业资金的收支，这些活动都属于企业经营而引起的财务活动。

企业的经营活动涉及资金的流入和流出，对企业的财务状况和经营绩效产生重要影响。在日常管理活动中，主要涉及流动资产与流动负债的管理问题。流动资金的周转与生产经营周期具有一致性，在一定时期内，资金周转越快，就可以利用相同数量的资金生产出更多的产品，取得更多的收入，获得更多的利润；资金周转过慢，且没有稳定的流动负债进行补充时，不但会影响产出，严重时还会导致资金链断裂，使企业陷入困境。因此，如何加速资金周转，提高资金利用效率是财务人员在这类财务活动中需要考虑的问题。

（4）企业分配活动

企业分配活动是指企业将经营收入和利润分配给各个利益相关者的过程。这些分配活动直接关系到企业的财务状况、社会责任和经营绩效等方面，对企业的长期发展和持续经营产生深远影响。

企业在经营过程中会产生利润，也可能会因对外投资而分得利润，这表明企业有了资金的增值或取得了投资回报。企业的利润要按规定的程序进行分配。首先，要依法纳税；其次，要用来弥补亏损，提取公积金；最后，要向投资者分配利润。财务人员需要确定利润支付率的高低，即将多大比例的税后利润用来支付给投资人。如果利润支付率过高，则企业自留资金少，对未来长远发展不利。如果利润支付率过低，则容易打击利益相关者的积极性，也会影响企业价值。因此，要根据公司自身的具体情况确定最佳的分配政策。

总之，企业分配活动是企业经营和管理的重要组成部分。通过合理和有效的分配政策和方案，企业可以实现利益最大化和价值创造，同时履行社会责任和环境责任，为企业的可持续发展作出贡献。

上述财务活动的四个方面，不是相互割裂、互不相关的，而是相互联系、互相依存的。这四个方面构成了完整的企业财务活动，也是财务管理的基本内容，即企业筹资管理、企业投资管理、营运资金管理、利润及其分配的管理。

9.1.2 企业财务关系

企业在进行财务管理和经营活动时，需要协调多种财务关系，以确保财务资源的合理配置和最大化利用。以下是企业需要协调的一些重要财务关系。

（1）企业同其所有者之间的财务关系

企业同其所有者之间的财务关系主要涉及利润分配、股权结构等方面。利润分配主要是指企业根据盈利情况，将利润分配给所有者，一般以股东为主要对象。利润分配可以通过派发股息、发放红利或者进行股票回购等方式实现。分配利润的比例和方式通常由企业的章程、股东协议或者董事会决定。股权结构是指企业的所有者可以通过持有股权来分享企业的经济利益和控制权。股权结构反映了企业所有者之间的权益关系和治理结构。所有者可以根据自身的投资额和股份比例来分配决策权和收益权。在处理企业与所有者之间的财务关系时，企业需要遵守相关法律法规，尊重合同约定和公司章程，确保公平、公正和合法的财务安排。

（2）企业同其债权人之间的财务关系

企业同其债权人之间的财务关系是企业运营中至关重要的一环。首先，企业应确保及时履行债务。这包括按时支付本金和利息，并遵守合同中的其他还款条件。通过遵守还款计划，企业能够建立信誉和信任，从而维护良好的企业与债权人的关系。其次，企业可以与债权人进行积极的沟通和协商。如果企业面临资金短缺或其他财务困境，及早与债权人进行沟通是关键。通过与债权人共同寻找解决方案，如延期还款、调整还款计划或进行债务重组等,可以减轻企业的财务压力,并展示企业的诚意。此外,企业应完善财务管理体系。良好的财务管理有助于企业有效管理财务风险,包括债务风险。企业应实施预算控制、现金流管理和资本结构优化等策略,以确保能够按时履行债务。最后,企业还可以考虑多元化融资渠道。依赖于单一的债权人可能会增加企业的财务风险。通过与不同类型的债权人建立合作关系,如银行、投资机构等,可以减少企业对单一债权人的依赖,并提高融资的灵活性。总之,企业应确保履行债务、积极沟通、完善财务管理体系和多元化融资渠道,以处理企业与债权人之间的财务关系,保持可持续发展。

(3) 企业同其被投资单位的财务关系

企业同其被投资单位的财务关系是指企业将其闲置资金以购买股票或直接投资的形式向其他企业投资所形成的经济关系。企业与被投资单位的财务关系通常需要考虑以下几个方面:首先,企业应进行尽职调查,评估被投资单位的财务状况和潜在风险。其次,企业可以通过股权投资或债权投资等方式提供资金支持。在此过程中,应明确双方的权益和责任,并签订明确的投资协议。最后,企业可以定期监控被投资单位的财务状况,并根据需要提供必要的财务支持和建议。通过积极管理和沟通,企业可以维护与被投资单位的良好财务关系,促进共同增长和价值创造。

(4) 企业同其债务人的财务关系

企业同其债务人的财务关系是指企业将资金以购买债券、提供借款或商业信用等形式出借给其他单位所形成的经济关系。企业将资金借出后,有权要求其债务人按约定的条件支付利息和归还本金。

(5) 企业内部各单位之间的财务关系

企业内部各单位之间的财务关系是指企业内部各单位之间在生产经营各环节中相互提供产品或劳务所形成的经济关系。企业可以通过成本核算和分摊的方式处理内部经济关系。各个单位的成本可以根据实际使用情况进行核算,然后按照一定的分摊规则分摊给相关单位。这有助于实现成本控制和公平分配。企业可以通过签订契约或协议的方式明确各个单位之间的权益、责任和义务。契约或协议可以规定产品或劳务的交付方式、质量要求、时间表等,以确保内部经济关系的顺利进行。

(6) 企业与职工之间的财务关系

企业与职工之间的财务关系是指企业向职工支付劳动报酬的过程中所形成的经济关系。企业按照劳动合同、劳动法律法规和内部规定,按时足额支付职工的工资。工资的支付应遵循公平、公正、透明的原则,确保职工按照约定获得应得的报酬。企业可以建立绩效考核和奖励机制,根据职工的工作表现和贡献程度,给予相应的奖励和激励措施。这有助于激发职工的积极性和创造力,提高工作效率和质量。企业需要遵守相关法律法规,并完善内部管理机制。同时,企业还应注重营造良好的劳动关系,提高职工的工作积极性和满意度,推动企业的稳定发展。

(7) 企业与税务机关的财务关系

企业与税务机关的财务关系是指企业要按税法的规定依法纳税而与国家税务机关所形成的经济关系。企业依法纳税是企业应尽的法律义务,也是对国家社会责任的一种表现。企业应按照税法规定，及时、准确地履行税收申报义务，包括纳税申报、报税申报等。在纳税申报过程中，企业应按照税法规定的税法税率和计税办法进行申报。企业应按时足额地缴纳各项税款，包括企业所得税、增值税、消费税、个人所得税等。企业应根据相关法律法规和税务部门的规定，按期足额地向国家财政部门缴纳税款。企业应完善财务管理体系，加强内部税收管理，确保纳税申报的真实性、合规性和准确性，防范税收风险，避免税收违法行为的发生。企业应积极履行社会责任，不断提高纳税意识，自觉遵守税收法律法规，主动参与税收政策的宣传和落实，支持国家税收工作，促进税收法治建设。

9.1.3 财务环境

企业财务环境是指企业在进行财务管理时所面临的外部和内部因素。它包括宏观经济环境、行业竞争环境、法律法规环境、公司内部的组织结构和文化等多个方面。

第一，宏观经济环境是影响财务管理的重要因素之一。在党的二十大报告中，我们可以看到中国经济保持了持续稳定增长的态势。这种宏观经济环境对企业的财务管理带来了积极的影响。例如，经济增长为企业提供了更多的市场机会，使企业能够实现更高的销售额和利润。同时，宏观经济环境也对货币政策、税收政策等方面产生影响，这些政策的变化将直接影响企业的财务状况和经营活动。

第二，行业竞争环境也是财务管理环境的重要组成部分。在党的二十大报告中，提到了加强产业链供应链协同发展，推动传统产业转型升级，培育新动能等战略目标。这表明我国企业所处的行业竞争环境正在发生变化。在这样的环境下，企业需要通过财务管理来提高自身的竞争力。例如，通过控制成本、提高效率，企业可以降低产品价格，增强市场竞争力。同时，财务管理还可以帮助企业分析行业竞争者的财务状况，制订有效的市场策略。

第三，法律法规环境也对财务管理产生深远影响。在党的二十大报告中，提到了维护金融安全稳定、完善金融监管体系等重要任务。这一政策导向对企业的财务管理提出了更高的要求。企业需要严格遵守相关的会计准则和报告要求，确保财务数据的真实性和准确性。同时，法律法规环境还对企业的税收政策、融资渠道等方面产生重要影响，企业需要合理利用相关政策，实现财务目标。

第四，公司内部的组织结构和文化也是财务管理环境的重要组成部分。在党的二十大报告中，强调了加强党对经济工作的领导，推动形成全面开放新格局等重要任务。这意味着企业内部需要更好地建立健全财务管理体系，提高财务管理水平。同时，企业还需要根据自身的组织文化特点，制订适合的财务管理政策和流程，确保财务决策的科学性和合理性。

综上所述，财务管理环境是一个复杂而多变的系统。宏观经济环境、行业竞争环境、法律法规环境、公司内部的组织结构和文化等因素相互影响，共同塑造了企业的财务管理环境。在财务管理过程中，企业需要不断关注环境变化，灵活应对，并制订科学有效的财务管理策略，以实现持续增长和可持续发展。

9.2 资金成本与资本结构决策

9.2.1 资金成本概述

(1) 资金成本的概念

资金成本是企业筹集和使用资金所付出的代价，包括筹资费用和用资费用两部分。

筹资费用是企业在筹集资金的过程中付出的代价。在筹资过程中，企业可能需要支付一些手续费和费用，如承销费、律师费、评级费等，这些费用属于筹资费用。筹资费用通常是在筹资时一次性支付，在获得资金后的使用过程中则不再发生，因而可以视作对筹资额的一项扣除。

用资费用是企业为了使用资金而付出的代价。例如，企业通过发行债券或贷款来筹集资金，需要支付利息或利率作为债务成本。企业通过发行股票或吸引股东投资来筹集资金，需要支付股息或股权回报作为股权成本。用资费用在使用资金的期间会反复发生，并随着使用资金金额的大小和期限的长短而变动。

(2) 资金成本的种类

资金成本可以用绝对数表示，也可以用相对数表示，但通常采用相对数即资金成本率来表示。资金成本率是企业的用资费用与有效筹资额之间的比率。有效筹资额是指筹资金额扣除筹资费用后的净额。这里所讲的资金成本主要是指长期资金的成本，包括如下三类。

个别资金成本：是指企业各种单项长期资金的成本，如长期借款资金成本、债券资金成本、优先股资金成本、普通股资金成本、留存收益资金成本。

综合资金成本：是指企业全部长期资金的加权平均资金成本。

边际资金成本：是指企业追加长期资金的成本。

(3) 资金成本的作用

资金成本对企业的运营和发展具有重要的作用。

首先，资金成本是企业决策的重要因素。在投资决策中，企业需要比较预期的回报与资本成本之间的关系，以确定项目的可行性和投资价值。如果预期回报率高于资金成本，投资项目就有可能获得正向的净现值，从而为企业带来收益。而如果预期回报率低于资金成本，则投资项目可能会带来亏损，不利于企业的经营和发展。

其次，资金成本是企业融资的重要参考。企业需要根据自身的财务状况和市场情况，选择合适的融资方式和策略，以获取资金并控制成本。如果企业选择了高成本的融资方式，将增加筹资成本，降低利润水平。相反，如果企业能够选择低成本的融资方式，将有助于提高盈利水平和市场竞争力。

最后，资金成本对企业的估值和投资者的决策也有影响。投资者通常会考虑企业的资金成本，以评估企业的价值和风险。如果企业的资金成本较高，投资者可能会认为企业的盈利能力较低，从而降低对企业的估值和投资意愿。相反，如果企业的资金成本较低，投资者可能会认为企业的盈利能力较强，从而提高对企业的估值和投资意愿。

因此，企业需要合理评估和管理资金成本，以保证资金的高效利用和企业的可持续发展。同时，投资者也应该关注企业的资金成本，以更好地把握投资机会和风险。

9.2.2 个别资金成本

个别资金成本是企业用资费用与有效筹资额之比。其基本计算公式为：

$$个别资金成本 = \frac{用资费用}{有效筹资额} = \frac{用资费用}{筹资总额 - 筹资费用} = \frac{用资费用}{筹资总额 \times (1 - 筹资费用率)} \quad (9-1)$$

在个别资金成本的计算公式中，应当注意，筹资费用是放在分母位置，作为对筹资额的扣除项，没有与用资费用共同放在分子中，主要是考虑筹资费用是一次性支付的固定费用，与重复性支付的用资费用有很大差异，将其作为对筹资额的扣减更合理。

(1) 长期借款资金成本

长期借款的利息允许从税前利润中扣除，具有抵减企业所得税的作用，因此长期借款每期的用资费用应是考虑抵税因素后的利息。长期借款资金成本的计算公式为：

$$长期借款资金成本 = \frac{年利率 \times (1 - 所得税税率)}{1 - 筹资费用率} \quad (9-2)$$

由于长期借款的筹资费率通常很低，有时可以忽略，所以式(9-2)可以简化为：

$$长期借款资金成本 = 年利率 \times (1 - 所得税税率) \quad (9-3)$$

【例 9-1】 某食品加工企业计划本年度向银行取得长期借款 800 万元，年利率为 5%，筹资费用率为 0.3%，所得税率为 25%。则该公司银行借款的资金成本为多少？

解：根据式(9-2)，

$$银行长期借款资金成本 = \frac{5\% \times (1 - 25\%)}{1 - 0.3\%} = 3.76\%$$

如果忽略手续费，根据式(9-3)可得，

$$银行长期借款的资金成本 = 5\% \times (1 - 25\%) = 3.75\%$$

(2) 长期债券资金成本

长期债券资金成本与长期借款一样，都属于债权性资金，其资金成本的计算非常类似，但需要注意以下几点：首先，债券的筹资费用即发行费用一般较高，因而不能忽略。其次，债券的发行价格有溢价、平价、折价之分，因而发行价格不一定等于债券面值。因此，长期债券资金成本的计算公式为：

$$长期债券资金成本 = \frac{债券面额 \times 债券利息率 \times (1 - 所得税税率)}{债券发行价格 \times (1 - 筹资费用率)} \quad (9-4)$$

【例 9-2】 某公司发行总面值为 1 000 万元的公司债券，按面值发行，票面利率为 6.5%，期限为 3 年，发行费用为发行价格的 2%。每年年末付息一次，到期还本。公司所得税率为 25%。该公司债券的资金成本为多少？

解：根据式(9-4)，

$$债券资金成本 = \frac{1\ 000 \times 6.5\% \times (1 - 25\%)}{1\ 000 \times (1 - 2\%)} = 4.97\%$$

(3) 优先股资金成本

优先股每期的股利通常都是固定的，这与债权性资金类似。但是优先股股利从税后利

润中支付,没有抵税作用,这与债权性资金不同。于是得到优先股资金成本计算公式:

$$\text{优先股资金成本} = \frac{\text{优先股股利}}{\text{优先股发行价格} \times (1 - \text{优先股筹资费率})} \quad (9-5)$$

【例 9-3】 某公司按面值发行公司优先股,面值为 800 万元,规定每年股利率为 7.25%,筹资费率为 4%。则该公司优先股的资金成本为多少?

解:根据式(9-5),

$$\text{优先股资金成本} = \frac{800 \times 7.25\%}{800 \times (1 - 4\%)} = 7.55\%$$

(4)普通股资金成本

普通股和优先股同属于股权性资金,股利均不能抵税。但与优先股不同的是,普通股各年股利不一定相等。因此,普通股资金成本不能照搬优先股资金成本的计算公式。普通股资金成本常见的计算思路有如下几种。

① 固定股利政策下的股利折现模型。如果公司采用固定股利政策,即每年都分派等额的现金股利,则普通股与优先股类似,其资金成本计算公式为:

$$\text{普通股资金成本} = \frac{\text{普通股每年股利}}{\text{普通股发行价} \times (1 - \text{普通股筹资费率})} \quad (9-6)$$

【例 9-4】 某公司按面值发行普通股 700 万元,预计第一年的股利率为 12%,以后每年固定股利,筹资费率为 5%。则该公司普通股的资金成本是多少?

解:根据式(9-6),

$$\text{普通股资金成本} = \frac{700 \times 12\%}{700 \times (1 - 5\%)} = 12.6\%$$

② 固定增长股利政策下的股利折现模型。如果公司采用固定增长股利政策,即每年股利与上年相比的增长率相等,则普通股资金成本的计算公式为:

$$\text{普通股资金成本} = \frac{\text{普通股第一年分派股利额}}{\text{普通股发行价} \times (1 - \text{普通股筹资费率})} + \text{每年股利增长率} \quad (9-7)$$

【例 9-5】 某公司发行普通股 1 200 万,每股面值 1 元,发行价为每股 2.5 元,下一年度股利率为 13%,以后每年增长 4%,筹资费率为 5%。则该普通股资金成本为多少?

解:根据式(9-7),

$$\text{普通股资金成本} = \frac{1\,200 \times 13\%}{1\,200 \times 2.5 \times (1 - 5\%)} + 4\% = 9.47\%$$

③ 资本资产定价模型。由于筹资者的资金成本实际上就是投资者的必要报酬率,因此可以借用计算投资报酬率的资本资产定价模型来计算筹资的资金成本。其计算公式如下:

$$\text{普通股资金成本} = R_F + \beta(R_M - R_F) \quad (9-8)$$

式中,R_F 为无风险报酬率;β 为股票的贝塔系数;R_M 为市场报酬率。

【例 9-6】 某公司普通股的 β 为 1.2,市场报酬率为 10%,无风险报酬率为 4%,则该公司普通的资金成本为多少?

解:根据式(9-8),

$$\text{普通股资金成本} = 4\% + 1.2 \times (10\% - 4\%) = 11.2\%$$

(5) 留存收益资金成本

留存收益由企业税后利润形成，包括盈余公积和未分配利润，它们与优先股和普通股一样属于股权性资金。从表面上看，留存收益并不需要企业花费专门的代价。但是实际上，留存收益从最终归属上看是属于普通股股东的，可以理解为普通股股东对企业的再投资。因此，普通股股东要求留存收益应该与普通股具有相同的报酬率。因此，留存收益的资金成本与普通股基本相同，唯一不同的是不存在筹资费用。

9.2.3 综合资金成本

企业通过不同的方式从不同的来源取得的资金，其成本各不相同。要进行正确的筹资和投资决策，不仅需要计算个别资金的成本，还需要确定全部长期资金的综合资金成本。企业综合资金成本是企业为筹措资金所需支付的总成本，它包括了企业使用各种融资方式所带来的成本，它是以各种长期资金所占的比例为权重，对个别资金成本进行加权平均计算得来的，其计算公式如下：

$$K_W = \sum_{j=1}^{n} K_j W_j \qquad (9-9)$$

式中，K_W 为综合资金成本；K_j 为第 j 种个别资金的成本；W_j 为第 j 种个别资金在所有长期资金中所占比例。

由综合资金成本的计算公式可知，综合资金成本由两个因素决定：一是各种长期资金的个别资金成本；二是各种长期资金所占比例，即权数。各种长期资金权数的确定需要选择一定的价值基础。常见的价值基础主要有以下三种。

第一，账面价值基础。这是指根据会计准则和原则计量的资产价值，是企业财务报表中反映的资产价值。

第二，市场价值基础。这是指股票、债券等有市场价格的资金根据其市场价格来确定所占比例，反映了市场对该资产价值的认可程度。

第三，目标价值基础。这是指股票、债券等根据预计的未来目标市场价值确定所占比例。在确定长期资金权数时，可以考虑资产的增值潜力作为价值基础。

【例 9-7】 某公司各种长期资金成本的账面价值、市场价值和目标价值以及个别资金成本见表 9-1 所列。按照不同的价值基础计算该公司的综合资金成本。

表 9-1 某公司各种长期资金成本相关信息　　　　万元

资金种类	账面价值	市场价值	目标价值	个别资金成本
长期借款	800	800	2 000	5%
长期债券	1 500	2 000	4 000	6.5%
优先股	500	750	1 000	10%
普通股	2 000	4 000	4 000	12%
留存收益	1 800	3 600	4 000	11.5%
合计	6 600	11 150	15 000	—

解：按账面价值基础计算的综合资金成本为：

$$K_W = 5\% \times \frac{800}{6\,600} + 6.5\% \times \frac{1\,500}{6\,600} + 10\% \times \frac{500}{6\,600} + 12\% \times \frac{2\,000}{6\,600} + 11.5\% \times \frac{1\,800}{6\,600} = 9.61\%$$

按市场价值基础计算的综合资金成本为：

$$K_W = 5\% \times \frac{800}{11\,150} + 6.5\% \times \frac{2\,000}{11\,150} + 10\% \times \frac{750}{11\,150} + 12\% \times \frac{4\,000}{11\,150} + 11.5\% \times \frac{3\,600}{11\,150} = 10.22\%$$

按目标价值基础计算的综合资金成本为：

$$K_W = 5\% \times \frac{2\,000}{15\,000} + 6.5\% \times \frac{4\,000}{15\,000} + 10\% \times \frac{1\,000}{15\,000} + 12\% \times \frac{4\,000}{15\,000} + 11.5\% \times \frac{4\,000}{15\,000} = 9.33\%$$

9.2.4 企业筹资资本结构决策方法

资本结构决策是指确定企业的最佳资本结构。最佳资本结构是指使综合资金成本最低、企业价值最大的资本结构。资本结构决策是筹资管理中至关重要的问题。各种长期资金尤其是债权性资金与股权性资金的比例安排恰当，有利于企业获得财务杠杆利益，降低综合资金成本并增加企业价值。常见的资本结构决策方法有资金成本比较法、每股利润分析法和企业价值比较法。

(1) 资金成本比较法

资金成本比较法是指在适度财务风险的条件下，测算可供选择的不同资本结构或筹资组合方案的综合资金成本，并以此为标准相互比较确定最佳资本结构的方法。企业筹资分为创立初期的初始筹资和存续过程中的追加筹资。相应地，企业的资本结构决策也可分为初始筹资的资本结构决策和追加筹资的资本结构决策。

①初始筹资的资本结构决策。企业初始筹资时，对拟定的筹资总额可以采用多种筹资方式来筹集，每种筹资方式的筹资额也可有不同的安排，由此形成若干预选资本结构或筹资组合方案。在适度财务风险的前提下，可以通过比较综合资金成本来做出选择。

【例9-8】 某公司初创时需筹集资金4 000万元，有三种筹资方案可供选择，具体信息见表9-2所列。依据资金成本比较法，公司应选择哪一方案？

表9-2 某公司筹资组合方案 万元

筹资方式	筹资方案A 筹资额	筹资方案A 资金成本	筹资方案B 筹资额	筹资方案B 资金成本	筹资方案C 筹资额	筹资方案C 资金成本
长期借款	400	5%	600	5.5%	800	6%
长期债券	600	6%	1 400	8%	700	6.5%
普通股	3 000	12%	2 000	12%	2 500	12%
合计	4 000	—	4 000	—	4 000	—

解：方案A的综合资金成本为：

$$5\% \times \frac{400}{4\,000} + 6\% \times \frac{600}{4\,000} + 12\% \times \frac{3\,000}{4\,000} = 10.40\%$$

方案 B 的综合资金成本为：

$$5.5\% \times \frac{600}{4\,000} + 8\% \times \frac{1\,400}{4\,000} + 12\% \times \frac{2\,000}{4\,000} = 9.63\%$$

方案 C 的综合资金成本为：

$$6\% \times \frac{800}{4\,000} + 6.5\% \times \frac{700}{4\,000} + 12\% \times \frac{25\,000}{4\,000} = 9.84\%$$

由于 B 方案的资金成本最低，因此，在财务风险一定的情况下公司应当选择 B 方案。

②追加筹资的资本结构决策。企业存续期间追加筹资时，可能有多个备选的筹资组合方案。在适度财务风险的前提下，企业可以通过两种思路来选择最佳的追加筹资方案：一是直接计算各备选方案的边际资金成本，选择边际资金成本最低的追加筹资方案；二是分别将各备选方案与原有资本结构汇总得到各个汇总资本结构，然后计算各个汇总资本结构下的综合资金成本，选择使汇总资本结构下的综合资金成本最低的追加筹资方案。

(2) 每股利润分析法

每股利润分析法是通过对不同资本结构下的每股利润进行比较分析，从而选择最佳资本结构的方法。在此不做详述，可参阅其他资料。

(3) 企业价值比较法

企业价值比较法是通过对不同资本结构下的企业价值和综合资金成本进行比较分析，从而选择最佳基本结构的方法。在此不做详述，可参阅其他资料。

9.3 企业投资决策

9.3.1 投资概述

投资是指将财力投放于一定的对象，以期望在未来获取一定利润的经济行为。在市场经济条件下，企业能否把筹集到的资金投放到收益高、回收快、风险小的项目上去，对其生存和发展十分重要。企业投资有以下几个重要的意义。

一是实现盈利增长。企业投资可以通过扩大生产规模、引进新技术、开拓新市场等方式，促进企业的盈利增长。投资能够提高企业的生产效率和竞争力，从而带来更多的销售收入和利润。

二是探索创新机会。企业投资还可以用于研发新产品、创新商业模式或探索新的市场机会。创新投资有助于企业不断适应市场变化和顺应消费者需求的变化，提升企业的竞争力和持续发展能力。

三是提升企业价值。投资可以提升企业的资产价值和市场地位。通过投资扩大生产能力、增加产品线或改善产品质量，企业能够更好地满足市场需求，提高市场份额，并增加企业的市场价值。

四是实现战略目标。企业投资是实现战略目标的重要手段之一。例如，企业可通过收购或合并其他公司来拓展业务，进入新的市场或实现垂直整合。投资可以帮助企业实现战略定位、扩大市场份额和提升企业竞争优势。

五是促进经济发展。企业投资对于整体经济发展也具有重要意义。投资活动可以带动相关产业链的发展，刺激就业增长，提高国民经济的整体效益和社会福利水平。

总结起来，企业投资的意义在于实现盈利增长、探索创新机会、提升企业价值、实现战略目标和促进经济发展。通过合理的投资决策，企业能够应对市场变化，适应竞争环境，提升竞争力，并为企业持续发展奠定基础。

9.3.2 投资决策基础——现金流量

(1) 现金流量的概念

企业投资决策中的现金流量是指与投资决策相关的现金流入和流出的数量。现金流量是评价投资方案是否可行时必须事先计算的一个基础性数据。一定时期内，现金流入量与现金流出量之差，称为净现金流量。

(2) 现金流量的构成

投资决策使用的现金流量主要由初始现金流量、营业现金流量、终结现金流量三部分组成。

初始现金流量：是指进行投资时需要支付的初始资金。例如，购买固定资产、营运资金垫支或购买其他长期投资项目所支付的现金。

营业现金流量：是指投资项目在经营过程中所产生的现金流入和流出情况。这种现金流量一般按年度进行计算。这里的现金流入一般是指由营业收入所带来的现金流入，现金流出一般是指由需要付现的营业成本和所得税所引起的现金流出。

终结现金流量：是指在投资项目结束或出售时所产生的现金流入或流出情况。例如，出售固定资产或其他投资项目所获得的现金。

在进行投资决策时，需要综合考虑以上三部分的现金流量。初始现金流量是衡量投资项目投入资金大小的重要指标，营业现金流量则反映了项目在运营期间的盈利能力和现金回收情况，而终结现金流量可以评估投资项目的退出回报。

通过对这三部分现金流量的分析和比较，可以帮助投资者评估投资项目的可行性和风险，并做出相应的决策。

(3) 现金流量的计算方法

初始现金流量和终结现金流量的计算比较简单，只需逐项列出然后相加即可。需要注意的是，如果初始投资时存在费用化的支出，或涉及旧固定资产的出售损益，则需要考虑它们的所得税影响。

营业现金流量的计算较为复杂，其计算方法主要有以下三种。

一是根据定义直接计算：

$$营业现金流量 = 营业收入 - 付现成本 - 所得税 \tag{9-10}$$

二是根据税后净利倒推计算：

$$营业现金流量 = 税后净利 + 折旧 \tag{9-11}$$

三是根据所得税的影响计算：

$$营业现金流量 = 营业收入 \times (1-税率) - 付现成本 \times (1-税率) + 折旧 \times 税率 \tag{9-12}$$

以上三个公式中，式(9-12)较为常用，因为它可以直接根据投资项目的营业收入、付现成本、折旧和企业所得税税率来计算。

【例 9-9】 A 公司打算购买一台设备，现有甲、乙两个方案。甲方案需投入 100 000 元购置设备，设备使用寿命为 5 年，期满无残值，采用直线计提法折旧。5 年中每年营业收入为 60 000 元，付现成本为 20 000 元。乙方案需投入 120 000 元购置设备，垫支 30 000 元营运资金，设备使用寿命为 5 年，期末残值为 20 000 元，采用直线计提法折旧。5 年中每年营业收入为 80 000 元，第一年付现成本为 30 000 元，往后每年增加 4 000 元。假设公司所得税率为 25%。试计算两个方案的现金流量。

解： 第一步，计算两个方案的初始现金流量。

甲方案初始现金流量 = 固定资产投资 = 100 000(元)

乙方案初始现金流量 = 固定资产投资 + 营运资金垫支 = 120 000 + 30 000 = 150 000(元)

第二步，计算两个方案的营业现金流量。

$$甲方案每年折旧额 = \frac{100\,000}{5} = 20\,000(元)$$

甲方案每年营业现金流量 = 60 000×(1-25%) - 20 000×(1-25%) + 20 000×25% = 35 000(元)

$$乙方案每年折旧额 = \frac{120\,000 - 20\,000}{5} = 20\,000(元)$$

乙方案第一年营业现金流量 = 80 000×(1-25%) - 3 000×(1-25%) + 20 000×25% = 42 500(元)
乙方案第二年营业现金流量 = 80 000×(1-25%) - 34 000×(1-25%) + 20 000×25% = 39 500(元)
乙方案第三年营业现金流量 = 80 000×(1-25%) - 38 000×(1-25%) + 20 000×25% = 36 500(元)
乙方案第四年营业现金流量 = 80 000×(1-25%) - 42 000×(1-25%) + 20 000×25% = 33 500(元)
乙方案第五年营业现金流量 = 80 000×(1-25%) - 46 000×(1-25%) + 20 000×25% = 30 500(元)

第三步，计算两个方案的终结现金流量。

甲方案终结现金流量 = 0(元)

乙方案终结现金流量 = 固定资产残值 + 营运资金收回 = 20 000 + 30 000 = 50 000(元)

两个方案的现金流量表见表 9-3 所列。

表 9-3 投资项目现金流量表　　　　　　　　　　元

	t	0	1	2	3	4	5
甲	初始现金流	-100 000					
	营业现金流		35 000	35 000	35 000	35 000	35 000
	现金流量合计	-100 000	35 000	35 000	35 000	35 000	35 000
乙	初始现金流	-150 000					
	营业现金流		42 500	39 500	36 500	33 500	30 500
	终结现金流						50 000
	现金流量合计	-150 000	42 500	39 500	36 500	33 500	80 500

在现金流量表中,为了简便起见,一般都假定各年投资在年初一次进行,各年营业现金流量在年末一次发生,终结现金流量在最后一年年末发生。

9.3.3 企业投资决策评价

企业投资决策评价要根据投资决策指标来评价。投资决策指标是指评价投资方案是否可行或孰优孰劣的标准。投资决策指标非常丰富,可分为非折现现金流量指标和折现现金流量指标两大类。

9.3.3.1 非折现现金流量指标

非折现现金流量指标是指不考虑资金时间价值的各种指标。常见的非折现现金流量指标有两个:投资回收期和平均报酬率。

(1) 投资回收期

①投资回收期的计算。投资回收期是指回收初始投资所需要的时间,一般以年为单位。投资回收期的计算,因投资方案投入使用后每年的净现金流量是否相等而有所不同。

如果投资方案每年净现金流量相等,则投资回收期可按式(9-13)计算:

$$投资回收期 = \frac{初始投资额}{每年净现金流量} \tag{9-13}$$

如果投资方案每年净现金流量不相等,则投资回收期要根据每年年末尚未收回的投资额加以确定。假设初始投资在第 n 年和第 $n+1$ 年之间收回,则投资回收期可按式(9-14)计算:

$$投资回收期 = n + \frac{第\,n\,年年末尚未收回的投资额}{第\,n+1\,年的净现金流量} \tag{9-14}$$

【例 9-10】 根据例 9-9 中 A 公司资料(见表 9-3),分别计算甲、乙两个方案的投资回收期。

解:甲方案投入使用后每年现金流量相等,则

$$甲方案投资回收期 = \frac{100\,000}{35\,000} = 2.857(年)$$

乙方案投入使用后每年净现金流量不相等,经估算,乙方案初始投资额在第三年和第四年之间收回,第三年年末尚未收回投资额为 31 500,则

$$乙方案投资回收期 = 3 + \frac{31\,500}{33\,500} = 3.94(年)$$

②投资回收期的决策规则。在采用投资回收期这一指标进行决策时,应根据企业的投资政策和战略目标,确定一个可接受的投资回收期限。这可以是企业内部制订的标准,也可以是行业平均水平或其他参考指标。在只有一个备选方案的采纳与否决策中,低于企业要求的投资回收期的方案就采纳,高于企业要求的投资回收期的方案则拒绝。在多个投资方案的互斥选择投资决策中,应在投资回收期低于企业要求的投资回收期的方案中选择最短者。在例 9-10 中,如果 A 公司要求投资回收期不能超过 3 年,则企业应当选甲方案。

③投资回收期的优缺点。投资回收期的概念容易理解,计算也比较简便,但是它没有考虑资金的时间价值,也没有考虑初始投资收回后的现金流量状况。

(2)平均报酬率

①平均报酬率的计算。平均报酬率是指投资项目寿命周期内平均的年投资报酬率,也称平均投资报酬率。其计算公式为:

$$平均报酬率 = \frac{年平均现金流量}{初始投资额} \times 100\% \quad (9-15)$$

年平均现金流量是指项目投入使用后的年平均现金流量,等于所有营业现金流量和终结现金流量之和除以投资项目寿命。

【例 9-11】 根据例 9-9 中 A 公司资料(见表 9-3),分别计算甲、乙两个方案的平均报酬率。

解:

$$甲方案的平均报酬率 = \frac{35\ 000}{100\ 000} \times 100\% = 35\%$$

$$乙方案的平均报酬率 = \frac{(42\ 500 + 39\ 500 + 36\ 500 + 33\ 500 + 80\ 500)/5}{150\ 000} \times 100\% = 31\%$$

②平均报酬率的决策规则。在采用平均报酬率这一指标进行决策时,应根据企业的投资政策和战略目标,确定一个企业要求达到的平均报酬率。这可以是企业内部制订的标准,也可以是行业平均水平或其他参考指标。在只有一个备选方案的采纳与否决策中,高于必要平均报酬率的方案就采纳,低于必要平均报酬率的方案则拒绝。在多个投资方案的互斥选择决策中,应在平均报酬率高于必要报酬率的方案中选择最高者。如例 9-11 中,假设企业要求的必要平均报酬率为 30%,则甲、乙两方案都是可取的,因为它们的平均报酬率都高于 30%,但由于二者是互斥方案,因此应选择平均报酬率更高的甲方案。

③平均报酬率的优缺点。平均报酬率与投资回收期类似,其概念易于理解,计算也比较简便,而且平均报酬率考虑了投资项目整个寿命期内的现金流量。但是没有考虑资金的时间价值,将前期的现金流量等同于后期的现金流量。

9.3.3.2 折现现金流量指标

折现现金流量指标是指考虑了资金时间价值的指标。常见的折现现金流量指标有净现值、获利指数与内含报酬率。

(1)净现值

①净现值的计算。净现值是指从投资开始到项目寿命终结,所有现金流量(现金流入量为正,现金流出量为负)的现值之和。其计算公式为:

$$NPV = \sum_{t=0}^{n} \frac{NCF_t}{(1+k)^t} = \sum_{t=0}^{n} m(NCF_t \cdot PVIF_{k,t}) \quad (9-16)$$

式中,n 为投资开始到项目寿命终结的年数;NCF_t 为第 t 年的现金净流量;k 为折现率(资金成本或企业要求的必要报酬率)。为了简化计算,式中复利现值系数 $PVIF_{k,t}$ 可直接从附表 1 查询代入。

由于投资项目的初始投资往往为现金流出,即为负现金流量,而投资项目投入使用

后,各年的净现金流量往往为正现金流量,因此可以考虑将二者区分开来。所以,净现值计算公式还有另外一种表达形式:

$$NPV = \sum_{t=1}^{n} \frac{NCF_t}{(1+k)^t} - C = \sum_{t=1}^{n} (NCF_t \cdot PVIF_{k,t}) - C \tag{9-17}$$

式中,C 为初始投资额。

需要注意的是,如果投资期超过1年,则 C 应为各年投资额的现值之和,同时 t 的开始年份可能不再是1,而是投资项目开始投入使用的年份。

如果投资项目投入使用后每年的净现金流量相等,记作 NCF,则计算公式可演化为:

$$NPV = NCF \cdot PVIFA_{k,n} - C \tag{9-18}$$

为了简化计算,年金现值系数 $PVIFA_{k,n}$ 可直接从附表2查询代入。

【例9-12】 根据例9-9中A公司资料(见表9-3),分别计算甲、乙两个方案的净现值,假设资金成本率为10%。

解:$NPV_甲 = NCF \cdot PVIFA_{10\%,5} - C = 35\ 000 \times 3.791 - 100\ 000 = 32\ 685(元)$

$$NPV_乙 = \sum_{t=1}^{5} (NCF_t \cdot PVIF_{10\%,t}) - C$$
$$= NCF_1 \cdot PVIF_{10\%,1} + NCF_2 \cdot PVIF_{10\%,2} +$$
$$NCF_3 \cdot PVIF_{10\%,3} + NCF_4 \cdot PVIF_{10\%,4} + NCF_5 \cdot PVIF_{10\%,5} - 150\ 000$$
$$= 42\ 500 \times 0.909 + 39\ 500 \times 0.826 + 36\ 500 \times 0.751 + 33\ 500 \times 0.683 +$$
$$80\ 500 \times 0.621 - 150\ 000 = 21\ 544(元)$$

②净现值的决策规则。在只有一个备选方案的采纳与否决策中,净现值为正者就采纳,净现值为负者则拒绝。在多个备选方案的互斥选择决策中,应选择净现值为正值中的最大者。在例9-12中,甲、乙两方案都是可取的,因为它们的净现值都为正,但由于二者是互斥方案,因此应选择净现值较大的甲方案。

③净现值的优缺点。净现值考虑了资金的时间价值,并且能够真实反映各投资方案的净收益,但是它作为一种绝对值指标,不便于比较不同规模投资方案的获利程度,不能揭示各投资方案的实际报酬率。

(2)获利指数

①获利指数的计算。获利指数又称现值指数,是投资项目投入使用后的现金流量现值之和与初始投资额之比。其计算公式为:

$$PI = \frac{\sum_{t=1}^{n} \frac{NCF_t}{(1+k)^t}}{C} \tag{9-19}$$

式中,PI 为获利指数;其他各符号的含义与净现值计算公式相同。

与净现值计算公式一样,如果投资期超过一年,则 C 应为各年投资额的现值之和同时 t 的开始年份可能不再是1,而是投资项目开始投入使用的年份。

【例9-13】 根据例9-9中A公司资料(见表9-3),分别计算甲、乙两个方案的获利指数,假设资金成本率为10%。

解：

$$PI_\text{甲} = \frac{\sum_{t=1}^{5} \frac{NCF_t}{(1+k)^t}}{C} = \frac{132\ 685}{100\ 000} = 1.33$$

$$PI_\text{乙} = \frac{\sum_{t=1}^{5} \frac{NCF_t}{(1+k)^t}}{C} = \frac{171\ 544}{150\ 000} = 1.14$$

②获利指数的决策规则。在只有一个备选方案的采纳与否决策中，获利指数大于1就采纳，获利指数小于1则拒绝。获中甲、乙两方案都是可取的，它们的获利指数都大于1，但由于二者是互斥方案，因此应选择获利指数较高的甲方案。

③获利指数的优缺点。获利指数考虑了资金的时间价值，并且用相对数表示，从而有利于在投资规模不同的各方案中进行对比。但是，获利指数的概念不易理解，它既不属于绝对值指标，又不同于一般的报酬率性质的相对值指标。

(3) 内部报酬率

①内部报酬率的计算。内部报酬率又称内含报酬率，它是使投资方案的净现值为零的折现率。内部报酬率实际上反映了投资项目的真实报酬率，由于净现值有两个计算公式，因此，内部报酬率也有两个计算公式：

$$\sum_{t=0}^{n} \frac{NCF_t}{(1+r)^t} = \sum_{t=0}^{n} (NCF_t \cdot PVIF_{r,t}) = 0 \tag{9-20}$$

$$\sum_{t=1}^{n} \frac{NCF_t}{(1+r)^t} - C = \sum_{t=1}^{n} (NCF_t \cdot PVIF_{r,t}) - C = 0 \tag{9-21}$$

式中，r 为内部报酬率；其他符号的含义与净现值计算公式相同。

内部报酬率的具体计算可分为如下两种情况：如果投资项目投入使用后每年的 NCF 相等，则按下列步骤计算。

第一步，计算年金现值系数 $PVIFA_{r,n}$。由于从 NCF_1 到 NCF_n 都相等，令其等于 NCF，则

$$\sum_{t=1}^{n} \frac{NCF_t}{(1+r)^t} - C = NCF \cdot PVIFA_{r,n} - C = 0$$

$$PVIFA_{r,n} = \frac{C}{NCF} \tag{9-22}$$

第二步，查年金现值系数表，在期数 n 对应的栏内，如果能找到恰好等于上面所计算的 $PVIFA_{r,n}$ 的值，则该值对应的折现率即为所求的内部报酬率 r，计算到此结束。如果在期数 n 对应的栏内，没有恰好等于上面所计算的 $PVIFA_{r,n}$ 的值，则找出与它邻近的一大一小两个值 P_1 和 P_2，它们对应着两个邻近的折现率 i_1 和 i_2。

第三步，采用插值法计算该投资方案的内部报酬率 r。

$$\frac{r - i_1}{i_2 - i_1} = \frac{PVIFA_{r,n} - P_1}{P_2 - P_1} \tag{9-23}$$

如果投资项目投入使用后每年的 NCF 不相等，则按下列步骤计算。

第一步，首先根据经验预估一个折现率，用此折现率计算投资方案净现值。如果计算

出的净现值恰好为零,则这个预估的折现率就是所求的内部报酬率 r,计算到此结束。如果计算出的净现值为正数,表示预估的折现率低于项目的内部报酬率,则应提高折现率再进行测算。如果计算出的净现值为负数,表示预估的折现率高于项目的内部报酬率,则应降低折现率再进行测算。经过反复测算,直到找出使净现值一正一负并接近于零的两个折现率 i_1 和 i_2 为止,与之对应的净现值分别为 NPV_1 和 NPV_2。

第二步,采用插值法计算该投资方案的内部报酬率 r。

$$\frac{r-i_1}{i_2-i_1}=\frac{0-NPV_1}{NPV_2-NPV_1} \tag{9-24}$$

【例 9-14】 根据例 9-9 中 A 公司资料(见表 9-3),分别计算甲、乙两个方案的内部报酬率。

解:甲方案投入使用后每年 NCF 相等,

$$PVIFA_{r,5}=\frac{100\ 000}{35\ 000}=2.857$$

查附表 2,在 $n=5$ 的这栏中,与 2.857 邻近的年金现值系数为 2.689 和 2.991,与之对应的折现率分别为 25% 和 20%。

然后运用插值法计算甲方案的内部报酬率。

$$\frac{r-20\%}{25\%-20\%}=\frac{2.857-2.991}{2.689-2.991}$$

$$r=22.22\%$$

乙方案投入使用后每年 NCF 不相等,计算如下:

假设折现率分别为 14%、15%、16% 进行测算,

$$NPV_0=\sum_{t=1}^{5}(NCF_t\cdot PVIF_{14\%,t})-C=3\ 897$$

$$NPV_1=\sum_{t=1}^{5}(NCF_t\cdot PVIF_{15\%,t})-C=24.5$$

$$NPV_2=\sum_{t=1}^{5}(NCF_t\cdot PVIF_{16\%,t})-C=-3\ 810$$

然后运用插值法计算乙方案的内部报酬率。

$$\frac{r-15\%}{16\%-15\%}=\frac{0-24.5}{-3\ 810-24.5}$$

$$r=15.01\%$$

②内部报酬率的决策规则。在只有一个备选方案的采纳与否决策中,内部报酬率高于企业资金成本或必要报酬率就采纳,低于企业资金成本或必要报酬率则拒绝。在多个备选方案的互斥选择决策中,应在内部报酬率超过资金成本或必要报酬率的项目中选择最高者。在例 9-14 中,如果企业的资金成本率为 15%,则甲、乙两个方案都是可取的。但二者互斥,所以选择内部报酬率最高的甲方案。

③内部报酬率的优缺点。内部报酬率考虑了资金的时间价值,反映了投资项目的真实报酬率,但它的计算过程比较复杂,尤其是在投资项目投入使用后各年 NCF 不相等时,一般要经过多次测算才能求得。

9.4 财务报表与财务能力分析

9.4.1 资产负债表

资产负债表(balance sheet，B/S)是反映企业在某一特定日期的财务状况的报表，也称财务状况表(statement of financial position)，因其所列示的为时点数据，所以又称静态报表。

资产负债表应当按照资产、负债和所有者权益三大类别分类列报。资产和负债按照流动性分为流动资产与非流动资产、流动负债与非流动负债项目，所有者权益项目包括股本(实收资本)、资本公积、盈余公积、未分配利润。资产负债表中的资产类至少应当列示流动资产与非流动资产的合计项目；负债类至少应当列示流动负债与非流动负债以及负债的合计项目；所有者权益类应当列示所有者权益的合计项目。资产负债表应当分别列示资产总计项目、负债与所有者权益之和的总计项目，并且这二者的金额应当相等。

在我国，资产负债表采用账户式的格式，资产类项目列于左侧，负债和所有者权益项目列于右侧的上下端，每个项目又分为"期末余额"和"年初余额"两栏。另外，将资产区分为流动资产和非流动资产、负债区分为流动负债和非流动负债分别进行分类列示。通过账户式资产负债表，可以反映资产、负债、所有者权益之间的内在关系，即"资产=负债+所有者权益"。我国企业的资产负债表的格式参见表9-4。

资产负债表是进行财务分析的一张重要的财务报表。通过资产负债表列示项目，可以了解企业的资产结构、资产流动性、资金来源状况、负债结构等多种财务信息，进一步可以分析出企业的偿债能力、营运能力等财务能力，为利益相关者提供决策依据。

表9-4 资产负债表

编制单位：　　　　　　　　　　　　　年　月　日　　　　　　　　　　　　　元

资产	期末余额	年初余额	负债和所有者(股东)权益	期末余额	年初余额
流动资产：			流动负债：		
货币资金			短期借款		
交易性金融资产			交易性金融负债		
应收票据			应付票据		
应收账款			应付账款		
预付款项			预收款项		
应收利息			应付职工薪酬		
应收股利			应交税费		
其他应收款			应付利息		
存货			应付股利		
一年内到期的非流动资产			其他应付款		

(续)

资　产	期末余额	年初余额	负债和所有者(股东)权益	期末余额	年初余额
其他流动资产			一年内到期的非流动负债		
流动资产合计			其他流动负债		
非流动资产：			流动负债合计		
可供出售金融资产			非流动负债：		
持有至到期投资			长期借款		
长期应收款			应付债券		
长期股权投资			长期应付款		
投资性房地产			专项应付款		
固定资产			预计负债		
在建工程			递延所得税负债		
工程物资			其他非流动负债		
固定资产清理			非流动负债合计		
生产性生物资产			负债合计		
油气资产			所有者(股东)权益：		
无形资产			实收资本(或股本)		
开发支出			资本公积		
商誉			减：库存股		
长期待摊费用			盈余公积		
递延所得税资产			未分配利润		
其他非流动资产			所有者(股东)权益合计		
非流动资产合计					
资产总计			负债和所有者权益(或股东权益)总计		

9.4.2　利润表

利润表(income statement, earnings statement, operating statement, statement of operations)又称损益表(profit and loss statement, P&L)，是反映企业在一定的会计期间的经营成果的财务报表。因其所列示的为期间数据，所以又称动态报表。

利润表以"利润=收入-费用"这一会计等式为依据编制而成。通过利润表可以考核企业利润计划完成情况，分析企业的盈利能力和利润增减变化的原因，预测企业利润的发展趋势，为利益相关者开展决策提供有用的信息。

现行《企业会计准则》所规定的利润表格式逐步列示了"营业利润""利润总额"和"净利润"等项目，这种格式的利润表称为多步式利润表。这种格式的利润表有助于理解企业经营成果的不同来源。我国企业利润表的格式参见表9-5。

表 9-5 利润表

编制单位：　　　　　　　　　　　××年度　　　　　　　　　　　　　　　　　元

项　目	本期金额	上期金额
一、营业收入		
减：营业成本		
营业税金及附加		
销售费用		
管理费用		
财务费用		
资产减值损失		
加：公允价值变动收益(损失以"—"号填列)		
投资收益(损失以"—"号填列)		
资产处置收益(损失以"—"号填列)		
其他收益		
二、营业利润(亏损以"—"号填列)		
减：营业外支出		
加：营业外收入		
三、利润总额(亏损以"—"号填列)		
减：所得税费用		
四、净利润(亏损以"—"号填列)		
五、其他综合收益的税后总额		
六、综合收益总额		
七、每股收益		
(一)基本每股收益(元)		
(二)稀释每股收益(元)		

9.4.3　现金流量表

现金流量表(cash flow statement)，是反映企业在一定会计期间内的现金及现金等价物的流入和流出情况的报表。它以现金及现金等价物为基础进行编制，便于了解和评价企业获取现金和现金等价物的能力，并预测企业未来的现金流量。

根据《企业会计准则第31号——现金流量表》，该财务报表中的"现金"是指库存现金和可以随时用于支付的存款，包括库存现金、银行存款和其他货币资金。但是，银行存款和其他货币资金中不能随时用于支付的存款不属于现金，如不能随时支取的定期存款等。该准则所称的"现金等价物"是指企业持有的期限短、流动性强、易于转换为已知金额现金、价值变动风险很小的投资。"期限短"一般是指从购买日起三个月内到期。现金等价物通常包括三个月内到期的债券投资。股权性质的投资因其价值风险波动大,一般不视为现金等价物。现金等价物虽然不是现金,但是其支付能力与现金的差别不大,可视为现金。所以可以看到,现金流量表中的"现金"是特指的。

现金流量是指现金和现金等价物的流入和流出。现金流量表反映了企业在一定会计期间的现金流量状况,将企业的现金流量区分为经营活动产生的现金流量、投资活动产生的现金流量和筹资活动产生的现金流量,最后汇总列示了企业的现金及现金等价物的增加额。我国的现金流量表参见表 9-6。

表 9-6 现金流量表

编制单位: ××年度 元

项　目	本期金额	上期金额
一、经营活动产生的现金流量		
销售商品提供劳务收到的现金		
收到的税费返还		
收到其他与经营活动有关的现金		
经营活动现金流入小计		
购买商品、接受劳务支付的现金		
支付给职工以及为职工支付的现金		
支付的各项税费		
支付其他与经营活动有关的现金		
经营活动现金流出小计		
经营活动产生的现金流量净额		
二、投资活动产的现金流量		
收回投资收到的现金		
取得投资收益收到的现金		
处置固定资产、无形资产和其他长期资产收回的现金净额		
处置子公司及其他营业单位收到的现金净额		
收到其他与投资活动有关的现金		
投资活动现金流入小计		
购建固定资产、无形资产和其他长期资产支付的现金		
投资支付的现金		
取得子公司及其他营业单位支付的现金净额		
支付其他与投资活动有关的现金		
投资活动现金流出小计		
投资活动产生的现金流量净额		

(续)

项　目	本期金额	上期金额
三、筹资活动产生的现金流量		
吸收投资收到的现金		
取得借款收到的现金		
收到其他与筹资活动有关的现金		
筹资活动现金流入小计		
偿还债务支付的现金		
分配股利、利润或偿付利息支付的现金		
支付其他与筹资活动有关的现金		
筹资活动现金流出小计		
筹资活动产生的现金流量净额		
四、汇率变动对现金及现金等价物的影响		
五、现金及现金等价物净增加额		
加：期初现金及现金等价物余额		
六、期末现金及现金等价物余额		

9.4.4 财务能力分析

(1) 偿债能力分析

偿债能力是指企业偿还其债务(含本金和利息)的能力。通过偿债能力分析，能揭示一个企业财务风险的大小。企业的投资者、银行、企业财务人员都十分重视对偿债能力的分析。偿债能力分析主要分为短期偿债能力分析、长期偿债能力分析、企业负担利息和固定支出能力分析。

①短期偿债能力分析。短期偿债能力是指企业偿付流动负债的能力。流动负债是将在一年内或超过一年的一个营业周期内需要偿付的债务，这部分负债对企业的财务风险影响较大。通常评价短期偿债能力的财务比率主要有流动比率、速动比率、现金比率、现金流量比率等。

$$流动比率 = \frac{流动资产}{流动负债} \tag{9-25}$$

$$速动比率 = \frac{速动资产}{流动负债} \tag{9-26}$$

$$现金比率 = \frac{现金 + 现金等价物}{流动负债} \tag{9-27}$$

$$现金流量比率 = \frac{经营活动产生的现金流量净额}{流动负债} \tag{9-28}$$

以上公式中，流动负债主要包括短期借款、以公允价值计量且其变动计入当期损益的金融负债、应付及预收款项、各种应交税费、一年内到期的非流动负债等，通常用资产负债表中的期末流动负债总额表示。流动资产主要包括货币资金、以公允价值计量且其变动计入当期损益的金融资产、应收及预付款项、存货和一年内到期的非流动资产等，一般用资产负债表中的期末流动资产总额表示（即表 9-4 流动资产合计的期末余额）。速动资产是指流动资产扣除存货后的部分，主要包括货币资金、以公允价值计量且其变动计入当期损益的金融资产、衍生金融资产、应收票据、应收账款等。现金比率中，现金类资产包括库存现金、随时可用于支付的存款和现金等价物等。

一般来说，流动比率在 2 左右比较合适，速动比率在 1 时比较合适。但是在具体分析时，应该根据企业性质、不同行业特点和其他因素来综合判断，不能一概而论。现金比率高，说明企业有较好的支付能力，对偿还流动负债来说比较有利。但是如果现金比率过高，意味着企业持有过多的盈利能力较低的现金类资产，企业的投资效率不高。流动比率、速动比率和现金比率都是反映企业短期偿债能力的静态指标，现金流量比率则从动态角度反映了本期经营活动产生的现金流量净额对下一期需要偿还的流动负债的比率。使用现金流量比率时，需要注意下一期影响经营活动产生的现金流量净额的不确定因素。

②长期偿债能力分析。长期偿债能力是指企业偿还长期债务的能力。企业的长期负债主要有长期借款、应付债券、长期应付款、专项应付款、预计负债等。反映企业长期偿债能力的财务比率主要有资产负债率、股东权益比率、偿债保障比率等。

$$资产负债率 = \frac{负债总额}{资产总额} \times 100\% \qquad (9-29)$$

资产负债率反映企业的偿债综合能力，这个比率越高，说明企业偿还债务的能力越低，财务风险越高；反之，偿债能力越强。至于这一比率为多少合适，并不能一概而论，而要考虑不同行业、不同类型企业的差异因素。

$$股东权益比率 = \frac{股东权益总额}{资产总额} \times 100\% \qquad (9-30)$$

股东权益比率与资产负债率的和等于 1。股东权益比率越大，资产负债率就越小，企业的财务风险也越小，长期偿债能力就越强。

$$偿债保障比率 = \frac{负债总额}{经营活动产生的现金流量净额} \qquad (9-31)$$

偿债保障比率反映了用企业经营活动产生的现金流量净额偿还全部债务所需要的时间，也称债务偿还期。一般来说，偿债保障比率越低，企业偿债能力越强。

③企业负担利息和固定支出能力分析。企业负担利息和固定支出能力是指企业利润支付利息或支付固定支出的能力。这是企业进行筹资决策时必须认真考虑的一个因素。该能力主要通过利息保障倍数、固定支出保障倍数这两个指标来反映。

$$利息保障倍数 = \frac{息税前利润}{利息费用} = \frac{净利润 + 所得税费用 + 利息费用}{利息费用} \qquad (9-32)$$

利息保障倍数反映了企业利润支付利息费用的能力。这一指标越大，说明支付能力越强；反之，则越弱。如果该指标低于 1，意味着企业利润无法满足当期利息支付，企业面临较大的财务风险。

$$固定支出保障倍数=\frac{税前及支付固定支出前利润}{利息费用+租金+\frac{优先股股利}{1-税率}}=\frac{利息费用+租金+所得税税率+净利润}{利息费用+租金+\frac{优先股股利}{1-税率}} \quad (9-33)$$

固定支出保障倍数反映了企业盈利支付固定支出的能力。这一指标越高,说明企业支付固定支出的能力越强。

(2)营运能力分析

企业营运能力反映了企业的资金周转情况,可以了解到企业的营业状况及经营管理能力。资金周转状况好,说明企业的经营管理水平高,资金利用率高。分析企业的营运能力常用的财务指标有应收账款周转率、存货周转率、流动资产周转率、固定资产周转率、总资产周转率等。

①应收账款周转率。是由赊销收入净额与应收账款平均余额进行对比所确定的比率,有周转次数(应收账款周转率)和周转天数(应收账款平均周转天数)两种表示方法。计算公式为:

$$应收账款周转次数=\frac{赊销收入净额}{应收账款平均余额} \quad (9-34)$$

$$应收账款周转天数=\frac{360 天}{应收账款周转次数}=\frac{应收账款平均余额×360 天}{赊销收入净额} \quad (9-35)$$

其中　　赊销收入净额=销售收入-现销收入-(销售退回+销售折让+销售折扣)

$$应收账款平均余额=\frac{期初应收账款+期末应收账款}{2}$$

一般情况下,一定时期内应收账款周转次数越多或者应收账款周转天数越少,则应收账款周转越快,利用率越高。

②存货周转率。也称存货利用率,是营业成本与存货平均余额的比率,有存货周转次数和存货周转天数两种表示方法。其计算公式为:

$$存货周转次数=\frac{营业成本}{存货平均余额} \quad (9-36)$$

$$存货周转天数=\frac{360 天}{存货周转次数}=\frac{存货平均余额×360 天}{营业成本} \quad (9-37)$$

其中　　　　$$存货平均余额=\frac{期初存货余额+期末存货余额}{2}$$

一般情况下,一定时期内存货周转次数越多或者存货周转天数越少,则存货周转越快,存货利用率越高。

③流动资产周转率。是营业收入与流动资产平均余额的比率,计算公式为:

$$流动资产周转次数=\frac{营业收入}{流动资产平均余额} \quad (9-38)$$

其中　　　$$流动资产平均余额=\frac{期初流动资产余额+期末流动资产余额}{2}$$

一般情况下，一定时期内流动资产周转次数越多，则流动资产周转越快，利用率越高。

④固定资产周转率。是营业收入与固定资产平均余额的比率，计算公式为：

$$\text{固定资产周转率} = \frac{\text{营业收入}}{\text{固定资产平均净值}} \quad (9\text{-}39)$$

其中

$$\text{固定资产平均净值} = \frac{\text{期初固定资产净值} + \text{期末固定资产净值}}{2}$$

一般情况下，固定资产周转率越高，说明固定资产利用率越高，管理情况越好。

⑤总资产周转率。是营业收入与总资产平均总额的比率，计算公式为：

$$\text{总资产周转率} = \frac{\text{营业收入}}{\text{资产平均总额}} \quad (9\text{-}40)$$

其中

$$\text{资产平均总额} = \frac{\text{期初资产总额} + \text{期末资产总额}}{2}$$

一般情况下，总资产周转率越高，说明总资产利用情况越好。具体是否合理，要结合历史水平或行业平均水平进行分析。

(3) 获利能力分析

获利能力就是企业赚取利润的能力。获利是企业生存和发展的基础，是实现企业财务管理目标的重要保障。因此，企业的所有者、债权人和管理者都十分关注企业的获利能力。

①与营业收入有关的获利能力指标。是指企业的利润与营业收入的比率，可以用营业毛利率、营业净利率两种指标进行分析。一般来说，指标越高，则企业的获利能力越强。

$$\text{营业毛利率} = \frac{\text{营业收入} - \text{营业成本}}{\text{营业收入}} \times 100\% = \frac{\text{毛利}}{\text{营业收入}} \times 100\% \quad (9\text{-}41)$$

$$\text{营业净利率} = \frac{\text{净利润}}{\text{营业收入}} \times 100\% \quad (9\text{-}42)$$

②与资金有关的获利能力指标。是企业的利润与一定的资金的比率，主要包括投资报酬率、净资产报酬率。投资报酬率反映了企业全部投入资金的获利能力，净资产收益率反映了企业所有者投入资金的获利能力。一般来说，指标越高，则企业的获利能力越强。

$$\text{投资报酬率} = \frac{\text{净利润}}{\text{资产平均总额}} \times 100\% = \frac{\text{净利润}}{\frac{\text{期初资产总额} + \text{期末资产总额}}{2}} \times 100\% \quad (9\text{-}43)$$

$$\text{净资产收益率} = \frac{\text{净利润}}{\text{净资产平均总额}} \times 100\% = \frac{\text{净利润}}{\frac{\text{期初净资产} + \text{期末净资产}}{2}} \times 100\% \quad (9\text{-}44)$$

③与股票数量或股票价格有关的获利能力指标。是指企业利润与股票数量或者股票价格进行对比所确定的比率，主要包括普通股每股盈余、普通股每股现金流量、普通股每股股利、市盈率。

普通股每股盈余是由净利润扣除优先股股利之后的余额对发行在外的普通股股数的比率。一般来说，普通股每股盈余越高，则获利能力越强。

$$\text{普通股每股盈余} = \frac{\text{净利润} - \text{优先股股利}}{\text{发行在外的普通股股数}} \quad (9-45)$$

普通股每股现金流量是经营活动产生的现金流量净额扣除优先股股利之后的余额与发行在外的普通股股数的比率。一般来说，普通股每股现金流量越高，说明企业获利能力越强。

$$\text{普通股每股现金流量} = \frac{\text{经营活动产生的现金流量净额} - \text{优先股股利}}{\text{发行在外的普通股股数}} \quad (9-46)$$

普通股每股股利反映了每股普通股获得现金股利的情况，是反映普通股报酬情况的一个重要指标。

$$\text{普通股每股股利} = \frac{\text{现金股利总额} - \text{优先股股利}}{\text{发行在外的普通股股数}} \quad (9-47)$$

市盈率又称价格盈余比率，是由普通股每股市价与普通股每股盈余的比率。一般来说，市盈率越高，说明投资者对企业的发展前景持乐观态度，投资意愿也比较大。但也要注意市盈率过高的企业具有较大的投资风险。

$$\text{市盈率} = \frac{\text{普通股每股市价}}{\text{普通股每股盈余}} \quad (9-48)$$

(4) 发展能力分析

企业发展能力是指企业未来的发展潜力和发展速度。分析企业发展能力的指标主要包括营业收入增长率、净利润增长率、总资产增长率、净资产增长率、经营现金净流量增长率。

营业收入增长率是当期营业收入相较于上期营业收入的增长率。一般来说，企业的营业收入增长率越高，则企业的发展潜力越大。但同时也要注意企业发展速度与企业资源和能力相适应，不能一味追求营业收入的过快增长。

$$\text{营业收入增长率} = \frac{\text{当期营业收入} - \text{上期营业收入}}{\text{上期营业收入}} \times 100\% \quad (9-49)$$

净利润增长率是指当期净利润相较于上期净利润的增长率，反映了企业的经营效率和经营成果。一般来说，该比率越高，则企业的发展前景越好。

$$\text{净利润增长率} = \frac{\text{当期净利润} - \text{上期净利润}}{\text{上期净利润}} \times 100\% \quad (9-50)$$

总资产增长率是指当期总资产相较于上期总资产的增长率，反映了企业总资产的增长速度。需要注意的是，总资产增长率为负数时，不一定意味着企业的未来发展前景不好，要结合具体情况进行分析。如果是因为处理不当资产，会导致企业当期总资产减少，但企业的经营效率提高，反而会有利于企业的未来发展。

$$\text{总资产增长率} = \frac{\text{当期总资产} - \text{上期总资产}}{\text{上期总资产}} \times 100\% \quad (9-51)$$

净资产增长率是当期净资产相较于上期净资产的增长率，反映了企业净资产的增长速度。

$$\text{净资产增长率} = \frac{\text{当期净资产} - \text{上期净资产}}{\text{上期净资产}} \times 100\% \quad (9-52)$$

经营现金净流量增长率是当期经营活动产生的现金流量净额相较于上期经营活动产生的现金流量净额的增长率，反映了企业经营活动产生的现金能力的变化，反映了企业的长期发展能力。

$$经营现金净流量增长率 = \frac{当期经营活动产生的现金流量净额 - 上期经营活动产生的现金流量净额}{上期经营活动产生的现金流量净额} \times 100\% \qquad (9-53)$$

(5) 财务综合分析

单独分析任何一类财务指标，都不足以全面评价企业的财务状况和经营成果，只有对各种财务指标进行系统、综合的分析，才能对企业的财务状况做出全面合理的评价。下面介绍两种常用的综合分析方法：公式分析法和杜邦分析法。

① 公式分析法。是指把某些指标通过公式联系起来，从而进行深入分析的方法。例如：

第一，与净资产收益率有关的公式。

$$净资产收益率 = \frac{净利润}{净资产平均总额} \times 100\% = \frac{净利润}{资产平均总额} \times \frac{资产平均总额}{净资产平均总额} \times 100\%$$
$$= 投资报酬率 \times 平均权益乘数 \qquad (9-54)$$

第二，与投资报酬率有关的公式。

$$投资报酬率 = \frac{净利润}{净资产平均总额} \times 100\% = \frac{净利润}{营业收入} \times \frac{营业收入}{净资产平均总额} \times 100\%$$
$$= 营业净利率 \times 总资产周转率 \qquad (9-55)$$

第三，与每股股利有关的公式。

$$每股股利 = \frac{股利支付额}{普通股股数} \times 100\% = \frac{股利支付额}{净利润} \times \frac{净利润}{普通股股数} \times 100\%$$
$$= 股利支付率 \times 普通股每股盈余 \qquad (9-56)$$

② 杜邦分析法。是在考虑各财务比率内在联系的情况下，通过建立多种财务比率的综合财务分析体系来考察企业财务状况的一种分析方法。它是由美国杜邦公司率先采用的一种方法，所以称为杜邦分析法。杜邦分析体系如图 9-1 所示。通过这一指标体系可以了解以下内容。

第一，净资产收益率是杜邦分析体系的核心，由企业的营业净利率、总资产周转率和平均权益乘数决定。

第二，企业的净利润是由营业收入扣除成本费用总额，调整投资收益和营业外收支净额等项目，再扣除所得税费用得到的，而成本费用又由一些具体项目构成。通过对这些项目分析，能够了解企业净利润增减变动的原因。

第三，企业总资产由流动资产和非流动资产构成。通过对总资产构成和周转情况分析，可以看出企业资产管理方面存在问题。

第四，企业的总资金由负债和所有者权益两部分组成。通过对其结构进行分析，可以了解企业的资本结构是否合理，以及企业的财务风险的大小，从而改善企业筹资管理水平。

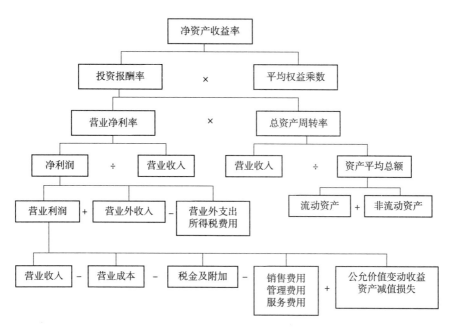

图 9-1 杜邦分析体系

案例学习 ABC 电子公司 2019—2022 年财务状况分析

ABC 电子公司是一家制造和销售电子产品的公司。表 9-7 是 ABC 电子公司 2019—2021 年的部分财务数据，请依据相关财务分析比率来分析 ABC 电子公司的财务状况。

表 9-7 ABC 电子公司 2019—2021 年部分财务数据 元

年 度	2019 年	2020 年	2021 年
营业收入	10 000 000	12 000 000	15 000 000
净利润	2 000 000	2 500 000	3 000 000
资产总额	8 000 000	9 000 000	10 000 000
负债总额	4 000 000	5 000 000	5 500 000

可以计算几个重要的财务指标来评估 ABC 电子公司的财务表现。

(1) 营业净利率

2019 年净利率：$\dfrac{2\,000\,000}{10\,000\,000}=20\%$

2020 年净利率：$\dfrac{2\,500\,000}{12\,000\,000}\approx 20.8\%$

2021 年净利率：$\dfrac{3\,000\,000}{15\,000\,000}=20\%$

ABC 电子公司的营业净利率在过去三年保持在 20% 左右，这显示了公司的盈利能力较好。

(2) 资产负债率

2019 年资产负债率：$\dfrac{4\,000\,000}{8\,000\,000}=50\%$

2020 年资产负债率：$\dfrac{5\,000\,000}{9\,000\,000}\approx 55.6\%$

2021 年资产负债率：$\dfrac{5\,500\,000}{10\,000\,000}=55\%$

ABC 电子公司的资产负债率有所增加，在过去三年内从 50% 上升到 55% 左右。这可能表明公司的财务风险有所增加。

(3) 营业收入增长率

2020 年营业收入增长率：$\dfrac{12\,000\,000-10\,000\,000}{10\,000\,000}=20\%$

2021 年营业收入增长率：$\dfrac{15\,000\,000-12\,000\,000}{12\,000\,000}=25\%$

ABC 电子公司的营业收入在过去两年内有较快的增长，分别增长了 20% 和 25%。

通过对这些指标的分析，可以得出以下结论：ABC 电子公司的营业净利率在过去三年保持稳定，显示出公司的盈利能力强。公司的资产负债比率在过去三年有所增加，可能表明公司的财务风险有所增加。公司的营业收入增长率在过去两年有较快的增长，显示出公司的销售业绩良好。

需要注意的是，这只是一个简单的财务分析案例，实际的财务分析可能需要更多的数据和指标来做出全面的评估。同时，还应该考虑行业的竞争状况、宏观经济环境等因素对公司的影响。

复习思考题

1. 企业财务活动包括哪些内容？涉及哪些财务关系？
2. 长期借款、长期债券、优先股、普通股和留存收益的资金成本应当如何计算？它们有什么异同？
3. 可以采用哪些指标评价投资项目是否可行？这些指标有何优缺点？
4. 分析企业营运能力的财务指标有哪些？

第 10 章 营销管理

党的二十大报告中提出"加快构建新发展格局,着力推动高质量发展"。高效的营销管理有利于企业建立和提升自己的品牌价值,提升品牌形象,推动企业高质量发展。作为大学生创业者,应该了解营销管理相关知识,学会如何运用 STP 战略及营销组合策略,提升初创企业的品牌知名度和市场占有率。

本章要点:使学生了解市场营销的含义及主要营销观念;掌握市场细分的方法;掌握如何确定目标市场战略以及如何进行市场定位;学会运用 4P 营销组合策略进行市场营销;了解数字化时代的新营销。

关键术语:营销管理;营销战略;营销组合策略;新营销

10.1 营销管理概述

10.1.1 市场营销的含义

"现代管理学之父"彼得·德鲁克(Peter Drucker)说过:"企业只有两个基本职能,那就是市场营销和创新。"由此可见市场营销的重要性。

一提到市场营销,许多人认为市场营销就是销售或者广告宣传,这些仅仅是市场营销的冰山一角而已。彼得·德鲁克说过:"市场营销比销售的概念要广很多。事实上,市场营销都不能视为一个单独的职能部门,它应该贯通整个组织。"这样看来,市场营销不仅仅是销售,销售反倒应该是市场营销下属的一个职能,而广告宣传就更加无法代表市场营销。现代企业市场营销活动包括市场营销研究、市场需求预测、新产品开发、定价、分销、物流、广告、公共关系、人员推销、销售促进、售后服务等一系列活动。

如今,市场营销活动在以各种方式影响着每一个人。在商场购物中心、在杂志上、在电视上、在手机浏览器以及各种社交 App、各种网站上,都有市场营销。市场营销远远不止于吸引顾客随意的目光,任何市场营销活动背后都有为争夺顾客注意力和购买力而通力合作的企业网络。这些市场营销活动正在悄无声息地影响着每一个人的生活方式和消费方式。

关于市场营销的定义而言,不同的学者、机构有着各自不同的理解与界定。市场营销的含义不是固定不变的,它随着企业市场营销实践的发展而发展。比较具有代表性的是菲利普·科特勒(Philip Kotler)给出的定义"企业为获得利益回报而为顾客创造价值并与之建立稳固关系的过程。"市场营销就是吸引顾客投入并管理有价值的顾客关系。市场营销有双重目的:通过承诺卓越的价值吸引新顾客,以及通过创造满意来留住和发展现有顾客。

10.1.2 营销观念

(1) 生产观念

生产观念是卖方市场的产物,由于市场产品供不应求,顾客选择甚少,只要价格合理,顾客就会购买。在生产观念的指导下,市场营销的重心在于大量生产,管理者应该致力于提高生产和分销效率,解决供不应求的问题,顾客的需求和欲望并不受重视。以生产观念为指导的企业只能在市场上产品质量基本相等的情况下有一定的竞争力,一旦供不应求的市场状况得到缓和,顾客对产品质量产生了不同层次的要求,企业就必须运用新的观念来指导自己的竞争。

(2) 产品观念

"是金子总会发光""酒香不怕巷子深"是对产品观念的一种经典描述。产品观念认为,在市场产品有选择的情况下,顾客喜欢质量最优、性能最好和优点最多的产品,并愿意为此支付更多的货币。这种观念产生的经济基础是市场上产品总体上处于供求平衡,顾客开始有了一定的挑选余地,并且开始对产品质量、功能提出了超出基本配置的更高要求。因此,企业应该致力于制造质量优良的产品,并经常不断地加以改造提高。产品观念与生产观念一样,无视顾客的需求和欲望。一方面,企业总是相信自己的研发人员、工程师知道该怎么设计和改进产品,很少或根本不会注意顾客的需求,认为产品就是需求。但是,如果仅仅聚焦于公司的产品,则可能患上市场营销近视症。另一方面,在产品观念的指导下,企业过度关注本企业产品的质量和性能,往往对替代产品视而不见,这会导致企业错失发展的良机,深陷被市场淘汰的困境。

(3) 推销观念

推销观念(也称销售观念)认为顾客通常表现出一种购买惰性或抗衡心理,如果顺其自然的话,顾客一般不会大量购买某一品牌的产品。推销观念形成的经济基础是生产力的进一步发展,它使许多产品开始由相对过剩向绝对过剩过渡,在此情况下,企业面临的首要问题是产品的销路。因此,企业必须通过主动推销和积极促销来刺激顾客的大量购买。企业认为产品的销售量总是和企业所做的促销努力成正比,工作重心转向销售,开始重视广告术及推销技巧。也就是说,从生产观念、产品观念到推销观念,销售在企业经营管理中的地位逐步上升。推销观念的绝对表现是"我卖什么,顾客就买什么",在推销观念的指导下,顾客的需求和欲望仍然没有成为产品设计和生产的基础。

(4) 市场营销观念

市场营销观念认为,实现组织目标的关键在于比竞争对手更好地了解目标顾客的需要和欲望,并使顾客感到满意。市场营销观念产生的背景是生产相对过剩和激烈的市场竞争。在此背景下,许多企业开始认识到传统的推销观念已不再适应市场的发展,它们开始注意顾客的需求和欲望,并研究其购买行为。这一观念上的转变是市场营销学理论上一次重大的变革,企业开始从以生产者为重心转向以顾客为重心,从而结束了以产定销的局面。在市场营销观念指导下,顾客导向和创造价值是通往销售和利润的必经之路。与以产品为中心的"制造—销售"哲学不同,市场营销观念是以顾客为中心的"感知—反应"哲学,其任务不是为产品发现合适的顾客,而是为顾客发现恰当的产品。

市场营销观念关注顾客的需要，整合所有影响顾客的市场营销活动，通过创造顾客价值满意度，与合适的顾客建立持久的关系来产生利润。市场营销观念不仅要对顾客明确表示的愿望和显而易见的需要做出反应，同时要发现和引导顾客的需求。亨利·福特曾经说过："如果我问人们想要什么，他们会说跑得更快的马。"30 年前，有多少顾客想得到诸如平板电脑、智能手机、数码相机、24 小时网上购物以及外卖服务等现在非常流行的产品？因此，顾客导向的市场营销有时候要比顾客自己更好地理解顾客的需要，并创造产品和服务满足现存和潜在需要。

(5) 社会营销观念

社会营销观念认为，市场营销战略应该以维持或改善顾客和社会福利的方式向顾客递送价值。这要求可持续的市场营销，即承担社会和环境责任的市场营销，强调满足顾客和企业当前需要的同时也保护或增强子孙后代满足需要的能力。社会营销观念的产生源于市场营观念表面上看似以顾客为中心，但在现实中企业并未考虑顾客需求的合理性，使顾客的需求、利益与长期的社会福利之间存在冲突。例如，有的企业倡导奢侈消费，一方面产生了过多的包装废弃物，既浪费资源，又污染环境；另一方面也助长攀比、奢侈等不良社会风气，有碍正确价值观、社会道德的建设。

特别是自 20 世纪 80 年代以来，人类活动对自然环境及人类社会本身的破坏开始显现，世界范围内的贫富分化更趋严重。人类在健康、生物多样性、农业生产、水和能源等许多领域面临非常严峻的挑战。1987 年世界环境与发展委员会在《我们共同的未来》报告中第一次阐述了可持续发展的概念，获得国际社会的广泛认可。在这种形势下，企业开始反思其传统的营销活动，意识到企业营销应承担一定的社会责任。社会营销观念就是在这种背景下提出的，市场营销也由此进入转型期，学术界与企业界都试图在可持续发展观的前提下建构新的市场营销体系。社会营销观念要求企业在营销活动中考虑社会、道德与自然环境问题，将企业利润、顾客需求与公共利益统一起来。企业对顾客需求的满足，不仅要体现顾客个人的当前愿望，更要顾及顾客整体的利益，追求人与自然的和谐、社会长远的发展。

10.2 STP 营销战略

10.2.1 市场细分

10.2.1.1 市场细分的含义

市场细分的概念由美国市场学家温德尔·R. 史密斯(Wendell R. Smith)于 1956 年最早提出。市场细分是指营销者通过市场调研，依据顾客的需要和欲望、购买行为和购买习惯等方面的差异，把某一产品的市场整体划分为若干顾客群的市场分类过程。每一个顾客群都是一个细分市场，每一个细分市场都是由具有类似需求倾向的顾客构成的群体。

10.2.1.2 顾客市场细分的依据

市场细分的方法并不唯一。细分变量的准确选择是市场细分有效的关键，市场营销者必须单独或综合运用多种细分变量，以便找出考察市场结构的最佳方法。细分顾客市场的主要变量包括地理细分、人口细分、心理细分和行为细分四类。

(1) 地理细分

地理细分是将市场划分为不同的地理单位，如国家、地区、城市级别、地形地貌、乡镇等。处于不同地理单位的顾客的需求是不同的，他们对企业所采取的市场营销战略，对企业的产品价格、分销渠道、广告宣传等市场营销措施也各有不同的反应。目前，许多企业努力使自己的产品、广告、促销和销售本土化，以适应各个地区、城市的需要。

(2) 人口细分

人口细分就是企业按照人口统计变量，包括年龄、性别、收入、职业、受教育水平、家庭规模、家庭生命周期阶段、宗教、种族、国籍等来细分顾客市场。人口细分是最常用的市场细分变量。一方面，因为顾客的需要、欲望和使用频率往往与人口统计变量密切相关；另一方面，人口统计变量比其他类型的变量更容易测量。即便市场营销者最终采用其他细分变量定义细分市场，也必须先了解细分市场的人口统计特征，以便评价目标市场的规模和策划有效的营销计划。

某些行业的企业通常用某一人口变量来细分市场，如服装、化妆品、理发等行业的企业一直按照性别细分市场。有些行业的企业会按照年龄细分市场，如食品行业会有分别针对婴幼儿、儿童、年轻人、老年人的食品。企业可能会采用人口变量的多个特征对市场进行细分，如化妆品会按照性别和收入来对市场进行划分。

相较于地理变量，尤其是在全球化和网络化趋势下地区差异日益缩小，人口变量成为最主要的识别变量。几乎全部市场细分都是以人口变量进行划分和识别的，然后在此基础上归纳、发现各个人口群体的行为特征或不断反复这一过程。

(3) 心理细分

心理细分就是按照顾客的生活方式、个性等心理变量来细分顾客市场。顾客的欲望、需要和购买行为，不仅受人口变量影响，而且受心理变量影响。顾客生活方式不同，会产生不同的行为、兴趣和需求偏好，按照生活方式的不同，可将顾客分为"传统型""新潮型""节俭型""奢侈型"等，越来越多的企业，如服装、化妆品、家具、娱乐等行业根据顾客生活方式来细分市场。顾客不同的个性会对他们的购买行为产生很大影响，性格外向、容易冲动的顾客往往喜欢购买能表现自己个性的产品；性格内向的顾客则喜欢大众化的产品；富于创造性和冒险心理的顾客，则对新奇、刺激性强的商品特别感兴趣。因此，企业可以通过广告宣传，赋予其产品与某些顾客的个性相似的宣传用语，树立品牌形象。

(4) 行为细分

行为细分就是根据不同的购买行为来进行市场细分，通常包括购买的时机、顾客追求的利益、使用者状况、商品的使用数量、忠诚度等。

①购买的时机。市场营销者可以根据购买者产生购买意图、实际购买行动或使用所购买产品的时机来细分市场。例如，冬天是羽绒服的销售旺季，这就是购买的时机。又如，烟花爆竹的消费主要在春节期间，月饼的消费主要在中秋节以前，旅游景点在寒暑假和小长假生意最兴隆。在现代市场营销实践中，许多企业往往通过时机细分，试图扩大顾客使用本企业产品的范围。

②顾客的利益。顾客往往因为所追求的利益不同而购买不同的产品和品牌。以购买水

果为例，有些顾客购买水果更注重口感，喜欢甜度高的水果；而有些顾客购买水果更加注重食用之后是否有利于健康，此类顾客喜欢购买甜度更低、热量更低的水果。企业可根据自己的条件，权衡利弊，选择其中某一个追求某种利益的顾客群为目标市场，设计和生产出适合目标市场需要的产品，并且用适当的广告媒体和广告信息，把这种产品的信息传达到追求这种利益的顾客群。

③使用者状况。根据顾客是否使用和使用程度，市场可以细分为从未使用者、曾经使用者、潜在使用者、首次使用者和经常使用者五大类。大企业十分注重吸引潜在使用者，使企业获得更大的利益和市场份额。而较小的企业则注重保持现有使用者，并设法吸引使用竞争产品的顾客转而使用本公司产品。当然，企业对潜在使用者和经常使用者要酌情运用不同市场营销组合，采取不同的市场营销措施。

④商品的使用数量。根据顾客使用某一产品的数量大小细分市场，通常可分为大量使用者、中度使用者和少量使用者。大量使用者人数可能并不很多，但他们的消费量在全部消费量中占很大的比例。研究表明，某种产品的大量使用者往往有某些共同的人格心理特征和广告媒体习惯，企业掌握了这种市场信息，就可以据此合理定价、撰写适当的广告词和选择适当的广告媒体。

⑤忠诚度。市场还可以根据顾客忠诚度进行细分。顾客或许忠诚于一个品牌、商店或者平台、公司。营销者根据顾客的忠诚度将他们划分为四类：核心忠诚者、中度忠诚者、易变型忠诚者和经常转换者。企业及营销人员必须辨别他的忠诚顾客及特征，以便更好地满足他们的需求，必要时给忠诚顾客以某种形式的回报或鼓励，如给予一定的折扣。

10.2.1.3 组织市场细分的依据

由于组织市场的购买者不是一般的顾客，而是企业、政府或政府机关、社会团体等。因此，组织市场的变量集合就有自己的特点。组织市场常用的细分变量有最终用户、采购方式、顾客的地理位置、顾客规模等。

(1) 最终用户

在组织市场上，不同的最终用户对同一种产业用品的市场营销组合往往有不同的要求。例如，婴幼儿食品生产商采购原材料时最重视的是原材料生产过程的安全性、质量和口感，价格并不是最主要的考虑因素；再如，飞机制造商所需要的轮胎必须达到的安全标准比农用拖拉机制造商所需要的轮胎必须达到的安全标准高得多；豪华汽车制造商比一般汽车制造商需要更优质的轮胎。因此，企业对不同的最终用户要相应地运用不同的市场营销组合，采取不同的市场营销策略，以投其所好，促进销售。

(2) 采购方式

顾客采用的不同采购方式，也为市场细分提供了信息。例如，可以将组织市场细分为：想要租赁产品的企业和想要购买产品的企业、有积极采购政策的企业和受价格因素支配的企业、想要单一供应源的企业和想要双重供应源的企业、必须招标采购的公共事业部门或类似组织和倾向于通过谈判确定价格的组织、比其他企业更积极地努力缩减供应商的企业和其他企业。事实上，在以谋求供应商与客户之间建立伙伴关系为特点的组织市场中，以上述采购方式要求作为细分基础颇为有效。

(3) 顾客的地理位置

顾客的地理位置也是细分组织市场的有效方法。在国内，顾客的地理位置会影响销售和分销成本，如果在某些地区有特别强势的竞争对手，竞争激烈程度会大大提高。随着日益提高的对采购碳足迹的关注，一些企业将尽可能地把供应商集中在当地。例如，一些领先的绿色超市制定了尽可能在当地采购新鲜食品的政策。不同地理位置的组织对产品的需求也会呈现多样化，如不同地区的农业企业对小麦品种的需求就不一样，东北春麦区的小麦品种需要具有耐低温、抗旱、抗倒伏等特性，西北春麦区的小麦品种需要具有抗寒、抗旱、耐瘠薄等特性，南方冬麦区的小麦品种需要具有抗高温、抗湿、抗病等特性。在国际市场中，顾客的产品偏好则会由于地理位置的不同而变化。

(4) 顾客规模

顾客规模的大小通常是以顾客对产品需求量的多少来衡量的。大规模顾客较少，购买数量较大；小规模顾客数量多，分散面广，购买数量有限。因此，较少的顾客可能占据企业绝大多数的销售总量，而数目众多的小规模顾客，却可能只占总销售量的很小一部分。企业通常会针对不同规模的顾客建立相应的联系机制和接待制度。例如，对大规模顾客往往建立直接的业务联系，不经过中间环节；而对于众多小规模顾客而言，则只能通过经销商或零售商组织销售。

10.2.2 目标市场选择

目标市场是企业打算进入的细分市场。在对市场进行细分之后，企业会在细分市场中选择一个或几个作为目标市场。目标市场选择的本质是细分市场和企业资源之间的匹配，即为企业选择一个既有发展前景又是企业资源所能支撑的细分市场作为企业的目标市场，使企业有能力为这一细分市场(目标市场)提供最优秀的产品和服务，取得竞争优势。

企业在决定为多少个子市场服务，即确定其目标市场时，有三种战略可供选择，分别是：无差异营销战略、差异性营销战略、集中性营销战略。

(1) 无差异营销战略

无差异营销战略是指企业在市场细分之后，不考虑各子市场的特性，而只强调细分市场的共性，从而将各子市场看作一个统一的整体市场，即企业用一种产品和单一的营销组合吸引尽可能多的购买者。无差异营销战略的优点在于成本的经济性，因为生产单一产品，有利于标准化与大规模生产，有利于降低生产、存货、运输、研究、促销等成本费用。例如，可口可乐公司在20世纪60年代以前曾以单一口味的品种、统一的价格和瓶装、同一广告主题将产品面向所有顾客，就是采取的这种策略。但是，顾客的需求偏好的基本方面具有极其复杂的层次，某种产品或品牌受到市场的普遍欢迎是很少的，因此无差异营销战略的缺点是显而易见的，即忽视了各子市场需求的差异性。在市场中，单一产品以同样的方式广泛销售并受到所有购买者的欢迎，这几乎是不可能的，故企业难以长期采用无差异营销战略。一般来说，该策略适用于差异性小且需求量大的产品。

(2) 差异性营销战略

差异性营销战略是指企业选择两个或两个以上的子市场作为目标市场，为每个子市场提供不同的产品，并在渠道、促销和定价方面都加以相应的改变，以适应各个细分市场的需要。与在所有市场中开展无差异营销战略相比,在数个细分市场中建立优势地位能够创造更高的总销售额。例如,宝洁公司的多品牌战略就是典型的差异化营销战略。在美国,宝洁公司拥有9种洗衣粉品牌、7种洗发水品牌、6种香皂品牌等。同一类产品的不同品牌是为了满足不同顾客希望从产品中获得不同的利益组合。以宝洁公司在中国销售的5种洗发水品牌为例,这5种洗发水品牌也代表了5个细分市场:海飞丝的主要功效在于去屑;潘婷主要是保护秀发健康;飘柔是使头发光滑柔顺;沙宣代表专业洗发护发;伊卡璐则是草本留香。同一类产品的不同品牌在同一超级市场上相互竞争,但不影响它们的销售,原因就在于它们的目标是占领洗发水市场中各个具有差异性的细分市场。差异化营销虽然会使总销售额增加,但是,差异性营销战略的主要缺点是会使企业的生产成本和营销费用(如产品改进成本、生产成本、管理费用、存货成本、促销成本等)增加。

(3) 集中性营销战略

集中性营销战略是指企业集中所有力量来满足一个或几个性质相似细分市场的需求,开发相应的市场营销组合,实行集中营销。也有人把集中性营销战略称为"弥隙"战略,即弥补市场空隙的意思。它通常比较适合资源有限的中小企业,或是初次进入新市场的大企业。企业追求的不是在较大市场上取得较小的市场占有率,而是在一个或几个较小的细分市场上取得较高的市场占有率。由于服务对象比较集中,对一个或几个特定子市场有较深的了解,而且在生产和营销方面实行专业化,企业比较容易地在这一特定市场取得有利地位。但是,实行集中性营销战略有较大的风险性,因为目标市场范围比较狭窄,一旦市场情况突然发生变化,目标顾客的兴趣突然转移(时髦、流行商品经常会出现这种情况),或是市场上出现了更强有力的竞争对手,企业可能陷入困境。

10.2.3 市场定位

企业在选定自己的目标市场后,顾客和竞争对手也随之确定下来。此时,企业需要思考如何为目标市场创造差异化的价值,以及希望在目标市场中占据什么位置,这就需要市场定位。

10.2.3.1 市场定位的概念和方式

(1) 市场定位的概念

市场定位是指为使产品在目标顾客心目中相对于竞争产品而言占据清晰、特别和理想的位置而进行的安排。其实质是为目标市场创造差异化的价值并取得目标市场的竞争优势,确定产品在顾客心目中的适当位置并留下深刻的印象,以便吸引更多的顾客。因此,市场定位是市场营销战略体系中的重要组成部分,它对于树立企业及产品的鲜明特色,满足顾客的需求偏好,从而提高企业的市场竞争力具有重要的意义。

(2) 市场定位的方式

市场定位作为一种竞争战略,显示了产品或企业同类似的产品或企业之间的竞争关系。定位方式不同,竞争态势也不同。企业常用的定位方式主要有以下三种。

① 避强定位。这是一种避开强有力的竞争对手的市场定位。优点是能够迅速地在市场上站稳脚跟,并能在顾客或用户心目中迅速树立起一种形象。由于这种定位方式市场风险

较小,成功率较高,常常为多数企业所采用。例如,江小白酒业在问世之初定位就采取了避强定位。江小白在国内酒类市场被讲历史故事、注重醇厚口味的传统酒企一统江湖的背景下,有意避开传统白酒的竞争"红海",专注开发年轻人的"蓝海"市场,定位为青春小酒、"情绪饮料"。避强定位让江小白迅速在白酒市场上站稳脚跟,并被认为是属于年轻人的白酒,然而由于江小白没能及时改进口感,同时由于价格在同类白酒中偏高,2020年江小白的市场份额从巅峰时期的20%暴跌到了0.5%,自此江小白跌落神坛。

②迎头定位。这是一种与在市场上占据支配地位的亦即最强的竞争对手"对着干"的定位方式。显然,这种定位比较危险,但风险越大收益往往也越大,因此不少企业也会采取迎头定位。这些企业认为迎头定位能够激励自己奋发上进,一旦成功会建立起强大的品牌形象,提升品牌价值,进而扩大市场份额。例如,在碳酸饮料市场上,可口可乐与百事可乐之间持续不断地争斗。实行对抗性定位,必须知己知彼,尤其应清醒估计自己的实力,不一定试图压垮对方,只要能够平分秋色就是巨大的成功。

③重新定位。这是对销路少、市场反应差的产品进行二次定位,从而更好顺应或调整顾客认知,为品牌找到更大的成长空间,并通过打造品牌的独特价值认知,使品牌成长为品类或品类特性的代表。重新定位旨在摆脱困境,重新获得增长与活力。这种困境可能是企业决策失误引起的,也可能是竞争对手有力反击或出现新的强有力竞争对手而造成的。例如,王老吉凉茶本来是一个可以清热解毒的中草药保健药饮品类,在凉茶铺里卖,原来很多顾客觉得这个是隔夜茶或者是中药药剂,销量一直不佳。因此,王老吉重新定位成预防上火的即饮饮料品类,从而把自己从凉茶或者中药药剂这个较小的市场转移到饮料这个较大的市场,在饮料行业中开创一个新的品类,形成自己独特的竞争优势。不过,也有重新定位并非因为已经陷入困境,而是因为产品意外地扩大了销售范围引起的。例如,本田试图把它的元素车型定位在21岁的顾客,公司把元素车型描述成"在轮子上的宿舍",用广告表现一群年轻大学生在海滩上围绕他们的汽车开晚会,吸引了很多新生代年轻人。而实际购买者的平均年龄却是42岁,许多年长的顾客在使用中能够找回自己年轻时的激情。通过将怀旧情结作为卖点,本田开拓了中年顾客市场。

10.2.3.2 市场定位的差异化战略

菲利普·科特勒指出"为与目标市场建立盈利性的关系,市场营销者必须比竞争者更好地理解顾客需要和递送更多的顾客价值。只有能够有效地差异化定位并向目标市场提供卓越顾客价值的企业,才可能获得竞争优势"。概括来讲,企业从产品差异化、服务差异化、渠道差异化、人员差异化等途径实现自身与竞争对手的差异化定位。

(1)产品差异化战略

产品差异化战略主要是从产品功能、产品质量、产品款式、产品设计等方面实现差异化战略。例如,华为率先推出的折叠屏手机,打破了传统直板智能手机严重同质化的困局,其独特的形态与高端的配置吸引了众多顾客的关注。产品差异是客观的、最易识别的,但也是最容易模仿的。

(2)服务差异化战略

服务差异化战略的核心是如何把服务融入产品中。随着产品种类的丰富和技术复杂性的提高，顾客对服务的重视与要求程度也在不断提高。当产品本身难以差异化时，取得竞争的关键常依赖附加于产品的服务内容。开展各种服务有助于保持与顾客的牢固关系，从而击败竞争对手。例如，海底捞以其独特的服务体系，在市场竞争中占据很好的市场份额。

(3) 渠道差异化战略

企业也可以在渠道的选择、覆盖面、专业化等方面进行差异化。随着互联网与信息技术的高速发展，渠道创新将更加容易，很多企业都是通过开发和管理新渠道而获得优势的。以京东商城为例，京东商城通过不同的销售渠道，如线上商城、线下实体店、社交媒体等，为顾客提供多样化的购物体验，这些不同的销售渠道可以根据顾客的需求和偏好进行差异化运营，从而提高用户体验和销售额。

(4) 人员差异化战略

企业可以通过聘用和培训比竞争者更为优秀的人员，以获取人员差异的竞争优势，这一战略称为人员差异化战略。市场竞争归根到底是人才的竞争，且相对于产品或服务差异化而言，人员差异化的不可模仿性较强，对品牌独特形象的作用也更为直接，因而更容易为企业带来竞争优势。一般而言，可以从专业性解决问题的高超技能和知识、诚实的品德、强烈的责任心和谦恭的形象几个方面寻求人员差异化。例如，迪士尼为员工提供大量培训，确保他们热情友善，从而为顾客提供独一无二、令人惊奇的快乐体验。

10.3 市场营销组合

10.3.1 产品策略

营销的本质是顾客需求的创造与传递，而产品则是满足顾客需求的实质性手段，公司在发展目标市场营销策略时，首先必须决策发展什么样的产品和服务来满足目标市场需求。因此，产品策略在整个营销要素组合中居于核心地位，价格、渠道和促销都是为产品服务的。

10.3.1.1 产品及产品整体概念

在现代市场营销的理论和实践中，产品不仅仅是一种实物形式，而是被人们使用和消费，并能满足人们某种需求的任何有形产品和无形服务。其中，有形产品包括产品实体及其品质、特色式样、品牌和包装；而无形服务，则包括品质保证、形象、各种售后支持和服务保证等一系列可以给顾客带来满足感和信任感等附加利益的元素。

产品的整体概念既包括具有物质形态的产品实体，又包括非物质形态的利益，产品整体概念共包含五个层次，分别是核心产品、形式产品、期望产品、延伸产品、潜在产品。

(1) 核心产品

核心产品是最基本的层次，即顾客真正购买的基本效用或利益。从根本上说，每一种产品实质上都是为解决问题而提供的服务。例如，人们购买化妆品不是为了获取含有某种成分的物体，而是为了变得更美丽；人们购买有机食品不是为了能够吃饱，而是为了吃得更健康。核心产品是顾客的最终需求，也是顾客最需要和最重视的，因此，营销人员向顾客销售的任何产品,都必须具有反映顾客核心需求的基本效用或效益。

(2) 形式产品

形式产品是核心产品借以实现的形式,公司需要借助相应的产品形式将基本利益传递给顾客,它通常由品质、式样、特征、商标及包装五个要素构成。如一部手机,其形式产品包括产品质量、外观、品牌及包装等。

(3) 期望产品

期望产品是指顾客在购买该产品时期望得到的与产品密切相关的一整套属性和条件。例如,一部手机的期望产品可能包括更高性能的处理器、更大的存储容量、更好的相机、更流畅的操作体验、更智能的语音助手、更安全的支付保障等。不同的顾客对于同一产品要求的期望产品可能不一样。期望产品理念要求企业在生产设计销售过程中充分考虑到顾客的利益,在回报高额利润的同时企业应尽可能地让顾客满意,增强品牌美誉度。

(4) 延伸产品

延伸产品是指顾客购买形式产品和期望产品时,附带获得的各种利益的总和,诸如所提供的产品说明书、保证书、安装、维修、送货、技术培训等。在核心产品、形式产品和期望产品基本相似的情况下,企业可以凭借独特的延伸产品提高竞争力。

(5) 潜在产品

潜在产品是指现有产品包括的所有可能实现的附加部分和未来可能发展成为现实产品的处于潜在状态的部分。潜在产品指出了现有产品的可能演变趋势和前景,它是在核心产品、形式产品、期望产品、附加产品之外,能满足顾客潜在需求的,尚未被顾客意识到,或者已经被意识到但尚未被顾客重视或顾客不敢奢望的一些产品价值。潜在产品是产品整体概念当中的最高层次,如企业能做到这个层次将形成绝对竞争优势从而彻底击败所有竞争对手。这要求企业有超强的预测能力与长远的战略眼光。当然,如果企业未做好这个层次可能会陷入困境,失去大片市场,如胶卷业的柯达因为对未来摄影预测的失误从而拱手把大片摄影市场留给了数码公司,损失惨重。

产品整体概念的五个层次十分清晰地体现了以实现和传递顾客价值为中心的现代营销观念。产品整体概念是建立在"产品=顾客价值"这样一个等式基础之上的。没有产品整体概念就不能真正贯彻现代营销观念。企业应该在对产品整体概念充分认识的基础上,以客户对产品的需求为出发点,努力在五个层次上展开营销活动,力求使顾客让渡价值最大化。

10.3.1.2 产品组合

产品组合是指一个企业提供给市场的全部产品线和产品项目的组合或者结构,也就是企业的业务经营范围。产品线是指产品类别中具有密切关系的一组产品,如以类似的方式发挥功能、经由同种商业网点销售、同属于一个价格幅度、售给同样的顾客群等。产品项目是指某一品牌或产品大类内由价格、外观及其他属性来区别的具体产品。

企业的产品组合包括四个重要的维度:宽度、长度、深度和关联性。

产品组合的宽度指企业经营的不同产品线的数量。例如,华为技术有限公司营销范围比较广的产品组合,其麾下的产品线有手机、电脑、平板、智慧屏、穿戴设备、耳机、音箱、全屋智能等,人们通过使用这些产品来构建万物互联的智能世界。产品线的长度是指企业经营的产品线中所包含的产品项目的总数量。华为技术有限公司的每条产品线中都包括好几个系列。例如,手机产品线就包括 Mate 系列、P 系列、Pocket 系列、Nova 系列、畅想系列。产品组合的深度是指产品线中每项产品所提供不同规格、质量的产品数目的多少。例如,华为 Mate 系列的手机产品项目和型号非常多,拥有一个非常深的产品组合,包括 HUAWEI Mate 60 Pro+、HUAWEI Mate 60、HUAWEI Mate 60 RS 非凡大师、HUAWEI Mate X5 等。产品组合的关联性是指不同的产品线之间在最终用途、生产要求、分销渠道或其他方面相互关联的紧密程度。华为技术有限公司虽然有多条产品线,但都是个人及家庭产品,且每条产品线都与智能相关,因此其产品组合具有较强的关联性。

产品组合的这些维度为界定企业的产品战略提供了依据。企业可以决定从产品组合的宽度、长度、深度和关联性四个方面来决定扩大或者缩减产品组合。企业可以增加新的产品线,拓宽产品组合,如当企业预测现有的产品线的销售额和盈利率在未来可能下降时,就考虑增加新的产品线,同时可以借助现有产品线的声誉开发新产品线;企业还可以延长现有的产品线,使自己的产品线更加完备;或者企业可以为每种产品增添新的品种、样式,提高产品组合的深度;最后,企业可以提高或者降低产品线的一致性,这取决于企业希望在单一领域还是多个领域确立强有力的声誉。当然,在市场不景气时,企业可以剔除那些获利小甚至溃散的产品线或产品项目,企业可集中力量发展获利多的产品线和产品项目。

10.3.1.3 产品生命周期理论

产品生命周期是指产品从进入市场到退出市场所经历的市场生命循环过程。企业需要了解产品处于不同生命周期阶段的特征,从而采取不同的营销策略。如图 10-1 所示,产品的市场生命周期要经历四个阶段,即导入期、成长期、成熟期和衰退期。产品在不同的生命阶段有不同市场表现,因而企业要针对产品生命周期的不同阶段应采取不同的营销策略。

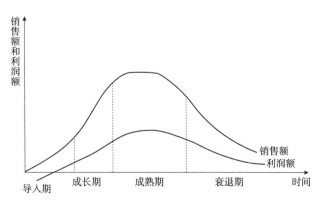

图 10-1 典型的产品生命周期(引自郭国庆,陈凯,2015)

(1) 导入期

导入期是产品投入市场的初期阶段。该阶段的市场营销特点主要有:顾客对新产品不了解,销量比较低且销售增长缓慢;顾客通常是那些求新求异者;广告费用和其他营销费用开支较大;产品技术性能还不够完善;利润较低甚至出现经营亏损,公司承担的市场风险大于其他阶段;市场竞争者较少。这一阶段企业营销活动的目标是提高产品知名度,吸引顾客试用,建立有效的营销系统,将新产品顺利引入市场。

(2) 成长期

新产品经过市场导入期以后,顾客开始接受这种产品并产生需求,销售量迅速增长,企业开始获得利润,此时,这种新产品就进入了成长期。产品成长期的市场营销特点有:顾客对新产品已经熟悉,销售量增长很快;随着生产规模的扩大和利润的增加,大批竞争者会加入,市场竞争加剧;产品的技术、工艺已经比较成熟;市场价格有下降的趋势;为了适应竞争和市场扩张的需要,公司的促销费用水平基本稳定或略有提高,但由于销量上涨,促销费用占销售额的比例下降;促销费用分摊到更多销量上且企业生产效率有所提升,产品单位成本下降的比例大于价格下降的比例,企业利润快速增长。

在这一阶段,企业的营销目标是抓住时机,最大限度地扩大市场份额,树立品牌形象,尽可能延长产品的成长期。

(3) 成熟期

产品经过成长期的一段时间以后,销售量增长放慢,市场保持稳定,此时产品开始走向成熟期。产品成熟期的市场营销特点有:产品销量呈现增长缓慢—逐步达到最高峰—缓慢下降的趋势;所经历的时间通常比前两个阶段要长;全行业产品过剩,竞争加剧,市场中现有的企业竞争能力比较强,新加入的竞争者较少;竞争者之间形成自己特定的目标顾客,市场份额变动不大。

在产品成熟期阶段,企业的营销目标应该是建立品牌忠诚,巩固市场占有率,并设法延长产品成熟期的时间。

(4) 衰退期

衰退期是指新产品或新技术开始推出,产品已经陈旧老化,开始被市场淘汰的阶段。产品衰退期的市场营销特点有:产品开始逐渐被新产品取代,销售呈严重下降的趋势;多数公司无利可图,被迫退出市场;留在市场上的公司则被迫逐渐减少产品附带服务,削减促销预算等,以维持最低水平的经营。

需要注意的是,各种行业经营的产品不同,产品生命周期及其经历各阶段的时间长短也不同。实际上,对于不同的产品而言,四个阶段的具体形态多种多样。有的产品在投入市场的一开始,需求量迅速上升,但后来趋于平缓;有的产品,市场对其款式、花色很敏感,呈现出周期性波动的态势。当然,也不是所有的产品都要经历四个共同的阶段。有的产品一进入市场,尚属导入期就被市场淘汰了;有的产品已经进入成长期,由于企业营销策略失误而未老先衰;还有的产品一进入市场就达到成长期等。产品生命周期对企业而言最大的启示在于,企业必须不断地创新、不断给顾客带来新的价值,否则就有被淘汰的风险。

10.3.1.4 产品品牌

(1) 品牌的含义

品牌是一个集合概念,它包括品牌名称和品牌标志两个部分。品牌名称是用语言称呼的部分,如"三只松鼠";品牌标志是指品牌中可以被认出、易于记忆但不能用语言称呼的部分,通常由图案、符号或者特殊颜色构成,如"三只不同人格化的卡通松鼠"是三只松鼠的品牌标志。品牌不仅仅是一种外显标志,它还有更深层次的内涵。品牌实质上代表着销售者向顾客长期提供的一组特定的产品特征、利益和服务的一贯性承诺。

(2)品牌的作用

品牌对于企业、顾客乃至国家都有不同的作用。

对企业而言,品牌的作用主要表现在以下几方面:第一,品牌有助于提高顾客忠诚度和信任度,促进产品销售,树立企业形象。第二,品牌可以区分企业与竞争者之间的不同之处。第三,品牌有助于降低宣传成本和销售成本。第四,品牌有利于扩大产品组合。此外,品牌还有利于企业实施市场细分战略,不同的品牌对应不同的目标市场。

对顾客而言,品牌的作用主要表现在以下几方面:第一,品牌有助于顾客识别产品的来源,从而迅速找到所需产品。第二,品牌有利于降低消费风险、维护顾客权益。第三,品牌能够满足顾客的精神需求。

对国家而言,品牌是国家竞争力的重要依托。品牌是高质量发展的重要特征,也是国家竞争力的综合表现。实践证明,拥有国际竞争力的企业(拥有强势品牌的企业)数量的多少,很大程度上决定了一个国家的经济发展水平,也决定了一个国家的经济竞争能力。习近平总书记曾提出要"推动中国制造向中国创造转变、中国速度向中国质量转变、中国产品向中国品牌转变"。党的二十大报告提出"我们要推动经济实现质的有效提升和量的合理增长",品牌正是经济高质量发展的重要象征,我们要以品牌建设为依托,培育和发展具有国际知名度和影响力的品牌,增强我国经济竞争能力。

10.3.2 定价策略

在营销组合中,价格是唯一能产生收入的因素,也是十分敏感又难以控制的因素。价格的高低与市场对产品的接受程度有很大的关系。价格会涉及生产者、中间商、顾客等各方面的利益。因此,定价策略是企业营销组合策略中一个极其重要的组成部分。

10.3.2.1 企业定价的方法

企业产品的价格会受到市场需求、成本和竞争情况等因素的影响。但是,企业在实际定价工作中往往只侧重某一个方面的因素。企业定价主要有三种导向:成本导向、需求导向和竞争导向。

(1)成本导向定价法

①成本加成定价法。即在产品的单位总成本基础上,加上一定比例利润来确定产品销售价格的定价方法。成本加成定价公式为:

$$P = C \times (1+R)$$

式中,P 为单位产品售价;C 为单位产品成本;R 为成本加成率。

企业在确定成本加成率时,还应该考虑产品的价格弹性。如果产品价格弹性高,产品成本加成率就应相对低些;如果产品价格弹性低,产品成本加成率则应相对高些。

很多企业在确定价格时喜欢使用成本加成定价法,主要原因为:与需求变动相比成本变动比较小，使用成本加成定价法不必根据需求情况的瞬息万变而做调整，可以简化定价程序；若行业中所有企业全部采取成本加成定价法，则价格在成本与加成相似的情况下也大致相同，价格竞争也会因此减至最低限度；此外，该方法对买卖双方都比较公平，当买方需求强烈时，卖方不利用这一有利条件谋取额外利益而仍能获得公平的投资报酬。

②目标定价法。是指根据预期的产量和销售收入来制定价格的方法。该方法的主要缺陷在于，企业是根据预估销量来确定价格，而价格却是影响销量的主要因素，因此制定出的价格没有针对需求，所有产品不一定能按照目标价格出售。

(2) 需求导向定价法

需求导向定价法是一种以市场需求强度及顾客感受为主要依据进行的定价方法，具体形式为认知价值定价法，即企业定价的基础是顾客对产品的认知价值，企业在顾客认知价值的基础上考虑竞争者情况、成本、企业战略、品牌及营销策略、顾客需求、价格弹性等因素，最终确认产品的总体价格水平，其公式表示为：

$$P = a \times V$$

式中，P 为单位产品价格；V 为顾客对产品的认知价值也就是顾客可以接受的价格；a 为由成本、竞争、定位、策略等因素综合决定的调节系数。

认知价值定价法的优点是从顾客需求出发，制定的价格更加符合顾客的预期。因此，顾客对产品的认知价值对认知价值定价法非常关键，而顾客对产品价值的认知则会受到企业品牌定位、营销策略、同类品或者替代品的影响，所以价值认知定价取得成功的关键是如何按照预期成功培育顾客的产品价值认知，而不是调查顾客的产品价值认知。

(3) 竞争导向定价法

竞争导向定价法是企业以主要竞争对手的价格为依据的定价方法。该方法通常采用两种形式：随行就市定价法和投标定价法。

①随行就市定价法。企业以同类产品的平均价格作为企业定价的基础。在同质产品市场中，当企业难于对顾客和竞争者的价格反应做出准确的估计而自己又难于另行定价时通常会采用这种方法。在实践中，企业采用随行就市定价法，有利于与同行业的其他企业和谐共处，但产品的成本与利润要受同行业平均成本的制约，因此企业只有努力降低成本才能获得更多利润。

②投标定价法。是指政府采购机构在报刊上登广告或发出函件，说明拟采购商品的品种、规格、数量等具体要求，邀请供应商在规定的期限内投标。政府采购机构在规定的日期内开标，选择报价最低、最有利的供应商成交，签订采购合同。某供货企业如果想做这笔生意，就要在规定的期限内填写标单，上面填明可供应商品的名称、品种、规格、价格、数量、交货日期等，密封送给招标人（即政府采购机构），这叫作投标。这种价格是供货企业根据对竞争者报价的估计而定的，而不是按照供货企业自己的成本费用或市场需求来定的。企业在使用投标定价法时会尽可能降低价格以赢得合同，但是报价不能低于边际成本。

10.3.2.2 定价的基本策略

依据成本、需求和竞争等因素决定的价格是产品的基础价格，在实践中，企业还需要考虑和利用灵活多变的定价策略来修正或者调整产品价格。

(1) 折扣定价策略

折扣是企业营销的重要手段。企业在出售商品前可先定出一个正式价格，而在销售过程中，则可利用各种折扣来刺激中间商和顾客，以促进销售。折扣定价主要方法有以下几种。

①现金折扣。这是企业给那些按期付款或者提前付款的顾客的一种减价，目的是鼓励买主尽早付款以利于企业的资金周转。例如，企业规定顾客在 30 天内须付清货款，如果 10 天内付清货款，则给予 3% 的折扣。

②数量折扣。是企业根据买方购买的数量多少，分别给予不同的折扣，顾客购买商品的数量越多，折扣越大，以鼓励顾客购买更多的产品。数量折扣具体可分为累计数量折扣和非累计数量折扣。累计数量折扣规定买方在一定时期内，购买商品达到一定数量或金额时，按总量给予一定折扣的优惠，目的在于激励顾客与企业建立长期固定的关系，维持企业的市场占有率。非累计数量折扣又称一次性折扣，是根据顾客一次购买数量或者金额的多少而给予不同的折扣，目的是刺激顾客一次大量购买，从而减少库存、增加现金流。

③功能折扣。又称交易折扣，是制造商给中间商的一种额外折扣，目的是促使它们愿意执行某种营销功能(如推销、服务等)。

④季节折扣。是指生产季节性商品的企业，在产品销售淡季时，给购买者一定的价格优惠，从而使企业的生产和销售在一年四季保持相对稳定。

(2) 心理定价策略

心理定价策略主要基于心理学的原理，旨在影响顾客的购买决策。心理定价的形式有以下几种。

①声望定价。是指企业利用顾客追求高贵、名牌商品而并不计较价格高低的心理来制定价格，故意把价格定成整数或高价。对于那些质量不易鉴别的商品，顾客通常认为高价格代表高质量，因此，这些商品最适宜采用此定价法。此外，还有艺术品、礼品或"炫耀性"商品的定价也应适当高些。当然，采用声望定价也不能将产品价格定得过高，以免顾客不能接受。

②尾数定价。又称奇数定价，就是使商品价格带个零头特别是奇数结尾。尾数定价会给顾客一种经过精确计算、最低价格的心理感觉。

③招徕定价。零售商利用部分顾客求廉的心理，特意将某几种商品的价格定得远低于市场价格以吸引顾客。很多超市通常都会采用此方法，每天都有几种商品降价出售，吸引顾客经常来采购廉价商品，同时也选购其他正常价格的商品。

(3) 地区定价策略

地区定价是企业要决定，对于卖给不同地区顾客的某种产品，是分别制定不同的价格，还是制定相同的价格，即企业要决定是否制定地区差价。地区定价的形式有以下几种。

①原产地定价。买方(中间商或者顾客)按照厂价购买某种产品，卖方(企业)只负责将这种产品运到产地某种运输工具(如卡车、火车、船舶、飞机等)上交货。交货后，从产地到目的地的一切风险和费用由买方承担。若企业采用此方法，则远方的经销商或顾客需

要支付较多运费,从而导致买方会选择购买其附近企业的产品。

②统一交货定价。企业对于卖给不同地区顾客的某种产品实行统一定价,即都按照相同的厂价加相同的运费(按平均运费计算)来定价。因此,这种定价又称邮资定价。目前,我国邮资无论收发信人距离远近采取统一交货定价。

③分区定价。企业把全国(或某些地区)分为若干价格区,对于卖给不同价格区顾客的某种产品,分别制定不同的地区价格。距离企业远的价格区,价格定得较高;距离企业近的价格区,价格定得较低;在同一价格区范围内实行同一价格。

(4) 差别定价策略

差别定价也称价格歧视,就是企业按照两种或两种以上价格销售某种产品或劳务,但这种价格差异不反映成本差异。差别定价有四种形式。

①顾客差别定价。即企业将同一种产品或劳务卖给不同的顾客时收取的价格不同。该定价策略是根据顾客的需求程度和付款能力来定价。

②产品形式差别定价。即企业对不同型号或形式的产品分别制定不同的价格,但不同型号或形式产品的价格之间的差额和成本费用之间的差额并不成比例。

③产品部位差别定价。即企业对于处在不同位置的产品或服务分别制定不同的价格,即使这些产品或服务的成本费用没有任何差异。例如,剧院不同座位的成本费用相同,但是不同座位的票价差别很大。

④销售时间差别定价。即企业对于不同季节、不同时期甚至不同时刻的产品或服务分别制定不同的价格。例如,汽车充电桩在不同时间段收费标准不同。

企业采取差别定价必须具备以下条件:市场必须是可以细分的,而且各个子市场的需求内容和需求价格弹性不同;实施不同价格的细分市场能够在合理的成本下被区隔开,即以较低价格购买某种产品的顾客不可能以较高价格把这种产品倒卖给别人;竞争者不可能在企业的高价细分市场上以低价竞销;细分市场和控制市场的成本费用不得超过因实行价格歧视所得的额外收入;价格歧视程度应在顾客可接受的范围内;价格歧视不能违反价格法。

(5) 产品组合定价策略

当产品只是产品组合中的一部分时,其定价策略往往需要改变,此时,企业将寻求一组能够使产品组合整体利润最大化的价格。因为各种产品之间存在需求和成本的相互关联,而且各自面对的竞争程度不同,所以与单个产品相比产品组合的定价难度更大。按照产品之间的相互关系,产品组合定价包括产品线定价、备选产品定价、附属产品定价、副产品定价、一揽子定价等形式。

①产品线定价。企业通常会开发产品线,而非单一的产品。在产品线定价策略中,管理者必须决定同一条产品线中不同产品的价格差距。确定同一产品线中不同产品之间的价格差距,除了应该考虑不同产品之间的成本差异外,更重要的是价格差距应该反映顾客对不同产品属性的感知价值。

企业在确定产品线定价时,通常会先确定某种产品的最低价格,该价格能吸引顾客购买产品线中的产品;之后,企业会确定产品线中某种产品的最高价格,该产品在产品线中充当品牌质量和收回投资的角色;最后,依据不同产品在产品线中的不同角色制定不同的价格。需要注意的是，企业在确定产品线定价时必须建立可感知的价值差异来支持价格的差别。

②备选产品定价。许多企业在提供主要产品的同时，还会附带一些可供选择的产品或服务，如汽车用户可以订购行车记录仪、倒车雷达、智能驾驶包等服务或产品。但是对选择品定价，企业首先必须确定产品价格中应该包括哪些产品，哪些可以作为备选品；其次，为备选品制定什么样的价格合适。

③附属产品定价。那些必须与主要产品一起使用的产品称为附属产品或者补充产品。企业在很多时候会为主要产品制定较低价格，而对附属产品（耗材）制定较高价格。例如，打印机和墨盒、真空封口机和真空保鲜袋、剃须刀和刀片。但应当注意的是，附属品价格定价过高，也会出现问题，如可能会给非法仿制者带来机会。

④副产品定价。有些产品在生产时会产生副产品，如在生产加工肉类、石油产品和其他化工产品的过程中就会有副产品。如果副产品处理费用昂贵且价值很低，就会影响到主要产品的定价。此时，企业运用副产品定价，为副产品找到市场，弥补原本的处置费用，就会使主要产品的价格更有竞争力。

⑤一揽子定价。运用一揽子定价，企业经常将几种产品组合在一起以某一价格出售，如超市将洗发水和护发素以较低的组合价出售。这种一揽子定价可以促进顾客购买一些原本不会购买的产品，但是组合的产品价格必须足够低，才能吸引顾客购买。

10.3.3 渠道策略

企业通常不会把产品直接销售给顾客，企业生产出来的产品，只有通过一定的营销渠道，才能在适当的时间、地点，以适当的价格供应给广大顾客，从而克服生产者与顾客之间的差异和矛盾，满足市场需要，实现企业的营销目标。

10.3.3.1 分销渠道概述

（1）渠道的含义

渠道学之父路易斯·W. 斯特恩（Louis W. Stern）将营销渠道定义为"促进产品或服务顺利被使用或消费的一整套相互依存的组织"。美国市场营销学会将营销渠道看成是"企业内部和外部的代理商及经销商的组织机构，通过这些组织，产品才得以上市营销"。由此可见，渠道是指促进产品或服务顺利地从生产者传递至最终用户所经过的一系列产品销售和服务网络，其中包括企业内部营销部门和企业外部代理商、经销商和辅助商等。

（2）渠道的类型

①渠道的层级。渠道可以根据其渠道的层级数分类。根据产品从生产者到顾客之间所经过的中间商的层级数量，可以将渠道分为零级渠道、一级渠道、二级渠道、三级渠道等。其中，零级渠道是生产者直接将产品销售给顾客，为直接营销渠道，其余为间接营销渠道。

②渠道的宽度。是指企业在每个层级并列地使用中间商的数量。它与企业的分销策略密切相关。企业的分销策略通常可分为三种：独家分销、广泛分销和选择分销。

a. 独家分销：指生产者在某一地区仅选择一家中间商推销其产品，通常双方协商签订独家经销合同,规定经销商不得经营竞争者的产品。这是最窄的一种分销渠道形式,优点是经销商有较强责任心且经营积极性强;缺点是市场覆盖面相对较窄,并且有一定风险。

b. 广泛分销:又称密集性分销,即利用尽可能多的中间商从事产品的分销。这是最宽的一种分销渠道形式,优点是市场覆盖面广泛,广大顾客能随时随地买到产品;缺点是中间商的经营积极性较低,责任心差。

c. 选择分销:指生产者在某一地区通过少数几个精心挑选的中间商推销其产品。这是介于独家分销和广泛分销之间的一种形式,如果中间商选择得当,采用此种分销方法可以兼得前两种方式的优点。

10.3.3.2 渠道设计

渠道设计是关于构筑新的分销渠道或对已经存在的渠道进行变更的决策活动。一般来说,要设计一个有效的渠道系统须经过以下步骤。

(1) 分析市场需求特征

设计渠道的第一步,首先要了解在目标市场中顾客何时、何地、以何种方式购买何种商品。营销人员必须了解目标顾客在购买一个产品时所期望的服务类型和水平。通常渠道可提供的服务包含以下几个方面。

①批量大小。分销渠道在顾客购买过程中提供给顾客的单位数量。
②等候时间。顾客从下单到收到货物的平均时间。
③空间便利。渠道为顾客购买产品所提供的距离远近上的方便程度。
④产品品种。营销渠道提供的商品品种样式。
⑤服务支持。渠道提供的信贷、交货、安装、修理等附加服务。

营销渠道的设计者必须了解目标市场中顾客的需求特征,并在公司服务水平和产品价格之间做出选择,因为提高服务的水平意味着渠道成本的增加和价格的提高,而且很多顾客可能更愿意接受因较低水平服务而带来的低价格。

(2) 确立渠道目标和限制因素

渠道目标是企业预期达到顾客服务水平以及中间商应该执行的职能。无论变更原有渠道还是创建新渠道,设计者都必须明确企业的渠道设计目标。只有明确渠道目标并将其列示出来,才能保证设计的渠道不会因为环境的变化而偏离公司的目标。

在确立渠道目标时,还需考虑产品特性、企业规模、竞争特性、中间商能力的限制。一般来说,易腐烂或者价值高、比较笨重的产品适宜采用短的渠道;小企业往往难以获得理想的中间商支持,大企业则不必担心没有中间商加入;生产者渠道设计通常会受到竞争者的影响,有些行业生产者希望与竞争者有相似的分销渠道,有些行业则避免与竞争者使用相似的分销渠道;另外,如果中间商能力十分强大,影响力强,则限制了企业对于渠道的选择性。

(3) 明确各渠道备选方案

确定渠道的目标和限制影响因素之后,下一步工作是明确各主要渠道的备选方案。渠道的备选方案主要涉及两个问题:中间商的类型和数目、各渠道成员的任务。

①中间商类型。中间商是构成分销渠道的主体,确定中间商类型是制订备选渠道方案

的关键。按照是否取得产品所有权将中间商分为经销商和代理商。经销商是先取得产品所有权之后再进行产品出售;而代理商是专门从事商品买卖但不拥有产品所有权的企业或者个人,如经纪人、生产商代理人和采购代理人等。按照交易批量的大小,中间商可分为零售商和批发商。零售商是那些批量购进、零星售出的商业企业;批发商是大批量购进、小批量售出的商业企业。生产者在选择中间商类型时,常常会面临若干个可行的交替方案。

②中间商数目。在确定好中间商类型之后,企业还必须确定各渠道层级中间商的数量,有三种策略可供选择:独家分销、选择分销和广泛分销。

③各渠道成员的任务。企业和中间商需要就合作条款和每个渠道成员的责任达成一致,包括各方遵守的价格政策、销售条件、区域特权和具体服务。企业应当为中间商提供价格清单和公平的折扣政策并须划定每个渠道成员的经营区域。渠道成员的义务和责任应当仔细地以书面方式明确。

(4)评估渠道方案

对渠道方案的评估可从经济性标准、控制性标准和适应性标准三方面进行。

①经济性标准。经济性标准是重要的标准。每种渠道都会有不同的产出效率和成本,衡量渠道的经济性主要可从每次交易的成本和渠道产出(销量、附加值等)两个方面来评价。

②控制性标准。多数情况下,中间商是一个独立的企业,追求的是自身利益最大化。因此,企业在选择渠道时必须考虑能否对中间商产生影响并对其保持控制力,这样才能避免中间商行为与企业自身目标偏离太远。

③适应性标准。企业在评估各种渠道备选方案时,需要考虑中间商能否适应外部环境和当地顾客的习惯。在变化迅速、不确定性大的市场上,渠道方案的适应性更为重要。

10.3.4 促销策略

在现代市场营销条件下,企业不仅要生产适销对路的产品,制定吸引人的价格,使用合适的渠道使目标顾客易于获得所需要的产品,而且企业要控制其在市场上的形象,设计并传播有关的外观、特色、购买条件以及产品给目标顾客带来的利益等方面的信息。一种优良的产品能否有好的销路,关键是顾客对该种产品所持的态度及其消费观念,因此,企业必须高度重视与中间商、顾客等公众的沟通,通过多种媒介进行有效的信息沟通,创造消费和使用该种产品的社会氛围和市场条件,进而促进销售的提升。

10.3.4.1 促销的含义

从市场营销的角度看,促销是企业通过人员和非人员的方式,沟通企业与顾客之间的信息,提升品牌形象,引发、刺激顾客的购买欲望,使其产生购买行为的活动。由该概念可知,促销具有以下几层含义:促销工作的实质与核心是沟通信息;促销的目的是提升品牌形象,引发、刺激顾客产生购买欲望;促销的方式有人员促销和非人员促销两类。

10.3.4.2 促销组合

企业的促销组合,又称营销沟通组合,指企业根据产品的特点和营销目标,综合各种影响因素,对广告、公共关系、人员推销、销售促进等工具进行特定组合,从而更有效地沟通顾客价值和建立顾客关系。促销组合是促销策略的前提,同时促销策略又是促销组合的结果，因此促销策略也称促销组合策略。促销组合是公司主要的沟通活动，但市场营销沟通并不局限于促销组合工具，整个市场营销组合——促销与产品、定价以及渠道，都必须协调一致。

(1) 广告

广告一词，顾名思义，就是广而告之，向社会广大公众告知某件事物。广告作为一种传递信息的活动，是企业在促销中应用最广的促销方式。市场营销学中的广告是以营利为目的的经济广告。广告是广告主以促进销售为目的，付出一定的费用，通过特定的媒体传播商品或劳务等有关经济信息的大众传播活动。

①广告媒体的选择。广告媒体即广告媒介，是广告主与广告接受者之间的连接物质，是广告宣传必不可少的物质条件。不同广告媒体有不同的特点。

②主要的传统广告媒体特点。

a. 报纸：优点是传播迅速，对当地市场的覆盖率高，易被接受和信任；缺点是保留时间短，印刷粗糙，文盲或者无读报习惯群体无法接受信息。

b. 杂志：优点是可选择适当的地区和对象，可靠且有名气，时效长，传阅率高；缺点是成本费用相对较高，有些发行量是无效的，读者数量相对有限。

c. 广播：优点是制作简单，传播迅速，可选择适当的地区和对象，成本低；缺点是信息量有限，不如电视吸引人，展露瞬间即逝。

d. 电视：优点是视、听、动作紧密结合，具有很强的吸引力和冲击力，送达率高；缺点是绝对成本高，观众可选择换台。

e. 直接邮寄：优点是沟通对象已经过选择，而且媒体形式灵活；缺点是成本比较高，容易给顾客留下滥寄广告的印象，如是电子邮件则容易被潜在顾客当作垃圾邮件处理。

f. 户外广告：优点是比较灵活，展露时间长，成本较低；缺点是不能选择对象，创造力受到局限，修改难度大等。

广告媒体随着科学技术的发展而发展，并非一成不变，除了上述传统媒体之外，近年来大量新媒体形式开始出现。企业在选择和应用新媒体广告形式时，应该综合考虑目标沟通对象的媒体习惯、产品特性、需要传达的信息类型和企业成本预算等因素。

(2) 公共关系

①公共关系含义及特征。作为促销组合的一部分，公共关系是指企业在从事市场营销活动中正确处理企业与社会公众的关系，以便树立良好的品牌和企业形象，从而促进产品销售的一种活动。大多数企业都有一个公关部来监控企业与外部各种公众的关系，及时应对可能出现的负面信息，同时发布正面信息以建立和维护良好的企业形象与信誉。

与其他促销手段相比，公共关系不是直接宣传企业或产品，而是通过塑造企业品牌形象来提高知名度，间接达到提高销量和扩大市场占有率的目的。所以，公共关系一般具备高可信性、社会责任性、长期性、趣味性等特征。

②公共关系的类型。包括两种基本类型：一是公共关系活动，二是公共关系信息。公共关系活动主要包括主题活动、演讲、公益活动、公益广告、企业刊物、危机管理等。公共关系信息主要有文字和影像两种形式。文字信息包括新闻稿、公关广告词、企业出版物和宣传资料、企业海报甚至企业礼仪文书等。影像信息是指企业生产的产品实样或形象性

的图片资料、视听材料以及能反映企业面貌的各种信息。

(3) 人员推销

①人员推销的含义及特征。人员推销是企业运用推销人员直接向推销对象推销商品或服务的一种促销活动。在这一过程中,销售人员要确认购买者的需求,并通过自己的努力去吸引和满足购买者的各种需求,使双方能从公平交易中获取各自的利益。人员推销具有如下特点:

a. 信息传递的双向性:人员推销是两个或更多人的一种面对面交流,通过人与人之间的直接接触来传递信息,信息的传递具有双向性。一方面,推销人员向顾客介绍推销品相关信息,也可以通过产品展示或演示、现场提问、现场解答来促进销售;另一方面,推销人员通过与顾客的接触能够了解到顾客对本企业产品和竞争品的评价,这些信息能够为企业制订合理的营销策略提供依据。

b. 长期合作性:推销人员可以与顾客发展出各种关系,从最初的买卖关系到建立起深厚的信任和友谊关系。这种关系在许多时候是阻止新进入者的一道重要屏障。

c. 推销过程的针对性:推销人员与顾客面对面沟通,在沟通过程中可以亲眼观察客户对陈述和产品演示的反应,并揣摩其购买心理的变化过程,从而能有针对性调整工作方法和营销策略。

当然,人员推销也有一些缺点,主要是成本费用较高。因此,企业决定使用人员推销时必须权衡利弊,慎重从事。

②人员推销的类型。

a. 上门推销:由推销人员携带产品的样品、说明书和订单等走访顾客,推销产品。

b. 柜台推销:又称门市推销,是指企业在适当地点设置固定的门市,由营业人员接待门市的顾客,推销产品。

c. 会议推销:利用会议的形式将产品和服务展示给潜在客户来开展推销活动。例如,在订货会、交易会、展览会、新品发布会等会议上推销产品均属于会议推销。

(4) 销售促进

①销售促进的含义及特征。销售促进即狭义的促销,是指企业通过提供直接的短期利益以刺激顾客的购买欲望、提高中间商的销售积极性与销售效率而进行的各种促销活动。概括来说,销售促进具有如下特征:

a. 短期效果显著:广告和公共关系需要一个较长的时期才能见效,而销售促进很快就能收到明显的增销效果。因此,销售促进适合于在一定时期、一定任务的短期性促销活动中使用。

b. 灵活性高:销售促进可以根据市场、竞争环境和顾客需求的变化进行调整和改变,灵活性高。同时,销售促进也可以根据产品的特点和生命周期进行针对性的推广和促销。

c. 属于辅助性促销方式:广告、公共关系、人员推销都是常规性的促销方式,而多数销售促进方式都是非经常性的。因为频繁的销售促进活动可能降低产品的品牌地位,还有可能提高顾客对价格的敏感程度,出现"持币待购"的现象。所以,销售促进不能经常使用,也不宜单独使用,常常配合其他促销方式使用,属于辅助性促销方式。

②销售促进的方式。根据促销对象,促销可分为面向顾客的促销和面向中间商的

促销。

  a. 面向顾客的促销：帮助顾客了解及使用产品的促销，如现场试用、样品赠送、产品展示、人员表演等，这是介绍、推销新产品经常使用的一种方式；刺激顾客立即购买的销售促进，如优惠券、价格折扣、抽奖、特价、限时优惠等；鼓励顾客大量、重复购买的销售促进，如优惠卡、积分卡、包装兑现、赠品印花等。

  b. 面向中间商的促销：刺激中间商销售热情的促销，如经销奖励、数量折扣、津贴补助等；提高中间商销售技能的促销，如产品知识与技术培训、专业人员辅助销售等；稳定伙伴关系的促销，如研讨会、年会、合作广告、联合促销等。

10.4 数字化时代的新营销

10.4.1 数字化时代的新媒体

（1）新媒体的含义

  进入数字化时代后，新媒体对企业的发展越来越重要，并逐渐成为媒体的主流。因此，大批企业建立了运营新媒体的部门，如三只松鼠、完美日记、花西子、元气森林等新锐品牌都是依托新媒体而实现迅速崛起。目前，大家对新媒体的理解各有不同。很多人认为新媒体包括微信生态中的公众号、小程序、视频号和微信群，短视频平台（抖音和快手等），网络社交平台（如微博、豆瓣），信息平台（如今日头条、腾讯新闻），音频平台（如喜马拉雅）和视频平台（如优酷、腾讯视频、爱奇艺和哔哩哔哩等）。剑桥大学尹一丁教授认为，除了上述各个传播平台之外，还包括各种应用软件、网上社群、电游平台和虚拟世界平台等，同时也包括数字化升级的传统媒体，总之，只要是数字化技术驱动的传播平台都可以视为新媒体。

  新媒体已经超越了媒体本身。新媒体除了承担媒体传播功能外，还有传统媒体所不具有的多种功能。新媒体可以提供服务，企业可以通过微信公众号向顾客详细介绍产品的使用方法，并提供其他的附加服务。例如，某位新手妈妈购买了小皮米粉，那她可以通过关注"亲爱的小皮"公众号来了解小皮米粉的冲泡方法，同时还能在公众号了解到一些婴幼儿喂养知识，还可以通过公众号享受小皮联合卓正医疗所提供的问诊服务。新媒体还具有电商的功能，企业可以通过微信搭建商城，进行产品销售，另外各种视频新媒体平台如抖音、快手、小红书、视频号等短视频平台也具有电商的功能。可见，新媒体兼具媒体属性、服务属性和电商属性。

（2）新媒体的特征

  和旧媒体相比，新媒体主要有如下特点。

  ①互动性。在新媒体平台上，用户可以主动参与内容的创作、评论和分享，与其他用户进行互动交流。这种互动性不仅使信息传播更加迅速和广泛，也增加了用户对内容的参与度和黏性。

  ②精准性。新媒体以网络环境为基础，根据用户的信息使用习惯、偏好和特点向用户提供满足其各种个性化需求的服务，极大地提升了传播效果。

③实时性。新媒体可以按照具体事件和场景的变化实时更新和发布信息。用户可以及时获取最新的新闻、资讯和娱乐内容。

④沉浸性。新媒体不但集文字、图片和音像于一体，而且拥有强大的社交和娱乐功能，让客户很容易"上瘾"。同时，随着视联网的发展，新媒体会通过"万物皆屏"打造出多维度立体的媒体体验，让客户沉浸其中，流连忘返。

⑤跨时空性。新媒体利用通信卫星和全球联网的网络进行传输数据，打破了有线网络的限制及国家行政区划和地理区域的限制，可以在地球上的任何角落实现信息传播。

⑥多重性。新媒体除了信息传播职能外，还可以提供服务、商务、社交、娱乐甚至陪伴功能。客户也不再只把新媒体视为信息渠道，而是获取多重功能的综合平台。

随着技术的发展，新媒体也在不断演变和升级，为人们提供更加便捷、高效的信息传播和服务。

10.4.2 新营销

关于新营销，不同学者有不同的观点，剑桥大学尹一丁教授认为新营销是以客户为导向的一体化营销，它强调通过数字技术和社交媒体等新兴渠道，与顾客建立更加紧密的联系和互动，从而更好地满足顾客的需求和提升品牌价值。新营销的"新"主要体现在两个方面。

首先，"新"代表新技术，即新营销是数字化、互联网和人工智能等高新技术驱动的营销。在数字化时代，顾客的信息获取方式和购买行为发生了巨大变化，因此新营销也更加注重数据分析和精准定位，通过大数据和人工智能等技术手段，对顾客进行细分和个性化定制，依托新媒体平台进行营销，从而实现更高效的营销效果。从技术角度看，随着人工智能和大数据等技术的不断发展，新营销会迈向智能营销。

其次，"新"代表一种新商业逻辑和由此引出的新商业模式，这种新商业模式更加注重用户体验和服务，其商业逻辑是一体化。这个一体化至少包含六个方面。

第一，媒介渠道一体化。在旧营销时代，媒介和渠道是割裂的，进而信息和产品是割裂的。信息通过媒体触达客户，而客户进入渠道才会形成产品触达。新营销利用数字化技术将媒介和渠道相融合，从而形成"信息触达"和"产品触达"的一体化。例如，客户从某微信公众号看到了某产品的宣传，可以立即下单购买，这样大大提升了企业的营销效率。

第二，线上线下一体化。企业通过高度整合线上和线下运营，在客户端形成无缝对接的优质体验，实现无边界的全渠道运营。客户可以在任何时间和场景，通过任何线上或线下渠道，如实体店、线上店、社交媒体平台、可穿戴设备、虚拟现实硬件或者智能家居等平台进行产品体验、购物、社交、互动和服务获取。企业通过各渠道间的资源共享，使全渠道各成员进入相互促进的良性循环。

第三，客户需求一体化。旧营销聚焦向客户提供解决具体问题的产品和方案，新营销则力求满足客户生理和心理层面的多重需求。新营销不仅专注于提供优质的产品和服务，还向客户提供娱乐、社交和学习等多元化功能。在新营销时代，企业不但是产品的生产者，也是社交关联、休闲娱乐和生活意义的提供者。

第四，客户链路一体化。通常，客户消费生命周期可划分为知晓、兴趣、购买、忠诚和推荐五个阶段。在旧营销时代，企业没有技术手段和组织能力来有效管理这五个阶段，无法直接引导客户的购买和推荐行为，导致营销效率低下。新营销运用数字化手段通过监测关键指标和用户行为，对客户的整体生命周期进行全面管理，及时调整和优化营销策略，实现全链路营销。通过对客户生命周期的一体化管理，企业可以实现"塑造认知""完成交易"和"建立关系"三项关键营销工作的融合，极大地提高企业营销效率。

第五，价值链路一体化。大致而言，一个企业的市场营销由以下五个关键步骤组成，即定义价值、创造价值、传播价值、交付价值和升级价值，这就是市场营销的价值链路。在旧营销时代，这些步骤由企业的不同部门负责且发生有先后次序，走完整个价值链路的时间也比较长，同时部门之间也存在配合失调的情况。在新营销时代，通过线上线下一体化，企业可以随时获取全方位的客户数据，从而即时且精准地洞察客户需求，同时将这些洞察实时反馈给产品研发和生产制造部门，用最快的速度实现价值创造。然后，企业利用全渠道快速完成对客户的信息触达和产品触达，完成价值传播和交付。企业也可以在同一时间和客户展开互动，建立良性关系，实现客户价值的升级，并引发客户的推荐和宣传。

第六，职能部门一体化。新营销要求客户链路和价值链路的一体化。这就需要企业内部各个部门之间的密切配合和协作，从而实现内部职能部门的一体化。企业内部一体化的第一步就是建立一个可追溯的供应链系统，也就是说，一个商品从生产到销售的各个环节都由线上信息系统覆盖而实现透明化，然后在深度数字化转型的过程中，实现各个部门的在线化和线上连通。

当然，企业内部一体化只代表新营销的初级阶段。真正一体化的企业还需要实现与外部合作伙伴建立良好的合作关系，实现BC端一体化，也就是打通厂家、经销商、零售商和客户的数据链条，实现整体商业生态系统的一体化，最终形成主体企业、共生企业和最终客户构成的高度整合、互为依赖、共生共荣的利益共同体。这样，在柔性供应链的支撑下，企业生态系统就可以构建一个真正由客户驱动的商业模式，进入具有社群商务特征的新营销的更高阶段，即客户企业一体化。这样，新营销就是客户驱动的一体化营销。

总之，数字化时代的到来深刻改变了企业的营销环境，企业必须在"以客户为中心"的理念指导下，运用各种新媒体平台，来制订企业STP战略并实施企业的4P组合营销策略，只有这样企业才可以更好地满足客户需求，从而提高自身竞争力并实现可持续发展。

案例学习　打造更多农产品"顶流"品牌

你品尝过"鲜橙褚—花斑果"吗？2023年"鲜橙褚—花斑果"在各大电商平台热销，其价格比赣南脐橙贵，但是销量却比正宗的褚橙大。

这款花斑果之所以能脱颖而出，其背后的秘诀就在于"鲜橙褚"这三个字。卖家巧妙地利用了人脑对颠倒词汇的自动调整能力，将自身与大众熟知的褚橙紧密相连。此外，电商平台的算法也起到了关键作用。当顾客搜索"褚橙"时，系统会自动优先推荐"鲜橙褚—花斑果"。

尽管"鲜橙褚—花斑果"口味不错，却只能假借他人的名字生活，甚至可能涉嫌"碰瓷"褚橙。这给市场提出一些值得思考的问题，如顾客渴望品质优良且价格适中的产品；如何打造属于自己的优质农产品品牌？

作为农业大国，我国有平谷大桃、肥西老母鸡、高邮咸鸭蛋、吉县苹果等优质农产品。然而，当顾客真正想要购买时，却为选择哪一个品牌而犯愁。以赣南脐橙为例，很多商家在被授权使用地理标志商标的同时还有自己的品牌，如"土八鲜""京鲜生""知鲜湾"等。

想把一粒米、一颗蛋、一捆大葱打造成知名品牌，绝非易事。它首先要把具有自然属性、品质不稳定的农产品，转变为优质、稳定的批量化商品，这需要大量的资本、技术和时间的投入。有了优质产品，还得懂营销、有渠道、善推广，这样农产品才能卖个好价钱。迄今为止，在经历十多年打磨后，褚橙成品率依然仅有约54%。面对如此高的成本，靠小农户和小微企业独自打造品牌几乎不可能。这就解释了在居民收入提高和种植养殖技术进步的条件下，为何"顶流"品牌农产品依然不多。

褚橙是互联网背景下打造的第一个农产品标志性品牌。如今，随着移动互联网的迅猛发展，电商从传统电商、社交电商发展到直播电商。在这样的背景下，能否培育出下一个"褚橙"？

机会还是有的。如今的市场，并不缺资本和有影响力的营销渠道。顶流主播可凭借自身力量将初创品牌打造成知名品牌。但真正的顶流产品源于土地和制造业，而不是顶流主播"带"出来的。直播带货分食实体经济的营销经费，他们是不是有能力和责任帮助实体经济完成转型升级、品牌塑造？目前，以助农为口号的主播众多，直播带货企业需深入产地，从种植、生产、销售到售后全程助农。将生产者的专业及坚持和顶流主播巨大的影响力结合起来，才有望在农产品领域看到更多"顶流"品牌的诞生。

注：引自佘颖，2023。

复习思考题

1. 什么是市场细分？有效市场细分的标准有哪些？
2. 什么是产品品牌，品牌对营销企业有何作用？
3. 企业在确定目标市场时可选择哪些战略？
4. 在产品不同生命周期应当分别采取哪些营销手段？
5. 企业的促销策略有哪些？
6. 新媒体具有哪些特征？什么是新营销？

第11章　创新创业大赛与涉农企业

党的二十大报告中提出"培育创新文化，涵养优良学风，营造创新氛围""加快实现高水平科技自立自强，增强自主创新能力"。充分发挥创新创业大赛的导向作用和文化引领带动作用，积极营造创新创业浓厚氛围，激发大学生创新创业热情，为科技强国、人才强国贡献力量。

本章要点：使学生了解当前我国主要的大学生创新创业赛事，对历届全国大学生创新创业大赛获奖项目进行剖析，以期为大学生创新创业提供有益启示；了解涉农企业的概念和我国涉农企业的发展现状；了解众创空间、星创天地、大学生创业园，激发学生的创新创业热情；学习、感悟全国性大学生创新创业大赛获奖案例，引导学生制订创业计划，鼓励大学生创新创业。

关键术语：创新创业大赛；涉农企业；众创空间；星创天地；大学生创业园

11.1　创新创业大赛

11.1.1　中国当前主要的大学生创新创业赛事

（1）中国"互联网+"大学生创新创业大赛

为贯彻落实国务院办公厅《关于深化高等学校创新创业教育改革的实施意见》，进一步激发高校大学生创新创业热情，展示高校创新创业教育成果，2015年，教育部与有关部委及吉林省人民政府主办了首届中国"互联网+"大学生创新创业大赛。

中国"互联网+"大学生创新创业大赛由教育部、中央统战部、中央网络安全和信息委员会办公室、国家发展和改革委员会、工业和信息化部、人力资源社会保障部、农业农村部、共青团中央等部委与地方政府共同主办，每年举行一届。

大赛旨在深化高等教育综合改革，激发大学生的创造力，培养造就"大众创业、万众创新"的生力军；推动赛事成果转化，促进"互联网+"新业态形成，服务经济提质增效升级；以创新引领创业、创业带动就业，推动高校毕业生更高质量创业就业。

大赛的主要任务：

①以赛促教，探索人才培养新途径。全面推进高校课程思政建设，深入推进新工科、新医科、新农科、新文科建设，不断深化创新创业教育改革，引领各类学校人才培养范式深刻变革，形成新的人才培养质量观和质量标准，切实提高学生的创新精神、创业意识和创新创业能力。

②以赛促学，培养创新创业生力军。服务构建新发展格局，激发学生的创造力，激励广大青年扎根中国大地了解国情民情，在创新创业中增长智慧才干，坚定执着追理想，实

事求是闯新路,把激昂的青春梦融入伟大的中国梦,努力成长为德才兼备的有为人才。

③以赛促创,搭建产教融合新平台。把教育融入经济社会发展,推动成果转化和产学研用融合,促进教育链、人才链与产业链、创新链有机衔接,以创新引领创业、以创业带动就业,推动形成高校毕业生更高质量创业就业的新局面。

大赛分高教主赛道、青年红色筑梦之旅赛道、职教赛道、产业命题赛道、萌芽赛道五个赛道,高教主赛道分本科生组(创意组、初创组、成长组)、研究生组(创意组、初创组、成长组),青年红色筑梦之旅赛道分公益组、创意组、创业组,职教赛道分创意组、创业组。

大赛的参赛项目类型:

①新工科类项目。大数据、云计算、人工智能、区块链、虚拟现实、智能制造、网络空间安全、机器人工程、工业自动化、新材料等领域,符合新工科建设理念和要求的项目。

②新医科类项目。现代医疗技术、智能医疗设备、新药研发、健康康养、食药保健、智能医学、生物技术、生物材料等领域,符合新医科建设理念和要求的项目。

③新农科类项目。现代种业、智慧农业、智能农机装备、农业大数据、食品营养、休闲农业、森林康养、生态修复、农业碳汇等领域,符合新农科建设理念和要求的项目。

④新文科类项目。文化教育、数字经济、金融科技、财经、法务、融媒体、翻译、旅游休闲、动漫、文创设计与开发、电子商务、物流、体育、非物质文化遗产保护、社会工作、家政服务、养老服务等领域,符合新文科建设理念和要求的项目。

大赛主要采用校级初赛、省级复赛、全国总决赛三级赛制(不含萌芽赛道以及国际参赛项目),在校级初赛、省级复赛的基础上,各地按照大赛组委会确定的配额择优推荐项目进入全国总决赛。

(2)"挑战杯"全国大学生系列科技学术竞赛

"挑战杯"全国大学生系列科技学术竞赛(简称"挑战杯"),是由共青团中央、中国科学技术协会、教育部和全国学联共同主办的全国性的大学生课外学术实践竞赛。"挑战杯"有两个并列项目:一个是"挑战杯"中国大学生创业计划竞赛(简称"小挑"),另一个是"挑战杯"全国大学生课外学术科技作品竞赛(简称"大挑")。这两个项目交叉轮流开展,每个项目每两年举办一届。

"挑战杯"中国大学生创业计划竞赛又称商业计划竞赛,是风靡全球高校的重要赛事。它借用风险投资的运作模式,要求参赛者组成优势互补的竞赛小组,提出一项具有市场前景的技术、产品或者服务,并围绕这一技术、产品或服务,以获得风险投资为目的,完成一份完整、具体、深入的创业计划。竞赛采取学校、省(自治区、直辖市)和全国三级赛制,分预赛、复赛、决赛三个赛段进行。作为学生科技活动的新载体,创业计划竞赛在培养复合型、创新型人才,促进高校产学研结合,推动国内风险投资体系建立方面发挥出越来越积极的作用。"挑战杯"中国大学生创业计划竞赛项目分为已创业与未创业两大类和农林畜牧及食品等相关产业,生物医药,化工技术和环境科学,信息技术和电子商务,材料,机械能源,文化创意和服务咨询七大类别。大赛实行分类、分组申报。拥有或授权拥有产品或服务,并已在工商、民政等政府部门注册登记为企业、个体工商户、民办非企业单位等组织形式,且法人代表或经营者为在校学生或毕业未满三年的高校毕业生、运营时间在三个月以上(以预赛网络报备时间为截止日期)的项目,可申报已创业类;拥有或授权拥有产品或服务,具有核心团队,具备实施创业的基本条件,但尚未在工商、民政等政府部门注册登记或注册登记时间在三个月以下的项目,可申报未创业类。

"挑战杯"全国大学生课外学术科技作品竞赛自1989年首届竞赛举办以来,竞赛始终坚持"崇尚科学、追求真知、勤奋学习、锐意创新、迎接挑战"的宗旨,在促进青年创新人才成长、深化高校素质教育、推动经济社会发展等方面发挥了积极作用。申报参赛的作品分为自然科学学术类论文、社会科学类(含经济、社会法律、教育)社会调查报告和学术论文、科技发明制作类三大类。其中,科技发明制作类又分为A、B两类,A类指科技含量最高、制作投入较大的作品;B类指制作投入较小,对生产技术或社会生活带来便利的小发明、小制作。

(3)"创青春"全国大学生创业大赛

为贯彻落实习近平总书记系列重要讲话和党中央有关指示精神,适应大学生创新创业发展的形势需要,在原有"挑战杯"中国大学生创业计划竞赛的基础上改版,由共青团中央、教育部、人力资源和社会保障部、中国科学技术协会、全国学联决定,自2014年起共同组织开展"创青春"全国大学生创业大赛,每两年举办一次。这次改版目的是让大赛更加贴近创业实际,不断引导和激励高校毕业生弘扬创新的时代精神,培养和提高高校学生创新、创意、创造、创业的意识和能力,促进高校学生就业创业教育、创业实践活动的蓬勃开展,发现和培养一批具有创新思维和创业潜力的优秀人才,帮助更多高校学生通过创新创业的实际行动实现自身价值,为实现中华民族伟大复兴贡献青春力量。

"创青春"全国大学生创业大赛设大学生创业计划竞赛(即"挑战杯"中国大学生创业计划竞赛)、创业实践挑战赛、公益创业赛三项主体赛事。

大学生创业计划竞赛面向高等学校在校学生,以商业计划书评审、现场答辩等作为参赛项目的主要评价内容;创业实践挑战赛面向高等学校在校学生或毕业未满三年的高校毕业生,以参赛项目的盈利状况、发展前景等作为主要评价内容,要求参赛项目需拥有或授权拥有的产品或服务已投入实际创业三个月以上;公益创业赛面向高等学校在校学生,以创办非营利性社会组织的计划和实践等作为参赛项目的主要评价内容,参赛项目要有较强的公益特性,通过商业运作的方式,运用前期的少量资源撬动外界更广大的资源来解决社会问题,并形成可自身维持的商业模式,团队须实践其公益创业计划,形成可衡量的项目成果。

11.1.2 历届中国"互联网+"大学生创新创业大赛项目分析

11.1.2.1 历届大赛获奖项目数量分析

高教主赛道历届获奖总数保持逐年增长态势。其中,第六届获奖总数较上一届增长近69%,这主要是因为国际赛道纳入高教主赛道后,国际作品直接与国内作品同台竞技,金、银、铜三类奖项数量均出现大幅增长(55.22%、52.86%、75.85%)。而第七届大赛各类奖项数量增长幅度最大,金、银、铜奖三类奖项分别增长106.73%、121.50%、84.84%。从奖项结构来看,每年金、银、铜奖数量比例基本保持在1∶2∶7。从获奖率来看，随着入围现场总决赛项目数的不同，历届获金奖及以上奖项的比例基本保持在33.75%左右，体现了该赛事的公平性与灵活性。

青年红色筑梦之旅赛道前三届获奖数量基本保持一致，随着第七届大赛赛事规模的扩大和升级，获奖数量增长138.76%。职教赛道在第七届大赛时同样出现"井喷式"增长，获奖数量增长138.50%（表11-1）。

表11-1 历届大赛各赛道获奖数量情况统计表

赛道	第一届	第二届	第三届	第四届	第五届	第六届	第七届	第八届
高教赛道	300	599	630	658	649	1 096	2 122	2 090
红旅赛道	—	—	—	203	203	209	499	511
职教赛道	—	—	—	—	201	213	508	505
总计	300	599	630	861	1 053	1 518	3 129	3 106

11.1.2.2 获奖高校区域分布情况分析

（1）高教主赛道获奖高校区域分布

从表11-2来看，东部、中部、西部和港澳台地区获奖总数占比分别为40.72%、28.79%、25.92%、4.57%。东部地区高校在获奖总数上一直保持领先地位；中部地区高校获奖总数占比前六届逐年下降，由36%跌至25.86%，第七届略有回升（27.54%）；相较于中部地区，西部地区高校获奖总数占比稍弱，但二者获奖比例渐趋持平。

表11-2 高教主赛道各地区历届获奖数量统计表

	第一届	第二届	第三届	第四届	第五届	第六届	第七届	总计	占比
东部地区	115	226	235	248	267	297	711	2 099	40.72%
中部地区	108	199	187	186	177	180	447	1 484	28.79%
西部地区	77	169	178	171	159	172	410	1 336	25.92%
港澳台地区	—	5	30	53	46	47	55	236	4.57%
总计	300	599	630	658	649	696	1 623	5 155	100%

（2）青年红色筑梦之旅赛道获奖高校区域分布

从表11-3可知，东部、中部、西部地区占比分别为38.24%、30.88%、30.88%。东部地区历届获奖总数仍然高于中西部地区。与高教主赛道不同的是，西部地区在红旅赛道的获奖总数与中部地区持平。从金银奖获奖数量来看，西部地区历届占比一直高于中部地区。因此可以看出，红旅赛道西部地区高校的创新创业大赛竞争力要优于中部地区。

就东部地区而言，红旅赛道高校创新创业大赛竞争力较强的省份有浙江、江苏、广东、福建。其中，浙江获金奖数量最多，远超全国其他省份，而福建省历届获奖总数最多。中部地区创新创业大赛竞争力较强的省份有江西、湖北、湖南。西部地区高校创新创业大赛竞争力较强的省份有陕西、四川、云南、广西。

表 11-3　青年红色筑梦之旅赛道各地区历届获奖数量统计表

	第四届	第五届	第六届	第七届	总计	占比
东部地区	77	77	80	192	426	38.24%
中部地区	60	58	57	169	344	30.88%
西部地区	66	68	72	138	344	30.88%
总计	203	203	209	499	1 114	100%

（3）职教赛道获奖高校区域分布

从表 11-4 可知，东部、中部、西部地区高校获奖数量占比分别为 41.11%、29.07%、29.82%。东部地区高校获奖总数显著高于中西部地区，尤其在金银奖获奖数量上占有绝对优势（49.68%）。中部与西部地区在获奖总数上保持相对均衡，但在金银奖获奖数量上却差异明显。中部地区金银奖数量占比为 22.44%，而西部地区占比为 27.88%。可以看出，西部地区高校在职教赛道的竞争力要优于中部地区。

表 11-4　职教赛道各地区历届获奖数量统计表

	第五届	第六届	第七届	合计	占比
东部地区	79	88	212	379	41.11%
中部地区	59	63	146	268	29.07%
西部地区	63	62	150	275	29.82%
总计	201	213	508	922	100%

就东部地区而言，职教赛道高校创新创业大赛竞争力较强的省份有江苏、广东、山东、浙江。无论是从获奖总数还是金奖数量来看，江苏省都是当之无愧的第一名，而广东省获银奖数量全国最多。中部地区中，江西省获奖总数全国第三，河南省获铜奖数量全国最多。总体来看，江苏、广东、江西、浙江和重庆五省金银奖总数均超过 20 项，江苏、广东两省更是超过 37 项，这在一定程度上折射出江苏、广东、江西、浙江四省在职教赛道的领先地位。

11.1.3　历届"挑战杯"全国大学生课外学术科技作品竞赛项目分析

11.1.3.1　"挑战杯"竞赛参与程度分析

"挑战杯"全国大学生课外学术科技作品竞赛（以下简称"挑战杯"竞赛）自 1989 年首届举办以来，已举办 18 届。参赛人数由 300 人增加到 200 余万人，参赛高校由 52 所增加到 2 000 余所，参赛作品由 430 件增加到 40 余万件，入围国赛作品数由 145 件增加到 2 445 件（表 11-5）。参赛人数和参赛作品的递增趋势，反映出"挑战杯"竞赛普及率逐渐提升，大学生参与热情越来越高，已成为当前我国大学生学科竞赛的品牌赛事。

表 11-5　历届"挑战杯"竞赛规模

	举办时间	承办学校	参赛人数	入围国赛作品数
第一届	1989 年	清华大学	300	145
第二届	1991 年	浙江大学	100 000	150
第三届	1993 年	上海交通大学	150 000	300
第四届	1995 年	武汉大学	190 000	223
第五届	1997 年	南京理工大学	400 000	320
第六届	1999 年	重庆大学	800 000	500
第七届	2001 年	西安交通大学	1 600 000	700
第八届	2003 年	华南理工大学	2 700 000	850
第九届	2005 年	复旦大学	3 000 000	800
第十届	2007 年	南开大学	5 000 000	900
第十一届	2009 年	北京航空航天大学	5 100 000	1 050
第十二届	2011 年	大连理工大学	924 000	1 423
第十三届	2013 年	苏州大学	1 420 000	1 300
第十四届	2015 年	广东工业大学	2 000 000	1 200
第十五届	2017 年	上海大学	2 000 000	1 500
第十六届	2019 年	北京航空航天大学	3 000 000	1 600
第十七届	2021 年	四川大学	6 000 000	1 509
第十八届	2023 年	贵州大学	2 500 000	2 445

11.1.3.2 "挑战杯"竞赛获奖情况分析

（1）国赛奖项分析

入围"挑战杯"竞赛国赛的参赛作品将进行特等奖、一等奖、二等奖、三等奖奖项的争夺。经过对历届国赛获奖数据统计，特等奖占比 3.51%，一等奖占比 11.64%，二等奖占比 23.05%，三等奖占比 61.80%（表 11-6）。"挑战杯"竞赛国赛奖项总数呈阶梯式增长态势，表明近些年优秀的作品不断涌现，广大高校以竞赛为契机，不断丰富校内活动内容，提高学生能力。

表 11-6　历届"挑战杯"竞赛国赛获奖数量

	特等奖	一等奖	二等奖	三等奖	总数
第一届	6	24	30	40	100
第二届	10	23	22	85	140
第三届	8	20	22	150	200
第四届	12	18	37	123	190
第五届	7	17	30	167	221

(续)

	特等奖	一等奖	二等奖	三等奖	总数
第六届	10	32	100	190	332
第七届	10	33	99	291	433
第八届	11	44	197	403	655
第九届	18	59	145	455	677
第十届	17	83	199	501	800
第十一届	26	94	108	622	850
第十二届	19	118	113	650	900
第十三届	34	156	300	510	1 000
第十四届	34	166	267	633	1 100
第十五届	39	190	350	650	1 229
第十六届	32	127	286	855	1 300
第十七届	49	109	320	755	1 233
第十八届	115	201	373	959	1 648
占比	3.51%	11.64%	23.05%	61.80%	100%

(2) 特等奖获奖数量及高校类型

从特等奖数量看,"挑战杯"竞赛国赛特等奖的数量呈逐渐增长的趋势,第十八届特等奖项数是第一届特等奖项数的19倍。从获特等奖的高校类型看,在"挑战杯"竞赛中,"双一流"高校占比高达77.13%,非双一流高校仅占比22.87%(表11-7),本科院校占比98%,高职院校仅占比2%。不难看出,以"双一流"高校为代表的本科院校是获特等奖参赛队伍的主力军。这表明教育质量越高的学校,参赛作品的质量越高,越容易获"挑战杯"竞赛奖项,参赛项目获奖率与高校教育水平、教育改革程度密切相关。

表11-7 特等奖获奖高校类型及数量

	"双一流"高校	非"双一流"高校	总数
第一届	5	1	6
第二届	7	3	10
第三届	6	2	8
第四届	8	4	12
第五届	5	2	7
第六届	6	4	10
第七届	8	2	10
第八届	7	4	11
第九届	13	5	18

(续)

	"双一流"高校	非"双一流"高校	总数
第十届	13	4	17
第十一届	17	9	26
第十二届	15	4	19
第十三届	28	6	34
第十四届	29	5	34
第十五届	31	8	39
第十六届	28	4	32
总计	226	67	293
占比	77.13%	22.87%	100%

(3) 特等奖获奖区域分布

从特等奖区域分布特征看,"挑战杯"竞赛特等奖获奖数量的区域分布并不均衡,省际获奖项目数量差距十分明显,尤其是青海、贵州、西藏、新疆等偏远省份获奖数量比例较低(表11-8)。这表明高校所在地区经济越发达,特等奖获奖数量越多;也表明参赛项目获奖率与地域经济发展水平、高等教育投入程度密切相关。

表11-8 特等奖获奖区域分布

区域	省份	特等奖数量	占比
华东	山东、江苏、安徽、浙江、福建、上海	74	25.26%
华南	广东、广西、海南	25	8.53%
华北	北京、天津、河北、山西、内蒙古	98	33.45%
华中	湖北、湖南、河南、江西	30	10.24%
西北	陕西、甘肃、青海、宁夏、新疆	18	6.14%
西南	四川、重庆、云南、贵州、西藏	25	8.53%
东北	辽宁、吉林、黑龙江	23	7.85%

11.1.4 中美大学生创新创业竞赛比较

11.1.4.1 美国大学生创新创业竞赛

美国创业教育始于20世纪五六十年代,创业竞赛是创业教育的重要部分。举办创业竞赛有助于高校建立跨校合作关系,也为学生提供了良好的资源和平台,催生了诸多优秀企业的产生和发展。1973年,国际大学生企业家联盟举办首次创业大赛;1984年,百森商学院和德克萨斯大学奥斯汀分校联合举办第一次商业计划竞赛,之后美国创业类竞赛获得蓬勃发展。2000年,美国有40~50个创业竞赛,2004—2009年,创业类竞赛开始以年平均22%的速度增长。至此,美国形成数目众多、规模不一的大学生创业竞赛。其中,莱斯商业计划竞赛(Rice Business Plan Competition)是奖金额度最高、规模最大的学生创业竞赛。

莱斯商业计划竞赛由莱斯大学技术与创业联盟(The Rice Alliance for Technology and Entrepreneurship)主办。莱斯大学技术与创业联盟由莱斯大学工程学院、自然科学学院和商学院于1999年合作成立，为科技成果商业化、创业教育、技术公司提供支持。莱斯商业计划竞赛旨在为大学生创业者提供一次真实的体验，让他们能够对自己的商业计划和一分钟电梯展示赛内容进行调整，从而获得投资，成功地将他们的产品商业化。参赛者可以获得在社会中成功创业所需的技能、投资者和经验丰富的企业家的指导、与风险投资者和其他投资者进行3天的交流，以及评委对商业计划的针对性反馈。

莱斯商业计划竞赛于2001年首次举办，已从当年的9支参赛队伍、1万美元奖金发展为2017年的42支参赛队伍、150万美元现金和奖励。2017年，超过180家企业和私人赞助商为商业计划竞赛提供支持。大赛共收到约750份参赛申请，评审从所有参赛申请中选出42支队伍进行现场比赛，比赛为期3天，由近300名大多来自投资行业的评委按投资意向进行评分，决出优胜者。

11.1.4.2　莱斯商业计划竞赛和中国"互联网+"大学生创新创业大赛的比较

从大赛宗旨、组织和发展、具体开展等方面，对美国莱斯商业计划竞赛和中国"互联网+"大学生创新创业大赛进行比较。

(1) 共同点

莱斯商业计划竞赛和中国"互联网+"大学生创新创业大赛均为所在国规模最大、极具影响力的大学生创新创业类竞赛。大赛宗旨均涵盖推动参赛团队创业成果商业化，主办方均具有较强的知名度和号召力。莱斯大学为美国顶尖私立研究型高校，其研究生创业项目排名全美第11位；中国"互联网+"大学生创新创业大赛的所有主办单位均为政府管理部门和省级政府，承办单位为知名高校。两项大赛赛制符合国际惯例，均是从所有参赛团队中选出部分项目进入现场总决赛，所提交材料均涉及商业计划书、一分钟展示视频、团队信息等，现场比赛均为3天。

(2) 不同点

①大赛宗旨。莱斯商业计划竞赛旨在模拟现实创业情况，帮助参赛团队吸引风险投资人或投资公司的资金。具体来说是为大学生创业者提供现实体验，让他们能够对自己的商业计划和电梯展示赛内容进行调整，从而获得投资资金，成功将产品商业化。莱斯商业计划竞赛着力于帮助大学生创业者吸引资金，将创业理念转变为创业现实，以现实为导向，着力点比较微观，具有针对性。

中国"互联网+"大学生创新创业大赛有三重目的：深化创新创业教育改革；推动赛事成果转化和产学研用紧密结合，服务经济；以创业带动就业。从大赛举办宗旨可以看出，中国"互联网+"大学生创新创业大赛着力点多重且宏观，为达成此目的，大赛除全国总决赛外，还设置了大赛成果展、大赛优秀项目资源对接会等同期活动。

我国大学生创新创业大赛关注宏观，而莱斯商业计划竞赛着力微观，这与国家经济发展、创新创业环境、创新创业教育发展等因素均有关系。创新创业是美国保持世界经济竞争力的核心驱动力，美国创业教育也是世界创业教育的佼佼者，对于促进大学生创新创业已经形成了完善的宏观社会环境和微观教育环境。大学生的创新意识和创业理念业已形成，创业教育体系尤其是课外创业教育资源项目更注重增加学生实际创业体验。要帮助大学生创业者将创业理念转化为现实，资金必不可少，因此莱斯商业计划竞赛着力吸引各方投资者的参与，帮助大学生创业者获得资金。当前我国经济处于效率驱动阶段，着力向创新驱动转型，需鼓励创新思维发展。我国创新创业教育虽然开始时间不算晚，但真正得到重视则是在2014年"大众创业、万众创新"提出后。2015年5月4日，国务院办公厅印发《关于深化高等学校创新创业教育改革的实施意见》，高校创新创业教育受到重视。经济发展正待转型，大众创业号角响起，万众创新思维还未成型，创新创业教育体系有待完善，在此背景下，中国"互联网+"大学生创新创业大赛开始举办，势必要承担多重责任。

②大赛组织和发展。莱斯商业计划竞赛由莱斯大学技术与创业联盟自主、自发、自下而上组织和发展。莱斯商业计划竞赛举办以来，参赛的团队62%成功启动，31%现在仍活跃在市场中。这说明莱斯商业计划竞赛确实达到了帮助大学生创业者吸引资金，将创业产品商业化的目的和宗旨。

中国"互联网+"大学生创新创业大赛由教育部等管理部门主办，一所高校承办，自上而下组织和发展起来。在我国创新创业大环境没有特别完善、创新创业教育刚受重视的情况下，由管理部门牵头，有利于推动大赛的顺利开展。然而，由于大学生创新创业者的创新思维、创业意识还没有完全培养起来，为保证大赛的规模和影响，有一些地方会强制学生参赛。例如，陕西省规定各校要按照不低于全日制在校生数(本专科生、研究生)1.8%的比例组织学生参赛(即每1 000名学生应至少有18个参赛项目)，省教育厅将定期通报各高校参赛项目报名情况。大学生创新创业大赛要获得持久发展，一是要培养参赛者的创新意识和创业热情，让学生主动积极参与；二是应重视参赛项目的质量。

③大赛开展方面。莱斯商业计划竞赛更为成熟，中国"互联网+"大学生创新创业大赛体系还有待完善。如大赛奖励方面，中国"互联网+"大学生创新创业大赛设有金奖、银奖、铜奖、省市组织奖、高校集体奖以及最佳创意奖、最具商业价值奖、最佳带动就业奖、最具人气奖等若干单项奖，获奖项目颁发获奖证书，提供投融资对接、落地、孵化等服务。其表述比较笼统，并没有说明获奖项目具体能获得的奖励和服务。莱斯商业计划竞赛则详细列举了获奖项目能获得的现金和非现金奖励，包括21项现金奖励和10项实物奖励(如知识产权咨询、财务管理服务、营销服务等)。冠军得主将一并获得得州鹅协会提供的30万美元的股权投资和20万美元猫头鹰投资。进入总决赛的6名团队将获得3 000～300 000美元的奖励，进入半决赛、挑战赛、电梯展示赛的团队也将获得不同金额的奖励。对于大学生创业者来说，将奖励以具体数字和等价实物的方式具体表述出来，可能更有利于激发大学生创新创业者的参赛热情。

④参赛配套指导方面。莱斯商业计划竞赛不仅与专业的咨询公司合作，为每一个进入决赛的参赛团队进行指导，还在比赛过程中安排评审反馈环节，帮助参赛团队明确电梯展示赛和商业计划书的优缺点。另外，还承诺决赛名单公布后，所有材料齐全的申请团队都将收到来自莱斯商业计划竞赛评审的反馈意见。莱斯商业计划竞赛期望，无论团队是否被选中参与决赛，申请参赛的过程都会为大学生创新创业者提供培训机会。中国"互联网+"大

学生创新创业大赛并没有明确说明为大赛参赛团队配备专门指导,协办单位之一中关村百人会天使投资联盟的服务指南中提到会对高校师生进行双创讲座和项目辅导,表述较为模糊和笼统。

⑤参赛材料提交方面。两项大赛均要求提供项目商业计划书、项目展示PPT、一分钟展示视频、团队信息等材料。中国"互联网+"大学生创新创业大赛没有明确要求所提交材料的内容和格式。莱斯商业计划大赛对所提交材料应包含的内容、格式、命名方式等都有详细要求。例如,莱斯商业计划大赛规定商业计划书不超过10页,包含执行摘要和财务数据,具体包含以下部分:执行摘要,产品或服务描述(如现在发展阶段、原型等),消费者、市场分析(市场规模和潜在市场份额),销售和市场营销计划(如何面向市场),知识产权,竞争者分析(竞争者和竞争差异),管理团队和顾问,财务亮点(现金流、损益表、资产负债表),投资(寻求投资的金额、正在使用的资金等)。商业计划书是全方位描述项目发展的文书,是项目开展的依据,也是能否赢得投资者青睐的关键,规范的商业计划书撰写是创新创业教育的课程核心内容之一,应该受到创新创业大赛和创新创业教育的重视。另外,对提交材料进行必要的规范要求,有利于参赛项目公平竞争,也有利于评审专家迅速找到项目的可投资观测点,提高评审效率。

11.1.5 历届创新创业大赛对创新创业者的启示

(1) 大赛提供了大学生创新创业实践的平台

一直以来,我国高校对于学生创新创业能力的培养处于理论有余而实践不足的状态,这种状况显然难以满足学生日益增强的对创新创业能力培育的需求,难以满足新时期经济社会发展的需求。全国大学生创新创业大赛无疑为这种状况的改变展现了良好势头。

全国大学生创新创业大赛的举办为培养学生的创新创业能力提供了实践的平台。大赛使当代大学生能够亲身参与创新创业项目的发展过程,不仅给予宝贵的试错容错机会,还能让学生全方位、系统化地接受创新创业指导,更为重要的是培养了学生敢为人先的创新创业精神、合作共赢的团队精神、敬业奉献的企业家精神等。充分利用大学生创新创业实践平台,积极参与各级各类创新创业大赛,锐意创新,在培养项目核心竞争力的同时,在团队管理与建设等方面做出积极努力,不断迎接挑战,磨炼自我。

(2) 大学生创业创新环境具有区间差异性

作为一名大学生创新性创业者,要善于发现和把握外部机遇和资源。通过对历届全国大学生创新创业大赛金奖项目的地域分布分析,可以看出金奖项目大部分来自江苏省、上海市、北京市、广东省、浙江省、湖北省。这些地区创新创业资源集聚、创新创业政策优惠、创新创业氛围浓厚,为创新创业者提供了便利的条件和良好的平台。

(3) 应选择独具特点的创新创业项目

选择独具特点的创新创业项目是创新创业成功的有效保证。因此,大学生创新创业者在创新创业项目的选择上,应参考获奖项目的产业分布特点,结合自身所学、所长、所愿的实际,着重考虑有特色、具有核心竞争力的项目,这样的项目除了可以避免陷入同类型竞争者同质化的困境,还可以提升产品的辨识度与认知度,也才有可能拥有更广阔的发展空间。

11.2 涉农企业与大学生创新创业

11.2.1 涉农企业的界定

农产品加工厂、农产品贸易公司、农产品运输公司、农业科技咨询公司、农场、养殖场等，都属于涉农企业。传统意义上来说，农业企业是指以动物、植物和微生物为劳动对象，以土地为基本生产资料，通过人工培育和照料动植物，获得人类必需消费品的生产经营企业。现代农业企业则包括与农业产前、产中、产后有关的所有企业，也可称为涉农企业或农业关联企业，凡是直接或间接为农业生产服务的企业，都可以被认为是涉农企业。除了从事与农相关的生产服务外，涉农企业与从事其他行业的企业相同，都是依法设立，有自己的企业名称、组织机构、活动场所，具有法人资格，能够独立承担民事责任。

11.2.2 涉农企业的分类

涉农企业按照资产所有制性质分为：国有农业企业、集体农业企业、私营农业企业、股份制农业企业；按照生产产品分为：种植业企业、畜牧业企业、农产品加工企业、农业服务企业；按照产业链长短分为：初级农产品生产企业、农产品加工企业、农工商一体化企业。

11.2.3 我国涉农企业的发展现状

11.2.3.1 涉农企业在乡村振兴中的战略作用

涉农企业的发展与壮大有利于提升农产品市场价值，提高农民收入，提升农业收益。现代农业企业用发展工业的理念来发展农业，改变了传统农业生产自给自足的落后局面，强化了专业分工和市场意识，提高了农产品的品质、标准化程度和市场竞争力，促进了农业科技的创新和推广，有力推动了传统农业逐渐向现代农业的转变。

涉农企业大多位于农村地区。这些企业会随着发展壮大，不断加大对农业农村的基础设施建设，能够有效带动农村一系列相关产业的发展。有的企业甚至直接参与农村的建设，发展乡村社会公益事业，如创办养老院和希望小学等。因此，涉农企业的发展壮大是实现乡村振兴的关键一环。

涉农企业带动农民增收主要体现在四个方面：一是通过与小农户建立连接机制，实现农业产业化，通过为农民提供必要的生产技术指导和生产标准，来提高农产品的质量和水平，增加农民收入；二是通过直接购买农产品来带动农民增收；三是通过流转农民土地，农民获得土地流转收入的方式来增加农民收入；四是提供就业岗位，使农民通过打工增收。

涉农企业的发展还有利于实现农产品的产、供、销一体化，实现农产品精深加工，提升农产品附加值，延伸农业产业链，提高农业产业化水平。尤其是农业产业化龙头企业对于提升农业效益的作用更加明显。

11.2.3.2 涉农企业发展现状分析

在涉农企业发展的过程中，有许多因素限制了其快速发展，其中有政府的原因、企业的原因，也有农业产业自身的原因。

为深入分析我国涉农企业的发展现状，本节采用SWOT分析法（态势分析法）。此分析法于20世纪80年代初由美国旧金山大学的管理学教授韦里克提出，经常用于企业战略制定、竞争对手分析等。本节通过对涉农企业的内部优势和劣势、外部机会和威胁的分析，将深入剖析涉农企业所处的境况，以期对大学生创业有所裨益。

(1) 涉农企业内部优势

①得天独厚的自然资源优势。我国地大物博、物华天宝，自然资源尤其丰富，优越的地理环境为我国农业生产提供了可能。涉农企业根据各地农业特点，因地制宜，依托当地的特色资源发展农业，打造特色品牌，形成主导产业。如山西的老陈醋、云南的褚橙、新疆库尔勒的香梨、江苏的扬州鹅等。

②丰富廉价的劳动力优势。涉农企业所雇佣的工人、农民，其薪酬相对于城市来说是廉价的，而且农民作为劳动力是非常丰富的人力资源。

(2) 涉农企业内部劣势

①农产品生产周期长，质量不高。农产品受自然条件影响大，抵抗自然风险的能力弱，运输难、保存难。水果加工企业、奶制品加工企业、肉类加工企业均受到自然气候因素的影响，一遇到自然灾害或者动物疫情，企业就会面临极大风险。例如，非洲猪瘟的疫情就对我国养殖业企业造成极大的损失。另外，我国农产品以大众消费品为主，质量不高，以激烈的价格战来竞争，时常会出现滞销的情况。

②品牌竞争力差。农产品市场的竞争已经逐渐变为品牌的竞争，只有树立品牌才能保证企业能够抵御风险，屹立不倒。而国内农产品销售企业大都处于初加工阶段，品牌的营销意识不强，虽然也有一些成功的农产品品牌，但总体来说，品牌数量较少，品种过于单一，更是缺少具有国际影响力的知名品牌。

③涉农企业科技创新不足，研发人才匮乏，投入产出效率低。涉农企业对于科技创新的投入不足，开展的科技活动少，研发基础条件差，科研经费短缺，研发人员稀缺、素质不高。同时，涉农企业的科技创新资金主要来源于企业自有资金，经费筹集渠道少，产出不足。

④涉农企业融资难。融资困难是涉农企业尤其是中小企业所面临的困境。农业生产的特殊性使多数的金融机构不愿意将资金借贷给涉农企业，造成涉农企业融资难的现象。涉农企业在初创过程中，所需要的资金主要来源于企业自筹、股东出资和民间借贷，只有少部分来自银行贷款，融资渠道过于单一。

⑤涉农企业缺乏系统、科学的管理。涉农企业的管理层对于企业管理尤其是现代企业管理来说，大都缺乏系统、专业的学习，企业决策基本都是靠着经验，缺少科学的分析与理性的判断。

(3) 涉农企业外部机会

①政策红利。为促进涉农企业带动农民增收，我国各级政府对于涉农企业的支持力度

不断加大，从原料采购、设备引进到融资贷款等方面，均为涉农企业提供了良好的政策环境。随着乡村振兴战略的实施，政策的红利还会不断释放。

②科技红利。21世纪以来，互联网、云计算、物联网等高科技应运而生，为涉农企业的发展提供了技术支持。各类信息、各种技术方便快捷地为企业所用，对农业产业化带来了极大便利。

③全球化红利。随着经济全球化进程不断加快，国际间的合作将日趋频繁，为涉农企业提供了广阔的平台。一方面，外国跨国公司带来了先进的生产技术和生产设备，也为涉农企业带来了商机；另一方面，也将我国高质量的农产品带到世界各地。

(4) 涉农企业外部威胁

①农产品市场多变，竞争激烈。农产品的质量要求高，因为这涉及食品安全的问题，但是农产品对普通居民来说，是刚需消费，价格不宜过高。这就导致农业企业利润空间非常有限。

②随着国外大批农产品涌入，我国农业企业面临更加激烈的竞争。国外农产品具有高质量与高技术含量等特点，受到我国消费者尤其是高端消费者的青睐。

③绿色贸易壁垒的威胁。绿色贸易壁垒是发达国家为了保护本国农产品而实施的一项措施。我国的部分农产品因为质量不高而被退货，影响我国农产品走向国际市场。

④我国涉农企业自身竞争力不强。我国各级政府为推动涉农企业的示范带动作用，为涉农企业提供了诸多优惠政策，包括政府相关的贷款贴息、直接奖补资金等，一旦政策有所变化，容易丧失竞争优势，从而受到市场的威胁。

11.2.4 涉农企业发展状况对大学生创新创业的启示

(1) 坚持品牌化的发展方向

农产品必须走品牌化发展之路。涉农企业在品牌化的道路上，一定会实现巨大的收益。内蒙古蒙牛乳业、山西紫林醋业、云南褚橙等涉农企业均受益于品牌化发展战略，实现了规模的不断扩张。山东鲁花花生油始终坚持"做好油"的品牌化战略，以中央电视台作为传播媒体，在严格掌控产品质量的前提下，大力宣传"让大家吃上放心油"的企业理念，深受消费者的信赖。鲁花牌花生油荣获"国家级放心油""中国驰名商标"等荣誉称号，产品畅销海内外。涉农企业的品牌化发展为企业提高了抵御风险的能力，拥有了更强的竞争力和更高的市场渗透力，增强了竞争优势，对于企业获得市场份额，提高利润率极为关键。

(2) 坚持科技创新引领的发展方向

科技创新是涉农企业的核心竞争力。只有不断坚持科技创新，才能适应消费者的需求，在众多的企业中脱颖而出。涉农企业要想实现长足发展，必须在农产品创新上做出努力，注重提高产品的质量，积极研发高、精、尖的产品，实现农产品的精深加工。随着科技浪潮的席卷，涉农企业面临着产业与技术革命，在下一次革命到来时，能否顺势而为实现跨越发展，关键在于科技创新引领。例如，山西紫林醋业在继承传统酿醋工艺的基础上，坚持自主研发，推出了保健醋、果醋、醋饮料等新产品，在食醋产业激烈的市场竞争中实现了超常规、跨越式的发展。福建超大集团的有机肥经过多年研发，反复试验、反复筛选，采用国内外先进的生化处理工艺及微生物技术研制而成，其科研成果经过权威专家的鉴定,处于领先水平,企业由此获得了丰厚的回报。

(3) 坚持信息化的发展方向

信息化是产业发展必备的要素。信息化是企业提高效率,降低成本的关键。涉农企业应围绕实现管理信息化、运营信息化、销售信息化发力。当前,我国已经步入信息化、网络化时代,特别是5G网络的运用,将使信息传递交流更加方便快捷。但大多数涉农企业在信息化建设方面仍处于落后状态,无法应对新时代的挑战。涉农企业应充分认识信息网络的重要性,将其融入自身的管理、运营与销售中,如可以与电子商务平台合作等,将涉农企业带上信息化的发展道路。

(4) 坚持合作共赢的发展方向

合作共赢已经成为当代企业发展的主题,抱团发展是解决涉农企业发展过程中诸多难题的途径之一。我国涉农企业面临许多制约其发展的瓶颈,如欲求得跨越发展,必须在技术创新、产品研发、市场营销等方面与相关企业合作,实现"双赢"和"多赢"。无论在品牌化发展方向上,还是在科技创新方面,抑或是在信息化发展方向上,涉农企业均可以实现联合发展。涉农企业可以成立同类型企业的联盟,以抵御风险、共同发展;可以与跨界企业合作,实现优势互补;也可以与科研院所合作建立平台,实现创新引领。

(5) 坚持绿色发展理念

涉农企业必须坚持绿色发展的新理念。绿色是永续发展的必要条件,绿色发展解决了人与自然和谐共生的问题,体现了人们对美好生活的不断追求。回首过去,大部分养殖场粪污处理循环利用设施设备不完善,养殖设施建设与粪污收集、处理、利用模式不相适应,常常是粪污遍地、臭气熏天,不仅容易引发动物疫病,还污染环境,影响周边居民的生活质量。现在,养殖项目进行畜禽粪污无害化处理、资源化利用,加上一系列人居环境整治行动,不仅人民群众受益,涉农企业也在绿色发展上获得了效益,这说明"绿水青山就是金山银山"的发展理念是深得人心的。

11.3 大众创客空间与创业园

11.3.1 众创空间

(1) 众创空间的含义

在"大众创业、万众创新"的大背景下,政府大力支持创新创业,中国各地特别是北上广深杭的创新创业团队快速崛起,发展势头非常迅猛。而同时这群创新创业者们急需一个空间聚集在一起,实现线上与线下无障碍交流、合作、资源互换、获得孵化与投资等,在大大降低经济成本的同时,快速开发自己的创新创业产品并将其推向市场。2015年,国家制定支持发展"众创空间"的政策措施,为创新创业搭建新平台。构建面向社会大众的众创空间等创业服务平台,以利于激发亿万群众的创造活力,培育包括大学生在内的各类青年创新人才和创新团队,带动扩大就业,打造经济发展的新"引擎"。

从创客和创客空间的发展史来看,国外并没有出现过"众创空间"这个词。但实际上很多创客空间是在众创空间的功能定位上运作的。众创空间是我国科技部在调研北京、深圳等地的创客空间、孵化器基地等创业服务机构的基础上，总结各地为创业者服务的经验之后提炼出来的一个新词。

从表述上来看，众创空间是一个中国特色的词汇，也可以说是创客空间本土化的产物。其与传统创客空间不同的地方，主要表现在对创业孵化功能的强化上，所以可以理解为：众创空间=创客空间+创业孵化。从内涵上看，从创客空间到众创空间，并非简单字面上的改变，而是有其功能上的差异，除了具有传统创客空间注重创新创业分享与物化的基本功能外，众创空间更多的是一种创新创意转化空间，是一种创业孵化平台。需要说明的是，很多国内外的社会化创客空间本身具有创业孵化功能，只不过沿用创客空间这一称呼而已，而众创空间则是通过创新创意的制造与分享，最终直接指向创业孵化。这是一般所指的创客空间与众创空间最大的区别。因此，虽然说创客等于创业，但严格意义上的众创空间却是很好的创业集散地。尽管从出发点上看，创客们更多是出于兴趣与爱好，努力把头脑中的想法转变为现实，至于是否实现商业价值，不一定是他们的目的。但是，众创空间作为技术创新活动开展和交流的场所，是技术积累的场所，也是创意实现以及孵化甚至交易的场所。

从外延上来看，众创空间是在中国"大众创业""草根创业"的特殊背景下形成的，符合"万众创新""人人创新"的新态势，是传统创客空间发展到一定阶段的产物，可以理解为众创后的创客空间或创客空间的"升华版"。一方面，与传统的孵化器相比，众创空间提供门槛更低、更便利的创客成长和创业服务平台；另一方面，除了提供创新创业分享与创造空间，众创空间还构建了一种融创业培训、投融资对接、工商注册、法律财务、媒体资讯等于一体的全方位创业服务的创业生态体系。

众创空间，即创新型孵化器。"众"是主体，"创"是内容，"空间"是载体。众创空间是顺应创新2.0时代用户创新、开放创新、协同创新、大众创新的趋势，把握全球创客浪潮兴起的机遇，根据互联网及其应用深入发展、知识社会创新2.0环境下的创新创业特点和需求，通过市场化机制、专业化服务和资本化途径构建的低成本、便利化、全要素、开放式的新型创业公共服务平台的统称。

发展众创空间要充分发挥社会力量的作用，有效利用国家自主创新示范区、国家高新区、应用创新园区、科技企业孵化器、高校和科研院所的有利条件，着力发挥政策集成效应，实现创新与创业相结合、线上与线下相结合、孵化与投资相结合，为创业者提供良好的工作空间、网络空间、社交空间和资源共享空间。

(2) 众创空间的发展历程

2017年9月15日，全国大众创业万众创新活动周开幕，科技部火炬中心、优客工场等联合办公类型众创空间在上海主会场正式发布《众创空间服务规范(试行)》和《众创空间(联合办公)服务标准》。科技部2015年公布了首批众创空间名单，2016年公布了第二批众创空间名单，2017年公布了第三批众创空间名单。为引导众创空间可持续发展，积极发挥示范带动效应，提升专业孵化服务能力，不断完善创新创业生态，2017年10月，科技部火炬中心印发《国家众创空间备案暂行规定》，对国家众创空间实行备案制管理。截至2023年，国家备案众创空间2 376家。

11.3.2 星创天地

为深入实施创新驱动发展战略，进一步落实国家"大众创业、万众创新"战略部署，2015年上半年，科技部提出了打造农业农村领域的众创空间——星创天地。星创天地是贯彻国家《关于深入推行科技特派员制度的若干意见》政策下的新事物，是发展现代农业的众创空间，是农村"大众创业、万众创新"的有效载体，是新型农业创新创业一站式开放性综合服务平台，是"星火计划"在新时期的传承、创新和发扬。

星创天地是科技部科技计划体制改革农业领域的重要内容之一，是针对未来农业科技发展打造的新型农业创新创业"一站式"开放性综合服务平台。以农业科技园区、科技特派员创业基地、科技型企业、农民专业合作社等为载体，通过吸纳返乡农民工、大学生、农业致富带头人创新创业，利用线下孵化载体和线上网络平台，聚集创新资源和创业要素，促进农业科技成果转化与产业化。星创天地是众创空间在农村基层的一种表现形式，是对"星火计划"的一种传承和发扬。星创天地简言之是"星火燎原、创新创业、科技顶天、服务立地"，既是农业科技创新创业服务平台，又是新型职业农民的"学校"和创新型农业企业家的"摇篮"，是农村科技创新创业服务体系的重要组成部分，是推行科技特派员制度的重要举措。

11.3.3 大学生创业园

(1) 大学生创业园的含义

随着我国第四次创业浪潮的来临，大学生就业形势日益严峻。目前，我国各高校都大力开展大学生创新创业教育，这在很大程度上提高了大学生的创新创业能力，带动了大学生自主创业。大学生创业园作为创新创业教育的实践平台和重要载体，在大学生创新创业教育中发挥着重要作用。因此，建设好大学生创业园，对于提高大学生创新创业能力和实现高校创新创业教育目标有着重要的现实意义。

大学生创业园是一个集大学生创新创业资讯、创业项目、大学生创新创业比赛、大学生网上兼职、网上赚钱、创新创业技巧交流的平台，为就读大学期间拟创业学生提供最有利的信息，助想创业的大学生一臂之力。同时，为大学生创业者提供创新创业政策的引导，提高大学生创新创业的成功概率。

大学生创业园区的产生可以追溯到20世纪中叶的经济大萧条时期，经济增长对科技和知识的需求量大幅增长，高校与企业需要更紧密的合作。美国著名的"硅谷"最初也是由斯坦福大学引进的一些企业逐渐发展起来的。企业进驻学校以后，学生能够更近距离地接触企业和市场，同时更有利于高校将知识和技术进行最高效的生产力转移。发展至今，创业园区在高校与市场之间已架起了一座桥梁：当创业者有好的创新创业项目时，创业园区会帮助创业者完善创业计划书以便通过入园评估，并提供创新创业相关指导与服务；当创业者有新技术需要转化为生产力时，创业园区将帮助创业者找到合适的企业，帮助完成技术转移。

(2) 大学生创业园建设的意义

大学生创业园的建设，将促进教育与实践的有机融合。高校大力开展大学生创业园建设的初衷是为了培养和提高大学生的创新创业能力,充分发挥大学生及所学专业的特长。高校大力开展的大学生创新创业实践活动,让大学生在实践活动中充分运用所学知识,促进创新创业的成功和经验的积累,通过创新创业实践不断完善大学生的知识体系,促进教育与实践的有机融合。

大学生创业园的建设,将促进产学研一体化的进程。第一,高校具有深厚的专业理论底蕴以及良好的科研传统和资源,是我国科研的主力军和生力军,因此,大学生创业园具有其他产业园无法比拟的优势。大学生创业园为高校科研成果的转化提供了一个很好的平台,促进了高校科研成果的转化。第二,大学生创业园为大学生创业提供了必要的资金支持和信息资源,促进了大学生的成长与成才。第三,大学生创业园为高校科学研究提供了一个实践平台,促进了高校科学研究的有效发展。大学生创业园实现了产出、学习、研究的相互促进与融合,在促进高校产学研一体化方面发挥了巨大作用,加快了高校产学研一体化的进程。

大学生创业园的建设,将促进大学生的自给自足。在未建立大学生创业园之前,高校提供的创业机会主要来自勤工助学,且主要针对家庭贫困的大学生。自国家鼓励大学生自主创业以来,大学生创业园不仅给大学生提供了实践的机会,还给大学生带来了自给自足的机会。大学生在创业园中可以充分发挥自身所长,获取相应报酬,这在一定程度上减轻了家庭的经济负担,并使大学生获得了被社会认同的满足感。为了获取更大的成功,大学生会通过不断学习来提高自身能力,最终走上自我发展的良性轨道。

(3)国内外大学生创业园建设的成功经验

从国外大学生创业园建设的成功经验来,创业孵化器起源于美国,美国的大学生创业园存在时间长、推广力度大、模式经验足、孵化效果好、体系建设全、保障措施全,积累了许多成功的经验和值得借鉴的做法:①"严进宽出"保证成功率。美国对大学生创业园或者孵化园入园的资格审核十分严格,不仅对项目本身严格审核,还要严格审查项目团队的自身素质和团队能力,一旦创业项目或者创业者进驻园区,将会给项目和团队配备十分齐全的配套服务和孵化支持。②完善创新创业教育指导体系。美国很多高校都非常普遍地开设了创业相关课程,从事创业研究和创业孵化、创业支撑的教授很多,将高校的创业资源和社会、园区、企业进行了有机的对接和融合,形成了良好的创业支撑生态系统。③减税政策鼓励创业投资。美国大部分州都出台了政策,对创业的大学生和其项目给予很多税收减免、税收补贴、以奖代补等各种形式的孵化支撑,很多地方都对支持创业大学生的企业给予政策鼓励。④大学生创业可领取补贴。美国很多创业园区内对大学生的前期创业都有"补贴"式的优惠支持,从一定程度上推进了全社会的创业之潮。⑤健全的社会支撑体系。大学生创业孵化园通过创业支援项目,对大学生创业进行全方位的扶持。美国部分地区已经形成了较为完善的创业中心、风险管理企业、大学研究院等组织来支撑大学生创业。

从国内大学生创业园建设的成功经验来看,杭州地区的大学生创业园建设比较有代表性,已逐步形成了六大类型:①硬件驱动型。主要以提供基本硬件服务为主要业务,即办公位及配套办公服务等。该类创业服务机构属于早期孵化器,运营模式简单,以场地提供为本,并频繁举办交流沙龙活动。这一类型的孵化器或者创业园,其主要优点是能较为快速地谋划和建设起来,而且布点也较为容易,操作上比较简单。②资本驱动型。主要以天使投资、种子投资等为本，依托民间资本发展科技金融、天使投资、风险投资、私募金融、互联网金融，结合证券、银行、保险等传统金融工具，提供支撑创业发展全阶段多层次的金融服务。③产学研驱动型。这类机构往往紧密依托高校资源，利用高校人才资源及科技资源，通过与其他创业服务资源的结合，大力推动科技成果转化，孵化科技企业。该类型创业园对在一定区域内高校的质量和数量要求较高，对项目的科技含量要求也较高。④媒体驱动型。主要以媒体属性为根本，通过自营及相关媒体平台，整合优质创业类媒体资源，并以此连接和发展其他创业服务业务，如IT生意场及传媒梦工场等。这一类型的孵化器相对传统的模式而言，其优势在于资源的对接性很强，市场的关注度很高，可接纳程度也较高，有着天然融合优势。⑤产业驱动型。主要依托地方政府对各重点产业发展的支持政策，以某一产业作为扶植重点，具有完善的产业链创业资源，并可形成产业集团效应，如早期的淘宝（杭州）网商园。其最大的优势在于定位清晰、服务很具有针对性，能够形成很好的"链条"，以整体打造某区域的竞争品牌。⑥生态驱动型。主要以创业研究与能力开发为依托，整合产学研、投融资等多方位资源，为创业者提供立体式的创业服务，如国际创业学院（中国）。该类型创业园最为重要的特点是立体化建设和推进，整体性、生态性、系统性很强，其综合竞争力也相对较高。

案例学习　中国"互联网+"大学生创新创业大赛金奖案例——蜂巢智慧

一、第一次创业实践——组建"叨叨"

2014年，17岁的韩飞考入西安交通大学地球环境科学系，开始了他对环境科学的学习之路。

2015年年初，韩飞在学生处做兼职助理时负责组建了自媒体原创平台——"叨叨"，一个展示年轻人风采、讲述青春故事的原创平台，致力于在广大学生中传递榜样力量。

在国家"双创"热潮的大背景下，西安交通大学也涌现出很多校友创新创业榜样，如360公司创始人周鸿祎、樊登读书会创始人樊登、喜马拉雅创始人余建军、飞饭网创始人王志鹏、西少爷肉夹馍的袁泽陆等。韩飞在"叨叨"工作期间，有机会见到这些优秀的创业榜样，聆听他们的创业故事，榜样的力量也渐渐影响着他。

二、走上创业之路——创办"蜂巢智慧"

2016年年底，韩飞决定离开"叨叨"，毅然决然走上了创业之路。这一年，韩飞所在的人居环境学院发布了北京绿色未来基金会捐助的"绿苗计划"，是联合国环境规划署为鼓励青年学生投身环境保护和可持续发展事业而设立的学生科研训练项目。韩飞在学习人居环境概论专业课程时，对城市管理的很多问题进行过深入思考，遂报名了"绿苗计划"。

在之后的深入研究中，韩飞发现垃圾管理中垃圾清运的成本占总成本的60%~80%，且存在资源分配不均的情况，具有很大的效率提升空间。传统的垃圾清运方法是通过固定的数学模型估计城市垃圾的产生量和分布情况，在初期就一次性配置好清运资源和清运路线。但数学模型没法估计到每天每时的动态垃圾产生量，实际落地效果较差，时常会出现垃圾车辆收不满或装不下的情况。韩飞从这一点入手，考虑在每个垃圾收集点放置一个能够实时探测垃圾产生量的物联网传感器。这样既能解决垃圾满溢影响环境的问题，又能通过实时收集的数据建立起城市垃圾产生动态模型，确定垃圾车的区域分配和每日路线，甚至可以分析更合适的垃圾桶布设位置及数量，不断优化垃圾收集效率、垃圾管理基础设施的资源使用效率，为城市管理者提供决策和建议。韩飞带着这一方案迅速找到了系主任李旭祥教授并得到其认同，随后拜访了西安市碑林区城管局负责人，也得到城管局的认同。在此基础上，韩飞带着更详细的方案参加了"绿苗计划"，顺利获得"绿苗计划"固体废弃物资源管理领域的全国唯一奖项。

在多方调研下，韩飞认为这一方案具有较高商业价值，便迅速找到和他专业、能力互补的大学好友组建了创业团队，利用他个人积蓄和"绿苗计划"奖金开始启动创业。

2017年，韩飞团队在"创客汇"的一场讲座上结识了大疆无人机董事长李泽湘教授，并获得李泽湘教授的种子轮投资，创建了东莞蜂巢智慧智能科技有限公司（简称东莞蜂巢），品牌确定为"蜂巢智慧"。2018年韩飞毕业后，带着他的合伙人团队和两名全职员工，选择城市废旧纺织物回收场景作为第一个尝试的业务场景，创立东莞蜂巢全资子公司西安飞蜂智能科技有限公司，进行更加专业的产品研发。初期的产品研发极为困难，垃圾投放点环境差，如何让研发的产品有成本优势，还能长期精准测量垃圾量，并且功耗极低又能达到自供电续航5年的要求，成为研发的难点。韩飞没日没夜带着团队研发，自己也上手焊接电路板，经常睡在公司盯着产品测试。

2019年年初，第一条产品线落地，韩飞又一个人跑市场，从电话销售到全国拜访客户，几乎尝试了每个销售模式，销售量终于从几套设备上升到几千套设备。2019年年底，韩飞和西安交通大学校友隆基股份的实控人李振国先生仅仅洽谈了2小时，就拿下近千万元的天使轮投资。

2020年年初，准备雄心勃勃大干一场的韩飞却遭遇当头一棒，新冠肺炎疫情让废旧纺织物回收行业陷入瘫痪，刚招聘好销售人员，又没了销售客户。在这关键时刻，韩飞组织团队重新进行市场调研，大胆判断农村厕所革命管护是社会需要的方向，而且在2020年市场需求将开始暴发。有了前期的研发基础，韩飞带着团队一边研发产品，一边拓展市场，终于研发出农村厕所革命管护云平台，打开了农村市场。

三、永远奋斗在路上——致力于成为行业领导者

如今的蜂巢智慧，已经拥有100多名员工，在中国内地拥有全覆盖的业务网络，在港澳台地区以及海外国家/地区拥有合作伙伴42个，产品和解决方案应用到全国32个省份和9个国家，并在中国"互联网+"大学生创新创业大赛中获得金奖。

"实现乡村振兴，提高农民生活幸福感和获得感，助力解决国家民生问题，需要青年创业者发挥技术优势、勇于担当责任，用心、用脑、用情地作出力所能及的贡献。"蜂巢智慧团队创业者们这样说。2020年11月，时任中共中央政治局委员、国务院副总理孙春兰在广东考察调研创新创业教育工作时，听取蜂巢智慧关于农村厕改的人居环境智慧管理系统介绍汇报，充分肯定了该公司的发展理念。

未来，蜂巢智慧将继续探索生物质能源的发展方向。韩飞将带着他的蜂巢团队砥砺前行，不断向着目标迈进……

注：引自朱凡煜，2022。

复习思考题

1. 结合中美国情差异,阐述中美大学生创新创业大赛的主要区别与共同点是什么?提出对我国创新创业大赛的合理建议。
2. 众创空间、星创天地、大学生创业园的区别与共同点是什么?如果你计划进行创新创业,会入驻哪一类型的创新创业平台?原因是什么?
3. 结合本章所学和专业实际,策划一份创新创业实践方案,并尝试用SWOT方法进行分析。
4. 本章所学案例对你有哪些启发?你认为参加创新创业大赛与实际创业最大区别是什么?

第 12 章 涉农创意创新创业案例

党的二十大报告中强调:"全面推进乡村振兴……坚持农业农村优先发展……加快建设农业强国,扎实推动乡村产业、人才、文化、生态、组织振兴。"在广袤的农村大地上,当代中国青年生逢其时,施展才干的舞台无比广阔,"新农人"变身"兴农人"。农林高校大学生应胸怀"国之大者",扎根乡村,脚踏实地,带着知识、技能、技术,发展新时代农业,做一名成功的农创客。

本章要点:使学生能够深刻理解和掌握创新创业的知识在各学科专业领域中的灵活应用;领悟和把握创新创业活动要领,培养和提升创新创业精神、素质和技能,激发创新精神,感悟创业者创业的历程。

关键术语:创新驱动;创新创意;创业启示

12.1 涉农创意案例

12.1.1 线上销售线下体验

12.1.1.1 案例概要

在当前旅游消费升级时代背景下,任何细节对于项目的体验、感官都有着非常重要的作用。农庄的创意、互动、设计常见的景观大多基于自然风光,但这并不是唯一。创意景观设计,可以让普通的乡村变得熠熠生辉。那些广为流传的爆款农庄都是对农庄景观及休闲体验进行了精心打造和设计,当文化创意产业与农业相遇时,它们之间会擦出怎么样的火花呢?

三水宝苞农场位于佛山海峡两岸农业创意城,占地面积约 530 hm^2。宝苞农场以农耕体验为特色,是集亲子娱乐、生态旅游、户外拓展、高尔夫练习、野炊烧烤、湿地景观和商业服务等多功能于一体的综合服务区,主打家庭亲子游、团体拓展,鼓励人与自然的亲密接触。

12.1.1.2 案例详述

宝苞农场的女主人明明,1993 年出生,是宝苞农场的创始人。上大学时,她一个朋友正在做"免费午餐"的公益项目,她来了兴趣,从此进入公益圈。公益圈里大咖云集,她利用做活动的机会,拿到他们的微信号,向他们请教,学到了很多有益的东西。2013 年 10 月,她参与知名公益人邓飞与中欧商学院联合发起的"e 农计划",活动结束后,买了一瓶蜂蜜。正是这瓶外观朴拙、滋味好吃的蜂蜜,触动了她灵敏的商业嗅觉。从小在城市长大的她开始琢磨一件事:能不能在城市建一个农场,生产无公害果蔬,同时借鉴网络上农场游戏的模式,给农场注入丰富多彩的娱乐体验元素。她觉得这是一件好玩又有趣的事情。

做农场,她是外行,但玩,她是行家,"农业+互联网+娱乐"的新玩法,既富有挑战性,又充满吸引力。

农场定位为娱乐体验式农场,远离城市自然不妥,但是,市区寸土寸金,要找到一大片闲置土地建农场也几乎是不可能的。于是,她把目标锁定在市区周边,经过调研考察,最终看好佛山三水一处废弃已久的劳改农场。佛山三水是珠三角经济中心辐射地带,劳改农场位于珠三角绕城高速、广三高速出入口附近,临近北江,交通便利,风景优美,从市区开车前往只需几十分钟。劳改农场改建为新农场,不仅会节省一笔可观的前期投资费用,也会带给周边居民很大便利。

利用做公益时积攒的人脉,明明在朋友圈连发宝苞娱乐农场的概念,引起很多人的关注和讨论。2014年年初,广东荣辉农业股份有限公司向明明抛来橄榄枝,她以联合创始人的身份,成功租下530 hm² 荒地,成为宝苞农场的女主人。

宝苞农场的特色项目:

(1)一亩空间:创意田园生活试验

宝苞农场为市民提供一块私家菜园,实现家庭的绿色田园梦想;拥有优质农田空间,500 m² 公共种植、166 m² 主人自耕;四周的篱笆可以铭刻田园主人的名字,标志着这是尊享的家庭空间;农场内的田间灌排设施完善,土壤肥力高,自耕地上可完全按照个人意愿安排耕作;除自给自足之外,农场还为"一亩空间"的主人们提供一年内120次,每次含10种不同种类约重8斤*的新鲜蔬果的生态蔬菜礼包配送到户服务。

(2)货柜客栈:菜地里的诗意生活

"货柜客栈"是宝苞农场的独特卖点之一。废旧的货柜经改造,变成田园中的宜居之所;外墙设计新颖,充满个性和时尚感,与四周幽美宁静的自然环境融为一体;内部配套设施齐全完备,配有整体淋浴房、开放式厨房、太阳能热水器及完备的水电供应系统等设施,完全满足用户的生活需求。

(3)耕地宝:人人都来做庄主

"耕地宝"是指以一分地为单位,每平方米耕地月租金3.8元,一分地年租金约3 042元,租户依照个人意愿,按照对环境无害的方式种植自己喜欢的作物,一年四季的菜属租户所有,吃不完的可以交由农场代卖,所得收益与租户分成。这样一块耕地不仅仅用来耕种,还可以是一份投资。

(4)习耕区:亲子趣味性采摘习耕

习耕区占地面积13 379 m²,设有习耕亭、蛙池、习耕园、草莓池、草堂和七彩稻田,是学习耕种劳作的园地,给您一个亲手扶起犁耙、提起耧柄、体验劳动辛勤的机会。

(5)亲子大棚:亲子潜能性拓展

快乐是孩子成长的动力,在亲子大棚里,淘气堡是孩子们的童话世界,波波池、滑滑梯、障碍通道等游戏,一家人都可以尽情"撒野";体操池中可以舒展筋骨、互动游戏,拉近彼此的距离。

---

* 1斤=500 g。

(6) 学农区：学农赏玩性科普

在学农牧场中，近距离接触奶牛、羊驼、小鸡、小猪等动物，在生动的趣味项目、周到的组织安排和丰富的快乐体验中，进行深刻的教育实践；青年营里基础设施配备完善，开设多种野外求生技能课程。

(7) 野炊区：亲子实用性厨房

野炊区配备极具农家特色的柴火大灶，15人份的风味大餐，和孩子们一起亲自下地捉活鸡、捞鲜鱼、现采农家蔬菜、破柴枝，尽情地挥舞铁铲、翻转铁锅，感受原生态食材的自然滋味，或者到烧烤区组织BBQ（户外烧烤），即刻就能体验食物经炭火高温烘烤后带来的飘香美味。

12.1.1.3 案例创意

消费群体针对珠三角地区。宝苞农场主要是建在佛山三水，离广州很近，这样消费者平时可以很方便地去玩。

首先，农场上建集装箱，取名货柜客栈。在农场上用集装箱建设客栈，一共分为两个区，A区和B区。A区是一室一厅，外面加一个菜园子；B区是一个菜园子里面有两个集装箱，即两个房间。

其次，搞预售活动，拿预定的钱建更多的客栈。在最开始建造时，农场搞预售活动，拿着预定的钱建设更多的货柜客栈。这样，农场就没有资金的痛点，也没有积压商品。

最后，消费者指定种菜，农场帮种，并配送到家。消费者可以指定在自己的菜园子种什么菜，宝苞农场帮消费者去种。消费者还可以享受到120箱种好了的菜，并配送到消费者的家，不过仅限珠三角地区。

满足消费者接待朋友的需求。宝苞农场这个产品的理念包含了230多张农场的门票，在消费者居住期间，平时也可以接待朋友。这样消费者享受额外赠品时，就觉得这个钱花得值了。

目前，宝苞农场里面有油菜花迷宫、今日最佳草泥马、宠物团Cosplay、中国首款油菜花田麻将等，这些都广受消费者的好评。这个95后小女孩能"玩转"一座农场，那么你呢？有梦想就要行动起来吧！

12.1.1.4 案例启示

宝苞农场创意案例启示是其独特的商业模式。商业模式采取线上销售+线下体验。通过农副产品、蔬菜瓜果、鲜花盆栽等产品及农业旅游、休闲观光服务产业的线上线下经营，销售农场绿色蔬菜、禽肉和各类优选食品，实现一站式用户体验服务，创造了自己的农业品牌。线下的实体经营很像是把城市的各种日常活动都搬到了农场中，并且每一台设施设备的设计都极具人性化。这里除了有农耕体验，还有各种棋牌唱歌娱乐项目、主题餐厅、货柜客栈住宿、会议中心等满足不同游客个性化需求的项目，好玩又有趣。

12.1.2 综合都市现代农业

12.1.2.1 案例概要

"紫海香堤艺术庄园"主要种植薰衣草、紫苏、马鞭草、洋甘菊等200余种珍贵香草品种,是集养生、度假、休闲、体验、艺术创作、婚纱摄影、影视拍摄为一体的综合型休闲农业园区。香草园以浪漫爱情为主题,通过对香草文化的创意包装和利用,极力营造普罗旺斯式的浪漫氛围,创造了一个全新的时尚农业发展模式。

12.1.2.2 案例详述

"紫海香堤艺术庄园"位于北京密云区古北口镇汤河村,沿101国道走进司马台长城牌楼,扑面而来的,是一种别具一格的香味——酸甜清新的柠檬香中带着些许黄瓜的清清凉凉,又掺有薄荷的冷冽清香,同时夹杂着迷迭的芳香,这些香味混在一起,倒是别有一番滋味在心头。伴随着这种香气,游客可以来到香草艺术庄园门口。

香草庄园位于山间平地,核心区薰衣草及各种香草种植面积300亩,花期最长达8个月。静静流淌的汤河加上茂密的金山林,构成一幅绝美独有的风景图画。花开时节,芳香沁人。

园区最大的特色是12个爱情主题景观:爱之墙、星座爱情柱、香泉许愿池、奇迹之钟、真爱大作战、香海小木屋、蜜宫、爱神雕塑、爱情十八弯、老桑树回忆、爱情岩、爱情屋。在这里,尽可以体验爱情的甜蜜。

作为北京市规模最大、品种最全的香草种植园,把园区打造成了养生、度假、休闲、体验、艺术创作、婚纱摄影、影视拍摄为一体的综合性都市型现代农业观光旅游区,形成了"现代都市型农业""情景式休闲度假"与"文化创意产业"三位一体的文化旅游模式。

12.1.2.3 案例创意

(1) 主题创意

香草园突破了传统农业园区种植果树、农作物,以观光、采摘为主的经营模式,采取差异化经营战略,最终选定香草为主营项目,并以浪漫爱情为主题,避免因趋同现象导致的不必要竞争。香草园通过引进异国风情实现了差异化,并创造了全新的时尚农业主题,为休闲农业带来浪漫、时尚的气息。

(2) 经营创意

香草园根据经营内容,市场定位于中高端消费群体,主要服务于新婚夫妇、情侣、摄影爱好者、写生画家、商务游客等客源,目标群体明确,满足了个性化的市场需求,有效地避免了与传统农业的低价竞争,赢得了独特的市场占有率。

该园区策划了自助式旅游体验活动,以延长游客停留时间,扩大消费收益。根据香草园建设目标,划分了"香草体验休闲"和"汤河亲水休闲"两大功能区,开发了"五大香草休闲""四大爱情体验"和"汤河亲水休闲"三类旅游产品,使游客不仅能感受异域乡土风情,还能亲身参与制作香草制品、体验香草文化。

以移动式自宿营地代替固定的客房,既新颖实惠,又解决了建设用地不足的矛盾。香草园充分利用游客渴望零距离"拥抱"香草的心理,用帐篷营地巧解住宿问题。一来营造置身花海、抬头望月的浪漫氛围,二来还能宣传香草的驱蚊作用。

开发香草系列时尚产品,既增加了香草作为农产品的经济附加值,还增加了香草的文化附加值。香草园开发了多种香草时尚产品,如根据普罗旺斯古法手工制作的干花、香包、香袋、精油、香水、香皂、蜡烛、薰衣草花草茶等，将农产品有效转化为具有实用价值的商品和具有特殊意义的纪念品，满足了游客购买伴手礼的意愿。

(3) 营销创意

唯一性旅游资源是客流量的保障。法国普罗旺斯的香草象征无限浪漫，中国长城象征坚贞永恒，二者是两国的标志性资源，文化底蕴深厚。在法国只有香草没有长城，在中国只有长城而没有香草。但在密云的香草园既有长城又有香草，将香草的浪漫与长城的永恒完美地结合在一起创意出具有极大吸引力的唯一性旅游资源——长城脚下的普罗旺斯。因此，这一营销创意激起了中外游客来此旅游的强烈意愿。

以联合经营为手段，与专业婚纱影楼公司签订合约，保障香草园的基本收益。为开发香草园的多元效益，香草园与北京一婚纱摄影公司独家签约，年租金收益达80万元。通过租赁婚纱摄影场地的形式，既保障了香草园的基本收益，也为香草园做了推介宣传。与此同时，通过婚纱摄影公司的客户又能够挖掘和培育出一批香草园的潜在客户群。

12.1.2.4 案例启示

发展休闲农业与乡村旅游，是振兴乡村的有效手段，一方面发展休闲农业可以带动三产融合，促进农民增收就业；另一方面，开展休闲农业与乡村旅游活动，可以提升乡村人气，刺激乡村消费，从而为乡村注入活力。随着生活水平的提高，人们越来越向往自然、舒展的风景，越来越寻求芬芳优雅与大地艺术的完美结合，而且越来越关注健康。紫海香堤艺术庄园通过大面积田园的香草种植，创造出大尺度的田园景观，增加项目的核心吸引力，从而为项目的休闲度假产业结构提供强力支撑，香草产品开发可以为人类提供无限的想象空间及发展潜力，可以满足人们全方位的需要。

12.2 涉农创新案例

12.2.1 创新助力科学研究

12.2.1.1 一粒种子改变世界

(1) 案例概要

袁隆平说："一个人一辈子做好一件事，就足够了。"他这一辈子，就做了一件事——培育优良的杂交水稻。而就这一件事，就解决了数亿人口的粮食问题。

袁隆平，1930年9月出生于北平（现北京），1953年毕业于西南农学院（现西南大学）。1964年开始研究杂交水稻，1973年实现三系配套，1974年育成第一个杂交水稻强优组合"南优2号"，1975年研制成功杂交水稻制种技术，从而为大面积推广杂交水稻奠定了基础。1985年提出杂交水稻育种的战略设想，为杂交水稻的进一步发展指明了方向。1987年，任"863计划"两系杂交稻专题的责任专家，1995年研制成功两系杂交水稻，1997年提出超级杂交稻育种技术路线，2000年实现了原农业部制定的中国超级稻育种的第一期目标，2004年提前一年实现了超级稻第二期目标。在饱尝了"失败、成功、再失败、再成功"的酸甜苦辣后，袁老始终坚持实践出真知的真理，把整个青春都奉献在了田埂上。袁隆平先后获得"国家特等发明奖""首届最高科学技术奖"等多项国内奖项和联合国"科学奖""沃尔夫奖""世界粮食奖"等11项国际大奖。出版中、英文专著6部，发表论文60余篇。1995年当选为中国工程院院士。2019年9月17日，授予"共和国勋章"。

作为一个科学家，不能受权威、书本局限，也不能因为取得一丁点的成绩就沾沾自喜、居功自傲。科学是没有止境的，只有敢于探索、敢于创新，才能成果迭出，常创常新。

(2) 案例详述

1960年，天灾席卷中国。严重的饥荒让每个人的脸色都变成了蜡黄色。目睹残酷的现实，袁隆平下定决心要培育出高产水稻，让粮食大大增产，用农业科学战胜饥饿。他打破了世界性的自花授粉作物育种的禁区，提出水稻杂种优势利用的观点，成为最早开创水稻杂种优势利用研究的科学家，被同行誉为"世界杂交水稻之父"。1964年，袁隆平首先提出培育"不育系、保持系、恢复系"三系法利用水稻杂种优势的设想并进行科学试验。1970年与其助手李必湖和冯克珊在海南发现一株花粉败育的雄性不育野生稻，成为突破"三系"配套的关键。此后几年，袁隆平等完成三系配套并培育成功杂交水稻。这一成果在1976年后在国内大面积推广应用，大大提高了水稻产量。1986年袁隆平提出杂交水稻育种分为三系法、二系法和一系法三个战略发展阶段。

研究杂交水稻的实践中，袁隆平本着"只有永远不满足，不断创新，我们才能有新的动力、新的收获"的信念，尊重权威但不迷信权威，敢想敢做敢坚持，相信自己能够依靠科技的力量和自己的本事自主创新，终于获得巨大成功。

当时，米丘林、李森科的"无性杂交"学说——"无性杂交可以改良品种，创造新品种"的传统论断垄断着科学界。袁隆平继续做了许多试验，依然没有任何头绪。他开始怀疑"无性杂交"的一贯正确性，决定改变方向，沿着当时被批判的孟德尔、摩尔根遗传基因和染色体学说进行探索，研究水稻杂交。而在当时，作为自花授粉的水稻被认为根本没有杂交优势。"别人都讲我是'鬼五十七'（长沙方言，意为不务正业），我也不理。"从此，他义无反顾地选定了杂交水稻这项科研课题。

1960年7月，盛夏的一天，在安江农校实习农场早稻田中，袁隆平像往常一样下课后挽起裤腿到稻田察看。突然，他发现了一株植株高大、颗粒饱满的水稻"鹤立鸡群"。他如获至宝，马上用布条加以标记，反复观察，并采集花粉进行镜检。

第二年，他把收获的种子种下去，结果长出的水稻高的高、矮的矮。"当时我非常失望地坐在田埂上……突然灵感来了，水稻是自花授粉的，不会出现性状分离，所以这一定是个天然杂交种！"

袁隆平马上想到，把雌雄同蕊的水稻雄花人工去除，授以另一个品种的花粉，就能得到有杂交优势的种子了。但单凭人力不可能大量生产这样的种子，如果专门培育一种雄花退化的水稻，将其和其他的品种混种在一起，用竹竿一赶花粉就落在雌花上了，就能大量生产杂交稻种。

想到这里，袁隆平欣喜若狂，也更加充满信心。接下来几年的夏天，水稻扬花吐穗的时候，他都拿着放大镜，顶着烈日在田间苦苦寻觅。1964年7月5日，他在安江农校实习农场的洞庭早熟稻田中找到一株奇异的"天然雄性不育株"，这是国内首次发现。经人工授粉，结出了数百粒第一代雄性不育材料的种子。

1965年7月，又在安江农校附近稻田的"南特号""早粳4号""胜利籼"等品种中，逐穗检查14 000多个稻穗，连同上年发现的不育株，共计找到6株。经过连续两年春播与翻秋，共有4株繁殖了1~2代。

1966年2月28日，袁隆平发表第一篇论文《水稻的雄性不孕性》，刊登在中国科学院主编的《科学通报》半月刊第17卷第4期上。这是他关于杂交水稻的第一篇论文，直击禁区。

(3) 案例创新

袁隆平深有感触地说："在研究杂交水稻的实践中，我深深地体会到，作为一名科技工作者，要尊重权威但不迷信权威，要多读书但不能迷信书本，也不能害怕冷嘲热讽，害怕标新立异。如果老是迷信这个迷信那个，害怕这个害怕那个，那永远也创不了新，永远只能跟在别人后面。科技创新既需要仁者的胸怀、智者的头脑，更需要勇者的胆识、志者的坚韧。我们就是要敢想敢做敢坚持，相信自己能够依靠科技的力量和自己的本事自主创新，做科技创新的领跑人，这样才会取得成功。"

(4) 案例启示

①培养坚定的科研信念。袁隆平在面对科研困难和挫折时，始终保持了坚定的科研信念。他相信通过科学的方法，可以解决粮食问题，改善人民的生活。

②基础研究的重要性。袁隆平在水稻杂交育种领域开展了大量的基础研究工作，深入了解水稻的生物学特性和遗传规律，这为他后来的育种工作提供了坚实的基础。

③艰苦的科研环境并不是借口。袁隆平在科研过程中遇到了许多困难，包括物质条件的匮乏和自然灾害的影响。然而，他并没有因此停滞不前，而是通过创新的思维和勤奋的工作，克服了种种困难。

④跨学科合作的重要性。袁隆平在杂交水稻的研究中，不仅依靠自己的植物遗传学知识，还积极与农学、生物化学、生态学等多个学科进行合作。这种跨学科的合作促进了科研的进展。

⑤结合实际需求进行科研。袁隆平深入了解中国农业生产的实际需求，针对性地进行科研工作。他通过培育高产优质的水稻品种，有效提高了中国的粮食产量。

⑥科研成果的推广应用。袁隆平不仅仅停留在科研阶段，他充分意识到科研成果的推广和应用的重要性。他通过组织示范田、培训农民等方式，将高产优质水稻品种推广到全国各地，为中国的农业生产作出了巨大贡献。

⑦学习借鉴他人的经验。袁隆平在开展科研工作时，积极借鉴国外的先进经验和技术。他广泛阅读国际文献，与国外科研人员进行交流，从中吸取经验和启示，提高自己的科研水平。

⑧勇于创新和突破。袁隆平在水稻杂交育种领域进行了一系列的创新和突破。他提出了"两系杂交"理论，并通过试验验证了这一理论的有效性。这种勇于创新和突破的精神，为他成功培育出高产优质水稻品种打下了坚实的基础。

⑨注重团队合作。袁隆平深知科研工作的复杂性和艰巨性，因此非常注重团队合作。他组建了一个强大的科研团队，吸引了许多优秀的科研人才加入，共同攻克科研难题。

⑩坚持不懈的努力。袁隆平在杂交水稻育种领域投入了大量的时间和精力，他坚持不懈地进行科研工作，直到取得突破性的成果。他的坚持和努力为后来的科研工作者树立了榜样。

12.2.1.2 青蒿素之母

(1) 案例概要

屠呦呦，1930年12月30日出生，药学家，博士生导师。1955年毕业于北京大学医学院(现为北京大学医学部)药学系，现任中国中医研究院终身研究员兼首席研究员，多年从事中药和中西药结合研究，取得显著成绩，带领课题组人员发明和研制了新型抗疟疾青蒿素和还原青蒿素。2011年8月，因发现青蒿素获得拉斯克医学奖临床医学研究奖。2015年10月，屠呦呦获得诺贝尔生理学或医学奖，理由是她发现了青蒿素，这种药品可以有效降低疟疾患者的死亡率，这是中国医学界迄今为止获得的最高奖项，也是中医药成果获得的最高奖项。屠呦呦是第一位获得诺贝尔科学奖项的中国本土科学家、第一位获得诺贝尔生理医学奖的华人科学家。

"呦呦鹿鸣，食野之苹"，《诗经·小雅》的名句寄托了屠呦呦父母对她的美好期待。作为一名药学专业学生，屠呦呦考入北大医学院时就和植物等天然药物的研发应用结下不解之缘。屠呦呦自1955年进入中医研究院(现为中国中医科学院)以来，几十年如一日，埋首于深爱的事业中，将一份份漂亮的成绩单回馈给党和人民。

屠呦呦入职时正值中医研究院初创期，条件艰苦、设备奇缺，实验室连基本通风设施都没有，经常和各种化学溶液打交道的屠呦呦身体很快受到损害，一度患上中毒性肝炎。除了在实验室内"摇瓶子"外，她还常常一头汗两腿泥地去野外采集样本，先后解决了中药半边莲及银柴胡的品种混乱问题，为防治血吸虫病作出贡献；结合历代古籍和各省经验，完成《中药炮炙经验集成》的主要编著工作。屠呦呦最引人瞩目的成就是发现青蒿素，作为防治疟疾的一线药物，它每年在全世界，尤其是发展中国家，拯救了成千上万的生命，并且在与疟疾这种致命疾病的持续战斗中产生了长远的医疗福利。

(2) 案例详述

在1971年10月4日，一双双眼睛紧张地盯着191号青蒿提取物样品抗疟试验的最后成果。随着检测结果的揭晓，整个实验室都沸腾了：该样品对疟原虫的抑制率达到了100%！

时间追溯到1967年5月23日，我国紧急启动疟疾防治药物研究工作协作项目，代号为"523"。项目背后是残酷的现实：由于恶性疟原虫对氯喹为代表的老一代抗疟药产生抗药性，如何发明新药成为世界性的棘手问题。

临危受命，屠呦呦被任命为"523"项目中医研究院科研组长。要在设施简陋和信息渠道不畅条件下，短时间内对几千种中草药进行筛选，其难度无异于大海捞针。但这些看似难以逾越的阻碍反而激发了她的斗志。通过翻阅历代本草医籍，四处走访老中医，甚至连群众来信都没放过，屠呦呦终于在2 000多种方药中整理出一张含有640多种草药包括青蒿在内的《抗疟单验方集》。可在最初的动物试验中，青蒿的效果并不出彩，屠呦呦的寻找也一度陷入僵局。

到底是哪个环节出了问题呢？屠呦呦再一次转向古老中国智慧，重新在经典医籍中细细翻找，突然，葛洪《肘后备急方》中的几句话牢牢抓住她的目光："青蒿一握，以水二升渍，绞取汁，尽服之。"一语惊醒梦中人，屠呦呦马上意识到问题可能出在常用的水煎法上，因为高温会破坏青蒿中的有效成分，她随即另辟蹊径采用低沸点溶剂进行实验。

成功，在190次失败之后。1971年，屠呦呦课题组在第191次低沸点试验中发现了抗疟效果为100%的青蒿提取物。1972年，该成果得到重视，研究人员从这一提取物中提炼出抗疟有效成分青蒿素。这些成就并未让屠呦呦止步，1992年，针对青蒿素成本高、对疟疾难以根治等缺点，她又发明出双氢青蒿素这一抗疟疗效为前者10倍的升级版。

2016年1月，新晋诺奖得主、中国中医科学院屠呦呦研究员在青蒿素抗疟研究之后，对研究该药治疗新适应证——红斑狼疮的临床试验的审批有了巨大进展，在国家食品药品监督管理总局领导的支持下，按照新药审批的有关办法，扩大适应证申请已获得了北京市申请号，并报送食品药品监管总局药品审评中心。

2019年1月14日，屠呦呦入围BBC"20世纪最伟大科学家"；同年5月，又入选"福布斯中国科技50女性"榜单。6月，屠呦呦与团队成员经过多年攻坚，在"青蒿素抗药性"等研究上获得新突破，并提出合理应对方案。9月17日，被授予"共和国勋章"。

屠呦呦为青蒿素治疗人类疟疾奠定了最重要的基础，得到国家和世界卫生组织的大力推广，挽救了全球范围特别是广大发展中国家数以百万计疟疾患者的生命，为人类治疗和控制这一重大寄生虫类传染病作出了革命性的贡献，也成为用科学方法促进中医药传承创新并走向世界最辉煌的范例。

(3) 案例创新

青蒿，南北方都很常见的一种植物，郁郁葱葱地长在山野里，外表朴实无华，却内蕴治病救人的魔力。正是如青蒿一样的科学追梦人，大爱在左，奉献在右，随时播种，随时开花，将生命长途点缀得花香弥漫、绿意盎然，让不同地域、种族的人一起吮吸现代科技的芬芳。屠呦呦几十年来致力于严重危害人类健康的世界性流行病疟疾的防治研究，从中医药这一伟大宝库中寻找创新源泉，从浩瀚的古代医籍中汲取创新灵感，从现代科学技术中汲取创新手段，与她领导的研究团队坚持不懈，克服困难，联合攻关，成功地从中草药青蒿中提取出青蒿素，并研制出系列青蒿素类药品。这一成就挽救了全球特别是发展中国家数百万人的生命，在世界抗疟史上具有里程碑式的意义。

(4) 案例启示

①坚持不懈地努力。屠呦呦在研究青蒿素的过程中，经历了无数的失败和挫折，但她从未放弃，她不断地尝试不同的方法，不断地改进自己的试验，最终获得成功。只有坚持不懈地努力，才能取得成功。

②勇于创新。屠呦呦在研究青蒿素的过程中，采用了一种全新的方法，即从传统中药中提取有效成分。这种方法在当时是非常新颖的，正是这种创新的方法，才使她最终成功。只有勇于创新，才能在科学研究中取得突破。

③有社会责任感。屠呦呦发现青蒿素可以治疗疟疾后，她并没有将这个发现作为商业机会去赚钱，而是将其公之于众，让更多的人受益。科学家不仅仅是为了自己的成就而研究，更是为了造福人类，为了社会的发展作出贡献。

④有团队合作精神。屠呦呦在研究青蒿素的过程中,与她的团队成员密切合作,共同攻克了一个又一个难关。创新需要团队合作,需要相互支持,才能取得更好的成果。

12.2.2 创新推动企业发展

12.2.2.1 不断创新打造品牌

(1) 案例概要

张金山说"宁夏红"是一个特色产业,是在种枸杞的农民挖枸杞树、枸杞卖不掉、一斤枸杞3块钱的背景下出现的。经过了近10年的努力,现在枸杞每斤在20元左右。当时宁夏的枸杞种植面积是1 333 hm^2,现在发展到了40 000 hm^2,产业得到了快速发展,这个过程当中,宁夏红枸杞产业集团作为一个龙头企业起了重要的作用。一方面,通过品牌的打造宣传带动枸杞产业社会的认知度,增强消费意识,培育市场;另一方面,枸杞的加工技术在国内国际市场上是找不到的,因为"世界的枸杞在中国,中国的枸杞在宁夏"。面对着如何自主创新,以及自主创新产业、自主创新品牌、自主创新技术的挑战,企业走产学研结合的道路,形成了30多项专利。每一项的加工技术都具有中国的创新,企业的枸杞酒生产方法获得了联合国知识产权组织和中国专利局颁发的金奖。

(2) 案例详述

1963年,张金山出生在中卫市沙坡头区宣和一个农民家庭。1983年从宁夏商业学校毕业后,分配到了原青铜峡糖酒公司工作,并以突出的业务能力和独特的人格魅力,被提拔为公司副经理、经理,并兼任青铜峡酒类专卖局局长。

1996年,张金山走进银川昊都酒业。当时的昊都酒业效益非常好,他的工资也增长了好几倍,生活也过得很好。物质条件越来越好,工作之路也很顺畅,但张金山总感觉现处的一切都不是自己真正想要的,实现自己梦想的路还是没有找到。就这样,他又做出了一个决定。也许是命运的安排,值此,中卫酒厂倒闭的消息传到了他这里。是安于舒适的现状,还是放手一搏,实现自己的人生梦想?两条路摆在了张金山的面前。最终,他选择了创业之路,再次告别舒适的生活,租下中卫酒厂,开始了自己创业的第一步。说是一个酒厂,但到张金山手里的时候,没有专业人才,没有像样的设备,没有流动资金,只有等着解决就业的15名工人。可以说酒厂只是名义上的"酒厂"。如何破局,张金山在思考着。只有以过硬的质量和卓越的品牌,才能在市场中打出一片天地。从此以后,张金山吃在酒厂,住在酒厂,酒厂就是他的家。在技术革新之路上,张金山做出了一个重大决定,与五粮液酒厂合作,而且成功了。自此,企业开始研发各项技术专利,掌握了核心竞争优势,提升了产品附加值,以"销售一代、储备一代、生产一代"的方式,使产品在市场上占据了席位。

2000年4月,张金山任董事长的宁夏香山酒业集团收购了中宁枸杞制品厂,成为中国首家用高科技对枸杞进行深加工的企业。在经过翔实的调研后,张金山将产业定位在枸杞果酒上。

2002年,在历经24个月、47道生产工艺、上百道工序,"宁夏红"在一次次改进的基础上终于问世了。开创了酒类先河,以时尚、健康而独树一帜。在张金山的带领下,"宁夏红"已成长为中国枸杞果酒的领军品牌,并取得了开拓性的发展。张金山站在国际市场的战略性高度全面进行枸杞产业远景规划,主张高起点、高标准打造强势的国际性品牌,对产业发展进行战略性规划。

作为一个企业家,张金山具有强烈的社会责任、政治责任和历史使命感,他将企业及个人的发展置身于社会发展之中,使企业获得持续、良性发展的同时,对社会作出了很大的贡献。在他的领导下,宁夏红枸杞产业集团成长为国家级农业产业化重点龙头企业,引领了中国枸杞产业的发展,肩负起了打造世界枸杞之都、打造世界枸杞第一品牌、打造枸杞产业链、振兴民族经济的历史使命。

(3) 案例创新

枸杞酒不仅保留了枸杞的原汁原味,还融合了现代生物工程技术和古老的酿造工艺,创造了一种全新的健康果酒消费方式。张金山坦言:"我们是有梦想的人。做出一家全球最大的枸杞产业公司,让宁夏枸杞走向世界、成为时尚,既是我的梦想,更是恒久坚持的动力。"现在有一种趋势,大家都在喝果酒、葡萄酒,而葡萄酒消费在中国的增长也是非常快速。原因就是大家都认为,喝这样的进口酒,更加有益健康,更能体现他们时尚的、休闲的、有品位的生活方式,那么这样的产品未来增长速度较快。而对于宁夏红来讲,枸杞酒在中国有着悠久的历史,在过去是浸泡的方式,而宁夏红现在全球首创酿造枸杞干红,对未来多元化的消费,针对消费者对个性化的需求,我们既满足了消费者对酒与健康的需求,又满足了消费者用高脚杯去喝酿造的健康酒,把健康与快节奏生活结合起来,消费者不再依赖带有药用价值的保健酒。我们要把消费方式进行集合,酒产品的消费理念、包装文化、引导消费的行为方式都要发生变化,中国酒业才能重塑,才能从中国真正走向市场。

(4) 案例启示

技术在于创新,有创新才有突破。枸杞表面有一种蜡质保护膜,传统酿制法是先用白酒浸泡,由于无法去掉这个保护膜,枸杞营养成分只能释放10%。必须摸索出一套新的发酵工艺,才能让更多的营养成分释放至酒体里。看似很平常的一句表述,但在当时这根本不可能做到,就连宁夏本地许多枸杞专家都提出了质疑。可张金山认为技术在于创新,有创新才有突破,在研发领域没有解决不了的难题。2008年秋,"宁夏红"一举夺得世界知识产权组织和国家知识产权局联合颁发的中国专利奖金奖,宁夏红枸杞产业集团成为迄今为止十五届中国专利金奖评选中唯一一家获此殊荣的酒类企业。"每天喝一点,健康多一点",温馨、温情、健康的宁夏红广告语家喻户晓,老少皆知。

12.2.2.2 奇招迭出铸就辉煌

(1) 案例概要

牛根生,蒙牛乳业集团的创始人,"老牛基金会"创始人、名誉会长,"全球捐股第一人"。他1999年离开伊利,创立蒙牛,后用短短8年时间,使蒙牛成为全球液态奶销售冠军、中国乳业生产销售总冠军。2002年牛根生成为"中国十大创业风云人物"之一,"牛"到了这个地步。2011年6月11日,蒙牛乳业在港交所发布公告,称其创始人牛根生辞任董事会主席一职。

(2)案例详述

1978年，20岁的牛根生进入了养牛场工作，5年后牛根生进入了伊利，从一名洗瓶工干起，随后逐步升任车间主任，1992年起担任伊利的经营副总裁，1998年，牛根生被伊利董事会免职。离开了伊利，他心里很不是滋味。这一年他43岁，去了人才市场，40岁以上的年龄在这里已经不被考虑。但牛根生人如其名，身材魁梧，声音洪亮，不是轻言失败的人。牛根生离开伊利后，先是进入北京大学进修。在北京大学的那段时间里，牛根生整天骑着一辆破自行车穿梭于各个教室之间。40多岁的"老牛"坐在教室里听课，望着身边那些风华正茂，甚至略显稚气的同学，内心非常难受。"我必须首先化解掉内心的委屈和痛楚，方能静下心来融入陌生的校园环境当中去。"牛根生在心里如此告诫自己。他利用在北京大学进修的这段时间重新审视了自己在伊利16年的各种经验和教训，让原本在企业中形成的应激反应模式转换成理性的思维模式。士别三日当刮目相看，牛根生原本就比一般人看得高、想得远，经过在北京大学的沉淀与升华，"蒙牛王朝"的宏伟蓝图在心底酝酿成熟。

当时伊利统治了市场，蒙牛只能夹缝中求生存。要想扩大蒙牛的知名度，牛根生知道若依赖常规的营销手段，难以实现重大突围，只能以奇招制胜。蒙牛提出了"创内蒙古乳业第二品牌"的创意。当时内蒙古乳品市场的第一品牌当然是伊利，蒙牛名不见经传，连前五名也挤不进去。但是，牛根生的过人之处就表现在此，蒙牛通过把标杆定为伊利，使消费者通过伊利知道蒙牛，而且留下一个印象：蒙牛似乎也很大。1999年4月1日，呼和浩特市的老百姓一觉醒来，市区主要街道旁边的300块广告牌全是蒙牛广告：向伊利学习，为民族工业争气，争创内蒙古乳业第二品牌！一石能激起千层浪，300块广告牌同时入市，自然掀起了市场巨浪。蒙牛成了内蒙古老百姓热衷谈论的一个话题，人们记住了蒙牛，也记住了蒙牛是内蒙古乳业的第二品牌。5月1日，就在老百姓讨论蒙牛的余热未散之时，48块蒙牛的广告牌一夜之间被砸得面目全非。牛根生当然明白这是谁干的，聪明人善于把坏事变为好事，把危机转化为机遇。牛根生利用广告牌被砸事件让社会关注蒙牛的热情再度掀高，蒙牛开始变得"愈神秘，愈美丽"。广告牌可以被砸，但是把广告印在产品包装纸上，对手应该无可奈何了吧。于是，蒙牛在冰激凌的包装上，打出"为民族工业争气，向伊利学习"的字样。蒙牛表面上似乎为伊利免费做了广告，实际上为自己做广告，默默无闻的蒙牛正好借伊利大企业的"势"，出了自己的"名"。牛根生白手起家，硬是在重重围剿之中杀出一条血路。蒙牛乳业凭借着牛根生的过人智慧，实现了高速发展，从原先的"借势"蜕变成了"强势"。

当时的伊利总裁郑俊怀对于牛根生的能力有深刻了解，所以伊利也是对蒙牛乳业打压得最厉害。但是，牛根生对于曾经狠狠地抛弃了他的伊利，在任何场合都表现出了满怀尊敬。蒙牛乳业在刚开始的时候很谦虚，打出的广告口号是：向伊利学习，为民族企业争气。当时蒙牛乳业对外宣传是内蒙古第二大乳业品牌，第一是伊利。牛根生在不同的场合提及伊利，言辞中总是充满对伊利的眷恋和对老领导郑俊怀的敬意。牛根生的做法逐步赢得更多的同情与支持。

对于自己当时为什么要这样做，牛根生的解析是："打不还手，骂不还口，只有这种方式才能活下来，同时还能长大。"面对竞争对手想要置之死地的策略，牛根生坦言："如果不还手是掐不死的。只要一还手掐死的可能性是特别大的。当时挨打和挨骂是为了将来不挨打不挨骂，为了自己能够生存下来、发展好，最后能够不挨打不挨骂。当你打了好几年，打的和骂的过程都经历了以后，就要学会怎么样不打能赢，怎么样不战能胜。"

弱小总是容易受人欺，为了谋求快速壮大的机会，牛根生想到了借力资本高手。2002年6月，摩根士丹利、鼎晖投资、英联投资三家国际机构入股蒙牛乳业。但是打着"锄强扶弱"口号的摩根士丹利等三家投行除了带给蒙牛乳业总计6 000万美元的风险投资以外，还给牛根生套上枷锁：未来三年，如果蒙牛乳业每年每股盈利复合增长率低于50%，以牛根生为首的蒙牛乳业的管理层要向以摩根士丹利为首的三家外资股东赔上7 800万股蒙牛乳业的股票，或者以等值现金代价支付；如果管理层可以完成上述指标，三家外资股东会将7 800万股蒙牛乳业的股票赠予以牛根生为首的蒙牛乳业管理团队。

在强敌环伺的制造行业里每年获得50%增长，这在很多业界人士的眼中是一个天方夜谭，这是没有胜算的赌博，看来牛氏军团打下来的江山只能让别人去享用了。但是在这种时候，只有"快鱼"才能生存，否则就只能被"大鱼"吃掉。牛根生同意了国际投行的条件，决定破釜沉舟、背水一战。

有了资金支持的蒙牛乳业就像插上了翅膀，在竞争对手的枪林弹雨中，蒙牛乳业迅速成长，从2001年到2004年，蒙牛乳业销售收入从7.24亿元、16.68亿元、40.715亿元跃升至72.138亿元人民币。"蒙牛乳业速度"在中国企业界引人注目。CCTV"2003中国经济年度人物"对牛根生的颁奖词写道："他是一头牛，却跑出了火箭的速度。"

蒙牛乳业的速度，让外资股东无话可说，按照协议的要求，蒙牛乳业2004年的净利润是以3亿元为界限，而蒙牛乳业公布的2004年业绩为3.19亿元，超出了外资股东的期望值。

从2000年开始，牛根生就制订了帮助农民贷款养牛的策略、辅助别人建奶站的策略、在全国各地建立新工厂的策略，曾经困扰蒙牛的"三无"问题逐渐瓦解。

2004年6月10日，蒙牛正式于香港联交所主板上市，成为第一家在香港上市的中国内地乳制品企业。按照《福布斯》的排名，当时牛根生身价1.35亿美元，中国富豪排行榜第107位。让人大跌眼镜的是，就在外界对牛根生的财富议论纷纷的时候，牛根生却把自己的股份全部捐出，10亿人民币，说不要就不要，老牛将他的散财之举发挥到了极致。

2004年6月，蒙牛在香港一上市，牛根生便马上启动了他的捐献计划——老牛专项基金。2004年12月28日，蒙牛事业发展促进会注册完毕，宣告成立。2005年1月12日，酝酿两年之久的老牛专项基金正式成立，具体内容是：作为蒙牛最大的自然人股东，集团总裁牛根生将自己不到10%的股份全部捐出。具体操作分两步走：第一步，在牛根生有生之年，将股份红利的51%赠予老牛专项基金，49%留作个人支配，股份话语权不变，但当牛根生卸任董事长后，表决权将授予继任者；第二步，在牛根生百年之后，股份全部捐给老牛专项基金，家人不能继承。

老牛专项基金主要用于褒奖对蒙牛集团作出突出贡献的人士或机构，但在员工个人遭遇不幸或生活窘困时，也可向老牛专项基金申请帮助。共涉及九类人：经营、管理、市场、销售、研发、技术、生产，最后一类是陷入特殊困境的员工。如果这些员工遭遇天灾人祸，或者其他过不去的坎，但企业的分配制度涉及不到、上市公司的有关规则照顾不到、社会保障系统也覆盖不到,这时候,可以向老牛基金会申请帮助。

2005年4月7日,蒙牛外资股东与管理层之间的股权激励计划提前兑现,蒙牛管理层控股公司获奖6 260万余股中国蒙牛乳业股票,提前终止曾经被称为千万豪赌的协议。如以当前每股平均5港元的市值计算,约合3.2亿港元。牛根生说:"管理层这3亿多人民币我们已经决定将其80%捐给对企业发展后劲做支撑的工人和农民。"

牛根生说:"世界上排在前列的乳业都进来了,我们凭什么跟别人同台竞争呢?什么是你的优势?什么是你的强项?不利因素是什么?有利因素是什么?我很难找出蒙牛充足的优势因素。国外百年企业都是因为在一些方面比我们有创新,他们才走到我们前面。那我们怎么样创新,才能走到他们的前面?不仅赶上他,还超过他?我想超过外国的百年企业,我必须在激励与分配制度上有所创新才有可能。世界上最优秀的人才,他们在选择企业的时候,假如年薪都一样,最有能耐的人是不是就会聚集到你的旗下来?宁愿散尽股份搞激励制度,拿下员工;宁愿以德报怨对待伊利,拿下竞争对手。现在,公司的钱拿给工人和农民,拿下养牛户和挤奶工人,奶源从此高枕无忧。"

(3) 案例创新

作为领先的中国乳品品牌,蒙牛一直践行"创新引领"的"国际化+数字化"双轮战略,驱动品质和品牌的升级。蒙牛一方面继续夯实与法国达能、丹麦Arla Foods等的国际化合作,加强海外奶源、研发资源布局,使蒙牛品质和营养创新追赶国际标准;另一方面进一步完善数字化的质量管理系统和追溯体系,实现品质的可控可见,打造信息化、智能化的乳品工厂。此外,还联动上海迪士尼度假区、美国职业篮球联赛(NBA)等全球大咖资源,在为消费者提供高品质产品的同时,更带来集"美食、运动、娱乐"为一体的高品质服务体验。

(4) 案例启示

①逆向思维。在维度上扩展并延伸到发散思维和横向思维,形成独特的创新特质,用牛根生的话概括就是善于"三换思维"——换位思考、换心思考、换向思考,并且运用到蒙牛的创业和经营实践之中。牛根生创业中的逆向思维"过程颠倒"——先建市场,再建工厂。运用逆向思维方式,蒙牛整合了大量的社会资源,把传统的"体内循环"变作"体外循环",把传统的"企业办社会"变作"社会办企业",取得了超常规发展。营销中的逆向思维——事件营销、娱乐营销、公益营销等一系列成功的营销活动,蕴涵着丰富的思维创意。

②整合思维。任何人创业都不可能拥有世界上所有的资源,你手中可支配的资源总是有限的。创业想要实现自己的发展目标,就必须合理利用自己手中可占用和支配的资源,与合作者交换自己所需要的资源,并让对方也能得到他想要的资源,这就是资源整合的一个重要法则。你能否把可以利用的资源整合过来为己所用,关键在于你有没有整合的思维。

12.2.3 创新成就个人发展

12.2.3.1 地面智能植保装备引领者

(1) 案例概要

中国果树种植面积约2亿亩,传统密闭型果园占75%,60%的果树主要分布在丘陵山区，山地果园植保机械化程度不足8%。特殊的立地条件导致我国目前在丘陵地区基本没有成熟的果园机械技术和适用性装备可使用。果园最大可通行高度约70 cm，病虫害多发于树冠下部及叶片背面，对农业植保机械提出了更高的要求。

人工施药效率低，现有地面植保机械车身高、爬坡性能差、挂果伤枝严重，在传统果园无法作业，更无法实现大规模应用；单一无人机施药冠层穿透性差、叶背着药量少，防治效果不佳。针对以上果树植保现状，山西农业大学无人机创新团队（以下简称团队）在2020年研发出中国第一台遥控植保坦克，通过校企合作，实现了产品落地。

团队获得了第十三届"挑战杯"中国大学生创业计划竞赛山西省唯一国赛金奖、"全国植保卫士"等荣誉。该产品拥有四大核心技术——全自主地盘技术、向上对靶技术、超高压雾化技术、水冷循环系统。实现了整车高度64.5 cm、满载爬坡30°、单侧喷幅6~8 m的设计目标，达到了温水施药，向上对靶，直击叶背的效果，突破了地面植保装备在丘陵山区与传统果园的技术瓶颈，是中国第一款全地形高效果树植保装备。

（2）案例详述

2020年，团队研发出我国第一台遥控植保坦克，其行走功能与通过性满足设计要求，但其雾滴穿透性差、分布不均匀，于是研发了第二代植保坦克。

第二代植保坦克的喷洒系统采用高压雾化的工作原理，初步解决了第一代植保坦克雾滴穿透性差、分布不均匀的问题，然而药箱容量偏小、喷洒范围固定，在2021年7月研发出第三代植保坦克。

第三代植保坦克由定向喷头升级为万向喷头，弥补了喷洒范围固定的缺陷，载药量从30 L提升至200 L。在全国主要水果产区进行大量测试后，发现其底盘性能不稳定、雾滴穿透性弱等问题，研发出第四代植保坦克。

第四代植保坦克采用全自主底盘、超高压雾化等技术，经大量测试，第四代植保坦克的产品性能、喷雾质量很好地满足了全国果农的作业需求，突破了果树植保装备的瓶颈，是国内第一款全地形高效果树植保装备。

历时4年，历经5代，实现了果园作业场景全覆盖。为满足新疆、广西等大块果园的作业需求，2022年团队研发出第五代电动独立四驱坦克，将药箱容量提升至600 L，配套基于航线规划的无人驾驶系统。依托四项核心技术，实现了整车高度64.5 cm、满载爬坡30°、单侧喷幅6~8 m的设计目标，达到了温水施药，向上对靶，直击叶背的效果，是国内第一款全地形高效果树植保装备，并获"全国植保卫士"称号。

累计示范作业23万余亩，在全国范围内形成了唯一一支由在校大学生组成植保团队，为行业培养与储备了大批有"爱农情怀、强农本领"的农业科技人才。

截至2004年，产品累计销售140余台，遍布全国12个省份。据统计，平均每亩增产10%~15%，节省药物30%，提高果品品质，作业效果与产品质量得到了客户的一致好评。团队培养本科生300余名，新型职业农民1 000余名，积极投身消杀防疫与救灾工作。

在长期研发过程中，团队获批了3项国家专利，在2021年被评为全国高校百强学生社团；2022年成为农业农村部科技志愿服务分队，植保坦克被列入三省（山西省、陕西省、河南省）四市（临汾市、运城市、渭南市、三门峡市）农机手大赛考核项目；2022年植保坦克教学视频被山西省农业农村厅录入云上智农平台，供全国农民选学；2023 年入选了山西省农业农村厅重点推广产品。受央视报道 12 次，山西日报、山西广播电视台等媒体进行了多次专题报道。

项目成员都来自山西农业大学无人机创新团队，团队现有在校成员 300 余人，有来自农机、机械、电气、软件、植保等不同专业的学生，多学科交叉，优势互补。以问题为导向，用创新引领科技，立足植保痛点，解决行业难题，制定行业标准，改变行业现状，为行业持续输送大批高素质人才。

秉承"发现、解决、验证"，在实践中形成闭环的宗旨，队员们都有大量作业经验，在作业过程中发现问题，收集问题，回到实验室解决问题，不断对产品进行迭代与升级。

团队始终坚持在实践中探索、在探索中创新、在创新中发展、在发展中育人的原则，将兴趣与专业紧密结合，不断提高本科生的创新能力。队员积极参加创新创业大赛，曾获"挑战杯"国赛铜奖、"创客中国"省级二等奖等奖项。每年团队都会在全校范围内招新，不断有新鲜血液加入。队内有 3 队 3 部，植保队、航拍队、固定翼队、研发部、后勤部、财务部，大一学习基础知识进行实践，大二参与研发。形成了以本科生为主体，指导老师带队的有强大科研实力的队伍。

植保坦克的成功研发让我们对标准化果园有了新的话语权，未来我们将进一步研发 AI 识别（病虫害）、变量喷雾、自动避障、一控多机等功能，为国家现代植保农业发展提供更为有力的科技支撑，用现代科学技术和现代工业来装备农业，推动植保行业现代化发展，助力实现我国乡村振兴的伟大目标。

（3）案例创新

①模式创新。针对植保无人机对乔化果树打不穿、打不透的问题，团队采用结合无人机与坦克技术优势的"立体植保"新模式，探索出果园"植保无人机+植保坦克"立体植保新路径，空中和地面联合作业。

充分利用两种设备的优势，这种方式可以保证在防治区域内无死角、无间隙的防控，最大限度地减少病虫害的发生和经济损失，提高作物的品质和产量。这种防控方式采用人药分离的作业方式，最大限度地保护了作业人员的安全，且作业效率是人工的 300 多倍，减轻了农民的负担。

2023 年 5 月，团队在晋中市太谷区小白乡万亩红枣园区，通过植保无人机和植保坦克立体植保防控的方式，开展枣树病虫害防治作业，为枣树丰产丰收"保驾护航"。"植保无人机+地面坦克"混合喷洒农药，目前已经帮助 1 000 亩枣园完成示范性防治作业，取得了初步的防治效果。

②技术创新。

a. 全自主底盘技术：团队研发的果林植保坦克具有完全自主知识产权的底盘，把油机驱动改为油电混合驱动，省掉传动轴、变速箱等机械传动结构，节省底盘空间，将药箱安置在底盘内部，实现药箱内置。最大限度降低坦克的重心，使果林植保坦克车身高度为 64.5 cm、满载爬坡 30°、空载爬坡 53°，适合在丘陵山地、矮株密植的果园中进行作业，适应性更广，不伤果、不伤树，实现果园作业场景全覆盖。

b. 向上对靶技术：在实际作业中，团队发现病虫害多发于树冠下部及叶片背部，采用向上对靶技术，自下而上，直击叶背，直击病源。同时，药液滴落到下方叶片正面，达到阴阳均沾的效果。

c. 超高压雾化技术：植保作业时，药液喷雾形成的雾场是由大小不等的雾滴群颗粒组成，在喷嘴选定的情况下，喷雾压力与雾化粒度成正比：压力越大，雾化粒度越小，雾场越均匀、细密，药液利用率越高。果林植保坦克药液喷嘴采用超高压雾化技术，整车共有两个超高压泵，前后各一个，可以进行单边喷洒，喷雾压力最高达18 MPa，是人工打药泵压力的4~5倍。使雾化粒径细致180~220 μm，单侧喷幅6~8 m，实现180°无死角，空间全覆盖。

d. 药液加热系统：研究发现，农药温度每提高1℃，药效可提高1.2~1.5倍。为了达到温水施药的效果，设计了药液加热系统。通过水冷循环系统将整流桥与增程器的热量收集传送至药箱出药口，在水冷降温，稳定工况的同时，加热药液，提高药效。

e. 多功能拆卸平台：坦克整车采用模块化设计，如底盘模块、动力模块、控制系统模块、喷洒模块等，都可以快速拆卸，方便坦克的装配与维修。植保坦克标配压送式喷洒模块，用户可根据需要选配快拆升降平台、根部液体施肥平台、除草平台、播种平台、梯田果园加高杆、火龙果园加高杆、横向自动伸缩杆等，实现一机多用，大幅提高植保坦克的利用率。

(4) 案例启示

山西农业大学无人机创新团队秉承"发现、解决、验证，在实践中形成闭环"的宗旨，团队成员利用周末与暑假，把汗水洒在神州大地，把论文写到田间地头。7年来，团队作业过的田块遍布全国十多个省市，累计面积超过200万亩，在行业标准的制定方面积累了大量的实践数据。以兴趣为起点，是团队招新的原则，也是队伍发展壮大的原动力，为了进一步提高与强化实践技能，向同行与专家学习，在指导老师的带领下参加各类竞赛，形成"课程、培训、实践、竞赛"的培训模式，开阔眼界，拓展素质。

12.2.3.2 二次创业带动地方经济

(1) 案例概要

刘国武于2006年毕业于深圳大学土木工程管理专业，曾在深圳路桥集团工作了3年，随后回乡接手了父亲的建筑工程队，创办和兴建建设工程公司，事业顺利。然而在2011年，他却选择了二次创业，涉足农业种植业，基于家乡广东省梅州市大埔县水果种植基础好的现状，他决定投资现代农业，种植以红肉蜜柚为主打产品的柚果。

(2) 案例详述

刘国武二次创业的选择得到妻子邓露明的支持，她是深圳大学2006届中文系的毕业生。两人经过考察，将种植基地选在老家新乐村，这里四周森林环绕，没有任何污染企业，经过土壤检测，发现这里还是富硒山地，土壤硒含量均值为1.2 mg/kg。刘国武夫妇一方面坚持工程公司的经营，另一方面收购附近200亩柚园，作为前期管理开发园区，转型创业由此展开。

同时，刘国武注重引进先进模式经营农业。经过5年开发，刘国武农业基地的柚树已经郁郁葱葱，不少柚树枝头已挂满柚果，柚园的主干道全部铺了水泥路面。刘国武介绍，开发初期，得益于自己拥有的建筑工程机械，进行高标准的土地平整路网规划。每座园林的高处建有灌溉池，果树需要的用水、肥乃至农药喷洒，都可以通过不同规格的管网到达每棵柚树下。他非常注重保护基地周边的生态，引进大量先进的设备，包括太阳能杀虫灯、黏虫板、割草机等，大幅减少农药用量。此外，刘国武还聘请了华南农业大学和县农科部门专家做顾问，在前期一次性投入近 1 000 万元的基础上，以后每年生产性投入 200 万元进行科学种植管理。基地里，一座柚果加工厂正在建设，计划在 2016 年国庆节前竣工。刘国武表示，基地已经被评为广东省龙头企业，将加快包括生态旅游在内的综合性现代农业开发，在 2018 年达到千万斤柚果产量的目标。

夫妻俩的努力很快得到了政府的高度重视。县政府有关部门的领导多次来柚子园参观考察，最终决定将他们的柚子品种发展成当地特色农产品，并帮助他们成立公司，注册"洪安"商标，带动周边农户一起发展柚子产业。"狠抓品质，让每个柚子都成精品"，好口碑支撑着蜜柚价格一路攀升，他们的柚子卖到了 50 元一个，产值达 80 万元，相当于前两年柚子销售的总和。刘国武夫妇一方面坚持工程公司的经营，另一方面收购附近 13.3 hm² 柚园，转型创业由此展开。接受新思维的刘国武对互联网特别痴迷。

作为新一代的大学生企业家，刘国武夫妇还把已经注册"兴瑞红柚"商标的柚果销售瞄准电商平台等新的销售渠道。邓露明发挥专业优势，将果品销售渠道从传统农业批发市场销往江西南昌等地的基础上，通过电商平台，与京东的树懒果园、微海汇、岭南优品、易果网等，联网打通到上海、宁波等地的销售渠道，还通过开设微店，实现年销售 10 万元的业绩。

刘国武介绍，公司下一步将采取众筹的模式，将基地的柚树提供给客户认购，基地安装摄像头，客户可以远程观察柚果的成长情况。柚果成熟时，客户可以前来采摘、包装，体验农家乐趣，进一步推动基地休闲观光农业的发展。他表示，由于柚园发展已经进入综合发展阶段，他将结束建筑工程业务，将建筑公司整体转让，专心经营他的现代农业企业。

（3）案例创新

①了解市场需求。蜜柚夫妻在创业之前，深入了解市场需求，红肉柚市场需求量较少，而且价格高昂。因此，决定尝试在市场上推广红肉蜜柚。

②创新产品。红肉蜜柚并不满足于市场上已有的红肉柚，希望开发出更好吃、更好看的红肉蜜柚。利用富硒山地，种植出颜色鲜艳、口感甜美的红肉蜜柚，并在市场上获得了良好的口碑和销量。

③提升品牌形象。品牌形象对于企业的发展至关重要，将品牌形象提升到了一个新的高度，通过多种途径进行宣传，包括在各大电视台播出广告、参加各种展会、开展线下活动等。品牌形象提升后，红肉蜜柚的销量和知名度也开始稳步上升。

（4）案例启示

无论你是从事果树种植，还是其他行业，只要你勇于创新、不断学习、保持专注、热爱自己的事业，就一定会有所作为。

12.3 涉农创业案例

12.3.1 创业路上永不停歇

12.3.1.1 案例概要

李登海作为农民发明家,被称为"中国紧凑型杂交玉米之父",使他与"杂交水稻之父"袁隆平齐名,共享"南袁北李"的美誉。30多年里,先后选育玉米高产新品种80多个,6次开创和刷新了中国夏玉米的高产纪录。他主持选育的"掖单"系列玉米新品种,曾获国家科技进步奖一等奖。20世纪90年代中后期,他又育成"登海"系列玉米新品种,成为中国跨世纪的主推品种。"登海9号"玉米新品种,具有优质、高产、多抗的突出特点,其产量比曾获国家科技进步奖一等奖的"掖单13号"还增产11.4%。经国家农作物品种审定委员会办公室审定,适宜在东北、黄淮海、西北及南方玉米区种植。2000年3月至2007年年底累计生产销售"登海9号"5 624.08万公斤*,累计推广面积125万hm^2,累计增产粮食11.40亿公斤,累计新增社会效益11.4亿元,为保障中国粮食安全作出了贡献。"登海9号"具有较高的淀粉含量,也受到了乙醇汽油生产企业的青睐,为保障中国能源安全提供了有力的支撑。2015年9月25日中共中央宣传部向全社会公开发布"时代楷模"李登海。2017年5月,获得全国创新争先奖。

12.3.1.2 案例详述

(1) 创新突破是竞争力源泉

在离登海种业不远的一个地方,门前用红色写着大大的四个字——"玉米之家",这就是登海种业掌门人李登海的家,院子内晾晒着的玉米粒儿在太阳的照耀下金光闪闪。对面的一片玉米地,是他个人及他所带领的科研团队苦心钻研玉米育种技术的试验田,从他脑海里迸发出的每一个玉米新品种,都是在这里经过最初的试验才走入其他试验田。1974年,李登海手攥着仅仅2万元人民币和20粒玉米种子,借用母亲的几亩粮田,自己动手搭建科研设施。就这样,他第一次踏上了繁育玉米种子的高产研究之路。"一个玉米新品种,从培育到成功的概率只有十二万分之一。"然而,李登海却在十二万分之一的概率中获得了成功,创造了一个又一个玉米高产奇迹。

从1972年开始至今,李登海培育出了100多个优良玉米杂交种,实现了玉米单产从100多公斤到1 400多公斤的突破,7次创造和刷新了夏玉米高产纪录,开创了我国高产玉米育种栽培紧凑型的发展方向。可以说,李登海就是中国紧凑型玉米杂交的"鼻祖"。由最初的平展型玉米高产攻关向紧凑型玉米跨越,并第一次突破700公斤的高产限额,李登海用了8年的时间,于1979年使"掖单2号"玉米种子亩产达到了776.9公斤。其后,李登海又花费了8年的时间,再次突破了1 000公斤的高产指标,那年是1988年,当登海种业的"超试1号"突破亩产1 400公斤的时候,已是2005年,这最新的一段突破李登海足足用了17年的时间。

---

* 1公斤=1 kg。

40 年的研究历程，李登海感慨道："我从一个农业技术员到有突出贡献的中青年专家，从一个普通共产党员到十四大、十七大党代表，从一个农村的农科队长到农业农村部专家顾问组成员，经历了一个'从奴隶到将军'的奋斗历程。"这一路走下来，李登海始终保持着对玉米的那份热忱。

（2）三年之惑诞生经营转折点

脱下往日沾满黄泥的黄胶鞋，从田地里走出来的世界级科学家李登海，回忆起登海种业 2006—2008 年那艰苦的三年时光，透着苦涩，更充满艰辛后的喜悦。

李登海骨子里透着科学家执着的本性。过去，"固执"二字不仅体现在李登海对玉米育种技术的执着钻研上，更体现在他对企业管理的"一己之见"。他将大部分精力用于繁育玉米种子的研究，没有花太多心思在种子的销售上，更别提为了迎合市场而实行合理生产。

然而，2006 年，登海种业的销售出现快速下滑；2007 年，"郑单 958"的畅销对登海种业造成剧烈冲击；2008 年，大量种子囤积、滞销。这无疑给专注于科研、一帆风顺的李登海敲响了警钟。三年里，李登海不断反思，他开始意识到完善生产机制、加大营销网络建设以及加强管理体制改革的必要性。2002 年 10 月，登海先锋控股子公司创立，为今后动摇李登海的"固执"埋下了伏笔。

回忆三年的坎坷路，李登海说："有三股力量，支撑着登海种业艰难走过：一是登海先锋，其间的大部分利润来自这个子公司；二是登海种业承担了国家超级玉米品种的研究项目，国家给了一部分资金支持；三是我对公司顺利渡过难关的决心和信心，以及我们科研团队自主创新的原动力。"

（3）学习榜样攻破软肋

相对于登海种业出色的科研成果，长期以来，管理和营销被看作是登海种业的软肋，也成为制约公司发展的主要因素。与美国先锋公司的合作，让登海种业找到了问题所在，找到了差距，找到了学习的榜样。

2007 年开始，登海种业提出"向先锋学习"，多次派人员去学习。通过两年的对照比较，已逐步找到了自身在管理、营销和技术上的问题所在。这个从田地里走出来的科学家，在与美国先锋公司多年的接触中，终于找到了开启企业管理这扇门的钥匙。

李登海总结道："企业具备核心竞争力的两大要素，除了培育出具有市场竞争力的产品，即依靠自主创新，研发出抗病和抗倒力强的品种之外，还要拥有为农民用户服务的技术服务体系，从而将具有市场竞争力的品种推广开来。"

当前种子市场供过于求的整体局面，考验着登海种业营销网络的铺设及营销水平的提高。对此，李登海布局整个销售网络：将营销中心逐步向北京转移，建立先进的营销体系，同时进一步完善营销人员的薪酬分配方案。如今的李登海加大了对市场信息的调查，他意识到根据市场信息的反馈，可以更准确地把握市场变化，从而有效开展重点突破。

（4）科学家有了企业家精神

2009 年是登海种业迅速实施整改的第一年。

在登海种业的发展历程中，人才的匮乏和流失成为公司发展的瓶颈。对此，李登海感受颇深，如果体制不改变，今后的发展势必会受到牵制。于是，李登海提出"改革首先从吸引和留住人才开始"。

李登海亲自带领 200 多人的科研团队，每年研发 100 个参试品种，其中 6~8 个品种可以通过省审和国审。2001—2006 年，先后设立遍布于全国的 28 个试验站，开始探索进行改制的方案，变身产权公司，从而实现对各地试验站科研人员的更好激励。

多年投身玉米研究的李登海意识到，"目前，中国的育种科研明显缺乏市场经济的意识"。因为在我国，种子只有通过了国家（或省级）审定才能进行销售，但这远远不够，还应当充分考虑下端市场即农民种植对种子的个性化需求。因此，企业在育种科研方面应始终围绕着市场需求而培育。作为农民出身的科学家，这时候他"开窍"了，更学会了用经济头脑去考虑企业生存和发展的问题，即考虑如何迎合市场，进行生产和销售。于是，他对登海种业今后的科研方向有了新的把握："以后科研的方向会多考虑农民在生产过程中的需求，同时，在提高生产效率和高价对高产的需求之下，降低企业成本，最终实现企业利益的最大化。"任何一个熟悉李登海的人，都不难发现在他农民科学家形象的外壳下，又多了一种企业家的精神。

12.3.1.3 案例创新

（1）种质创新

从 1972 年至今，李登海带领登海种业育种创新团队，高举"开创中国玉米高产道路、赶超世界先进水平"的旗帜，通过 51 年持续不断地开展玉米高产攻关试验，进行了 160 多代玉米高产品种的研发创新，率先发现了紧凑型杂交玉米较平展型杂交玉米的高产潜力，率先育出了亩产从 700 公斤到 1 600 公斤的紧凑型高产玉米新品种，将杂交玉米高产能力提升了 1 倍以上。作为一名玉米育种领域的专家，李登海的科研成果是大批直接用到生产实践上的良种，他把"论文"写在了广袤的中国大地上。

（2）强化科技创新

种子是农业之母，是粮食生产的源头。一粒普通的玉米种子，见证了中国杂交玉米高产纪录不断被刷新的发展之路，登海种业始终坚持以科技创新为引领，秉承刻苦攻关、勇攀高峰、孜孜以求的创新精神，为玉米种业装上"登海芯"，夯实现代种业根基，不断攀登杂交玉米高产纪录高峰，积极为保障国家粮食安全贡献力量。

12.3.1.4 案例启示

（1）创业青年要找准自己脚下的路

"人要有志气，有抱负"，李登海说。1972 年，当美国农民华莱士在创下了春玉米最高亩产 1 250 公斤记录的时候，中国最高亩产还只有一两百公斤，"美国农民能干的事，中国农民为什么不可以？"从那时起，李登海便立下了"开创中国玉米的高产道路，赶超世界先进水平"的志向。

李登海说他这一生就干了一件事，从 20 世纪 70 年代创业至今，用科技创新解决中国粮食问题从未变过。新品种"登海 618"在莱州种粮大户戚增荣手里实现了粗放管理实打 1 930 斤的高产量，较之前品种每亩增产 500 斤，按市场价每斤 1.08 元计算，每亩地可增收 500 余元。

（2）应对国际市场，不断提升自主创新能力

李登海不停地强调"登海种业是有历史使命的"，这种使命也是他一生追求的目标：开

创中国玉米的高产道路,赶超世界先进水平。在亩产从一两百公斤到 1 500 公斤,品种从平展型玉米到紧凑型玉米再到超级玉米这个过程中,登海种业成功上市,但依然坚持这个历史使命不变,"我们不同于其他上市公司,我们的任务是解决中国人多地少、需要提高粮食单产的国家难题,确保国家粮食安全。"

在制定《中华人民共和国种子法》和进入 WTO 之后,中国的种子市场向世界开放,为确保中国粮食安全,中外合作企业必须由中方控股。李登海说:"控股权掌握在谁手里,关系着国家的粮食安全问题。"为此,李登海用了 7 年时间跟美国先锋公司谈合作,终于将中方控股从 50% 提高到 51%,以最强势的控股姿态与美国先锋建立合作。

"科学没有捷径,创新不会停止。"在接下来的发展中,登海种业要开拓国际市场,不断提升自主创新能力,走出国门,进入国际市场竞争。

12.3.2 坚持不懈从小做起

12.3.2.1 案例概要

刘永好生于 1951 年 9 月,四川省成都市人,毕业于四川工程职业技术学院,高级工程师。刘永好曾先后担任全国政协委员、全国政协经济委员会副主任、全国光彩事业促进会副会长、中国饲料工业协会副会长、中国乳业协会副会长等职务,并先后荣获"中国十佳民营企业家""中国改革风云人物""中国十大扶贫状元",以及美国《商业周刊》评选的"2000 年亚洲之星""2004 亚太最具创造力华商领袖"。2005 年福布斯富豪榜中国排行第六名,2006 年被评"CCTV 年度经济人物""三农人物",2007 年刘永好被美国著名的安永会计师事务所评为"安永企业家奖",荣获 2007 年中国管理"100 人持续价值创造"奖,荣登 2007 年度"光辉人物榜",2008 年获称"中国改革开放 30 年影响中国经济 30 人",2014 年刘永好入围"2014 年度华人经济领袖"。

12.3.2.2 案例详述

(1) 艰难岁月

20 岁前,刘永好因家境贫寒从来没有穿过一双像样的鞋子和一件新衣服。为了实现心中美好的梦想,他与三个哥哥一起走上了创业的道路。

在 1980 年的春节,为了让家人能在过年时吃上肉,刘永好的二哥刘永行从大年初一到初七在公路边摆了一个修理电视与收音机的地摊。短短几天的时间竟赚了 300 元,相当于当时 10 个月的工资,这一消息就像一颗重磅炸弹在兄弟们的心中炸开了花。刘氏四兄弟一商量:"既然能靠修理无线电挣那么多钱,我们是不是可以办一家电子工厂呢?"

说干就干是刘氏兄弟一个非常重要的特点,开办电子工厂对于学计算机的大哥刘永言、学机械的刘永好和会修理家用电器的刘永行而言并非难事。没多久,中国第一台国产音响横空出世,起名"新意音响",但由于资金等问题没有成功。

(2) 饲养鹌鹑

虽然音响没做成,不过刘永好创业的强烈愿望被点燃了,但是做什么呢?搞养殖不需要太多投资,技术含量低,而且自己也熟悉,思考一番的刘永好决定从养殖业开始做起。于是,在左邻右舍鄙夷不屑的议论声中,刘永好与兄弟们在自家的阳台上养起了鹌鹑。

鹌鹑越养越多，下的蛋也越来越多。每天下班回家以后，刘永好与二哥刘永行就骑着自行车沿街叫卖，不久他们在古家村办起了一家良种场。

刘永好的三哥陈育新（刘永美）率先"停薪留职"，刘永好与大哥、二哥决定随后跟进。良种场的主营业务是孵小鸡、养鹌鹑和培育蔬菜种。

1984年4月的一天是一个转折点，资阳县（现资阳市）的一个专业户找到他们下了10万只小鸡的订单，这对于刘氏兄弟来说可是一笔大买卖！被冲昏了头的刘氏兄弟立即借了一笔钱买了10万只种蛋。但是他们万万没想到，2万只小鸡孵化出来交给那个专业户后不久，他们就听说专业户跑了，对方已是倾家荡产。正赶上农忙时节，小鸡农民不会要，借的钱又要马上还，四兄弟感到了绝望。

四兄弟思来想去，既然农民不要，就将种蛋与小鸡卖给城里人。于是，兄弟4人连夜动手编起了竹筐。之后，刘永好带着鸡仔到农贸市场去卖，一竹筐鸡仔加上一个瘦弱的人，本占不了多大地方，但是农贸市场上的商贩们个个都有自己的势力范围。刘永好初来乍到，根本无法找到安身之处。第二天，刘永好终于依靠自己的诚恳得到了一个地方。那天，一竹筐的鸡仔总算卖完了。

与刘永好一样，家里的其他兄弟连着十几天每天都是凌晨4点起床，风雨无阻，骑3小时的自行车赶到20 km外的农贸市场，再用土喇叭扯着嗓子叫卖。连他们自己也没想到，8万只鸡仔竟然全都卖完了。

虽然创业初期的首次危机化解了，但兄弟们的士气却大打折扣。在关键时刻，大哥刘永言鼓励众兄弟振作起来，一定要坚持下去。就这样，四兄弟内心的激情被重新点燃，重新鼓起了斗志，决心把"小"鹌鹑养"大"，把这条路扎扎实实地走下去。

大学毕业的四兄弟各有所长，抱成一团养小小的鹌鹑，不管学到什么最新的技术他们都愿意尝试。不久，他们就开始用电子计算机调配饲料、育种选样，并摸索出一条经济实用的生态循环链：用鹌鹑粪养猪、猪粪养鱼、鱼粪养鹌鹑，使鹌鹑蛋的成本降低到与鸡蛋相差无几。

1986年，育新良种场已经年产鹌鹑15万只，鹌鹑蛋不仅卖到了全国各个城市，并且冲出亚洲走向了世界，而刘永好在这个过程中也逐渐显露出他的销售才能。

1986年，刘氏四兄弟决定用"希望"这个充满美好前景的词来重新命名自己的养殖场。

(3) 饲料大王

人们常说"教会徒弟，饿死师父"，但是刘氏兄弟将自己养殖鹌鹑的技术与经验毫无保留地传授给了新津县的养殖专业户。1987年，新津县的养殖专业户小兵团作战，用刘氏兄弟的饲料与农具，在孵化率、产蛋率与饲料转换率三项指标上都高出刘氏兄弟2%~3%。他们不愿与身边的农民兄弟短兵相接，以避免造成两败俱伤。这时，刘氏兄弟想到了产品升级，决定改行，转战猪饲料市场。

那个时候，正大集团已经占领了中国猪饲料市场的半壁江山。尽管价格奇贵，但是由于对猪的增肥效果很好，因此农民购买"正大"饲料都要排长队。

1987年，希望饲料公司在古家村购买了10亩地，投资400万元，建立了希望科学技术研究所与饲料厂，又投入400万元当作科研经费，聘请了一批国内外专家进行研制开发。到1989年，"希望"牌1号乳猪全价颗粒饲料正式上市，擅长销售与市场推广的刘永好开始大"玩"自己的销售与广告才能。

仅用了3个月,"希望"牌饲料的销量便追上了"正大"。"希望"牌饲料的质量不比"正大"差,每吨的价格却便宜了60元。

面对"希望"不断蚕食市场,"正大"着急了。"正大"每吨降20元,"希望"也跟着降了20元;"正大"咬咬牙,再降价100元,"希望"干脆降120元!一时之间,"希望"牌饲料的销售量狂涨了3倍!刘永好的这场市场营销策略打得"正大"既无招架之功,又无还手之力。最后,"正大"主动找到"希望",双方达成协议——"希望"以成都市场为主,而"正大"以成都以外的市场为主,这实际上就宣告了"正大"退出成都市场。这一仗奠定了"希望"饲料在中国猪饲料市场的霸主地位。

(4) 和平分家

俗话说,清官难断家务事,但是在刘家却没有难断的家务事。在创业阶段,刘氏兄弟极少有不可调和的分歧,偶尔有几次也是由母亲来决断;母亲去世以后,四兄弟有事情就坐下来谈,谁有理就听谁的。刘家有4个儿子和1个女儿,创业初期,四兄弟就开了一个会议,一致通过了"让各自媳妇回家看孩子,今后不得参政议政"的决定,刘家没有出现内乱,而是家和万事兴。

1992年,在希望饲料公司的基础上,中国第一家经国家工商总局批准的私营企业集团——希望集团成立了。集团成立不久,按兄弟四人的价值取向与各自的特长,刘氏产业被划分为3个领域:老大刘永言进军高科技领域;老三负责现有产业的运转,并开拓房地产;老二刘永行与老四刘永好一起到各地发展分公司,复制"新津模式"。在产业明确后,刘家兄弟选择了最为简单的产权划分方式——平均分配资产,兄弟四人各占整个产业1/4的股份。

之后刘家老二与老四又有一次分家,刘永好掌控西南,刘永行坐镇东北,此后,创业期间产权模糊不清的刘氏兄弟在一夜间划分得清清楚楚:老大刘永言建立大陆希望公司,老二刘永行创立东方希望公司,老三刘永美成立华西希望公司,老四刘永好建立南方希望公司。他们没有忘了自己的妹妹刘永红,也给了她一些股份。可以说,这是中国企业史上最精彩、最完美的"亲兄弟,明算账"。

(5) 更高平台

每个人的一生都有很多改变命运的关键时刻与关键事件,刘永好的关键点是什么时候呢?1993年,他表示,这一年命运对他格外垂青,他站在了一个更高、更大的学习平台上。

1993年3月,作为非公有制经济界推选出的政协委员,刘永好出席了全国政协八届一次会议。他首次站在人民大会堂的讲台上发言,"私营企业有希望"的标题刚刚念出口,台下就爆发出了热烈的掌声。

1993年10月,作为来自企业界的唯一代表,刘永好当选全国工商联副主席,开始与全国的优秀企业家成为朋友。一个月后,他到香港参加第二届世界华商大会,作为大陆第一次派往这个国际盛会的代表,他又开始与来自全球的企业家们成为朋友。

身份的不断变化让刘永好的人生舞台一下子扩大了。这对向来擅长外交的刘永好而言真是如鱼得水。在短短的时间内,他的身边就汇集了大量的人脉资源,而这一切并不是每个企业家都能幸运地遇到,他深知机会的可贵。

不管是在企业界、学术界还是在政界,与其说刘永好交了许多朋友,不如说他认识了很多老师。一贯谦虚谨慎的他把众多智囊纳入自己的"知识库",有需要时信手拈来,因此,刘永好并不是一个人在治理企业,而是中国各领域最优秀的专家在帮他治理企业。

进入成长期之后(1996年),由于国内外大量的企业进入了饲料行业,市场竞争日益加剧,饲料行业的利润日渐趋薄,采用低成本的战略显然不可取了,为满足企业的进一步发展,新希望开始积极寻找企业发展的新机会。企业的规模扩张需要解决资金问题,但当时银行只向国有企业贷款,民营企业从银行取得贷款比较困难。同时,中国金融业也开始向民企开放。1996年刘永好倡导并联合十家民营企业,建立中国第一个民营股份制银行——民生银行,于1996年1月12日在北京正式挂牌,经叔平担任董事长,刘永好任副董事长。南方希望公司成为民生银行的第一大股东,民生银行一方面为新希望带来丰厚的回报,另一方面也使新希望多了一条融通资金的渠道,保障了主业的发展。1997年刘永好组建四川新希望集团公司,1998年新希望农业股份有限公司在深圳证券交易所成功发行并上市。1998年在国内房地产行业处于大调整的低迷期,新希望投资12亿元与成都市民用建筑统一联手开发成都市最大的房地产项目——景观新城,标志着新希望正式进入房地产行业。1999年通过两年多对越南市场的全面调查,新希望第一个海外分厂——胡志明市新希望饲料有限公司成立标志着新希望国际化战略的正式开始。2001年下半年,新希望下属的四川新希望农业股份有限公司完成了对四川阳平乳业公司的并购重组,公司开始涉足乳业,经过多年的规模扩张,新希望已经形成了农牧业、化工、房地产和金融业的多元化产业集团。到2002年新希望饲料产业大约有15%的收入来自海外,2006年新希望饲料产业中35%的收入来自海外,至2008年新希望已经在越南、孟加拉国、印尼、菲律宾等国建立了12家海外分公司。1996—2005年,新希望开始了多元化的战略。

12.3.2.3 案例创新

(1) 创新推动发展,打造现代化农业产业

刘永好在创办新希望六和公司后,通过自主创新推动企业的发展。他提出"亩产千斤""农资公司+科技服务"等创新理念,着力推进现代化农业产业的构建。他深耕农业,实行规模化操作,加强研发创新,提高农产品品质,为中国农村的现代化发展作出了重要贡献。

(2) 创造性思维和积极的态度

有一种新型收获机械可以代替传统的人工收割耕作,效率和品质都远超过传统劳动力,但这种机械价格昂贵,不适合中小农户购买。刘永好却认为这一行业具有良好的发展潜力,立即成立农业控股公司,并且加强内部管理,提升企业的科技含量,积极推进与外部高校和科研机构的合作,引入先进技术和专家。多措并举,建设农村电子商务平台,并大力推广这些新型机械。以农村为基础,以创新来支持农业发展,以产业链的延伸和农民就业为主线,始终秉持创新、开放、合作、共赢的发展理念,以服务客户、回应社会需求、追求公司发展的目标,推动农业产业化和现代化,保障农民利益,实现企业和社会双赢。

12.3.2.4 案例启示

(1) 创业者要有良好的心态

创业者要有一个良好的心态,在成功时不骄不傲,在失败时能承受挫折的磨炼,不能轻易退却。

(2) 选择自己感兴趣的行业

创业者必须要成为创业领域内的"专家""行家"。在刘永好看来,如果要创业,就必须熟悉社会,熟悉所处的行业。创业者要多到有兴趣的行业去工作、去实践,积累才干,了解行情,培养市场意识、社会意识。在创业时,创业者要苦练"内功",由知情者变为熟悉者,再到行业专家权威,这样才能够缩短创业周期,增大成功的可能性。

(3) 能够吃苦耐劳,具备坚持精神,愿意从小事做起

刘永好认为,创业者要有吃苦的准备,要坚持不懈,并愿意从小事做起。"刚创业时,我4点钟就起床打扫卫生,蹲在地上观察小鸡,做记录,常常一蹲就是2个小时。"刘永好认为,只有那些从小事做起、不断通过实践锻炼自身能力的人才有可能成功。

(4) 在时机还未成熟时,先把创业的冲动埋在心里

对那些急于创业的人,刘永好说:"在创业准备还不充分的时候,可以先把创业的冲动埋在心中,积累能量,等待机会。因为未来的不确定性会不断给你提供新的机会。"刘永好举了一个自己的例子,"刚开始,其实我们并不想养鹌鹑。我们准备创办电子工厂,但没有成功,后来我们一直把创业冲动埋在心里。到了1982年,中央号召农村发展专业户,我们四兄弟觉得机会来了。所以,大学毕业以后都放弃了公职跑到农村去创业。当时,大家很瞧不起农村,但是我们想,越是人们不注意、瞧不起的地方就越有机会。"

(5) 不要老想着怎么赚钱

刘永好说:"追求盈利是每一个创业者必须考虑的问题。但对于每一个创业者来说,挣钱并不是一厢情愿的事情。决定能不能挣钱的不是你自己,而是客户。你给客户提供了超值服务,提供了价值,你也就挣到钱了。"

12.3.3 自立自强助农兴农

12.3.3.1 案例概要

刘浩杰,山西农业大学创新创业学院昆仑万维数字农业创业团队负责人,获"2018年度中国大学生自强之星""2019山西省星火项目创业大赛创业之星""2018年创青春浙大双创杯全国大学生创业大赛铜奖"等奖项,成立山西农大ERP创新交流社团,创立山西昆仑万维信息技术有限公司。刘浩杰自立自强,靠创新创业支撑自己的求学之梦,并带动400余名大学生投身创新创业实践活动。新型冠状病毒肺炎疫情期间,刘浩杰发起了"丰收啦,抗疫助农计划",为农业生产者、供应商在信息平台提供免费入驻、信息发布、开店等服务,用一己之力真正做到"齐心战疫,八方助农"。

12.3.3.2 案例详述

(1) 男儿当自强——贫困激发创业梦

国家级贫困县——平顺县是地处太行山山区的革命老区,刘浩杰就是来自这个县大山

深处的建档立卡贫困户家庭。由于家境贫寒，上高中时，他就已经深刻体会到自己世代务农家庭承受的重重困难。当时家中兄妹三人都在上学，年迈的奶奶患有冠心病，母亲手有残疾，不能干重活，父亲没有固定工作。2016年刘浩杰终于圆梦考上了大学，拿到大学录取通知书的那一刻，他在心中暗暗发誓：男儿当自强！

为了筹措学费，这个懂事的男孩刚刚经历高考就选择离开家乡，第一次外出打工，2016年9月，他如愿来到他梦想中的大学——山西农业大学。为了减轻家里的经济负担，刘浩杰利用课余时间在图书馆做兼职、当家教、做商品代理人，就连寒假也留在学校，冒着严寒在学校家属院摆摊销售杂粮。从那以后，他再也没有向家里要过一分钱，而且坚持每年给奶奶寄一千块钱来赡养老人、补贴家用。

起初刘浩杰边工边读只是想解决生计问题，但随着专业课程的深入学习，他对企业运营产生了浓厚兴趣。沐浴在学校大力支持和鼓励大学生创新创业的春风里，刘浩杰有了一个大胆的想法——"我要创业"。近年来，互联网迅猛发展，大数据的应用为经济高质量发展注入更大动能，国家也相继出台了脱贫攻坚和乡村振兴的相关政策，刘浩杰想到将两者结合，利用农业大数据技术进行创新创业，推进"互联网+智慧农业"向前迈进，也为生他养他的家乡和父老乡亲作点贡献。于是，他着手申报创新创业项目、积极参加各类创新创业竞赛，正式开启了自己的创业梦。

(2) 竞赛中崭露头角——扶贫定位创业梦

学校定期举办的各类创新创业讲座让刘浩杰深受启发。梦想一旦付诸行动，便只顾风雨兼程。刘浩杰一有时间便到图书馆查阅详细资料，深夜趴在床上借着手机的微光一遍一遍书写创业企划书，并最终成功申报创业项目。这样卖力地工作，是他对自己的严格要求，也是他为自己设立的既定目标。2017年3月，刘浩杰报名参加了学校组织的"兴农杯"大学生创新创业大赛，为了将自己的创业项目完美地呈现出来，他连续熬夜3周，手工书写完成了8000多字的大数据扶贫项目申报书《太行山革命老区平顺县大数据背景下精准扶贫模式研究》。功夫不负有心人，他的项目获得校级银奖，并代表学校参加了山西省第十五届"兴晋挑战杯"大学生课外学术竞赛，并荣获三等奖，而他也是当时众多参赛选手中唯一的一名大一学生。

梦想的航船首次扬帆让刘浩杰信心倍增，接下来的两年时间里，他先后获得省部级以上荣誉14项，虽然创业之路荆棘丛生，但他却愈挫愈勇，不仅积累了丰富的经验，也体验到创新路上的乐趣与艰辛。但是刘浩杰告诉自己：只要坦然面对，所有的汗水都将成为明天宝贵的经历和财富。

(3) 迎难而上、勇攀高峰——奋斗浇筑创业梦

"由于我就读于山西农业大学经济管理学院的营销专业，专业知识的学习使我对企业运营产生浓厚兴趣，在结合当下脱贫攻坚与乡村振兴政策的时代背景下，互联网运用与大数据发展方兴未艾，我便萌发了把两者结合起来的想法，将创业的种子埋在运用农业大数据开展扶贫工作的项目土壤里，期待开花结果。"山西昆仑万维信息技术有限公司总经理刘浩杰对《科学导报》记者说。

为了积淀创业经验，2017年3月，刘浩杰报名参加的大数据扶贫项目申报书《太行山革命老区平顺县大数据背景下精准扶贫模式研究》获得了校级银奖，在进一步深入研究后，

最终以该项目成功入选 2018 年山西省高等学校大学生创新创业训练计划项目。通过参加竞赛，他结识了很多志同道合的朋友。以扶贫为主线，为了共同的创业目标，团队成立了创业模拟实践和创新学术研究相结合的交流平台——山西农大 ERP 协会，在校园里点燃了 ERP 之火。

从开展项目搞创业，到真刀实枪办公司，从团队建设到产品设计，再到客户约谈，刘浩杰辗转于工商局、税务局等多个政府职能部门，办理各种手续。最终于 2018 年 4 月，成立了山西昆仑万维信息技术有限公司。刘浩杰讲道："公司现在处于初创时期，必须稳中求进，把基础打好。因此，通过跑客户、谈项目，先后在山西省运城市水果出口标准化示范园区部署智慧果园物联网系统，并与太谷县微美曲辰生态农业有限公司签订合同，为他们提供农创营销服务与大数据物联网系统集成服务。"

在刘浩杰团队的共同努力下，通过为当地贫困地区设立的扶贫专卖店、电商扶贫馆以及为扶贫频道提供数据支持，山西昆仑万维信息技术有限公司的业绩不断提升，取得良好社会效益，并于 2018 年 11 月成为农业农村部全国苹果大数据发展应用协作组理事单位。

山西农业大学经济管理学院是山西省 58 个国家级贫困县脱贫成效的第三方评估平台，为了更好地帮助学院开展扶贫项目评估，刘浩杰带领自己的创业团队开创了丰收筹项目。一个农业创业项目的发起人，一个丰收筹服务平台，众多的项目支持者，绘制成创业动力发展的蓝图。

说起项目开展的缘由，刘浩杰说："由于贫困户信息处理耗费成本太大，现有软件分析跟不上大数据时代步伐，所以急需一个更简单便捷的操作软件及流程，丰收筹项目应运而生。通过开办丰收筹项目，将大数据技术植入扶贫信息收集与存储中来，协助扶贫相关部门的管理与评估工作，既节约时间、成本，同时获得的数据更加精准明确。"

丰收筹项目在致力于运用大数据技术驱动传统农业升级改造的背景下，针对太谷县及周边国家级贫困县，通过支持农业生产者向消费者筹集生产产品的资金，根据众筹订单进行种植、养殖和农产品加工，为项目支持者提供农产品。农业项目发起者通过众筹方式提前获得消费者支持，为农业创业者提供更多的生产经营模式。项目作为贫困户和消费者之间的服务平台，在促进扶贫可持续发展的过程中，把消费潜力变成脱贫动力。

"种什么？种多少？贫困户并没有明确的生产计划，没有规划好生产端最初一公里的问题，到了农作物成熟的时候，自然就会面临销售端最后一公里的问题，因此，授之以鱼，不如授之以渔。丰收筹直接连接贫困户与消费者，架起一座桥梁，一头连着贫困户，一头连着消费者，以特色农产品为载体，为农村脱贫攻坚开创一种新模式。贫困户一端，农产品能够被精准生产，降低生产风险；消费者一端，产销对接，可以保证农产品的质量。"

开弓没有回头箭，接下来的日子里，他没有停止学习和进步。刘浩杰很清楚公司正处于创业初期，必须稳中求进，打牢基础。他主攻研发了两款产品——美农链与丰收筹，先后在山西省运城市水果出口标准化示范园区部署了智慧果园物联网系统，与太谷县微美曲辰生态农业有限公司签订农创营销服务合同，以大数据物联网系统集成服务与山西省农科院果树研究所开展合作……

一步一个脚印，艰难而又坚定。公司事业蒸蒸日上，到了 2019 年营业额已达 21 万元,纳税 1.6 万,拥有自媒体矩阵 30 多个账号,粉丝 1 万余人,获得软件著作权 12 项,并先后取得农业农村部全国苹果大数据发展应用协作组理事单位、工业和信息化部批准的增值电信业务经营许可证、AAA 级信用企业、中国(廊坊)国际有机食品展览会有机食品金奖、科技型中小企业五项资质。

(4)齐心战"疫",八方助农——战"疫"淬炼创业梦

2020 年新春伊始,突如其来的新冠肺炎疫情打乱了所有农业人的开年计划。农业生产经营遭遇交通受阻、产品滞销、农资渠道骤减、生产成本上升、资金周转困难等重重困难。刘浩杰很快意识到,疫情期间农业信息不对称已成为影响农业经济发展的关键问题。在疫情防控的紧张时期,为了坚守"让天下没有难做的农业生意"的初心,刘浩杰积极响应学校号召,决定即刻上线"丰收啦"农业信息服务平台。他带病加班加点工作,组织公司成员居家办公,携手农业人竭尽全力一起与时间赛跑,与疫情战斗。从着手农产品市场行情调研,到采集数据进行分析,再到技术路线图的确定,他均亲力亲为,夜以继日、争分夺秒。作为一名文科生,刘浩杰不会网络技术,也看不懂程序代码,更不懂互联网产品的构建,就在这种"一不会二不懂"的情况下,他硬是和团队成员们经过 39 天、936 个小时、21 次测试,迎来"丰收啦"小程序的成功上线!

但是,小程序上线一段时间后,新问题随即出现,团队对于使用小程序的客户是否需要收费的问题产生争议。不收,开发成本大,公司难以维持;收费,疫情期间农民从事农业生产经营更是难上加难!为了助力抗击疫情,推动农民尽快复工复产,恢复农业经济建设,刘浩杰的团队毅然决定启动"抗疫助农计划",为农业生产者、供应商提供免费入驻、信息发布、网上开店等线上服务。

免费、优质的线上服务很快赢得了众多商家的青睐,大家纷纷申请入驻线上平台。一时间,后台审核压力急剧增大,入驻流程急需完善和规范等问题突显,每项工作都刻不容缓。由于连续熬夜工作,刘浩杰眼睛肿大、智齿冠周炎引发的偏头痛让他苦不堪言。但是,他就是一言不发、默默承受。线上平台 4 月 1 日上线,截至 6 月上旬,已平稳有序运行 70 余天,先后为 4 个地区、9 个县市的 11 家企业提供农资对接、产品销售、信息交换服务,覆盖了 2 000 余户农户,产生直接经济效益 7 万余元。经过这次疫情的重大考验,刘浩杰和他的团队又一次完成了对创业梦想的淬炼。

农村是充满希望的田野,乡村振兴是干事创业的广阔舞台,始于服务"三农"的初心,让刘浩杰看到农业发展的新未来。刘浩杰投身农业,谨记母校"学农、爱农、事农、兴农"的校训,已成长为一名"一懂两爱"的新农人。他牢记农科大学生的使命,带领身边更多的小伙伴,继续在脱贫攻坚、乡村振兴和农业信息化与现代化的康庄大道拓步前行,奋力书写奋斗青春的时代篇章!

12.3.3.3 案例创新

(1)科技助力脱贫事业

扎根农业锐意创新,以简单、普惠、智能为目标,让广大农业生产者拥有"用得上、用得起、用得好"的数字农业解决方案。创业方向是农业大数据,创业愿景是利用科技驱动传统农业的升级与发展。

(2) 公益爱心实现工作创新

刘浩杰在原有研究的基础上把公益元素融入创业项目中，将贫困革命老区和高校衔接起来，将红色元素与科技相结合，发起"红校蓝村计划"公益项目，成立了自己的公司。通过为贫困地区设立的扶贫专卖店、电商扶贫馆以及为扶贫频道提供数据支持，公司的业绩不断提升，取得良好社会效益。

12.3.3.4 案例启示

数字经济与农村产业的融合，为乡村振兴提供了前所未有的发展机遇，不仅推动了农村产业的升级与创新，也促进了农村经济的持续健康发展。数字经济为农村产业注入了新活力。随着信息技术的飞速发展，农村也不再是与外界隔绝的孤岛，数字技术将信息的传递速度加快，让农民能够更及时了解市场信息、农业科技等，实现农业产业链的高效连接。通过互联网平台，农村产业可以更便捷地开展销售、宣传和推广，吸引了更多的消费者，扩大了市场规模，从而刺激农村经济的持续增长。通过农业物联网、大数据分析等技术手段，农业生产可以更加精准化、智能化，提高农产品的品质和产量。同时，数字经济鼓励农村创业创新，激发创业热情，推动农村产业由传统农业向农产品加工、农村旅游等多元化方向拓展，为农村产业升级提供新的路径。

复习思考题

1. 结合案例谈谈创业成功的必备条件。
2. 结合相关案例，试分析当今时代大学生应该如何创新。
3. 好创意的必备要素是什么？

参考文献

安宇，田广增，沈山，2004. 国外文化产业：概念界定与产业政策[J]. 世界经济与政治论坛(6)：6-9.
毕来林，王勇，2016. 山西农业大学"三部曲"铺就大学生创业之路[J]. 山西教育(管理)(12)：10-12.
蔡聪，2021. 创业公司的动态股权分配机制[M]. 北京：机械工业出版社.
陈冲，2020. 创业团队动态股权激励机制：理论与实践[M]. 北京：人民出版社.
陈浩开，万学章，2005. 大学生就业与创业教程[M]. 长沙：湖南科学技术出版社.
陈建校，2022. 创新创业典型案例分析[M]. 北京：机械工业出版社.
陈奎庆，彭伟，2017. 创业管理：理论、案例与实训[M]. 北京：高等教育出版社.
陈睿峰，2022. 创业风险管理[M]. 北京：清华大学出版社.
程瑛，2018. 大学生求职与创业指导[M]. 北京：清华大学出版社.
邓汉慧，2020. 创业风险识别与规避[M]. 北京：高等教育出版社.
菲利普·科特勒，加里·阿姆斯特朗，2020. 市场营销原理与实践[M]. 北京：中国人民大学出版社.
冯浩，2021. 大学生创新创业案例[M]. 武汉：武汉理工大学出版社.
付明叙，2016. 大学生创业筹备创办企业的法律实务分析[J]. 法制与社会(20)：246-247.
高帆，2022. 大学生创新创业教育与典型案例分析[M]. 西安：西安电子科技大学出版社.
高静，黄俊，2019. 创业基础：理论与实务[M]. 北京：清华大学出版社.
郭斌，李凡，王成慧，2022. 大学生创新创业案例(第五辑)[M]. 北京：经济管理出版社.
郭国庆，陈凯，2015. 市场营销学[M]. 北京：中国人民大学出版社.
郭清娥，2013. 大学生创业概要[M]. 北京：中国工商出版社.
韩建新，2023. "双螺旋"模型：打造司徒小镇乡村振兴新典范(上篇)[EB/OL] https://www.163.com/dy/article/IE6FJD9R0534H26R.html，2023.09.09.
侯二秀，杨磊，长青，等，2022. 核心企业创新生态系统的构建机理研究——以蒙草为例[J]. 管理案例研究与评论，15(5)：526-546.
侯晓亮，刘丽君，孙佳琳，等，2021. 大学生创新创业指导与案例[M]. 哈尔滨：哈尔滨工程大学出版社.
胡春艳，2023. 一份来自284所高校、1081个创业项目的分析报告显示——更多大学生创业与时代"同频共振"[EB/OL].[2023-09-14]https://new.youth.cn/sh/202309/t20230914_14788565.htm.
胡华成，2020. 商业计划书：从0开始高效融资[M]. 北京：化学工业出版社.
胡艳，苟延杰，吕雪，2019. 大学生创新创业基础[M]. 成都：西南财经大学出版社.
季俊杰，陈喜，2016. "挑战杯"中国大学生创业计划竞赛的现状、问题与对策[J]. 上饶师范学院学报，36(3)：116-120.
蒋畅畅，任团伟，许彬炀，2021. 历届"互联网+"大学生创新创业大赛金奖项目特征分析[J]. 创新创业理论研究与实践，4(22)：192-195.
蒋三庚，王晓红，张杰，2009. 创意经济概论[M]. 北京：首都经济贸易大学出版社.
教育部高等学校创新创业教育指导委员会，2022. 中国国际"互联网+"大学生创新创业大赛教学案例集(第1辑)[M]. 北京：高等教育出版社.
教育部学生服务与素质，2023. 大学生创新创业典型人物事迹[M]. 北京：北京航空航天大学出版社.

杰弗里·蒂蒙斯，小斯蒂芬·斯皮内利，2018. 创业学[M]. 周伟民，吕长春，译. 北京：人民邮电出版社.
科农，2017. 着力打造"星创天地"推进农村科技创新创业——安徽省"星创天地"典型经验介绍[J]. 安徽科技，366(2)：27-30.
兰华，杨宏楼，2016. 高校大学生创业园建设现状与对策[J]. 教育与职业，866(10)：74-76.
李爱华，杨淑琴，2018. 大学生创新创业教育[M]. 上海：上海交通大学出版社.
李光林，2000. 企业产权法律问题研究[D]. 北京：中国社会科学院.
李国强，刘君，2019. 大学生创新创业基础[M]. 北京：机械工业出版社.
李家华，张玉利，雷家骕，等，2023. 创业基础[M]. 北京：清华大学出版社.
李建卿，2014. 最佳现金持有量确定方法的应用分析[J]. 中国乡镇企业会计(12)：105-106.
李良成，张芳艳，2012. 创业政策对大学生创业动力的影响实证研究[J]. 技术经济与管理研究(12)：41-45.
李秋兰，2016. 成都YC公司创业计划书[D]. 成都：电子科技大学.
李肖鸣，2023. 大学生创业基础[M]. 北京：清华大学出版社.
李亚杰，2021. 大学生创新创业融资困境及对策研究[J]. 产业创新研究(17)：157-159.
理查德·弗罗里达，2006. 创意经济[M]. 方海萍，魏清江，译. 北京：中国人民大学出版社.
梁会青，翁立嬉，2018. 中美大学生创业竞赛比较[J]. 世界教育信息，31(1)：26-32.
梁启生，辛宇，2024. 平台依附型企业独立重构问题研究——基于石头科技的案例分析[J]. 财会月刊，45(1)：85-94.
廖益，赵三银，2019. 大学生创新创业入门教程[M]. 北京：北京理工大学出版社.
林佳，林晓明，石光，2018. 基于"挑战杯"竞赛培养大学生创新能力的探索[J]. 当代教育实践与教学研究(9)：191-192.
刘建华，薛红志，2023. 大学生创新创业[M]. 北京：人民邮电出版社.
刘军，2016. 我国大学生创业政策体系研究[D]. 济南：山东大学.
刘磊，2019. 现代企业管理[M]. 3版. 北京：北京大学出版社.
卢世军，周丽，张晓春，等，2023. 创业实践：方法、工具与应用[M]. 北京：经济科学出版社.
吕爽，2019. 创业融资[M]. 2版. 北京：中国铁道出版社.
吕爽，2023. 大学生创业项目实践能力指导[M]. 北京：经济科学出版社.
吕云翔，唐思渊，2018. 大学生创新创业教程[M]. 北京：清华大学出版社.
马强，2015. 农业企业商业模式创新探析[J]. 合作经济与科技(9)：100-102.
马鑫，赵晓飞，2023. 全渠道模式下农产品供应链整合的实现路径研究——基于双汇与百果园的双案例分析[J]. 当代经济，40(2)：43-51.
彭晓兰，2020. 大学生创新创业案例与实务[M]. 北京：高等教育出版社.
钱旭潮，王龙，2016. 市场营销管理：需求的创造与传递[M]. 北京：机械工业出版社.
沈俊，2020. 创业融资：理论、工具及实践[M]. 上海：上海财经大学出版社.
盛晓娟，2020. 大学生互联网+创新创业优秀案例选辑[M]. 北京：中国经济出版社.
斯蒂芬·斯皮内利，罗伯特·亚当斯，2022. 创业学：21世纪的企业家精神[M]. 10版. 蒂蒙斯创业学研习社，译. 北京：机械工业出版社.
万生新，姬建锋，2018. 大学生创新创业教育[M]. 西安：陕西人民出版社.
王化成，刘俊彦，荆新，2021. 财务管理学[M]. 9版. 北京：中国人民大学出版社.
王化成，佟岩，2020. 财务管理[M]. 6版. 北京：中国人民大学出版社.
王冀宁，陈红喜，2020. 大学生创新创业教育案例集萃和实践指南[M]. 北京：科学出版社.
王腊梅，2014. 当代大学生创业风险分析及管理[J]. 合作经济与科技，491(12)：22-24.

王伟，朱燕空，2010. 创业机会评价指标体系构建[J]. 商业时代，781(2)：75-76.
王秀玲，2016. 小女孩玩转新农场[J]. 新青年(珍情)(12)：8-9.
王旭，朱秀梅，2012. 创业动机、机会开发与资源整合关系实证研究[J]. 科研管理(9)：57.
王旭良，2020. 创业融资：从天使轮到 IPO 上市[M]. 北京：电子工业出版社.
王艳茹，2014. 创业资源[M]. 北京：清华大学出版社.
王艳茹，2023. 大学生创新创业[M]. 北京：中国人民大学出版社.
吴健安，聂元昆，2022. 市场营销学[M]. 北京：高等教育出版社.
肖扬，2022. 创新创业基础[M]. 北京：清华大学出版社.
熊国钺，2017. 市场营销学[M]. 北京：清华大学出版社.
徐国英，李柏桓，2023. 中国国际"互联网+"大学生创新创业大赛获奖项目研究与反思[J]. 山东高等教育，11(1)：54-63.
徐进，2017. 国内外大学生创业园典型成功经验研究[J]. 时代教育(23)：188.
亚历山大·奥斯特瓦德，伊夫·皮尼厄，2016. 商业模式新生代[M]. 黄涛，郁婧，译. 北京：机械工业出版社.
鄢万春，吴玲，2016. 大学生就业创业与职业发展指导[M]. 北京：科学出版社.
杨凤，2014. 创业理论与实务[M]. 北京：清华大学出版社.
杨阳，2016. 星创天地，让创客扎根农村[J]. 中国农村科技，257(10)：29-33.
叶依广，刘志忠，2004. 创业环境的内涵与评价指标体系探讨[J]. 南京社会科学(2)：228-232.
易华，2009. 创意阶层内涵探析[J]. 湖南商学院学报，16(5)：42-45.
尹一丁，2023. 市场营销二十讲[M]. 北京：清华大学出版社.
俞岚婷，2024. 乘着创新创业的东风，这名"00后"将兴趣做成了事业[EB/OL]. [2024-03-15]. https://article.xuexi.cn/articles/index.html? art_id = 7824620485690990894&cdn = https%3A%2F%2Fregion-shanghai - resource&item _ id = 7824620485690990894&study _ style _ id = feeds _ opaque&t = 1710489941620&showmenu = false&ref_read_id = ff01f1d2 - 91e3 - 43ad - 8a24 - 9db2bbb0c6ff_1710514894256&pid = &ptype = - 1&source = share&share_to = wx_single,2024-03-15.
余胜海，2018. 不折腾：大众创业成功法则[M]. 北京：电子工业出版社.
约翰·霍金斯，2018. 新创意经济[M]. 王瑞军，王立群，译. 北京：北京理工大学出版社.
约瑟夫·熊彼特，2019. 经济发展理论[M]. 北京：中国人民大学出版社.
曾慧，2015. 创业阶段划分及其绩效的研究综述[J]. 企业导报(8)：67.
张进财，2019. 打动投资人：直击人心的商业计划书[M]. 北京：清华大学出版社.
张竹筠，陈庆南，范贤昌，2023. 大学生创新创业实务[M]. 北京：高等教育出版社.
赵公民，2017. 创业基础——理论与实务[M]. 北京：人民邮电出版社.
赵俊亚，李明，2019. 大学生创新创业教育[M]. 北京：清华大学出版社.
郑俊生，2020. 企业战略管理[M]. 2版. 北京：北京理工大学出版社.
郑楠，闫贤贤，黄卓，2018. 大学生创新创业教育[M]. 北京：北京理工大学出版社.
朱小平，周华，秦玉熙，2019. 初级会计学[M]. 10版. 北京：中国人民大学出版社.
CAVES R E, 2003. Contracts between art and commerce[J]. Journal of Economic Perspectives, 17(2): 73-83.
GLAESER E L, JED K, ALBERT S, 2000. Consumer City. National Bureau of Economic Research [EB/OL]. Working paper7790. www. nber. org/papers/w7790.
INGELHART R, 1990. Cultural shift in Advanced Society[M]. NJ: Princeton University Press.
REYNOLDS P, AUTIO E, HUNT S, et al., 2005. Global entrepreneurship monitor: Data collection design and implementation 1998—2003[J]. Small Business Economics, 24(3): 205-231.

RICHARD F, 2005. Cities and the Creative Class[M]. New York: Rouledge.
RICHARD F, 2002. The Rise of the Creative Class[M]. New York: Perseus Distribution.
ROMER P M, 1986. Increasing Returns and Long-Run Growth[J]. Journal of Political Economy, 94(5): 1002-1037.

附表1 复利现值系数表 $PVIF_{k,t}$

t	K(%)																					
	1	2	3	4	5	6	7	8	9	10	11	12	13	14	15	16	17	18	19	20	25	30
1	0.990	0.980	0.971	0.962	0.952	0.943	0.935	0.926	0.917	0.909	0.901	0.893	0.885	0.877	0.870	0.862	0.855	0.847	0.840	0.833	0.800	0.769
2	0.980	0.961	0.943	0.925	0.907	0.890	0.873	0.857	0.842	0.826	0.812	0.797	0.783	0.769	0.756	0.743	0.731	0.718	0.706	0.694	0.640	0.592
3	0.971	0.942	0.915	0.889	0.864	0.840	0.816	0.794	0.772	0.751	0.731	0.712	0.693	0.675	0.658	0.641	0.624	0.609	0.593	0.579	0.512	0.455
4	0.961	0.924	0.888	0.855	0.823	0.792	0.763	0.735	0.708	0.683	0.659	0.636	0.613	0.592	0.572	0.552	0.534	0.516	0.499	0.482	0.410	0.350
5	0.951	0.906	0.863	0.822	0.784	0.747	0.713	0.681	0.650	0.621	0.593	0.567	0.543	0.519	0.497	0.476	0.456	0.437	0.419	0.402	0.328	0.269
6	0.942	0.888	0.837	0.790	0.746	0.705	0.666	0.630	0.596	0.564	0.535	0.507	0.480	0.456	0.432	0.410	0.390	0.370	0.352	0.335	0.262	0.207
7	0.933	0.871	0.813	0.760	0.711	0.665	0.623	0.583	0.547	0.513	0.482	0.452	0.425	0.400	0.376	0.354	0.333	0.314	0.296	0.279	0.210	0.159
8	0.923	0.853	0.789	0.731	0.677	0.627	0.582	0.540	0.502	0.467	0.434	0.404	0.376	0.351	0.327	0.305	0.285	0.266	0.249	0.233	0.168	0.123
9	0.914	0.837	0.766	0.703	0.645	0.592	0.544	0.500	0.460	0.424	0.391	0.361	0.333	0.308	0.284	0.263	0.243	0.225	0.209	0.194	0.134	0.094
10	0.905	0.820	0.744	0.676	0.614	0.558	0.508	0.463	0.422	0.386	0.352	0.322	0.295	0.270	0.247	0.227	0.208	0.191	0.176	0.162	0.107	0.073
11	0.896	0.804	0.722	0.650	0.585	0.527	0.475	0.429	0.388	0.350	0.317	0.287	0.261	0.237	0.215	0.195	0.178	0.162	0.148	0.135	0.086	0.056
12	0.887	0.788	0.701	0.625	0.557	0.497	0.444	0.397	0.356	0.319	0.286	0.257	0.231	0.208	0.187	0.168	0.152	0.137	0.124	0.112	0.069	0.043
13	0.879	0.773	0.681	0.601	0.530	0.469	0.415	0.368	0.326	0.290	0.258	0.229	0.204	0.182	0.163	0.145	0.130	0.116	0.104	0.093	0.055	0.033
14	0.870	0.758	0.661	0.577	0.505	0.442	0.388	0.340	0.299	0.263	0.232	0.205	0.181	0.160	0.141	0.125	0.111	0.099	0.088	0.078	0.044	0.025
15	0.861	0.743	0.642	0.555	0.481	0.417	0.362	0.315	0.275	0.239	0.209	0.183	0.160	0.140	0.123	0.108	0.095	0.084	0.074	0.065	0.035	0.020

附表 2 年金现值系数表 $PVIFA_{k,n}$

n	K(%)																			
	1	2	3	4	5	6	7	8	9	10	11	12	13	14	15	16	17	18	19	20	25	30
1	0.990	0.980	0.971	0.962	0.952	0.943	0.935	0.926	0.917	0.909	0.901	0.893	0.885	0.877	0.870	0.862	0.855	0.847	0.840	0.833	0.800	0.769
2	1.970	1.942	1.913	1.886	1.859	1.833	1.808	1.783	1.759	1.736	1.713	1.690	1.668	1.647	1.626	1.605	1.585	1.566	1.547	1.528	1.440	1.361
3	2.941	2.884	2.829	2.775	2.723	2.673	2.624	2.577	2.531	2.487	2.444	2.402	2.361	2.322	2.283	2.246	2.210	2.174	2.140	2.106	1.952	1.816
4	3.902	3.808	3.717	3.630	3.546	3.465	3.387	3.312	3.240	3.170	3.102	3.037	2.974	2.914	2.855	2.798	2.743	2.690	2.639	2.589	2.362	2.166
5	4.853	4.713	4.580	4.452	4.329	4.212	4.100	3.993	3.890	3.791	3.696	3.605	3.517	3.433	3.352	3.274	3.199	3.127	3.058	2.991	2.689	2.436
6	5.795	5.601	5.417	5.242	5.076	4.917	4.767	4.623	4.486	4.355	4.231	4.111	3.998	3.889	3.784	3.685	3.589	3.498	3.410	3.326	2.951	2.643
7	6.728	6.472	6.230	6.002	5.786	5.582	5.389	5.206	5.033	4.868	4.712	4.564	4.423	4.288	4.160	4.039	3.922	3.812	3.706	3.605	3.161	2.802
8	7.652	7.325	7.020	6.733	6.463	6.210	5.971	5.747	5.535	5.335	5.146	4.968	4.799	4.639	4.487	4.344	4.207	4.078	3.954	3.837	3.329	2.925
9	8.566	8.162	7.786	7.435	7.108	6.802	6.515	6.247	5.995	5.759	5.537	5.328	5.132	4.946	4.772	4.607	4.451	4.303	4.163	4.031	3.463	3.019
10	9.471	8.983	8.530	8.111	7.722	7.360	7.024	6.710	6.418	6.145	5.889	5.650	5.426	5.216	5.019	4.833	4.659	4.494	4.339	4.192	3.571	3.092
11	10.368	9.787	9.253	8.760	8.306	7.887	7.499	7.139	6.805	6.495	6.207	5.938	5.687	5.453	5.234	5.029	4.836	4.656	4.486	4.327	3.656	3.147
12	11.255	10.575	9.954	9.385	8.863	8.384	7.943	7.536	7.161	6.814	6.492	6.194	5.918	5.660	5.421	5.197	4.988	4.793	4.611	4.439	3.725	3.190
13	12.134	11.348	10.635	9.986	9.394	8.853	8.358	7.904	7.487	7.103	6.750	6.424	6.122	5.842	5.583	5.342	5.118	4.910	4.715	4.533	3.780	3.223
14	13.004	12.106	11.296	10.563	9.899	9.295	8.745	8.244	7.786	7.367	6.982	6.628	6.302	6.002	5.724	5.468	5.229	5.008	4.802	4.611	3.824	3.249
15	13.865	12.849	11.938	11.118	10.380	9.712	9.108	8.559	8.061	7.606	7.191	6.811	6.462	6.142	5.847	5.575	5.324	5.092	4.876	4.675	3.859	3.268